U0690728

珞珈史苑

2020年卷

武汉大学历史学院　主编

本卷主编　杨国安

本卷执行主编　高婷婷

编委（按姓氏音序排列）

高婷婷　李兆宇　刘同川　路晋东　聂希贝
王志建　杨国安　张　丰　张　楠

WUHAN UNIVERSITY PRESS
武汉大学出版社

图书在版编目(CIP)数据

珞珈史苑.2020年卷/武汉大学历史学院主编.—武汉:武汉大学出版社,2021.6

ISBN 978-7-307-22217-5

Ⅰ.珞…　　Ⅱ.武…　　Ⅲ.史学—文集　　Ⅳ.K0-53

中国版本图书馆 CIP 数据核字(2021)第 062074 号

责任编辑:李程　贺紫君　景灿涛　　责任校对:汪欣怡　　版式设计:马佳

出版发行: **武汉大学出版社** 　(430072　武昌　珞珈山)

(电子邮箱:cbs22@whu.edu.cn　网址:www.wdp.com.cn)

印刷:广东虎彩云印刷有限公司

开本:720×1000　　1/16　　印张:29.75　　字数:443 千字　　插页:1

版次:2021 年 6 月第 1 版　　2021 年 6 月第 1 次印刷

ISBN 978-7-307-22217-5　　　　定价:89.00 元

目　　录

对聚落考古的几点认识与思考

董　伟

摘要：聚落考古全称是"聚落形态的考古学研究"，即对聚落的形态予以考古学方面的研究，用考古的手段解释聚落单位及其特定社会环境和生态环境之间的关联性，并探索人类社会的发展规律。通过层位学与类型学的结合、格局的判定、对"地面"的认定等方法，尽可能地划分出真实的聚落单位；利用区域系统调查了解特定区域内聚落形态的特征和发展变化；更全面深入关注聚落考古中对于生态环境的研究，努力探索和重建古代聚落社会性与生态性之间的互动关系，从而更好地利用聚落考古推动考古学的发展。

关键词：聚落考古；内涵；区域系统调查；生态环境

自 20 世纪 80 年代聚落考古进入中国以来，学界积极引进国外聚落考古的相关理论和方法，结合我国考古学的自身特色予以创新并指导工作，收获颇丰。其中，代表性研究如严文明先生从姜寨遗址单独的聚落形态研究拓展到同时期黄河流域数个遗址的聚落形态研究，再拓展到对新石器时代整个中国范围内诸多遗址的聚落形态研究，逐层递进式地探讨了中国的聚落考古研究；① 刘莉先生利用酋邦理论和聚

---

① 严文明：《姜寨早期的村落布局》，《仰韶文化研究（增订本）》，文物出版社 2009 年版，第 174~193 页；《仰韶房屋和聚落形态研究》，《仰韶文化研究》，文物出版社 1989 年版，第 180 页；《中国新石器时代聚落形态的研究》，《庆祝苏秉琦考古五十五年论文集》，文物出版社 1989 年版，第 24 页。

落考古的遗址空间位置分析法对于中国龙山文化社会发展阶段的研究等，① 这些成果对中国的聚落考古研究产生了广泛影响。

时至今日，中国的聚落考古实践仍存在一些问题：一是有些研究者对聚落考古的内涵把握不清，以至随便一些实践就贴上"聚落考古"的标签，实则相差甚远；二是未能掌握聚落考古的基本操作，以至于在划分聚落和了解聚落基本面貌等问题上未能夯实基础；三是对聚落的生态环境研究停留在模型描述式解读的层面而未能深入。本文将从四个方面，对上述问题予以分析和思考：首先明晰立足点，更加准确把握聚落考古的内涵；然后讨论在田野工作中如何更加准确划分聚落，如何更有效利用区域系统调查分析聚落；最后进一步讨论如何结合多学科手段与科学技术推进聚落的生态环境研究。以期能够实现更加准确、高效且全面的聚落考古研究，从而满足更高的考古学研究需求。

一、关于聚落考古的内涵

"聚落"一词最初来源于人文地理学，在某些方面与生态学中"群落"一词具有相似性和可类比性。例如，植物群落就是表现植物生活规律的最基本的单位和场所，可反映出植物在结构、生态、动态、分类与分布等方面的特点；而聚落主要指人类聚居和生活的场所或者表达人与自然环境、生态整体联系的一种方式。所以，聚落应当是体现人类生活和生产发展状况最基础的表达单位。考古学引进人文地理学中"聚落"的概念而产生了"聚落考古"。二者的研究目的和观察对象看似一样，但需要清楚认识到考古学面对的"聚落"同人文地理学所面对的"聚落"本质上是非常不一样的。考古学研究的聚落仍是以地下遗存为主，主要靠考古调查、勘探和田野考古发掘获得认知；而后者的研究对象主要是现存的人群和聚落，主要靠实地走访或查找

---

① 刘莉：《中国新石器时代黄河中下游酋邦社会的发展——龙山文化聚落形态研究》，《考古学的历史·理论·实践》，中州古籍出版社 1996 年版，第 386页；《龙山文化的酋邦与聚落形态》，《华夏考古》1998 年第 1 期，第 3 页。

文献获得认知，此类方法在聚落考古中的应用则极为有限。所以，研究对象不同，采取的手段和方法也不同，本质上自然也就不尽相同。

在起源追溯上，学界基本认为1953年戈登·威利发表的《维鲁河谷聚落形态之研究》是聚落考古发展过程中划时代的著作，他将聚落考古学定义为"用考古学的材料对社会关系的研究"，首次明确而系统地归纳了聚落考古的理论方法并应用于实践。中国考古学界始知"聚落考古"源于张光直先生，他将聚落考古学定义为"聚落考古学是在社会关系的框架内来做考古资料的研究"①，这对中国考古学的发展产生了深刻的影响。而后，中国学者也尝试对聚落考古的定义展开讨论，如张忠培先生的定义是"聚落考古，实是考古学引进社会学及人文地理学原理以聚落为单位进行的考古学研究，目的是探讨居住于一聚落中的人与人的关系(或曰聚落社会的结构)，和聚落社会之间的相互关系与聚落社会的时、空变异，以及聚落社会同自然环境的关系"②。严文明先生的定义是"聚落考古是以聚落遗址为单位进行田野考古操作和研究的一种方法"，同时他认为聚落考古不但研究聚落与社会相关的内容，也研究与自然环境相关的内容。③

几位先生从不同角度对"聚落考古"做了释读：张光直先生主要强调了聚落考古的研究大背景是社会关系框架；张忠培先生解释了聚落考古的来源与具体研究内容；而严文明先生则更强调聚落考古是一种独特的方法。综合以上定义及实际工作情况，我们可以这样认识：聚落考古就是把考古遗存中间特别的研究对象提出来，用考古的手段解释聚落单位，分析其特定社会环境和生态环境之间的关联性，从而达到探索人类社会发展规律的目的。需要特别指出的是，这其中内涵所指既要探究人与人之间的社会关系，还应包括人与生态环境的关系

① 张光直：《谈聚落形态考古》，《考古学专题六讲》，文物出版社1986年版，第86页。

② 张忠培：《聚落考古初论》，《中原文物》1999年第1期，第31页。

③ 严文明：《聚落考古与史前社会研究》，《走向21世纪的考古学》，三秦出版社1997年版，第104页。

都分别对应怎样的聚落形态。

二、关于聚落的认定

对聚落考古的内涵有一个整体把握后，我们就应当考虑如何在实际工作中对研究对象进行认定。前面提到考古学研究的聚落主要靠考古调查、勘探和田野考古发掘发现地下遗存，这其中就需要以聚落考古的眼光去观察两个对象：遗物和遗迹。

遗物是田野考古发现和考古学研究的最基本对象，考古学对遗物的研究最初主要以辨别器类和判断年代为主，后又以分型分式，构建年代框架的类型学研究为主要手段，但这些方法对遗物本身形制以外的特征并未予以充分的关注。在聚落考古的研究中，更应重视遗物的功能及其他内在特征，其中包括使用方法、制作工艺、分布特征等，可利用的手段诸如微痕观察、残留物提取、实验考古模拟等，在实际研究中还会要求增加更多更新的方向与内容。这些是聚落考古对遗物观察的基础，也是重点，其包含的信息可能涉及古代人类日常的行为及其所反映的一些生产和生活"理念"。

遗迹作为田野考古中绝大部分遗物的出土背景同样是重要的研究对象，根据其自身的形制特点、方位朝向等，结合出土遗物特征，一般能对遗迹的功能予以界定，但同类型遗迹之间又会有所不同，这些差异都包含有当时社会的诸多信息。例如最常见的墓葬形制大小和随葬品的差别一般都反映出墓主人的生前身份地位，有时则反映出社会分工的不同；不同面积大小的房址，房址内遗物不同，可能反映出此房的主要用途或者等级不同。因此，对于遗迹形制和功能的把握，以及对不同遗迹之间相互关系的认识是聚落考古中很重要的基础。

考古学谈的聚落是我们现在研究过程中所设定的一种"虚拟"单位，可能仅反映当时的部分事实，正是因为存在这样的差异，我们应该允许考古学上的"聚落"概念与历史的真实情况有所不同。但在这种情况下，聚落考古仍应该尽可能接近真实和完整地将"聚落"辨别和划分清楚。通常历史时期的聚落可以通过查询历史文献等资料以作参考，但最终也是需要以田野工作为事实验证，而史前时期尤以新石器时代的聚落考古中对于"聚落"的认定相对困难，这就更加需要田野工作的细致与质量保证。田野考古工作中对于"聚落"的认定，目前主要有以下几种方法，有时单独采用即可，多数情况下需要综合使用：

第一，层位学与类型学相结合。这种方法主要是先对遗存进行分期，然后按期处理材料，这样可以基本保证聚落文化面貌的一致性，但类型学的精确程度毕竟有限，在处理相近年代现象时有时会捉襟见肘，更何况如果遇到不出土遗物的单位，类型学更显得无能为力，所以这种方法适合在初期对聚落进行初步的识别。

第二，观察遗址格局，划定聚落范围。主要用于微观聚落研究，关注聚落内部各功能区的分布，整体考量构成聚落的各因子，这就涉及上面所提对遗迹的认识需要十分准确。例如，观察格局的同时会涉及聚落的边界，这在田野工作中需要尤为细致，对可能是聚落边界的遗迹如城墙、壕沟等要确认到位。

第三，对"地面"的认定。地面既是人们活动的承担者，同时又是因为人们的活动而形成。在考古发掘中如果能把握好地面，就可能寻找到能够还原人类活动场景的线索（赵辉先生曾撰文对此做专门讨论）。① 现在田野考古中能够发现的地面一般是铺垫面和踩踏面，如果能够发现相近两个聚落之间的踩踏路面，那便能提供很好的证据用以研究宏观区域内不同聚落单位之间的关系。

所以，田野考古工作在聚落考古中的重要性仍应列在首位，将田野作为解决问题的第一现场，努力在田野考古工作过程中将一些具体堆积单位反映的单项行为串联成整个聚落成员的活动场景，并予以合理解释，而非将此任务全部交付给后续的室内整理环节。

三、关于区域系统调查的思考

出于保护文化遗产的需要，我们都希望对古遗址尽量少做发掘；同时，我们也无法做到人文地理学那样完整和真实地了解聚落面貌，

---

① 赵辉：《遗址中的"地面"及其清理》，《文物季刊》1998 年第 2 期，第 3 页。

而类似姜寨遗址那样的"完美聚落"在考古学中实属凤毛麟角，所以不能奢望考古学单独依靠完全发掘来了解聚落面貌。基于以上原因，区域系统调查为我们了解聚落提供了很好的可能性。我国的区域系统调查主要始于90年代，那种有目的地围绕一个中心遗址而实施的大规模区域系统调查最先在北方地区开展起来，例如在伊洛河下游地区进行的拉网式聚落考古调查和研究①；在洹河流域进行的区域考古调查与研究②；在山东日照地区开展的区域系统调查和研究③；在内蒙古赤峰地区开展的区域系统调查和研究等④。这些区域系统调查多是国际间的合作项目，投入的资金也相对充裕，保证了这些调查的连续性；这些调查所覆盖的面积普遍较大，一般都在100平方千米以上，甚至达到数百平方千米，而且每年的工作仍然逐渐向四周扩展，收获会愈来愈多。

聚落考古研究中，无论是微观聚落研究中对单个聚落的基本情况了解，还是宏观聚落研究中分析各聚落之间的相互关系，如何把握区域内聚落的整体情况一直是重点。区域系统调查对此提供了巨大帮助，同时对于研究聚落形态在漫长历史中的变迁情况也是非常有效的，这种方法可以长程地观察宏观聚落的历时性演变情况。与此同

---

① 陈星灿、刘莉、李润权：《巩义市聚落考古调查取得的丰硕成果》，《中国文物报》，1995年5月19日，第1版；陈星灿、李润权、刘莉：《全覆盖式（拉网式）区域调查方法试谈——从伊洛河下游区域调查说起》，《中国文物报》，2002年2月20日，第7版；陈星灿、刘莉、李润权、华翰维：《中国文明腹地的社会复杂化进程——伊洛河地区的聚落形态研究》，《考古学报》2003年第2期，第161~218页。

② 中国社会科学院考古研究所、美国明尼苏达大学科技考古实验室中美洹河流域考古队：《洹河流域区域考古研究初步报告》，《考古》1998年第10期，第13~22页。

③ 中国社会科学院考古研究所：《山东日照市两城地区的考古调查》，《考古》1997年第4期，第1~15页；中美两城地区联合考古队：《山东日照地区区域调查的新收获》，《考古》2002年第5期，第10~18页；方辉：《对区域系统调查法的几点认识与思考》，《考古》2002年第5期，第56~64页。

④ 赤峰中美联合考古研究项目：《内蒙古东部（赤峰）区域考古调查阶段性报告》，科学出版社2003年版，第18页。

时，受人类耕作和自然搬运等多种情况对考古遗存的影响，区域系统调查结果有些失真情况是不可避免的，这就要求我们在实际工作中对于遗址的整体情况了解和利用材料处理问题时尤其要仔细慎重，其中主要包括数量和面积两方面。

1. 对遗址数量的判定

区域系统调查的遗址多数情况下并非完全等同于聚落，有时一个遗址便是一个聚落，有时多个遗址同属于一个聚落，甚至有时候调查的遗址并未能涵盖一个聚落。所以，遗址数量的调查与统计，是区域系统调查对聚落考古研究的基础工作。

在区域系统调查过程中，采样的区域既可能只是一个遗址，也可能包含几个遗址，或者几个采样区同属一个遗址。目前通用的规则是依据遗迹判定遗址，并对采集的陶片数量设定了判定遗址的最低标准，实际的调查工作依据标准，可针对不同情况做适当调整。在对遗址的判定上，不轻易放弃每一片陶片是一种谨慎的态度；而对采集多片陶片的地点也不能轻易地认定为遗址，还需确凿证据加以证明，至少也应采用多重证据法证明，如通过观察断面或钻探，对同一地点反复调查也是增加其可靠性的一种方式，如果可能的话，甚至可通过小规模试掘来验证。

2. 对遗址面积的判定

区域系统调查是目前确定遗址面积效果较好的一种手段。在调查中，对遗址的面积判定多以陶片的分布作为主要依据，部分调查同时结合对断面遗迹的观察和对地形地貌的估算。所以，目前的多数调查是根据地表遗物、遗迹、断面三种传统的方式进行简单的计算，而在采集区(点)采样调查则是另一种计算方式。垣曲盆地调查是采用传统调查与区域系统调查中采样相结合的方法，对部分遗物不丰富的遗址采用传统方法，对遗物丰富的遗址则先网格化再用控制性抽样方法采集遗物，并进行适当钻孔和断面观察，从而最终确定遗址的面积。① 例如

---

① 中国国家博物馆考古部：《垣曲盆地聚落考古研究》，科学出版社2007年版，第5~6页。

赤峰调查一般是以 1 公顷采集点为最基本分析单元，每个采集点都可以在放大版照片经数字化而绘制的地图上准确标识出来，因此可以很容易计算出面积。① 在这种判定中，判断标准非常关键，100 米只是通常惯用而并非是绝对的，它比我们目前所习用的经验方式要相对科学得多，而且在国内很多区域还是比较便于应用的。

在了解遗址面积的基础上，可进一步划分聚落，结合其他考古学信息分析遗址的规格，推测同一聚落是否有内外围划分，不同聚落之间是否有从属关系或等级之分等，这对研究社会的复杂程度和发展阶段有一定的参考价值。

最后，区域系统调查的成果既要向学术界予以介绍，也要经得起校验。区域系统调查所获得的信息主要来自地表采集，与发掘相比存在着多种不确定因素，根据不同的标准对材料进行分析可能会得到不同的结果。因此，如果要令调查结果得到认同，或给其他研究者提供进一步研究的可能，材料的公布便是一项很重要的事，假如只公布一个结果而无任何详细的说明，其可信度受到怀疑则是很自然的。材料公布中最重要的是方法的介绍，包括田野调查的方法、信息采集的方法、信息处理的方法，这些方法决定了信息的有效性；其次是数据的公布，数据的公布应尽可能做到全面、真实。上述两方面的质量直接影响调查结果的可信性和准确性。只要我们保证操作上的科学性，并在工作中不断寻找创新方法，同时对所获成果予以阶段性的检验，在不断校正和摸索的过程中，聚落考古的工作一定会有所新的突破。

四、关于聚落生态环境的研究

生态环境是指影响人类生存与发展的水资源、土地资源、生物资源以及气候资源数量与质量的总称，是关系社会和经济持续发展的复合生态系统。聚落考古中不可忽视的一项内容即对生态环境的考量，因为人与环境之间永远存在一种密不可分的关系，聚落本身就是人类

---

① 赤峰中美联合考古研究项目：《内蒙古东部(赤峰)区域考古调查阶段性报告》，科学出版社 2003 年版，第 42 页。

社会性与生态性的综合体现之一，中国考古学之前在阐释这一关系方面似乎并不能提供足够的力量，但聚落考古学的生态环境研究发挥了不可替代的作用。随着考古学文化时空框架的日趋完善和科技手段在考古学上的广泛应用，以考察古代社会及其赖以生存的生态环境为目的的聚落考古已经成为当下中国考古学研究的重要领域之一。

聚落考古进入我国初期，由于科技手段在考古学研究方面应用有限，关于聚落考古中生态环境的研究多集中于理论方面的初步探讨，如聚落选址、饮食结构和生业模式等，主要是简单描述生态环境下聚落的静态表现。这些理论有着固定的解释模型，比如遗物中动物骨骼多反映了饮食构成，平原区聚落选址多在高地突起处，河谷区聚落选址多在河漫滩处等，但这些都并未能够完全"榨干"聚落所包含的生态环境信息。之后，随着科技手段的深入，聚落考古中关于生态环境的讨论不断丰富起来，并且不再停留于模型假设的简单描述，而是综合利用多学科手段，注重整体生态环境与个体聚落的联系，研究内容开始涉及自然环境与聚落人口规模，自然资源与聚落活动范围，气候变迁与人口迁移等。[1] 例如洛阳皂角树遗址所做的工作，综合了碳14测年、孢粉和植硅石分析、土壤结构分析、土样磁化率分析、地球化学分析、果实种子鉴定、古脊椎动物假定等学科的方法，将二里头文化时期先民的生活放在洛阳盆地古环境的大背景下去了解当时的生存环境和社会形态。

我国过去几十年在这方面的研究取得了明显成果，说明聚落考古中对生态环境的研究有着巨大潜力。在今后工作中，聚落考古对生态环境的研究不仅要了解古代人类的生存背景，更应该努力探索和重建古代聚落社会性与生态性之间的互动关系。如何利用更加精密细致的设备和更加深奥的技巧去提炼文化遗存中更多的信息，从而更加丰富地解读人类行为和聚落形态及生态环境是如何影响文化发展的，这些都是摆在每一位考古人面前的艰巨任务。

聚落考古作为考古学的一种独特研究方法，从未脱离考古学的整

---

① 汤莹莹：《80 年代以后中国的聚落考古及其相关问题研究》，《赤峰学院学报》(汉文哲学社会科学版)2013 年第 5 期，第 8 页。

体研究框架。所以，在田野考古工作中通过层位学、类型学、格局判定、地面认定等手段识别聚落，利用区域系统调查的方法划分聚落，这些手段前后衔接和呼应，而非剥离开来；聚落生态环境的研究应该摆脱常规解释模型的束缚，将对生态环境的研究融入对聚落的分析，更深层次探讨聚落社会性与生态性之间的互动发展。这样，聚落考古才能成为一种"活"的方法，从而真正发挥其作用。

中国聚落考古近年来取得的成绩是有目共睹的，相关研究领域追求的目标不断上升，极大拓展了中国考古学研究的深度和广度。这些巨大的进步也证明，聚落考古的理念和方法对推动考古学的发展有极大作用。未来，要使更多考古工作者真正掌握聚落考古思想和方法，充分利用对聚落形态的分析成果去研究史前考古学文化的社会性质和演变，甚至探讨早期国家产生和文明起源等重大课题，我们还有很长的路要走。

（作者系武汉大学历史学院硕士研究生）

传统礼器的衰落
——以湖北地区秦汉墓出土铜鼎为例

刘　振

摘要： 铜鼎是传统礼器的代表性器物，本文根据类型学将湖北地区秦汉墓出土的铜鼎分为甲、乙、丙三类，认为其分别代表越、楚、中原文化，流行时间从秦至东汉早期。横向看，中原式鼎数量最多，持续时间长，影响力大，占据了主导地位；纵向看，西汉中期以前，铜鼎数量多，西汉晚期以后数量急剧减少，逐渐消亡。表明以铜鼎为代表的传统礼器在精神层面的重要性降低，无法承载当时人们的精神追求，走向衰落，取而代之的是新兴汉文化。

关键词： 礼器；衰落；秦汉；湖北

礼器通常指行礼所用器具，多指祭祀所用器皿。① 铜鼎作为礼器的代表性器物之一，曾在社会礼制生活中占据重要地位。在秦汉时期，随着社会大变革，旧秩序被破坏，新秩序形成，大一统帝国相继建立，传统礼器走向衰落。

湖北历史悠久，在东周时期属楚，是楚文化的典型区域。秦始皇统一中国后，废分封，设郡县，湖北大部属于南郡，其西北、北、西南各一小部分属汉中、南阳、长沙、黔中和九江郡。西汉时期属于荆州，东汉又分设南郡、南阳郡、江夏郡等。② 本文以湖北地区秦汉墓

---

① 杨雅丽：《"礼器"的文化阐释》，《唐都学刊》2020 年第 4 期，第 106~109 页。

② 湖北省地方志编纂委员会：《湖北省志·卷首》，湖北人民出版社 2002 年版，第 1~100 页。

出土的铜鼎为研究对象，运用类型学的方法，进行年代判断和文化因素分析，浅析其衰落过程。这里需要说明的是，由于使用的都是墓葬材料，无法完全反映现实生活，这里铜鼎往往是精神与制度层面的折射，而不是现实生活的场景。①

一、类型学分析

目前搜集到的湖北省内已公开报道的可进行型式分析的铜鼎共96件。②

根据足部特征分为三类。

甲类 9件。条状足或扁状足。方耳或环耳，垂腹，圜底。根据耳与足部变化分为四式。（见图一）

Ⅰ式 4件。方耳，条状足高且外撇。

标本：荆州高台M3：8，方耳，垂腹，圜底，底部有三扁状足。通高19.25、口径13.4、腹最大径16.2厘米（见图一，1）。③

Ⅱ式 2件。方耳，条状足高不外撇。

标本：襄樊郑家山M17：6，方耳，垂鼓腹，圜底近平，底部有三条状足。通高21.2、口径17.6厘米（见图一，2）。④

Ⅲ式 2件。方耳，条状足较矮且外撇。

标本：荆门子陵岗M65：5，方耳，垂腹，圜底近平，底部有三条状足。通高14.8、口径14.4、腹径16.8厘米（见图一，3）。⑤

Ⅳ式 1件。环耳，条状足高且外撇。

---

① 徐承泰：《汉代考古遗存的埋藏学特征及其影响》，《江汉考古》2015年第4期，第105～109页。

② 收集的材料截至2018年。

③ 湖北省荆州博物馆：《荆州高台秦汉墓》，科学出版社2000年版，第91页。

④ 湖北省文物考古研究所、襄樊市博物馆：《湖北襄樊郑家山战国秦汉墓》，《考古学报》1999年第3期，第371～372页。

⑤ 荆门市博物馆：《荆门子陵岗》，文物出版社2008年版，第146～149页。

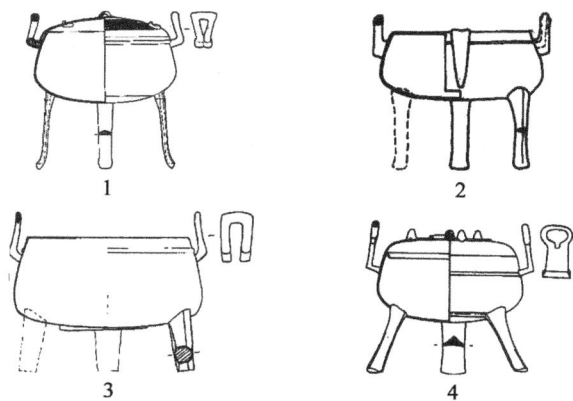

图一　甲类鼎型式图①

1. 甲Ⅰ式鼎(荆州高台 M3：8)　2. 甲Ⅱ式鼎(襄樊郑家山 M17：6)
3. 甲Ⅲ式鼎(荆门子陵岗 M65：5)　4. 甲Ⅳ式鼎(蕲春陈家大地 M9：6)

　　标本：蕲春陈家大地 M9：6，环耳，扁腹，圜底，底部有三条状足且外撇。通高 30.6、口径 24.8 厘米(见图一，4)。②

　　乙类　21 件。高蹄足。根据底部特征分为三型。

　　A 型　15 件。小平底或圜平底。根据足是否有纹饰分为两亚型。

　　Aa 型　8 件。兽面或人面纹足。

　　标本：荆州谢家桥 M1：17，方耳，深弧腹近直，小平底，高兽面蹄足。通高 26.6、口径 20、腹径 23.6 厘米(见图二，1)。③

　　Ab 型　7 件。素面足。根据耳、腹和足部变化分为三式。

　　Ⅰ式　2 件。方耳，腹较深，足较矮。

　　标本：荆门罗坡岗 M50：12，方耳，弧腹，小平底，素面蹄足粗

---

　　①　图中器物比例大小不一，后同。
　　②　湖北京九铁路考古队、黄冈市博物馆：《湖北蕲春枫树林东汉墓》，《考古学报》1999 年第 2 期，第 195~196 页。
　　③　荆州博物馆：《湖北荆州谢家桥一号汉墓发掘简报》，《文物》2009 年第 4 期，第 26~42 页。

壮且矮(见图二,2)。①

Ⅱ式 4件。方耳,腹较浅,足较高。

标本:云梦睡虎地 M3:4,方耳,弧腹,小平底,素面蹄足粗壮且高。通高 20、口径 15.4 厘米(见图二,3)。②

Ⅲ式 1件。环耳,腹较浅,足较高。

标本:襄阳王坡 M82:7,环耳,微鼓腹,平底,素面细蹄足且高。通高 20.4、口径 18、腹径 19 厘米(见图二,4)。③

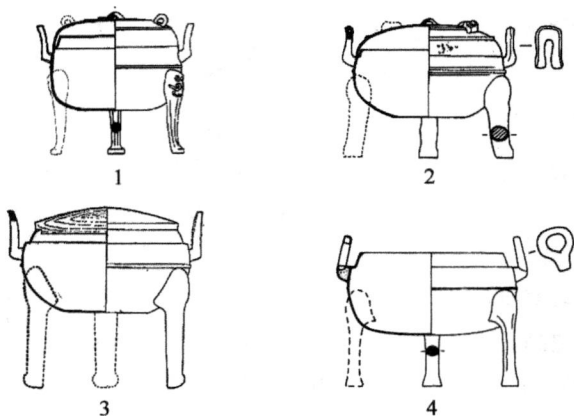

图二 乙 Aa、乙 Ab 型鼎型式图

1. 乙 Aa 型鼎(荆州谢家桥 M1:17) 2. 乙 Ab Ⅰ式鼎(荆门罗坡岗 M50:12)
3. 乙 Ab Ⅱ式鼎(云梦睡虎地 M3:4) 4. 乙 Ab Ⅲ式鼎(襄阳王坡 M82:7)

B 型 4件。大圜底。根据足部特征分为两亚型。

Ba 型 2件。人面足粗壮。

① 湖北省文物考古研究所:《荆门罗坡岗与子陵岗》,科学出版社 2004 年版,第 45~47 页。

② 云梦睡虎地秦墓编写组:《云梦睡虎地秦墓》,文物出版社 1981 年版,第 41~42 页。

③ 湖北省文物考古研究所:《襄阳王坡东周秦汉墓》,科学出版社 2005 年版,第 286~288 页。

标本：襄樊岘山 M3：6，方耳，深鼓腹，圜底，三兽面蹄足粗壮。通高35.4、口径29.7厘米（见图三，1）。①

Bb 型　2件。素面足细高。

标本：丹江口金陂 M132：10，方耳，鼓腹，圜底，三素面高蹄足。通高29.6、口径22.8厘米（见图三，2）。②

C 型　1件。大平底。

标本：襄樊郑家山 M17：4，侧视呈圆角长方形，环耳，折腹，大平底，三兽面蹄足。通高25.2、口径28.8厘米（见图三，3）。③

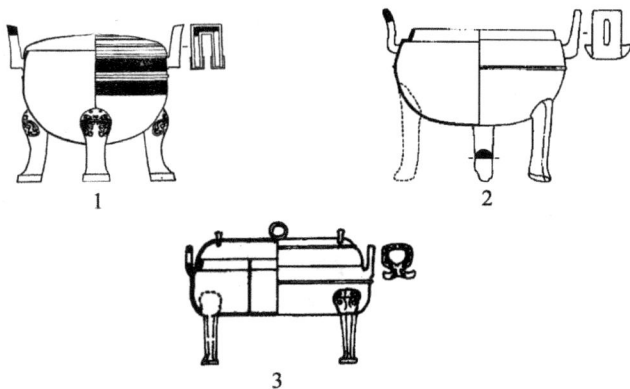

图三　乙 Ba、乙 Bb、乙 C 型鼎型式图
1. 乙 Ba 型鼎(襄樊岘山 M3：6)　2. 乙 Bb 型鼎(丹江口金陂 M132：10)
3. 乙 C 型鼎(襄樊郑家山 M17：4)

丙类　66件。矮蹄足。根据底部分为三型。

A 型　51件。圜底。根据耳与足部变化分四式。

---

① 襄樊市博物馆：《湖北襄樊市岘山汉墓清理简报》，《考古》1996 年第 5 期，第37~38 页。

② 湖北省文物局、湖北省移民局等：《湖北南水北调工程考古报告集》(第三卷)，科学出版社 2014 年版，第166~207 页。

③ 湖北省文物考古研究所、襄樊市博物馆：《湖北襄樊郑家山战国秦汉墓》，《考古学报》1999 年第 3 期，第371~372 页。

Ⅰ式　24件。方耳，足粗壮。

标本：云梦睡虎地 M11：54，方耳，圜底，矮蹄足较粗。通高16.5、口径 15.4 厘米(见图四，1)。①

Ⅱ式　17件。方耳，足较细。

标本：房县松嘴 M71：4，方耳，圜底，矮蹄足较细。通高14.5、口径 14.4、腹径 18 厘米(见图四，2)。②

Ⅲ式　8件。环耳，足较细。

标本：蕲春陈家大地 M11：5，环耳，圜底，矮蹄足较细。通高16.8 厘米(见图四，3)。③

Ⅳ式　2件。方耳，细蹄足高且外撇。

标本：蕲春陈家大地 M4：1，方耳，圜底，细蹄足较高。通高18、口径 10.4 厘米(见图四，4)。④

B 型　12件。圜平底。根据足部变化为二式。

Ⅰ式　7件。足粗壮。

标本：云梦大坟头 M1：27，方耳，浅腹，圜平底，三蹄足粗壮。通高 17、口径 15.8、腹深 8.8 厘米(见图五，1)。⑤

Ⅱ式　5件。足较细。

标本：荆州谢家桥 M1：14，方耳，浅弧腹，圜平底，三蹄足细矮。通高 14.7、口径 14.2、腹径 18.1 厘米(见图五，2)。⑥

C 型　3件。平底。根据耳与足部变化分为三式。

---

①　云梦睡虎地秦墓编写组：《云梦睡虎地秦墓》，文物出版社 1981 年版，第 41~45 页。

②　湖北省文物考古研究所、十堰市博物馆等：《湖北房县松嘴战国两汉墓地第三、四次发掘报告》，《考古学报》1998 年第 2 期，第 232~246 页。

③　湖北京九铁路考古队、黄冈市博物馆：《湖北蕲春枫树林东汉墓》，《考古学报》1999 年第 2 期，第 195~198 页。

④　湖北京九铁路考古队、黄冈市博物馆：《湖北蕲春枫树林东汉墓》，《考古学报》1999 年第 2 期，第 195~200 页。

⑤　湖北省博物馆：《云梦大坟头一号汉墓》，《文物资料丛刊》(第四辑)，文物出版社 1981 年版，第 1~14 页。

⑥　荆州博物馆：《湖北荆州谢家桥一号汉墓发掘简报》，《文物》2009 年第 4 期，第 26~42 页。

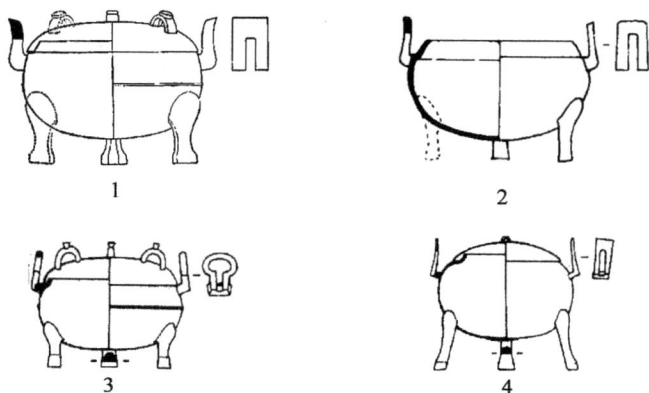

图四　丙 A 型鼎型式图

1. 丙 AⅠ式鼎(云梦睡虎地 M11：54)　2. 丙 AⅡ式鼎(房县松嘴 M71：4)
3. 丙 AⅢ式鼎(蕲春陈家大地 M11：5)　4. 丙 AⅣ式鼎(蕲春陈家大地 M4：1)

Ⅰ式　1 件。方耳，三足间距较远。

标本：襄阳王坡 M34：4，方耳，深腹，平底，三足较高。通高 25、口径 22.4、腹径 26.8 厘米(见图五，3)。①

Ⅱ式　1 件。耳圆角方形，上部有圆形耳孔，三足间距较远。

标本：荆门瓦岗山 M2：11，耳圆角方形，上部有圆形耳孔，浅鼓腹，平底，铁质兽面三蹄足。通高 19.6、口径 17.2、腹径 22.8 厘米(见图五，4)。②

Ⅲ式　1 件。环耳，三足间距较近。

标本：随州义地岗 M2：5，环耳，圆鼓腹，平底，素面三蹄足。通高 22、口径 20.6 厘米(见图五，5)。③

①　湖北省文物考古研究所：《襄阳王坡东周秦汉墓》，科学出版社 2005 年版，第 155~158 页。

②　荆门市博物馆：《荆门市瓦岗山西汉墓》，《江汉考古》1986 年第 1 期，第 8~15 页。

③　随州市考古队：《湖北随州市义地岗东汉墓清理报告》，《江汉考古》1996 年第 1 期，第 26~37 页。

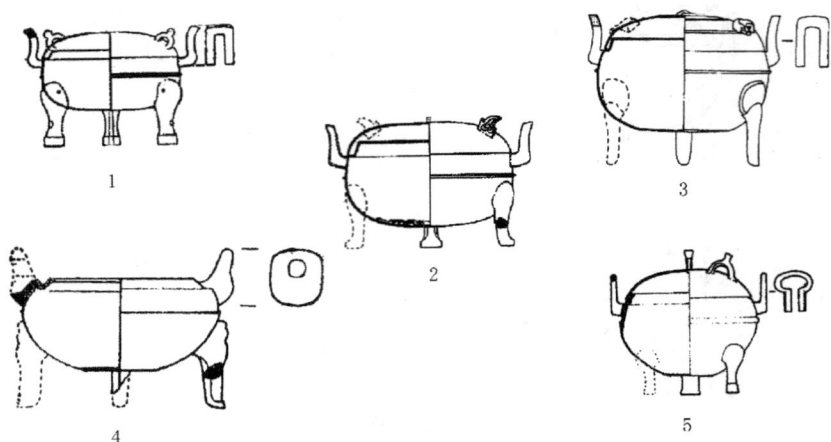

图五　丙 B、C 型鼎型式图

1. 丙 B I 式鼎（云梦大坟头 M1：27）　2. 丙 B II 式鼎（荆州谢家桥 M1：14）

3. 丙 C I 式鼎（襄阳王坡 M34：4）　4. 丙 C II 式鼎（荆门瓦岗山 M2：11）

5. 丙 C III 式鼎（随州义地岗 M2：5）

二、年 代 推 断

上文根据器物形态进行了型式划分，本文材料取自墓葬，可以参考墓葬资料进行年代推断。

甲类　I 式，4 件。根据发掘资料，年代最早的是当阳岱家山 M150：2，为战国中期晚段，其次是荆门罗坡岗 M51：2，其年代报告定在战国晚期早段，最晚的为宜城楚皇城 LM6：1 和荆州高台 M3：8，墓葬年代分别为秦昭襄王二十八年（前 279 年）至西汉早期和西汉中期。① 其中荆州高台 M3：8，发掘报告考证墓葬年代为武帝初期，

---

① 湖北省宜昌博物馆：《当阳岱家山楚汉墓》，科学出版社 2006 年版，第 186~197 页；楚皇城考古发掘队：《湖北宜城楚皇城战国秦汉墓》，《考古》1980 年第 2 期，第 114~122 页。

但报告也注明该鼎器形古朴，为前代遗物，器物年代应偏早，不会晚到西汉中期。类似器物在湖南多有出土，荆州高台 M3：8 与湖南永州鹞子岭 AM20：13 形态相近，鹞子岭 AM20 为战国晚期。[①] 综上，推断甲 I 式鼎在战国中期开始出现，战国晚期流行。II 式，2 件。襄阳王坡 M134：6，报告定为秦代；襄樊郑家山 M17：6，简报通过对比云梦睡虎地 M3，推断墓葬年代为战国晚期晚段至秦统一六国，该判断应该是可信的。综上，推断甲 II 式鼎年代为战国晚期晚段至秦统一六国。III 式，2 件。荆门子陵岗 M65：5，发掘报告认为该墓为西汉初期；蕲春草林山 M12：1，《罗州城与汉墓》判断属于二期三段，为西汉中期。[②] 综上，推断甲 III 式鼎年代为西汉早中期。IV 式，1 件。蕲春陈家大地 M9：6，该墓出土东汉五铢钱，报告判断年代为东汉早期，应该是合理的。

乙类 Aa 型　8 件。年代较早的是宜昌前坪葛 M1：1、襄阳王坡 M146：1 和 M73：3，墓葬年代为秦代。[③] 略晚的是荆州谢家桥 M1 和荆州高台 M4：6。荆州谢家桥 M1 是纪年墓，出土竹简记录下葬时间为"五年十一月"，即西汉吕后五年十一月（前 184 年 12 月）；荆州高台 M4 为西汉初年至文帝时期。综上，该型鼎流行于秦至西汉早期。

乙类 Ab 型　I 式，2 件。荆门罗坡岗 M50：12，报告判断该墓为战国晚期；随县擂鼓墩 M33：1，报告年代为战国中晚期。[④] 推断该式鼎流行于战国中晚期。II 式，4 件。云梦睡虎地 M3：4 较为典型，报告根据两座纪年墓和类型学分析，判断 M3 和 M7 年代相近，应为秦昭王五十一年（前 256 年），即秦统一六国之前。III 式，1 件。襄阳王坡 M82：7，报告根据类型学分析认为墓葬年代为西汉早期。

---

① 零陵地区文物工作队：《永州市鹞子岭战国墓发掘简报》，《湖南考古学辑刊》（第四辑），岳麓书社 1987 年版，第 48~51 页。

② 黄冈市博物馆等：《罗州城与汉墓》，科学出版社 2000 年版，第 248~275 页。

③ 湖北省博物馆：《宜昌前坪战国两汉墓》，《考古学报》1976 年第 2 期，第 115~142 页。

④ 随州市博物馆：《湖北随州擂鼓墩战国东汉墓发掘简报》，《江汉考古》1992 年第 2 期，第 1~7 页。

乙类 B 型　　Ba 型，2 件。荆门子陵岗 M63：2 和襄樊岘山 M3：6，此型鼎见于下寺 M1、M2，当阳赵家湖等楚墓，年代较早，为东周时期。① 出土该型鼎的两座墓年代分别为秦拔郢前和西汉早期，器物应该早于墓葬年代。

Bb 型，2 件。丹江口金陂 M132：10 和草林山 M11：1，简报判断墓葬年代都是西汉中期，应该是可信的。②

乙类 C 型　　1 件。襄樊郑家山 M17：4，襄樊郑家山 M17 还出土了甲Ⅱ式鼎，型式不同，年代应同为战国晚期至秦统一六国。

丙类 A 型　　Ⅰ式，24 件。集中在江汉平原和鄂西北地区，襄阳王坡、荆州高台、云梦睡虎地出土数量较多。较早的有云梦睡虎地 M11：54，江陵扬家山 M135：1，襄阳王坡 M134：8、M73：2 等，年代为战国晚期至秦统一六国。③ 其中云梦睡虎地墓地年代较为清楚，M11 为纪年墓，出土的《编年记》可判断墓主为"喜"，死亡时间为秦始皇三十年，即秦统一六国之后。较晚的有宜昌前坪 M8：2、M25：5 和襄阳王坡 M35：10、M109：7、M157：3，年代都是西汉早期。综上，判断Ⅰ式鼎流行于战国晚期至西汉早期。Ⅱ式，17 件。较早是房县松嘴 M71：4，简报判断该墓年代在武帝前期；较晚的是丹江口潘家岭 M40：12，该墓出宣帝五铢钱，在西汉中晚期流行，出土的铜釜甑无铺手衔环，是西汉早期釜甑的较晚形态，报告判断该墓为西汉中期末至西汉晚期。④ 综上，推断Ⅱ式鼎在西汉中期流行，或持续到西汉晚期。Ⅲ式，8 件。较早的有蕲春付家山 M6：28、蕲春草林山 M8：5、荆沙瓦坟园 M4：41 等，年代皆为西汉晚期；较晚的是蕲春陈家大地 M11：5，为东汉早期。综上，Ⅲ式鼎在西汉晚期至

---

① 河南省文物研究所等：《淅川下寺春秋楚墓》，文物出版社 1991 年版；湖北省宜昌地区博物馆等：《当阳赵家湖楚墓》，文物出版社 1992 年版。

② 湖北省文物局等：《湖北南水北调工程考古报告集》（第一卷），科学出版社 2013 年版，第 68~139 页。

③ 湖北省荆州地区博物馆：《江陵扬家山 135 号秦墓发掘简报》，《文物》1993 年第 8 期，第 1~11 页。

④ 湖北省文物局等：《丹江口潘家岭墓地》，科学出版社 2013 年版，第 181~198 页。

东汉早期流行。Ⅳ式，1件。蕲春陈家大地 M4：1，方耳、球腹、蹄足细长，结合报告类型学分析，应为东汉早期。

丙类 B 型　Ⅰ式，7件。较有代表性的是云梦大坟头 M1：27，报告判断其年代介于云梦睡虎地十一号墓和江陵凤凰山一六八号墓之间，即秦末汉初，应该是合适的。Ⅱ式，5件。其中荆州谢家桥 M1，该墓还出土乙类 Aa 型鼎，该式年代亦为西汉早期。

丙类 C 型　Ⅰ式，1件。襄阳王坡 M34：4，发掘报告判断年代为西汉早期，结合同出的仿铜陶礼器，是可信的。Ⅱ式，1件。荆门瓦房山 M2：11，出土 57 枚五铢钱，其“五”字交笔较直、“朱”字方折头，“金”字头如箭镞，简报判断具有武昭时期特征，应为西汉中期。Ⅲ式，1件。随州义地岗 M2：5，简报判断为东汉中期，从报道资料来看，或不太准确。出土的陶器与南阳地区的相近。陶壶与南阳丰泰 M356：16 和 M361：1 相近，为盘口、束颈、扁圆腹、平底无足，南阳丰泰 M356 和 M361 年代为西汉晚期；陶鼎和陶盒都有器盖隆起较高等特征，丰泰墓地陶鼎和陶盒器盖隆起在西汉昭宣时期出现，起初幅度小，到西汉晚期至新莽幅度较大。① 综上，随州义地岗 M2 出土陶器基本为西汉晚期流行器物，结合其墓葬形制为东汉流行的砖室墓，推断年代为东汉早期。

三、文化与传统的演变

社会历史的发展伴随着文化交流，文明因交融而精彩。在进行文化因素分析时，往往很难判断某种器物一定属于哪种文化，在文化交融发展的过程中，吸收多种文化特点是常见的。对于湖北地区秦汉时期的铜鼎而言，展现出不同的文化渊源和属性，其往往呈交融之势。我们以器物呈现的主要文化特征为依据进行归类，藉此浅析不同文化传统的铜鼎在秦汉的演变过程。

---

① 河南省南阳市文物考古研究所、武汉大学历史学院考古系：《南阳丰泰墓地》，科学出版社 2011 年版。

（一）主要文化因素

甲类鼎有耳内扣、垂腹、条状足外撇等特征，根据俞伟超、彭浩等人的研究，其属于越式鼎的范围，早期研究注重范围界定，未进行明确分类，后面向桃初把这类鼎称为 D 类敛口鼎，周冰归类为乙类附耳带盖鼎，都属于越式鼎。① 乙类鼎整体上看具有子母口、高蹄（兽）足的特征，俞伟超认为，应属于楚式鼎，高崇文将此类鼎称为"平底升鼎"和"子母口鼎"。② 尽管具体分类学界尚有分歧，但把此类鼎当做楚文化器物是比较明确的。丙类鼎为子母口、双附耳、圈（平）底、矮蹄（兽）足，此类鼎在中原地区战国至秦汉墓中多见，通常认为来源于三晋两周地区，可以称为中原式鼎。③

（二）文化与传统的演变

从持续时间来看。以甲类鼎为代表的越文化因素延续到东汉早期；以乙类鼎为代表的楚文化因素延续到西汉中期；以丙类鼎为代表的中原文化持续到东汉早期。作为本地文化的乙类楚式鼎在西汉走向消亡，而以甲类鼎、丙类鼎为代表的外来文化持续到东汉早期，这从一定程度上反映了文化生命力的不同。

从出土数量来看。甲类鼎 9 件，数量最少；乙类鼎 21 件，数量居中；丙类鼎 66 件，数量最多。西汉中期（包含）以前有 85 件，西汉中期以后有 11 件。无论是楚文化、越文化还是中原文化，都可称为东周文化因素，其在西汉中期以前数量庞大，后急剧减少，这反映

---

① 俞伟超：《关于楚文化发展的新探索》，《江汉考古》1980 年第 1 期，第 17~30 页；彭浩：《我国两周时期的越式鼎》，《湖南考古学辑刊》（第二辑），岳麓书社 1984 年版，第 136~141 页；向桃初：《"越式鼎"研究初步》，《古代文明》（第 4 卷），文物出版社 2005 年版，第 65~101 页；周冰：《越式鼎研究》，吉林大学硕士学位论文，2007 年。

② 高崇文：《东周楚式鼎形态分析》，《江汉考古》1981 年第 1 期，第 1~17 页。

③ 这类鼎在山西和河南大部，河北南部等中原地区多有发现。如洛阳中州路（西工段）、新乡李大召、陕西东周秦汉墓等。

东周文化因素在西汉中期走向衰弱，折射的是以周礼为代表的传统礼制的解体，作为其载体的礼器也不再能承载人们的精神追求，走向没落。而丙类鼎在三类中数量较多，反映湖北在西汉中期以前居主导地位的是中原文化，占有绝对优势。

中原文化因素的丙类鼎延续到东汉早期。丙类鼎从战国晚期到西汉晚期大量存在，数量是所有类型鼎中最多的，虽然西汉中期以后数量急剧减少，但依然数量可观，持续较长时间。这种现象在全国范围看，亦是如此。中原文化作为周文化在汉代受到巨大冲击，已经式微，不属于统治性文化，但两汉统治中心在北方中原地区，受到周文化影响依然较大，带有"正统"光环。两汉时期铜器制造多为官营，制造铜器的工匠由于惯性，依然保留着先前中原文化的传统，这或许可以从铜器制造方面解释在全国范围内丙类鼎流行的原因。

越文化因素的甲类鼎延续到东汉早期。甲类鼎数量比乙类鼎和丙类鼎都少，仅有9件，其中战国晚期4件，宜城、荆州、当阳、荆门各出土1件；西汉早期2件，襄樊出土2件；西汉中期2件，荆门、黄冈各出土1件；东汉早期1件，黄冈出土1件。早期墓葬出土越式鼎可能有多种原因，而西汉中期到东汉早期越式鼎主要见于黄冈地区，这或与墓主人族属和文化发展有较大关系。特定民族往往拥有较为固定的文化传统，某一种族的人群保留种族习惯是较为常见的。在汉文化影响力极为强大的东汉早期，蕲春陈家大地 M9 中出土了甲Ⅳ式鼎，可以推测该墓主人或为越人后裔，这类器物作为传统文化保留了下来。该墓出土的随葬品中，不仅有甲Ⅳ式鼎，还出现了锅、碗等汉文化器物。这种现象体现了越文化在保留自身文化传统的同时吸收了汉文化。文化发展也有区域上的不同，很大程度受到地理环境的影响。统治中心或交通要塞由于文化交流频繁，受到外来文化冲击较大，甚至被同化。而在偏远地区，由于交流较少，当地文化发展缓慢。黄冈地理位置较为偏僻，这或许是东汉早期越式器物在此存在原因之一。

楚文化因素的楚式鼎在西汉很快走向消亡。这里原因可能很复杂，下面推测两点：第一，受到中原文化强烈冲击。楚文化作为东周列国文化，大约在春秋晚期，其铜器特有的风格开始明朗起来，在此期间，楚文化在湖北占主导地位，楚式鼎是主流。秦汉之际，楚式鼎受到中原式鼎的冲击，在襄阳王坡 M73、襄樊岷山 M3、荆州谢家桥 M1 等墓葬中，楚式鼎和中原式鼎同时出现，单出中原式鼎也较单出楚式鼎多，中原式鼎在此时，已经占据主流位置。西汉中期，未见楚式鼎和中原式鼎同出，亦未单独出楚式鼎，中原式鼎却大量存在，楚式鼎更加式微。第二，缺乏族群支撑。越式鼎在东周秦汉时期也受到较大冲击，其先受到楚式鼎冲击，后受到中原式鼎冲击。在襄樊郑家山 M17 中，越式鼎和楚式鼎同出；在襄阳王坡 M134 中，越式鼎和中原式鼎同出。但越式鼎始终没有消亡，持续到东汉早期，这可能是越式鼎依靠越人族群而存在。相反，楚式鼎没有这种优势，楚族在汉代逐步融入汉族，不存在代表性的族群，因此在汉代楚式鼎的维系就成了无本之木。[1]

综上，不同文化因素的走向不尽相同。越式鼎数量少，影响弱，但凭借族群因素和地理环境持续到东汉早期；楚式鼎虽然作为湖北土著文化，在东周时期占据主导地位，但其受到中原式鼎和汉式器物冲击，加上其缺乏族群支撑，迅速走向消亡；数量最多，影响最大的中原式鼎在西汉中期前占据重要地位，虽然依靠统治中心的区域位置和工匠因素持续到东汉，但不免在西汉中期数量急剧减少。这些都反映了在西汉中晚期，东周文化的衰败和汉文化的兴起。

四、结　语

铜鼎作为传统礼器的代表，在商周礼制中曾扮演重要角色，秦汉以后发生重大转折。秦至西汉早期，传统礼器仍占据一定地位，墓葬中所见铜鼎的数量虽不如前代，但依然可观，随葬鼎作为一种文化传统保留了下来。到了西汉中期以后，代表传统礼器的铜鼎数量急剧减少，代表汉文化的日用器和模型明器逐渐增多。这反映了在西汉中晚期，传统礼器在精神层面的重要性降低，不再承载人们的精神追求，

---

① 徐祖祥：《楚族的兴衰与汉族的形成》，《华夏文化》2006 年第 1 期，第 16~18 页。

走向衰落；与此同时，汉式器物的大量出现，表明新的丧葬观念形成，汉文化兴起。

（作者系武汉大学历史学院职工）

两周铜器自名中的"行"及行器补议

孙旭亮

摘要：对两周铜器自名中常见器名修饰词"行"的含义，学界有分歧。我们通过相关有铭铜器自名的对照，并分析已知的专门为随葬制作的铜器铭文"遣""葬"用词，认为出土行器中用作自名修饰词的"行"的含义应该是一致的，不太可能有两种或多种的理解。用作自名修饰词的"行"字理解为"用"比较合适。

关键词：行器；自名；行

在出土的有铭青铜器中，有一类铭文自名带有修饰词"行"的器物，学界多称作"行器"。行器多见于春秋铜器，邹芙都先生 2012 年时统计有 100 余件①，吴镇烽先生 2018 年统计有 155 件(套)，其中自名"行器""行彝""行具"者 40 件，"行+器铭"(如行鼎、行簋、行簠之类)者 112 件(套)②。行器涉及食器、酒器、水器、乐器、兵器等器类，很早就引起大家的关注。近年来一些重要的行器以及相关有铭铜器的出土再次引发了学者们热烈讨论。本文着重梳理两周时期铜器自名修饰词"行"的含义以及行器用途，不妥之处，请方家批评指正。

有关两周铜器自名修饰词"行"的含义以及行器的属性、用途，

---

① 邹芙都：《铜器用途铭辞考辨二题》，《求索》2012 年第 7 期，第 110 页。

② 吴镇烽：《论青铜器中的"行器"及其相关器物》，复旦大学出土文献与古文字研究中心(http：//www. gwz. fudan. edu. cn/Web/Show/4287)，2018 年 9 月 11 日。

大家看法不一，主要有以下三种观点：

（1）认为行器的用途是征行、旅行。郭沫若先生认为虢叔盨铭文"虢叔之行盨"意思是说虢叔受命征伐淮夷，行将出征。① 李纯一先生针对双墩 M1 出土的钟离公柏钟中的"行钟"一词，指出"行钟"能奏出简单刚健的曲调，或适于制造热烈激动的气氛，是上层贵族外出巡守征行时所使用的乐器。② 马衡先生认为行器就是旅器，旅器为征行而作，"旅"有行义。③ 黄盛璋先生认为行器就是旅器，旅器流行于周初至春秋，春秋以后不见，是行器替代了旅器。④ 张亚初先生认为殷周青铜器中的行鼎、行器之"行"指出行、随行，是贵族专为出行时制作的用器。⑤ 陈双新先生认为行钟应为外出征行或娱游所用。⑥ 陈英杰先生认为以"行"修饰的礼器都为出行所用，春秋时列国之间往来频繁，"行器"多与此有关。⑦

（2）认为"行"是"用"之义。持这种观点的人多引用《周礼·天官·庖人》"春行羔豚膳膏香"贾公彦疏："言行者，义与用同。"《甲骨金文字典》《金文形义通解》《金文常用字典》《简明金文词典》等亦取这种观点。⑧《曾国青铜器》认为"行鼎"之"行"，义为用。⑨ 赵平

① 郭沫若：《两周金文铭辞大系》，科学出版社 1957 年版，第 120 页。

② 李纯一：《关于歌钟、行钟及蔡侯编钟》，《文物》1973 年第 7 期，第 15～17 页。

③ 马衡：《凡将斋金石丛稿·中国金石学概要》，中华书局 1977 年版，第 286 页。

④ 黄盛璋：《释旅彝——铜器中"旅彝"问题的一个全面考察》，《历史地理与考古论丛》，齐鲁书社 1982 年版，第 345～365 页。

⑤ 张亚初：《殷周青铜鼎器名、用途研究》，《古文字研究》第十八辑，中华书局 1992 年版，第 66 页。

⑥ 陈双新：《青铜乐器自铭研究》，《华夏考古》2001 年第 3 期，第 34 页。

⑦ 陈英杰：《西周金文作器用途铭辞研究》，线装书局 2008 年版，第 283 页。

⑧ 方述鑫等编著：《甲骨金文字典》，巴蜀书社 1993 年版，第 155 页；张世超、孙凌安等：《金文形义通解》，中文出版社 1996 年版，第 420 页；陈初生编纂，曾宪通审校：《金文常用字典》，陕西人民出版社 2004 年版，第 212 页；王文耀编著：《简明金文词典》，上海辞书出版社 1998 年版，第 136 页。

⑨ 湖北省文物考古研究所：《曾国青铜器》，文物出版社 2007 年版，第 199 页。

安先生认为"行"是"用"义。①

（3）认为"行"有随葬之义，行器属明器。邹芙都先生认为行器有多种用途，其中有一类即是随葬的明器。② 陈英杰先生认为《曾国青铜器》著录的"行器"，大多存在制作不够精细，范缝未经打磨，圈足内浇铸不足，芯范未清理，铭文字迹较模糊等现象。"行器"中有一部分当是专门制作的随葬器。③ 杨华先生认为青铜"行器"的用途不限于征行、燕行，也可视为随葬的"遣器"。④ 张闻捷先生将"行器"分为"巡狩征行之器"与"大行之器"两部分，在汉淮地区的一些国家，"行器"被赋予一种新的使用方式，专为丧葬活动而备，用以大行。⑤ 吴镇烽先生认为，所有的行器都是专门用于随葬的明器，行器的功能是随葬的"明器"，与出行、巡行、燕行、征战没有关系。⑥ 查飞能先生认为"行器"可从用途上划分为"出行之器"和随葬"明器"两种，其中后者占据绝大多数，他总结作为随葬明器的"行器"有三个特点，即：随葬"行器"器不成用；随葬"行器"组合与礼制不符合；随葬"行器"的诂辞是"永祜福"。⑦

以上观点中，认为自名修饰词"行"具有"随葬明器"含义的观点较为突出。这里有必要提及"走器"。"走器"是指一类自名中带有

①　赵平安先生的观点转引自陈英杰《西周金文作器用途铭辞研究》第 212 页注 1："2006 年 11 月 12—15 日在广州召开第十六届古文字学研讨会期间，我曾向赵平安老师请教这个问题，他认为'行'是'用'义。"

②　邹芙都：《铜器用途铭辞考辨二题》，《求索》2012 年第 7 期，第 111 页。

③　陈英杰：《读曾国铜器札记》，《曾国考古发现与研究学术研讨会论文集》，清华大学出版社 2014 年版，第 146 页。

④　杨华：《"大行"与"行器"——关于上古丧葬礼制的一个新考察》，《湖南大学学报》（社会科学版）2018 年第 2 期，第 88~97 页。

⑤　张闻捷：《楚国青铜礼器制度研究》，厦门大学出版社 2015 年版，第 292~303 页。

⑥　吴镇烽：《论青铜器中的"行器"及其相关器物》，复旦大学出土文献与古文字研究中心（http://www.gwz.fudan.edu.cn/Web/Show/4287），2018 年 9 月 11 日。

⑦　查飞能：《商周青铜器自名疏证》，西南大学博士学位论文，2019 年，第 371~373 页。

"走"的器物，不少学者认为"走器"之"走"与"行器"之"行"义同。张吟午先生认为"走器"是一类明器，她依据曾侯乙墓出土的"曾侯乙之走戈"没有使用痕迹，以及"走"字在先秦文献中有"归去"义，推断"走"器是专门为死者从阳界返赴阴界而作的明器。① 所谓"走钟"，可能也不是专指明器。张亚初先生认为："'走钟'之'走'应该是'奏'字的假借字……奏钟，也就是演奏之钟。"②郜公敄人钟铭文中有"走钟"一词，作："唯郜正二月，郜公敄人自作走钟，用追孝于厥皇祖哀公、皇考振公"（《铭图》③27·15189），查飞能先生认为从铭文看，其用途是作为宗庙中鼓奏的祭祀乐器，"走"读为"奏"，演奏之义。《诗经·大雅·绵》"予曰有奔奏"，陆德明《经典释文》："奏，又作走。"④因此青铜器中的"走器"不一定与"行器"对应。

邹芙都先生提出"行器"可作为随葬明器的证据之一是与《仪礼·既夕礼》所记"行器"相关。《仪礼·既夕礼》："行器，茵、苞、器序从，车从"，郑玄注："目葬行明器在道之次。"贾公彦疏："包牲讫，明器当行乡圹，故云'行器'。"彭林先生注："行器，指明器。"⑤林沄先生认为："在先秦文献中的'明器'一词，实际有两种不同的含义。第一种含义是广义的，而且可能是比较原始的，是泛指在墓中随葬的给亡灵用的东西。在《仪礼·既夕礼》'陈明器于乘车之西'以下，列举了苞、筲、瓮、甒、用器（弓、矢、耒、耜、敦、杅、盘、匜）、燕乐器、役器（甲、胄、干即盾、箙即箭筒）、燕器（杖、笠、翣即扇）。根据考古发掘，这些东西都可以是实用品，并不一定都是非实

---

① 张吟午：《"走"器小考》，《江汉考古》1995 年第 3 期，第 79~80 页。

② 张亚初：《古文字分类考释论稿》，《古文字研究》第十七辑，中华书局 1989 年版，第 239 页。

③ 《铭图》《铭续》分别是吴镇烽先生编著《商周青铜器铭文暨图像集成》（上海古籍出版社 2012 年版）、《商周青铜器铭文暨图像集成续编》（上海古籍出版社 2016 年版）的简称，本文引用均采用简称，并标明卷数和著录号。

④ 查飞能：《商周青铜器自名疏证》，西南大学博士学位论文，2019 年，第 393 页。

⑤ 彭林注译：《仪礼》，岳麓书社 2001 年版，第 364 页。

用品。所以郑玄在这里注'明器、藏器也'。是比较贴切的。"①邹先生认为这里的"行器"就是指明器。② 杨华先生也认为明器本身即称为"行器"。③《仪礼·既夕礼》记载，在迁柩于祖庙、设祭席之后，有展示明器和葬具的环节，列举了苞、筲、瓮、甒、用器（弓、矢、耒、耜、敦、杅、盘、匜等常用之器）、燕乐器、役器、燕器（杖、笠、扇等燕居安体之器）。上述"用器""燕乐器""役器"等都是属于"明器"的范围。据郑注及贾疏，《仪礼·既夕礼》"行器，茵、苞、器序从"的"行"也可能用作动词，"行器"意思是指将上述明器遣送入圹。

我们认为，出土行器中用作自名修饰词的"行"的含义应该是一致的，不太可能有两种或多种的理解。用作自名修饰词的"行"字理解为"用"，应该是比较合适的。以下试做申述。

（1）通过两两对照，下列行器自名中的"行"，训为"用"较为合理。

①夫人鼎和夫人匜。两器皆属传世器，其年代在春秋早期，作器者名均被刮磨掉。当属于被他人夺走的战利品。夫人鼎铭文作："□□为夫人餗（馈）鼎，用征用行，万岁用常"（《铭图》4·02064），夫人匜铭文作："□□为夫人行匜，用征用行，万岁用常"（《铭图》12·05590）。夫人鼎、夫人匜铭文的内容、格式大体相同，两相对照，不难看出，夫人匜铭文中的"行匜"与夫人鼎中的"馈鼎"地位相当。"馈鼎"之"馈"，是较常见的青铜食器自名修饰词，是熟饭、蒸饭之义。"馈鼎"是针对鼎的实际生活功用的称呼，"行鼎"应该是跟"馈鼎"对应，"行"就是"用"之义，不宜解作出行或随葬。

②浃叔鼎和盅鼎。随州刘家崖出土，2件形制基本相同，年代在春秋中期。④ 其中的一件铭文作："浃叔之行鼎，永用之"（《铭图》

---

① 林沄：《周代用鼎制度商榷》，《史学集刊》1990 年第 3 期，第 19 页。

② 邹芙都：《铜器用途铭辞考辨二题》，《求索》2012 年第 7 期，第 111 页。

③ 杨华：《"大行"与"行器"——关于上古丧葬礼制的一个新考察》，《湖南大学学报》（社会科学版）2018 年第 2 期，第 90 页。

④ 随州市博物馆：《湖北随县刘家崖发现古代青铜器》，《考古》1982 年第 2 期，第 142~146 页。

3·01841），另一件铭文作："盅之登（升）鼎，其永用之"（《铭图》3·01842）。《曾国青铜器》认为泾叔和盅是同一个人。① 泾叔鼎的"行鼎"和盅鼎的"升鼎"对应，"行"也应是用之义。

③宽儿缶和宽儿鼎。宽儿缶，属私人收藏，铭文作："唯正八月初吉壬申，苏公之孙宽儿择其吉金，自作行缶，眉寿无期，永保用之。"（《铭图》25·14091）宽儿鼎，属传世品，铭文作："唯正八月初吉壬申，苏公之孙宽儿择其吉金，自作食繁，眉寿无期，永保用之。"（《铭图》5·02335）张懋镕先生认为："宽儿鼎与宽儿缶两篇铭文除器名不同之外，都是30个字，且行文格式一致，字形书体也极其相似，可以说是出自同一人之手。可见宽儿鼎与宽儿缶不仅为同人之器，也是同时所作之器。"②"食繁"之"繁"是繁鼎的省称，"食"表用途，即饮食。宽儿缶铭文"行缶"与宽儿鼎铭文"飤繁"对应，"行缶"也应该不会是出行或随葬之义。

另外，我们注意到有几件铜器，其自名中同时使用了"行"和其他自名修饰语，构成了复合修饰语，如南阳春秋彭射墓出土的彭子射匜，铭文作："彭子射之行会曳（匜）。"（《铭图》26·14878）叔考臣鼎铭文作："巫为其咎叔考臣铸行繁鼎。"③彭子射匜的"行会匜"、叔考臣鼎的"行繁鼎"都使用了带有"行"的复合修饰词。"繁"是作为专名来使用的，"行"则是一个用法较宽泛的自名修饰词，将"行"理解为用就比较合适。"行"用作自名修饰词，既可单独使用，也可以和其他专名复合使用。④

（2）曾子遹行簠与行缶以及鄂夫人行鼎与行簠，其自名修饰词的"行"都无法理解作随葬。目前所知的曾侯遹器有：曾子遹簠："曾子

---

① 湖北省文物考古研究所：《曾国青铜器》，文物出版社2007年版，第199~208页。

② 张懋镕：《宽儿缶小议》，《古文字与青铜器论集》第三集，科学出版社2010年版，第79页。

③ 黄锡全：《曾器铭文中之"曾子"称谓问题——附曾公孙叔考臣三器》，《古文字研究》第三十二辑，中华书局2018年版，第163~176页。

④ 另外还有一件尹氏士叔壶，铭文作："尹氏士叔善父作行尊□"（《铭续》3·0832），《铭续》定为西周中期后段，此器时代较早，可以参看。

遇之行簠"（《铭图》13·05778、05779）、曾子遇缶："曾子遇之行缶"（《铭图》25·14067）、曾侯遇鬲："行鬲"（《铭续》1·0236）、曾侯遇双戈戟："曾侯遇之用戟"（《铭图》31·16880、16881）、曾侯遇三戈戟："曾侯遇之行戟"（《铭图》31·16882、16883）。曾侯遇的称谓，前后有变化。张昌平先生认为：

> 曾子遇与曾侯遇之"遇"字形有所不同，但曾子遇簠与曾侯遇戟之"遇"均从"辶"从"舆"，同时曾子遇簠形制反映的年代也在春战之际，曾子遇与曾侯遇所处的时代相同，因此曾子遇与曾侯遇实为同一人，是没有问题的。由此可知，曾侯遇原来的称谓为曾子遇，他以曾侯后裔的身份继承曾国国君之位，其称谓即由"曾子"而变为"曾侯"了。①

上述簠、缶应该是曾侯遇还未继位时所铸造的铜器，这样来看，曾子遇的行簠和行缶就不能视作专为随葬而制作的器物。而且曾侯遇的行戟（"曾侯遇之行戟"）和用戟（"曾侯遇之用戟"），同时出土于曾侯乙墓，"行戟"和"用戟"直接对应，"行"也应是用之义。

南阳夏饷铺鄂国墓地 M1 出土了 5 件鄂夫人行鼎，属春秋早期，大小相次，形制、纹饰及铭文相同。② 其铭文作："唯正月初吉己丑，鄂侯作夫人行鼎。"另出土有 2 件簠盖，形制、纹样及铭文相同，铭文作："唯八月己丑，鄂侯作夫人行簠。"鄂侯为鄂夫人制作的行鼎和行簠，是分正月己丑和八月己丑两批铸成的。如果我们将此处"行鼎""行缶"之"行"理解作随葬，即鄂侯为鄂夫人制作的行器是专门为随葬而作，那为何两批器物时间上相隔八个月，这是不太合乎情理的。

（3）出土青铜器中确有一类是专门为随葬而制作的器物。如：

①春秋晚期的皇毅鼎。铭文作："昊欱公子皇毅择其吉金自作食

---

① 张昌平：《曾国青铜器研究》，文物出版社 2009 年版，第 355 页。
② 河南省文物局南水北调办公室、南阳市文物考古研究所：《河南南阳夏饷铺鄂国墓地 MI 发掘简报》，《江汉考古》2019 年第 4 期，第 36～46 页。

驎，千岁之外，我是以遣。"(《铭续》1·0192)《仪礼·既夕礼》："书遣于策"，郑玄注："遣，犹送也。"所以皇鼎有可能是皇殻生前所作的葬器。

②曾公子弃疾器，随州义地岗出土，年代为春秋晚期。① 曾公子弃疾瓶，铭文作："曾公子弃疾之葬瓶"(《铭续》1·0280)，曾公子弃疾簠，铭文作："曾公子弃疾之葬簠"(《铭续》1·0486)。葬，整理者原释"登"，读"升"。黄杰、鞠焕文、禤健聪等先生改释"葬"。② 铭文中改释为"葬"的字，写法不一，甚至有的字迹漫漶，不过从字形上看，释"葬"有一定道理。"葬"用作铜器自名修饰词仅此见。

上述专门为随葬而制作的器物，自名中都没有使用"行"的修饰词，而是在行文或自名中使用了明显表述随葬意思的"遣""葬"，这大概可以反证自名修饰词"行"不是表述随葬。需要提及的是，淅川下寺出土的敬事天王钟铭文中的"大行"等词语。其铭文："唯王正月初吉庚申，□□□□自作咏铃，其眉寿无疆，敬事天王，至于父兄，以乐君子，江汉之阴阳，百岁之外，以之大行。"(《铭图》27·15222-15230)赵世纲先生认为"大行"为帝王驾崩的讳称。③ 杨华先生认为"百岁之外"除了理解为死亡、丧葬之类，很难作其他解释。④ 郭国权先生认为"大"应为"行大事"，"创大业"之义。齐国货币上往往铸有"大行"二字，意为"大为流行"。⑤ 韩宇娇先生认为"百岁"可

---

① 湖北省文物考古研究所等：《湖北随州义地岗曾公子去疾墓发掘简报》，《江汉考古》2012 年第 3 期，第 3~26 页。

② 黄杰：《随州义地岗曾公子去疾墓所出铜器铭文中的"葬"字》，简帛论坛(http：//www. bsm. org. cn/bbs/read. php？tid=2998&fpage=2)，2012 年 11 月 5日；鞠焕文：《古文字"葬"字简释》，《中国文字研究》第二十三辑，上海书店2016 年版，第 46 页；禤健聪：《曾公子弃疾铜器铭文辨读二则》，《中原文物》2016 年第 4 期，第 35 页。

③ 赵世纲：《淅川下寺春秋楚墓青铜器铭文考索》，《淅川下寺春秋楚墓》，文物出版社 1991 年版，第 361 页。

④ 杨华：《"大行"与"行器"——关于上古丧葬礼制的一个新考察》，《湖南大学学报》(社会科学版)2018 年第 2 期，第 92 页。

⑤ 郭国权：《河南淅川县下寺春秋楚墓青铜器铭文集释》，吉林大学硕士学位论文，2008 年，第 23 页。

以读为"百越",铭文意为在百越地区大为行用。① 文峰塔曾国墓地
M21 出土的曾孙卲壶,铭文作:"曾孙卲之大行之壶。"(《铭图续》2·
0820)两处"大行"应该是一个意思。目前还没有证据表明"大行"与死
亡、丧葬相关,确切所指还有待考察。

(作者系武汉大学历史学院硕士研究生)

---

① 韩宇娇:《曾国铜器铭文整理与研究》,清华大学博士学位论文,2014
年,第 132 页。

秦文字中的"壹"

程　鹏

摘要："壹"在秦文字中有两种写法，分别见于不同类型的秦文字资料中。两种写法均和"壶"有关，但并不同于"壶"，"壹"和"壶"混用的情况非常少见，两者字形为何相近待考。"壹"在秦文字中主要有六种用法，"壹"和"一"在用法上存在一定分工，但不绝对，同一义项混用"壹"和"一"的情况并不少见。

关键词：秦文字；壹；壶；一

今天用作大写数字的"壹"，产生于战国时代的秦文字系统，颇具秦系文字特色。"壹"在秦文字中有两种不同的写法，均与"壶"有关，"壹"和"壶"的关系在之前的研究中论述得不够准确，本文将较为系统地论述这一问题。在用法上，"壹"和"一"存在一定的分工，但不绝对，同一义项混用"壹"和"一"的情况并不少见，本文将逐项予以分析。

一、"壹"的字形——兼论"壹"和"壶"的关系

《说文解字》云："壹，专壹也，从壶吉声。"①这种从壶从吉的写法，在统一后的秦文字资料中很常见，应是标准小篆。此外，"壹"还有一种类似于壶的省体且不从吉的写法，统一前的秦文字资料中多

---

① 许慎：《说文解字》，中华书局 1963 年版，第 214 页。

作此形，统一后亦不少见。这一区别已有学者指出。① 这里我们称前一种写法为"A 型"，后一种写法为"B 型"。

A 型典型字例：▨（秦始皇廿六年诏书陶文）②▨（始皇诏版一）③

B 型典型字例：▨（诅楚文·巫贤·中吴本）④

▨（岳麓 1399/4-112）⑤▨（秦骃玉版）⑥

A 型主要见于记有廿六年诏书的秦金文和陶文以及始皇时期的刻石。根据是否有象壶耳的圈画，又可细分为 A1 和 A2 两种：

A1 典型字例：▨（两诏椭量三之一）⑦▨（北私府椭量）⑧

▨（会稽刻石）⑨

A2 典型字例：▨（旬邑铜权）⑩▨（大驷铜权）⑪

B 型主要见于秦简、秦印、诅楚文、秦骃玉版、秦封宗邑瓦书、商鞅方升以及少数记有廿六年诏书的秦金文。B 型可细分为三种：B1 主要见于诅楚文和瓦书，其下部豆形中为两斜画；B2 主要见于秦简、秦骃玉版和秦金文，其下部豆形中为一横画；B3 主要见于秦印，其特点是用线画连接"壹"字中的上下各部分，形成一个相对封闭的整体。

---

① 详见陈昭容：《从秦系文字演变的观点论〈诅楚文〉的真伪及其相关问题》，台湾《"中央研究院"历史语言研究所集刊》第 62 本第 4 分，1993 年，第 569~621 页。

② 袁仲一、刘钰：《秦陶文新编》，第 3364 号，文物出版社 2009 年版，第 605 页。

③ 图版来自王辉：《秦文字编》，中华书局 2015 年版，第 1594 页。

④ 图版来自王辉：《秦文字编》，中华书局 2015 年版，第 1596 页。

⑤ 陈松长主编：《岳麓书院藏秦简（肆）》，上海辞书出版社 2015 年版，第 105 页。以下正文标注简号，注释省略。

⑥ 李零：《秦骃祷病玉版的研究》，《国学研究》第 6 卷，北京大学出版社 1999 年版，第 525~548 页。

⑦ 图版来自王辉：《秦文字编》，中华书局 2015 年版，第 1593 页。

⑧ 图版来自王辉：《秦文字编》，中华书局 2015 年版，第 1592 页。

⑨ 图版来自王辉：《秦文字编》，中华书局 2015 年版，第 1596 页。

⑩ 图版来自王辉：《秦文字编》，中华书局 2015 年版，第 1596 页。

⑪ 图版来自王辉：《秦文字编》，中华书局 2015 年版，第 1592 页。

B1 典型字例：▨（秦封宗邑瓦书）①

B2 典型字例：▨（岳麓 1828/3-157）▨（岳麓 0914/4-278）

　　　　　　▨（里耶 8-434）②▨（睡虎地《日甲》59 背）③

　　　　　　▨（始皇诏铜权六）④

B3 典型字例：▨（秦印"中壹"）⑤▨（秦印"壹心慎事"）⑥

纵观全部秦文字资料，"壹"的 B 型写法在使用范围上远大于 A 型。在频次上，如果将重复记有廿六年诏书的金文只算 2 例（因为有两个壹，陶文同），B 型也远多于 A 型。秦文字资料中出现 A 型写法 6 例（六十余篇使用 A 型写法的廿六年诏书金文 2 例、十一篇记有廿六年诏书的陶文 2 例、峄山刻石 1 例、会稽刻石 1 例），B 型写法 41 例（商鞅方升 1 例、诅楚文 1 例、瓦书 2 例、秦骃玉版 4 例、秦印 2 例、睡虎地秦简 2 例、里耶秦简 11 例、岳麓秦简 15 例、北大秦简 1 例、三篇使用 B 型写法的廿六年诏书金文 2 例）。

由于有"吉"作声符，A 型写法与"壶"较易区分。有些秦金文由于残泐比较严重，"壶"中间的"吉"不太清晰，但残存的笔画仍足以和"壶"相区分。B 型写法和商周金文中"壶"的省体（秦简中的"壶"也是这种写法）非常相近，有的学者甚至认为相同，但其实仍可以区分："壹"的下部为豆形，"壶"的下部为圈画横贯的两竖笔，这种区别在汉隶乃至现代汉字中都有体现。商周金文中少数"壶"的写法与"壹"B 型写法非常相似，难以区分，但不见于秦文字。

---

① 袁仲一、刘钰：《秦陶文新编》，第 2977 号，文物出版社 2009 年版，第 516 页。

② 湖南省文物考古所：《里耶秦简（壹）》，文物出版社 2012 年版，第 65 页。以下正文标注简号，注释省略。

③ 陈伟主编：《秦简牍合集（壹）》，武汉大学出版社 2014 年版，第 1221 页。以下正文标注简号，注释省略。

④ 王辉：《秦铜器铭文编年集释》，三秦出版社 1990 年版，第 115 号。

⑤ 秦都咸阳考古队：《咸阳市黄家沟战国墓发掘简报》，《考古与文物》1982 年第 6 期，第 6~15 页。

⑥ 王辉、程学华：《秦文字集证》，第 753 号，艺文印书馆 1999 年版，第 302 页。

商周金文中类似于壹 B 型写法的壶：

▨（伯公父壶盖）①▨（陈侯壶）②▨（彭伯壶）③

秦简中的壶：

▨（周家台 348）④▨（睡虎地《秦律》13）

"壹""壶"两字混用的情况，见于睡虎地秦简（《秦律》47、100）：

▨（睡虎地《秦律》47）▨（睡虎地《秦律》100）

　　根据文意，两处均应作"壹"，但字形作"壶"，整理者已指出了这一问题，认为是"壹"的误字。⑤　不过细察图版，我们认为后者字形可能并不是"壶"。"壹"和"壶"音意皆远，只有字形相近，混用的情况又很少见，应该没有通假关系，整理者的意见可从。⑥

　　"壹"和"壶"音意皆远，为何"壹"的两种写法均和"壶"相关？杨树达先生和商承祚先生都曾做过解释⑦，但皆不脱"壹壺"一词的词意和《说文》从吉声的写法，考虑到"壹"在出土文献中的词意和写法，这种解释似乎难以成立。李孝定先生曾尝试从字形演变方面回答这一问题，认为从壶吉声的"壹"是假借，后来"壶"字减省，假借的"壹"

---

① 　中国社会科学院考古研究所：《殷周金文集成》第 15 册，第 9656 号，中华书局 1993 年版，第 213 页。

② 　中国社会科学院考古研究所：《殷周金文集成》第 15 册，第 9633.1 号，中华书局 1993 年版，第 200 页。

③ 　尹俊敏：《南阳出土的彭伯壶》，《文物》1997 年第 12 期，第 58~60 页。按：盖"壶"字的写法即与 B 型写法非常相似，单从字形上确实难以区分。

④ 　陈伟主编：《秦简牍合集（叁）》，武汉大学出版社 2014 年版，第 277 页。

⑤ 　释文正文作"壶"，用尖括号括注正字"壹"。详见睡虎地秦墓竹简整理小组编：《睡虎地秦墓竹简》，文物出版社 1990 年版，第 31、43 页。

⑥ 　郭子直先生认为"壹"和"壶"是因字形相近而临时借用，事实上是没有搞清楚"壹"和"壶"的字形关系，扩大了"壹"和"壶"混用的范围，陈昭容先生也有类似误解。详见郭子直：《战国秦封宗邑瓦书铭文新释》，《古文字研究》第 14 辑，中华书局 1986 年版，第 177~196 页。

⑦ 　杨树达：《释壹》，《积微居小学述林全编》，上海古籍出版社 2007 年，第 94~95 页。商承祚：《〈石刻篆文编〉字说（二十七则）》，《中山大学学报》（哲学社会科学版）1980 年第 1 期，第 89~96 页。

也跟着减省，同时省略声符"吉"。陈昭容先生已有反驳，并认为"壹"和"壶"的关系待考①，我们表示赞成。

二、"壹"的用法

"壹"在秦文字资料中有以下几种用法：

1. 表示专一

　　壹心慎事(秦印)②

王辉、程学华《秦文字集证》指出，《为吏之道》："以中为干，慎前虑后。"又云："操邦柄，慎度量，来者有稽莫敢忘。"大意与此印近。

　　中壹(秦印)③

王辉、程学华《秦文字集证》："中"读为"忠"，与"中仁"印同例，"壹"即上文"壹心慎事"之壹，义为专一。

　　佩新大鞛(鞸)刀。其瞻视不壹，如有恶状。即讯，言曰：□〖……〗(岳麓1818/3-157)

---

　　① 陈昭容：《从秦系文字演变的观点论〈诅楚文〉的真伪及其相关问题》，台湾《"中央研究院"历史语言研究所集刊》第62本第4分，1993年，第569~621页。李孝定先生观点亦出自此文。
　　② 本印出自陈介祺《十钟山房印举》，转引自王辉、程学华：《秦文字集证》，第753号，艺文印书馆1999年版，第302页。
　　③ 秦都咸阳考古队：《咸阳市黄家沟战国墓发掘简报》，《考古与文物》1982年第6期，第6~15页。《十钟山房印举》收录有内容相同的一枚印。

2. 表示统一

不壹歉疑者，皆明壹之(秦始皇廿六年诏书)①

按：前一个"壹"是形容词，表示明确的不一致；后一个"壹"是动词，表示使其统一。

平壹宇内(会稽刻石)
壹家天下(峄山刻石)
阇(扃)甬(桶)□，皆壹用方橙(概)，[方]橙(概)毋得，用盘及园橙(概)。(岳麓1237/4-17)

按：该简文中"壹"应为副词，"皆""壹"在这里词意相近。
引申为一体：

两邦若壹(诅楚文)

3. 表示一次

这种用法在秦简中最为常见。其前有时会接一个时间段，表示每过一段时间就要做一次某事：

·□律曰：冗募群戍卒及居赀赎责(债)戍者及冗佐史、均人史，皆二岁壹归(岳麓0914/4-278)
稗官去其廷过廿里到百里者，日薄(簿)之。而月壹上廷，恒会朔日。(岳麓1925/5-253)
月壹输(岳麓1399/4-122)

---

① 廿六年诏内容可见始皇诏铜方升一，参见王辉：《秦出土文献编年订补》，三秦出版社2014年版，第175页。

廿八年七月戊戌朔辛酉启陵乡赵敢言之：今旦二月亅壹上人臣治酉名。(里耶8-767)

也有单独出现表示一次的：

方亭，乘之，上自乘，下自乘，下壹乘上，同之，以高乘之，令三而成一。(岳麓0830/2-186)
补军吏、令、佐史，必取壹从军以上者(岳麓J43/4-221)
驾县马劳，又益壶(壹)禾之(睡虎地《秦律》47)
壹治药，足治病(里耶8-1243)①

该句又见于马王堆帛书《五十二病方》，整理者注：此句意为一次炮制此药，应足够治病的需要。②

4. 表示数量

后世用"壹"作为大写数字，盖由此发展而来：

官相付受毋过壹稷(里耶8-875)

按：稷为面积单位，详见《里耶秦简牍校释(第一卷)》。

勉壹步(睡虎地《日书甲种》111背)
壹璧先之(秦骃玉版)

5. 表示月份

这种用法非常少见，目前仅见于秦封宗邑瓦书：

---

① 《里耶秦简(壹)》释文未释"壹"，此据陈伟等补释，见陈伟主编：《里耶秦简牍校释(第一卷)》，武汉大学出版社2012年版，第298页。
② 马王堆帛书整理小组：《五十二病方》，文物出版社1979年版，第35页。

冬十壹月辛酉……冬十壹月癸酉……（秦封宗邑瓦书）

6. 表示数字卦

某卜某吏尚吉＝得壹三五七陈颉不吉得二四六八（《禹九策》二）①

排除重复内容，"壹"在秦文字中总计出现45例（含讹作"壶"的2例），其中专一3例、统一6例（含引申义1例）、次数17例、数量8例、月份2例、数字卦1例、人名1例（未计入用法）、不明7例。

三、"壹"和"一"的关系

上举"壹"的六种用法，根据词性可分为非数词性用法（前两项）和数词性用法（后四项）两类。在表示非数词性用法的专一、统一时多用"壹"，少数情况下用"一"，如："其少，欲一献之，可殹（也）"（睡虎地《秦律》30），整理者释为皆，与"壹"作副词表示统一时相近。

壹的数词性用法中，用于数字卦和月份的资料都太少，不足以研究。在表示次数和数量时，"壹"和"一"存在一定的分工：秦文字中多用"壹"表示次数，用"一"表示数量（以岳麓简为例，岳麓简中"壹"表示次数11例，表示数量0例；"一"表示次数1例，表示数量多达数百例）。反例"壹"表示数量，前文已举例说明；"一"表示次数的例子有"徒隶少不足治，以闲时岁一兴"（岳麓1267/4-188）。在"壹"和"一"同时出现的场合，"壹"往往表示次数，"一"表示数量、

① 北京大学出土文献研究所：《北京大学藏秦代简牍书迹选粹》，人民美术出版社2014年版，第42页。

编号等含义，如：

> ·令曰：县官□□官(?)作徒隶及徒隶免复属官作□□徒隶者自一以上及居隐除者，黔首居☒（岳麓2142/5-251）及诸作官府者，皆日弊薄(簿)之，上其廷，廷日校案次编，月尽为寂(最)，固臧(藏)，令可案殹(也)。不从令，承、令、令史、官啬夫吏（岳麓1854/5-252）主者，赀各一甲。稗官去其廷过廿里到百里者，日薄(簿)之。而月壹上廷，恒会朔日。过百里者，上居所县廷，县廷案之。（岳麓1925/5-253）

按：在该令文中，"壹"表示次数；"一"出现两次，均表示数量。

> 方亭，乘之，上自乘，下自乘，下壹乘上，同之，以高乘之，令三而成一。（岳麓0830/2-186）

按：在该计算式中，"壹"表示次数；"一"表示分数中的分子。

> □□毋敢过壹，圆颈过者，令、丞以下均行，詐(诈)避者皆为新地吏二岁。·内史官共令第戊冊一（岳麓1926/5-268）

按：在该令文中，"壹"用法不明，可能表示次数；"一"表示编号。

但这一规律也不绝对，如睡虎地《秦律》48中，同样表示次数，前用"一"，后用"壹"（讹作"壺"）。瓦书中用"壹"表示月份，用"一"表示数量（"一里廿辑"），不过类似反例少见。

虽然"壹"的大部分用法也可以用"一"来表示，但反过来就不成立了。在秦文字中，"一"表示编号、纪年、某一等义项时，均不能用"壹"代替。总体而言，无论是使用范围还是频次，"一"都远远超过"壹"。

四、结　　论

　　"壹"在秦文字中有 A、B 两种写法。A 型主要见于记有廿六年诏书的秦金文和陶文以及始皇时期的刻石，B 型主要见于秦简、秦印、诅楚文、秦骃玉版、秦封宗邑瓦书、商鞅方升以及少数记有廿六年诏书的秦金文。A 型可细分为两种，B 型可细分为三种。无论使用范围还是频次，B 型都远超 A 型。两种写法均和"壶"有关，但并不同于"壶"，个别混用的现象，恐怕是写错字所致。"壹"和"壶"音义皆远，为何字形相近？目前仍旧待考。"壹"在秦文字中主要有六种用法：表示专一、统一（引申为一体）、次数、数量、月份和数字卦，其中大部分都可以用"一"来表示。在表示专一、统一、次数时，多用"壹"；表示数量、月份时，则多用"一"。两者同时出现的情况，"壹"往往表示次数，"一"往往表示数量、编号等含义。"一"在秦文字中表示编号、纪年、某一等义项时，均不能用"壹"代替。

　　　　　　　　　　　　　　（作者系武汉大学历史学院硕士研究生）

秦"杨氏左田"封泥再议

李 蒙

摘要："赵郡左田"封泥是研究秦汉职官地理的常用史料，学者在研究后将"赵郡左田"改释为"杨氏左田"，除前两字字迹模糊这一原因外，"公田仅设于县上"这个认识是支撑其判断的另一重要原因。但通过对比相关的秦出土文献可知，如果仅因"左田"两字就排除前两字为郡名的可能，这一判断略显武断，秦封泥中出现的"左田""右公田"等并不意味着其是一个仅设于县的官田管理机构。

关键词：秦汉职官；赵郡左田；公田；田官

"赵郡左田"封泥，见于吴式芬、陈介祺的《封泥考略》（见图一），书中的考释为："右封泥四字，印文曰'赵郡左田'。按《汉书·地理志》，赵国'故秦邯郸郡，高帝四年为赵国，景帝三年复为邯郸郡，五年复故。属冀州'。此曰赵郡，史未详。左田，官名。簠斋藏有'泰寖上左田'铜印，盖一时所制。"①

然细察拓本，该封泥的前两个字模糊不清，无法确切地辨认出"赵郡"二字。马孟龙与何慕在《再论"秦郡不用灭国名"——以秦代封泥文字的释读、辨伪为中心》②（下文简称为"马、何文"）一文中，对该封泥的前两个字有详细的考释。他们发现吴式芬、陈介祺对前两字

---

① 吴式芬、陈介祺同辑：《封泥考略》卷四，清光绪三十年海丰吴氏潍县陈氏刊本，第52页。

② 马孟龙、何慕：《再论"秦郡不用灭国名"——以秦代封泥文字的释读、辨伪为中心》，《中国历史地理论丛》2017年第2期，第18~25页。

图一　《封泥考略》所录"赵郡左田"

的考释意见并不一致。马、何在文中写道："在上海图书馆收藏的
《封泥考略》稿本中，吴式芬将此封泥考释为'□□左田'，并不确定
前两字为何字。而陈介祺在此处批注：'余藏有"泰寖上左田"印，又
有"赵部左田"印。'这里陈介祺似乎没有意识到吴式芬著录的'□□左
田'就是自己收藏的'赵部左田'封泥。"①马、何文中的《封泥考略》稿
本为收入《上海图书馆未刊古籍稿本》的《汉官私印泥封考略》（孙慰祖
所作"解题"中略称为《泥封考略》）。据孙慰祖研究，《封泥考略》稿
本是在吴式芬遗稿的基础上，由其子吴重熹整理并补充部分陈氏所藏
封泥，后经陈介祺校订补充而成。②并且吴式芬所著部分未涉及陈
氏所藏封泥，而稿本中之后补充的陈氏所藏都标注了"陈藏"以作区
别。《封泥考略》稿本中"□□左田"并未标注"陈藏"，可见此为吴
式芬所藏，与《封泥考略》中明确标注"陈藏"的"赵郡左田"并非同
一封泥。

---

①　马孟龙、何慕：《再论"秦郡不用灭国名"——以秦代封泥文字的释读、
辨伪为中心》，《中国历史地理论丛》2017 年第 2 期，第 20 页。

②　吴式芬、陈介祺：《汉官私印泥封考略三卷》，《上海图书馆未刊古籍稿
本》第 30 册，复旦大学出版社 2008 年版，第 13~14 页。

陈介祺在《封泥考略》稿本中补充的考释和《十钟山房封泥》中都将自己所藏封泥释为"赵部左田"①，后刊出的《封泥考略》却将其释为"赵郡左田"。孙慰祖考察了《封泥考略》稿本与吴式芬、陈介祺去世多年后整理刊行的《封泥考略》，认为吴重憙等的工作颇具分量。②《封泥考略》中"赵郡左田"可能为吴重憙等再次编订者所改释。

后陈氏所藏"赵郡左田"封泥流入日本，现藏于日本东京国立博物馆。东京国立博物馆先后在《中国の封泥》和《东京国立博物馆图版目录·封泥篇》两书中刊布了该封泥较为清晰的照片（参见图二）。③

图二 《中国の封泥》所录"杨氏左田"

---

① 陈介祺：《十钟山房封泥》，清光绪九年墨拓本。转引自马孟龙、何慕：《再论"秦郡不用灭国名"——以秦代封泥文字的释读、辨伪为中心》，《中国历史地理论丛》2017年第2期，第20页。

② 吴式芬、陈介祺：《汉官私印泥封考略三卷》，收入《上海图书馆未刊古籍稿本》第30册，复旦大学出版社2008年版，第11页。

③ 东京国立博物馆：《中国の封泥》，（日本东京）二玄社1998年版；东京国立博物馆：《东京国立博物馆图版目录·封泥篇》，（日本东京）二玄社2011年版。转引自马孟龙、何慕：《再论"秦郡不用灭国名"——以秦代封泥文字的释读、辨伪为中心》，《中国历史地理论丛》2017年第2期，第21页。

根据照片，施谢捷、王伟都把右行二字释为"杨氏"。① 秦始皇陵西侧赵背户村修陵人墓地出土的瓦文中也出现过杨氏县。②

> 杨氏居赀武德公士契必（M2 出土板瓦刻文。1443）
> ［杨］氏居赀公士富（M63 出土板瓦刻文。1442）
> 杨氏居赀大爻（M39 出土板瓦刻文。1441）

2018 年出版的《中国封泥大系》中也收录了此封泥（见图三），同样释读为"杨氏左田"。③

图三 《中国封泥大系》所录"杨氏左田"

前两个字释为"杨氏"似无问题，然后两字"左田"是否可以作为旁证来证明前两字一定为某县名呢？其实不能。马、何文说："目前

---

① 施谢捷说见前揭马孟龙、何慕：《再论"秦郡不用灭国名"——以秦代封泥文字的释读、辨伪为中心》所引述（《中国历史地理论丛》2017 年第 2 期，第 21 页）；王伟说见氏著《秦玺印封泥职官地理研究》，中国社会科学出版社 2014 年版，第 112 页。

② 袁仲一、刘钰编著：《秦陶文新编》上编，文物出版社 2009 年版，第 91 页。

③ 任红雨编著：《中国封泥大系》下册，西泠印社 2018 年版，第 323 页。据该书后记说："感谢博导施谢捷先生提供了许多修改意见"（第 1276 页），此封泥释文可能是采纳了施先生的意见。

我们在出土文献和出土文物资料中见到的'公田'全部设置在县。""就目前的研究来看，找不到秦郡设置有'公田'机构的证据，因而就封泥记录的'公田'官职而言，即便我们不能确定陈介祺所藏封泥前两字为'杨氏'，也可排除此封泥为秦郡属官的可能性。"①细究其逻辑，论证的主要支点是"找不到秦郡设置有'公田'的证据"。事实上，这样的论证逻辑是偏弱的。

讨论这个问题，首先需要廓清"左田"二字的意义。上述释文中已经提到"左田"乃一官名。相同或类似的官名也见于其他出土秦印及封泥资料：《秦封泥集》中收录有"左田之印"（见图四）②；《秦汉南北朝官印征存》里收录有"右公田印"（见图五）、"泰上寝左田"③。

图四　《秦封泥集》所录"左田之印"

秦代官署常常分置"左""右"，这里的"左田"其实就是"左公田"的省称，而"左、右公田"即为"公田"的经营管理机构。这一观点在《里耶秦简》中也可以得到验证。里耶秦简 8-63 记载：

① 马孟龙、何慕：《再论"秦郡不用灭国名"——以秦代封泥文字的释读、辨伪为中心》，《中国历史地理论丛》2017 年第 2 期，第 21~22 页。
② 周晓陆、路东之编著：《秦封泥集》，三秦出版社 2000 年版，第 230 页。
③ 罗福颐主编：《秦汉南北朝官印征存》，文物出版社 1987 年版，第 3 页。

图五 《秦汉南北朝官印征存》所录"右公田印"

廿六年三月壬午朔癸卯，左公田丁敢言之：佐州里烦故为公田吏，徙属。事苔不备，分负各十五石少半斗，直钱三百一十四。烦冗佐署迁陵。今上责校券二，谒告迁陵令官计者定，以钱三百一十四受旬阳左公田钱计，问可（何）计付，署计年为报。敢言之。……①

简文中出现的"旬阳左公田"即为旬阳县公田的管理机构。值得注意的是，在目前公布的秦简中，提及"左公田"或者"右公田"的仅此一处，而且在简文中，公田的经营管理机构大多记载为"田官"。针对地方官田的经营管理机构，前辈学者已有诸多论述。② 李勉明确指出："从里耶秦简来看，负责官营公田和官田经营的官署称作'公

---

① 陈伟主编：《里耶秦简牍校释（第一卷）》，武汉大学出版社 2012 年版，第 48～49 页。

② 王勇：《秦汉地方农官建置考述》，《中国农史》2008 年第 3 期，第 16～23 页；王彦辉：《田啬夫、田典考释——对秦及汉初设立两套基层行政机构的一点思考》，《东北师大学报》2010 年第 2 期，第 49 页；王彦辉：《里耶秦简（壹）所见秦代县乡机构设置问题蠡测》，《古代文明》2012 年第 4 期，第 46 页；陈伟：《里耶秦简所见的"田"与"田官"》，《中国典籍与文化》2013 年第 4 期，第 143 页；邹水杰：《再论秦简中的田啬夫及其属吏》，《中南大学学报》2014 年第 5 期，第 228、234 页；李勉：《再论秦及汉初的"田"与"田部"》，《中国农史》2015 年第 1 期，第 46、50 页；陈大志、魏永康：《秦汉地方农官补论》，《西安财经学院学报》2016 年第 2 期，第 108 页。

田'和'田官'。"①暂时把"田官是否都官"这个有争议的问题放在一边，可以确定的是，县一级存在官有土地的经营管理机构，可能是"田官"，也可能是"左、右公田"。

通过这些论述可以发现，学者们的研究切入点本就是县、乡一级的基层农官系统，其研究目的是论证这类官有土地的经营管理机构是隶属于县还是直属中央，所以并不能以此论证此类型的机构只能设于县乡一级。那么是否存在这样的可能：此类公田的经营机构也设于别的行政层级，只是名称并非"公田"呢？如果有这样的可能，"公田"依然是县一级公田经营管理机构的专有称呼，凡是封泥中出现"左田""公田"等，便可证明前面文字即为一县名。然而，事实并非如此，在《新出土秦代封泥印集》中收录有"郎中丞印"（见图六）、"郎中左田"（见图七）两方封泥。书中对这两方封泥文字的释读分别为："郎中丞，官名，郎中令之佐官。战国时始置，掌宫廷门户。秦汉时位列九卿，总管宫殿内一切事物。《汉书·百官公卿表》：'郎中令，秦官，掌宫殿掖门户，有丞……属官有大夫、郎、谒者，皆秦官。'"而"郎中左田，当为官名，属郎中令。秦时有'公田'、'私田'之分。此封泥指郎中令下属管理田地的官吏"②。"郎中令"乃中央官员，"郎中左田"是管理"郎中"官署公有田地的郎中令属官，可见"公田"并非只是县一级官有土地经营管理机构的专称。

现有文献中并未有关于"公田"设于郡的记载，并不能完全证明"公田"不设于郡，那通过现有的文献能否排除"公田"设于郡的可能呢？首先需要明确的是，秦的郡县制有一个明晰的制度发展脉络。商鞅变法时，在内史（"邦"的行政长官）下设立三十一个县，"将新的县制与旧的内史制结合。秦始皇统一中国后，为了建立与之相适应的中央集权郡县制国家，废除王畿之制，将'邦'改称为'都'，与郡相

---

① 李勉：《再论秦及汉初的"田"与"田部"》，《中国农史》2015 年第 1 期，第 50 页。

② 傅嘉仪编著：《新出土秦代封泥印集》，西泠印社 2002 年版，第 10 页。

图六　《新出土秦代封泥印集》所录"郎中丞印"

图七　《新出土秦代封泥印集》所录"郎中左田"

当"①。在秦不断扩张的过程中，新占领区域设的郡具有军政合一的特点，直接向中央负责，设立时是出于军事防御的需要。天下一统后，秦在全国实行郡县制，是边地制度内地化的过程。② 设置"公田"这一官有土地经营管理机构，是处于秦始皇全面实行郡县制的时代背景之下的，新占领区所设的郡肩负着快速完成占领、迅速对所占

①　杨振红：《从秦"邦"、"内史"的演变看战国秦汉时期郡县制的发展》，《中国史研究》2013 年第 4 期，第 49 页。

②　参见陈长琦：《战国时代郡的嬗变》，《广东社会科学》1994 年第 1 期，第 75~82 页；杜晓宇：《试论秦汉"边郡"的概念、范围和特征》，《中国边疆史地研究》2012 年第 4 期，第 1~13 页。

领的土地进行经营开发的任务，以便满足之后的战争需求。这样看来，对官有土地的开发便是重中之重，郡必定会设置相关机构对此进行统一的管理。由大量的出土文献可知，秦的地方行政系统是符合"都乡-离邑"这个模式的，一郡治所所在地设置的"公田"很可能就是一郡所有"公田"的管理者，称呼其为某郡"公田"还是治所所在的某县"公田"均有可能。

此外，另一个重要的问题就是，上文频繁提到的"公田""官田""田官"含义是否相同，三者可否混同为一呢？首先，需要明确的是，上文提到的"公田"有两层含义，一是指与"私田"相对的，为秦王室、公室或是官府所有的土地，二是指经营管理这些土地的官署机构。在表达官有土地的意义上，"公田"应是与"官田"意义相同的。并且《秦汉南北朝官印征存》中便收录有一方"官田臣印"的封泥（见图八）①，可见"官田"也可表示经营管理官有土地的官署机构，在此意义上，"公田"与"官田"也是相同的。

图八　《秦汉南北朝官印征存》所录"官田臣印"

那么"公田"与"田官"是可以并存于县的两个机构，还是同一机构的两种称呼呢？因为相关材料的稀少，此问题一直少有人论及，或者研究者下意识就将"公田"与"田官"混同为一。

---

① 罗福颐主编：《秦汉南北朝官印征存》，文物出版社1987年版，第3页。

　　魏永康在讨论官有土地分类的时候涉及了这个问题，他认为，秦的公田管理大致存在都官直属、郡县所属和田部所属这几种管理模式。① 他所言的"都官直属"的土地由田官管理，而"郡县所属"的土地由公田管理。在这种论述下，"田官"与"公田"便是两个不同的机构，只是职能有些相似。他用来分析的主要材料就是上文所引里耶秦简 8-63，其看法如下：在"丁"的报告中，"烦"曾做过"公田吏"，这里使用"公田"一词，却没有使用"官田"；而且与田官系统的"田官守""田官佐"和管理民田的"田部吏"的称谓明显不同。因此这不是一种偶然情况，而是出于文书表达精准的需要而使用的官方术语，这是一种有意识的区别，二者有着本质上的不同。

　　诚如其所言，8-63 简文中出现了"左公田""公田吏"等，与简中常见的"田官守、佐"等，甚至田部的官吏如"田部佐"等都不相同，但是这并不表示存在一批另有所属的公有田地，也不表示另外存在一批管理经营公田的官吏。原因有二。第一，如果"公田"为区别于"田官"的县的官有土地经营管理机构，势必会与县中其他机构产生文书上的联系。因为该机构要对土地进行经营开发，必然需要县中其他机构提供必要的生产资料，比如最为重要的人力资源。在里耶秦简的司空作徒簿上，可见司空为"田官"提供了为数不少的徒隶，但并未发现司空有向"公田"提供劳作的徒隶，所以在县中并不存在"公田"这一官有土地经营管理机构。第二，"田官"与"公田"的职能重合太多，如果两者并存于一县，势必导致日常行政中的混乱，不能达到对土地进行高效经营开发的目的，也并不符合行政制度对效率的追求。结合魏永康的分析，可知在官有土地的管理模式下，并不存在都官所属与郡县所属的分野。县一级的官有土地由田官进行统一的经营和管理，这种论断可能更为合理。所以，"公田"与"田官"应是对同一机构的不同称呼。

　　至于为何这一机构的称呼会发生变化，由于相关材料的缺少，笔者在此仅能提供一种可能的猜想。首先，回到上文所引的里耶秦简

---

　　① 魏永康：《里耶秦简所见秦代公田及相关问题》，《中国农史》2015 年第 2 期，第 40~44 页。

8-63，这条简记载的时间为秦王政二十六年，也是秦"更名令"颁布的年份，里耶秦简 8-461 是秦"更名令"具体令条的摘抄汇编，其中提道："王室曰县官。公室曰县官。"①本文所讨论的"公田"有可能就是"公室田"的省称，之后更名为"县官田"，而"官田"就是"县官田"的省称。再者，"左公田"与"右公田"都是公田经营管理机构的名称，简 8-63 中"左公田丁"可能为"左公田佐丁"的省称。里耶秦简 8-764 中出现的田官佐"壬"，在里耶秦简 8-900 中被省称为"田官壬"，可见文书中存在这种用法。而简 8-63 中出现的"旬阳左公田"应该就是旬阳县管理公田的"左公田"机构。在出土的简牍中，少有"左公田""右公田"的记载，秦王政二十六年后更是再未出现。那么，结合田官的职责职务来判断，可以认为"左公田""右公田"的称呼后来转变成了"田官"。

通过上述分析，针对"赵郡左田"或是"杨氏左田"这一方封泥，基本可以得出这样一个结论：因"左田"两字而排除前两字为郡名的可能，这一判断是略显武断的，秦封泥中出现的"左田""右公田"等并不见得只是指设于县的官田管理机构。

（作者系武汉大学历史学院硕士研究生）

---

① 陈伟主编：《里耶秦简牍校释（第一卷）》，武汉大学出版社 2012 年版，第 156 页。

读《里耶秦简(壹)(贰)》札记

李官丽

摘要：本文针对已公布的里耶秦简提出校读意见，包括文字改释和缀合，例如：8-478 的"杷"、9-1335+9-145 的"七"和"庚"、9-776 的"铁"、9-1003 的"黑"、9-1089 的"九"和"壬辰"；将 9-764 的"巳"改释为"以"；将 9-2950 和 9-2737 两简缀合。

关键词：里耶秦简牍；校释；缀合

里耶秦代简牍出土于湖南湘西里耶古城遗址，包括古城遗址 1 号井的 3.8 万余枚简牍和北护城壕 1 号坑的 50 枚简牍，其主要内容是秦洞庭郡迁陵县的文书档案。2012 年文物出版社出版《里耶秦简(壹)》，公布了里耶古井第 5、6、8 层出土的简牍图版和释文。①2017 年文物出版社出版了《里耶秦简(贰)》，公布了里耶古井第 9 层的简牍图版和释文。②《里耶秦简牍校释(第一卷)》③(下文简称《校释一》)、《里耶秦简牍校释(第二卷)》(下文简称《校释二》)④在整理者释文的基础上对已经公布的里耶秦简牍及其相关研究加以整合，在

---

① 湖南省文物考古研究所：《里耶秦简(壹)》，文物出版社 2012 年版，里耶简第五层、第六层、第八层图版皆出此书，下文不赘注。

② 湖南省文物考古研究所：《里耶秦简(贰)》，文物出版社 2017 年版，里耶简第九层图版皆出此书，下文不赘注。

③ 里耶第五层、第六层、第八层释文皆根据陈伟主编：《里耶秦简牍校释(第一卷)》，武汉大学出版社 2012 年版，下文不赘注。

④ 里耶第九层释文皆根据陈伟主编：《里耶秦简牍校释(第二卷)》，武汉大学出版社 2018 年版，下文不赘注。

简牍缀合、文字考释方面取得丰硕的成果。然而其中仍有一部分简牍残断，字迹残泐，图版模糊不清，给简文释读带来一定困难。笔者在研读的过程中，发现其中几个未释、所释有疑的字，或有可以继续讨论的空间，其不当之处，敬请读者批评指正。

一

　　□二有柯。A I
　　□□。A II
　　木反□四。B I
　　木长□一。B II
　　木□□一。C I
　　木长柯三。C II
　　盛钱木甲一。D
　　木楗□□ E I
　　木梯一，不见。E II
　　卅二年正月戊寅朔丙戌，少内守是受司空 E III 色。　　痤手。
E IV 8-478

第二栏第一行，"反"下一字，图版作，原释文与《校释一》未释。今按：或可释为"杷"字。该字左侧的木旁比较清晰，右侧字迹模糊不清，与里耶秦简中确定的"杷"字对比，见表一：

表一

8-478	9-766	9-465+9-1412

通过字形比较，简 8-478 与简 9-766、9-465+9-1412 的右侧部分的墨迹有相似之处，此字疑为"杷"。"木反杷"还见于以下两简：

□□□BⅡ

木反杷百四。BⅢ

木椎九十。少。CⅠ

……9-465+9-1412

木反杷二。BⅠ

木长枓二。CⅠ

木柤杷二——。CⅡ

……9-776

　　杷，《校释二》在简 9-465+9-1412 之下有注释："杷，农具名。"《说文》："杷，收麦器。从木，巴声。"《急就篇》卷三："捃获秉把插捌杷。"颜师古注："无齿为捌，有齿为杷，皆所以推引聚禾谷也。"据此推测"木反杷"当是一种木制的农具。

　　另外，关于简 8-478 的第五栏第二行"木梯"下一字，原释文、《校释一》均作"一"。该字作▨，释文当为"木梯二"。

　　故简 8-478 的释文应作：

　　□二有柯。AⅠ

　　□□。AⅡ

　　木反杷四。BⅠ

　　木长□一。BⅡ

　　木□□一。CⅠ

　　木长柯三。CⅡ

　　盛钱木甲一。D

　　木樓□▨ EⅠ

　　木梯二，不见。EⅡ

　　卅二年正月戊寅朔丙戌，少内守是受司空 EⅢ色。　　痤手。

EⅣ 8-478

二

粟米一石。元年四月壬申朔甲申，库守信受仓守处，以貲韦
革。　9-80+9-1335+9-145

☑元年□月□子朔□□　9-145 背①

简 9-145 背面"子"上一字，图版作■，原释文、《校释二》未释。
该字字形模糊，细看此字的中间部分，以及下半部分竖笔残存的墨
迹，与"庚"字字形相符，与里耶秦简中确定的"庚"字对比，见表二：

表二

9-145	8-926	8-947	8-1252	8-1520

据此推测此字疑为"庚"。据简 5-1"元年七月庚子朔丁未"，可推
测简 9-145 背面的释文为"☑元年七月庚子朔□□"。

故简 9-145 的释文应作：

粟米一石。元年四月壬申朔甲申，库守信受仓守处，以貲韦
革。　9-80+9-1335+9-145

☑元年七月庚子朔□□　9-145 背

三

五月甲申，司空□出钱三千一十二，已☑　9-764

---

① 杨先云：《〈里耶秦简（贰）〉缀合五则》，《出土文献研究》（第十八辑），
中西书局 2019 年版，第 129~138 页。《里耶秦简牍校释（第一卷）》收录缀简 9-
145+9-1335，杨先云将简 9-80 与简 9-145+9-1335 缀合。

　　"三千一十二"后一字，图版作 ，原释文释为"以"，《校释二》改释为"已"，从字形上看，将简 9-764 与里耶中确定的"以""已"作对比，见表三：

表三

9-764	以				
		6-1	8-131	8-135	8-738
	已				
		8-39	8-705	8-1763	8-2064

　　通过对比"以""已"二字的字形，简 9-764 字形与"以"的字形更为相似，故原释文之释正确。

　　类似简 9-764 的钱出入券书还有简 9-1931+9-2169：

> 卅四年十一月【丁卯朔】甲午，仓守壬、佐却出钱千五百一十八钱，以衣大隶臣妾婴等廿八人冬衣，人五十五，其二人各【卅】　　9-1931+9-2169

　　于洪涛先生曾对里耶秦简牍经济类文书进行分类整理与研究，他指出钱出入券书的信息包括：钱的数量—时间—机构官吏名—出钱原因—监察者—书手等，有的还包含有券书的递送时间。[①] 根据于洪涛先生的研究，简 9-764 虽残断不完整，但仍保存了时间、机构官吏名、出现的数量，"以"之后残断的部分，可能就是出钱的原因。

四

　　木楬二，有盖。AⅠ

---

　　① 于洪涛：《里耶秦简经济文书分类整理与研究》，知识产权出版社 2019 年版，第 123 页。

□篕一，有柯。AⅡ

…… 9-776

第一栏第二行，"篕"前一字，图版作▨原，原释文、《校释二》未释。今按："篕"上一字，疑为"铁"。将 9-766 的字形与里耶秦简中确定的"铁"作对比，见表四：

表四

9-776	8-386	8-454	9-762	9-465	9-1297

在 9-776 中，"篕"上一字，其字迹虽残泐，但从其下部仅存的墨迹来看，▨与"铁"的下部分相似，或可补释为"铁"字。

"铁篕"，还见于简 9-465+9-1412 的"铁篕"、9-1297 的"铁篕"。《校释二》在简 9-465 之下有注释："'铁篕'，'篕'，通'鐍'，锁鐍。柯，斧柄。此处的'柯'疑为'铁篕'的配件。"①

故简 9-776 的释文应作：

木锯二，有盖。AⅠ

铁篕一，有柯。AⅡ

…… 9-776

五

□□色，长三尺二寸，年二岁☑ 9-1003

① 陈伟主编：《里耶秦简牍校释(第二卷)》，武汉大学出版社 2018 年版，第 133 页。

"色"前一字，图版作 ⬛，原释文、《校释二》未释。今按：疑为"黑"字。将简9-1003中的字形与里耶秦简中"黑"的字形作对比，见表五：

表五

9-1003	8-871	9-337	9-1934

简9-1003中⬛字形模糊，字的下部依稀能见一撇一捺的痕迹，在撇捺之间还有残余的笔画，疑似"黑"字下部所从"炎"的残笔。

简9-1003是一枚残断的"自占籍"文书。于洪涛先生归纳了"自占籍"文书的格式为"名字+肤色+身高+年龄+职务+申报人名"①。简9-1003中包含了被记录者的肤色为黑色，身高三尺二寸，年龄二岁等信息。

故简9-1003的释文应作：

☐黑色，长三尺二寸，年二岁☒　9-1003

六

廿九年☐月☐☐朔壬寅，迁陵丞☐告少内主：☐☒Ⅰ
吉等令官佐黑、监、得论赀邛一甲，其听书入☒Ⅱ
卅年七月【丁巳】朔☐☐，迁陵丞昌告少内主：邛当赀二甲☒Ⅲ
听书入赀，上校卅年。/魃手。☒Ⅳ 9-1089
七月戊☐旦，☐臣☐以来。/☐半。☒　9-1089背

---

① 于洪涛：《里耶秦简经济文书分类整理与研究》，知识产权出版社2019年版，第32页。

"年"下一字图版作，原释文、《校释二》未释。今按：此字疑为"九"。简 9-1089 中的字形与里耶秦简中"九"的字形作对比，见表六：

表六

9-1089	8-7	8-78	8-645	8-664

"月"下二字模糊不清，图版作，根据简 8-645"廿九年九月壬辰朔"、简 8-1511"廿九年九月壬辰朔"，故此二字疑为"壬辰"。

故简 9-1089 的释文当为：

廿九年九月壬辰朔壬寅，迁陵丞□告少内主：□☑ Ⅰ
吉等令官佐黑、监、得论赀邘一甲，其听书入☑ Ⅱ
卅年七月【丁巳】朔□□，迁陵丞昌告少内主：邘当赀二甲
☑ Ⅲ

听书入赀，上校卅年。╱魋手。☑ Ⅳ 9-1089
七月戊□旦，□臣□以来。╱□半。☑ 　9-1089 背

七

☑卅四年九月☑ 　9-2950
☑【月】癸亥朔，司空□☑ 　9-2737

今按：简 9-2950 与简 9-2737 在字形及书写风格上较一致，且纹路、色泽、断口也比较吻合，似可缀合：

缀合后可复原"月"字，缀合后释文作：

　　　☑卅四年九月癸亥朔，司空☑☑　　9-2950+9-2737

　　"卅四年九月癸亥朔"，也与里耶秦简所见秦始皇三十四年九月的朔日相符：

　　　钱六千七百廿。☑Ⅰ
　　　卅四年九月癸亥朔辛巳，少内【守】☑Ⅱ　　9-1226
　　　钱二万三千二百卅二。　　☑Ⅰ
　　　卅四年九月癸亥朔辛巳，少内守☑Ⅱ 9-1554

64

钱二千六百八十八。卅四年九月癸亥朔辛未，少内守狐付新
□ 9-1901+9-2132

（作者系武汉大学历史学院硕士研究生）

附记：本文写作过程中，承蒙鲁家亮老师、何有祖老师、黄浩波老师，魏振龙师兄、高婷婷师姐提供宝贵意见，谨此致谢，文中疏漏由笔者负责。

中国古代资水流域历史地理问题探讨

李春燕

摘要：本文从资水流域内部的地缘关系入手，考证了邵陵浦水口与邵阳水口的位置问题，厘清"邵水""邵陵水""邵阳水"等水名之间的相关关系，研究和探讨了高平水与云泉水注入资水的先后顺序。人文地理方面，论述了资水流域的水陆要津——渡口，包括其设置分类、规模设施及其运营管理等各方面的情况。区域经济开发与自然环境演变及背后的人文因素演化密切关联，对流域内部的水道变迁及渡口设置进行研究，可体现该区域当时的社会经济生活动态，利于认识区域内部的发展情况，对后世也有一定意义。

关键词：资水流域；建制沿革；水口；河道；渡口

本文以湖南资水流域为研究范围，研究时段大致定位在秦汉至明清时期，研究主题为区域县制沿革、河流水道变迁、水口与渡口等自然与人文地理问题。历史自然地理是开展历史人文地理研究的基础，而河道、水口作为地理上的微观地貌是历史自然地理研究的重要课题之一。① 沙洲淤积会导致河道变化，改变河床的形态，影响水道的发展。对古代资水流域的水口与水道进行实证研究，理清历史微观地貌的演变，探讨区域经济开发与自然环境变迁之间的关系、环境演变与社会的人文调适之间的关系等，既有学术探讨上的理论意义，也具有一定的现实意义。而对资水流域渡口的研究既可以反映当时的水上交

---

① 孔艳：《明清时期湘江长沙段历史地理问题探讨》，上海师范大学硕士学位论文，2011年，第1页。

通建设情况，也可体现当时的社会经济生活动态，有助于加深我们对该区域的了解。资水水系并不复杂，以往的研究对它的关注并不多见，其相关历史地理有值得考证的价值。

一、区域地缘关系：政区沿革与河湖水系

（一）行政区划沿革简介

本文研究的地域范围是湖南资水流域，这一区域大致辐射了三郡十一县。它们分别是零陵郡、邵陵郡、长沙郡，武冈县、建兴县、都梁县、零陵县、夫夷县、邵陵县、高平县、邵阳县、新化县、安化县、益阳县。它们的建制沿革如下：

武冈县，以武冈山为称。武冈山地势险要，左右二冈夹江对峙。《读史方舆纪要》卷81《永州府·武冈州》："武冈山，州北五里。"又云："武冈废县，今州治。汉都梁县地，晋太康初析置武冈县，属邵陵郡，宋、齐以后因之，隋省入邵阳县。"①武冈县即今武冈市，资水沿东北方向过其东南。

建兴县，《（嘉庆）重修一统志》卷361《宝庆府·古迹》："建兴废县，在武冈州东北。晋置县，南北朝梁省。唐武德四年复置，寻省入武冈。《宋书·州郡志》邵陵太守领县建兴，晋武帝分邵陵立。《唐书·地理志》邵州武冈，武德七年，省建兴入焉。按《水经注》，建兴在武冈县东、都梁县之西，《唐志》亦曰省入武冈，《宋志》云分邵陵立，似误。"②《水经注疏》卷38云"大溪迳建兴县南"③，建兴县即今邵阳市洞口县。

都梁县，杨守敬《水经注疏》卷38云："《御览》九百八十三引盛弘之《荆州记》，都梁县有小山，山上水极浅，其中悉生兰草，绿叶

---

① 顾祖禹：《读史方舆纪要》卷81，中华书局2005年版，第3814页。
② 潘锡恩：《（嘉庆）重修一统志》，上海书店1984年版，第408页。
③ 郦道元注，杨守敬、熊会贞疏：《水经注疏》，江苏古籍出版社1989年版，第3112页。

紫茎，芳风藻谷。俗谓兰为都梁，即以为号县。"①《元和郡县图志》卷29《江南道五中·邵州武冈县》云"都梁山，在县东北一百三十里"②，都梁县的定位当以此为依据。都梁县位于资水分支大溪水下游，即今隆回县附近。

零陵县，杨守敬《水经注疏》卷38云："《汉书·艺文志》有《秦零陵令信》一篇。难秦相李斯。又刘逵《吴都赋·注》亦引秦零陵令上书云云，则县为秦置，当属桂林郡。汉为零陵郡治。后汉当属零陵郡，吴、晋、宋、齐、梁因。在今全州西南。"③《史记·五帝本纪》载，舜"南巡守，崩于苍梧之野，葬于江南九疑，是为零陵"④。《隋书·地理志下》："零陵，旧曰泉陵……"⑤《旧唐书·地理志》载："零陵，汉泉陵县地，属零陵郡。汉郡治泉陵县，故城在今州北二里。隋平陈，改泉陵为零陵县，仍移于今理。"⑥唐李吉甫《元和郡县图志》卷29《江南道五中·永州零陵县》："零陵县，本汉泉陵县地，隋平陈改为零陵县。"⑦宋欧阳忞《舆地广记》："零陵县，本汉泉陵县，属零陵郡，东汉为郡治，宋、齐、梁、陈因之。隋置永州，改泉陵为零陵县。"⑧汉零陵县今位于广西全州县西南咸水乡附近。

夫夷县，汉元硕五年三月，长沙定王子义被封为夫夷侯，析昭陵县，置侯国，属零陵郡，三国吴为县，属邵陵郡。《太平寰宇记·邵州·武冈县》："夫夷故城，汉县，故城在今县东北二百四十里扶水之地。东晋以大司马恒元子父名同，改为扶县。至隋平陈，省，以地

① 郦道元注，杨守敬、熊会贞疏：《水经注疏》，江苏古籍出版社1989年版，第3112页。

② 李吉甫：《元和郡县图志》，中华书局1983年版，第715页。

③ 郦道元注，杨守敬、熊会贞疏：《水经注疏》，江苏古籍出版社1989年版，第3122页。

④ 《史记》，中华书局2014年版，第52页。

⑤ 《隋书》，中华书局1973年版，第896页。

⑥ 《旧唐书》，中华书局1975年版，第1615~1616页。

⑦ 李吉甫：《元和郡县图志》，中华书局1983年版，第710页。

⑧ 欧阳忞：《舆地广记》，四川大学出版社2003年版，第755页。

入邵阳。今城在。"①《读史方舆纪要》卷 81《永州府·武冈州》："夫夷城，在州东北百四十里。"②张修桂《〈水经注〉洞庭湖水系校注与复原(下篇)》认为"百"上疑脱"二"字。③《(嘉庆)重修一统志》卷 361《宝庆府·古迹》："夫夷故城，在新宁县东北。"④夫夷县今位于湖南省邵阳市邵阳县。

邵陵县，《三国志·吴书·三嗣主傅》：宝鼎元年"以零陵北部为邵陵郡"⑤。邵陵郡的设置，郦道元以《吴书》为据。《读史方舆纪要》卷 81《宝庆府·邵阳县》：汉置昭陵县，"三国吴宝鼎元年改昭陵曰邵陵，为郡治，晋以后因之。隋废郡，改县曰邵阳县，属潭州。唐复为邵州治"⑥。《隋书·地理志·长沙郡》："邵阳，旧置邵陵郡。平陈，郡废，并夫夷、都梁二县入焉。"⑦《元和郡县图志》中《江南道五中·邵州邵阳县》："郭下。本汉昭陵县，属长沙国……在邵水之阳，故名。"⑧《太平寰宇记·邵州·邵阳县》："古建州城，在县北二里，隔资水。昔邵州理此城，隋开皇九年改为建州，至十八年即移理所与水南，今州城也。"⑨邵陵县即位于今湖南省邵阳市。

高平县，《宋书·州郡志·邵陵郡·高平县》："高平男相，吴立。晋武帝太康元年，改曰南高平，后更曰高平。"⑩《太平寰宇记·邵州·邵阳县》："古高平县城，在县北七十里。隋开皇九年以其并入邵阳县，其城废。"⑪《(嘉庆)重修一统志》卷 361《宝庆府·古迹》："高平废县，在新化县西南。吴置县，晋宋齐因之，南北朝梁省。

① 乐史：《太平寰宇记》卷 115，中华书局 2007 年版，第 2335 页。
② 顾祖禹：《读史方舆纪要》，中华书局 2005 年版，第 3814 页。
③ 张修桂：《〈水经注〉洞庭湖水系校注与复原(下篇)》，《历史地理》2014年第 1 期，第 4 页。
④ 潘锡恩：《(嘉庆)重修一统志》，上海书店 1984 年版，第 407 页。
⑤ 《三国志》，中华书局 1959 年版，第 1166 页。
⑥ 顾祖禹：《读史方舆纪要》，中华书局 2005 年版，第 3809 页。
⑦ 《隋书》，中华书局 1973 年版，第 895 页。
⑧ 李吉甫：《元和郡县图志》，中华书局 1983 年版，第 714~715 页。
⑨ 乐史：《太平寰宇记》卷 115，中华书局 2007 年版，第 2334 页。
⑩ 《宋书》，中华书局 1974 年版，第 1133 页。
⑪ 乐史：《太平寰宇记》卷 115，中华书局 2007 年版，第 2334 页。

《府志》，在新化县西南一百里永宁乡，地名石脚，故址犹存。"①

邵阳县，朱谋㙔著《水经注笺》中云"昭阳疑作昭陵"②。《读史方舆纪要》卷81《宝庆府·邵阳县》："昭阳城，在府东五十里（《太平寰宇记·邵州·邵阳县》作：'今县东一百一十里'）。后汉析昭陵县置昭阳县，属零陵郡。晋武改曰邵阳县，属邵陵郡，刘宋以后因之。隋废入邵陵县，因改邵陵曰邵阳。唐武德四年于此置邵陵县，七年复并入邵阳。"③古邵阳县即今邵东市。

新化县，北宋熙宁五年（1072年）置，属邵州，治所在今湖南新化县北白溪镇附近。《寰宇通志》卷56《新化县》："取新归德化之义。"④绍圣中移治今新化县。南宋宝庆初属宝庆府。元属宝庆路。明、清属宝庆府。

安化县，北宋熙宁六年（1073年）置，取"归安德化"之意，隶潭州，治今湖南安化县东南伊溪东岸启安坪。南宋建炎四年（1130年）钟相起义，进驻于此。县城为战火所毁，移治伊溪西今梅城镇。元属天临路，明、清属长沙府。

益阳县，熊会贞《水经注疏》云："秦县，见《方舆纪要》，汉属长沙国，后汉属长沙郡，吴属衡阳郡，晋、宋、齐、梁因。在今益阳县东八十里。"⑤诸志谓益阳汉县，唯《读史方舆纪要》以为秦县，谭其骧《中国历史地图集》不从，作汉县。今里耶秦简有益阳，为秦县无疑。《太平寰宇记》中《潭州·益阳县》亦云："本汉旧县，属长沙国。按《地图》云：'今县东八十里，即汉之益阳故城也。'贞观二十年移理于此。"⑥

零陵郡，西汉元鼎六年（前111年）分桂阳郡置，领零陵、始安、泉陵等十县，治所零陵县，在今广西全州县西南咸水乡附近，东汉迁

① 潘锡恩：《（嘉庆）重修一统志》，上海书店1984年版，第408页。

② 朱谋㙔：《水经注笺》卷38，古闽晏湖张氏励志书屋刻本，第2页。

③ 顾祖禹：《读史方舆纪要》，中华书局2005年版，第3809页。

④ 陈循：《寰宇通志》卷56，明景泰刻本，第16页。

⑤ 郦道元注，杨守敬、熊会贞疏：《水经注疏》，江苏古籍出版社1989年版，第3116页。

⑥ 乐史：《太平寰宇记》卷114，中华书局2007年版，第2324页。

治泉陵县，在今湖南永州市零陵区，宋、齐、梁因之。

邵陵郡，两汉《志》，长沙领昭陵县，据《三国志·吴书·三嗣主传》：宝鼎元年"以零陵北部为邵陵郡"①，以县为郡治，则昭陵改为邵陵，当在吴宝鼎年间，治所在今邵阳市。晋、宋、齐、梁因之。

长沙郡，战国秦置，治所在临湘县。《史记·天官书》载："轸为车，主风。其旁有一小星，曰长沙星。"②《方舆胜览》卷23云：长沙"郡以长沙星得名"③。西汉高帝五年（前202年）改为长沙国。东汉复为郡。隋开皇中废。大业初复改潭州为长沙郡，并改临湘县为长沙县，为长沙郡治。唐武德四年（621年）复名潭州。天宝元年（742年）又改名长沙郡，乾元元年（758年）复名潭州。

（二）资水流域的水系分布

清学者夏大观《九江考》云："资水出零陵郡都梁县东北，历夫夷、邵阳、新化、安化、益阳，东至湘阴县临资口，即水经所云水青口，与湘水合入湖。"④《水经》："资水出零陵郡都梁县路山，东北过夫夷县，东北过邵陵县之北，又东北过益阳县北，又东与沅水合于湖中，东北入于江也。"郦道元《水经注》：

> 资水出武陵郡无阳县界唐纠山，盖路山之别名也，谓之大溪水，东北迳邵陵郡武冈县南，县分都梁之所置也。县左右二冈对峙，重阻齐秀，间可二里，旧传后汉伐五溪蛮，蛮保此冈，故曰武冈，县即其称焉。大溪迳建兴县南，又迳都梁县南，汉武帝元朔五年，以封长沙定王子敬侯定之邑也。县西有小山，山上有渟水，既清且浅，其中悉生兰草，绿叶紫茎，芳风藻川，兰馨远馥，俗谓兰为都梁，山因以号，县受名焉。

① 《三国志》，中华书局1959年版，第1166页。
② 《史记》，中华书局2014年版，第1556页。
③ 祝穆：《方舆胜览》，中华书局2003年版，第410页。
④ 贺长龄：《皇朝经世文编》卷117，清道光丁亥刻本，第29页。

夫水出县西南零陵县界少延山，东北流迳扶阳县南，本零陵之夫夷县也。汉武帝元朔五年，以封长沙定王子敬侯义之邑也。夫水又东注邵陵水，谓之邵陵浦水口也。

县治郡下，南临大溪，水迳其北，谓之邵陵水。魏咸熙二年，吴宝鼎元年，孙皓分零陵北部，立邵陵郡于邵陵县，县故昭陵也。溪水东得高平水口，水出武陵郡沅陵县首望山，西南流迳高平县南，又东入邵陵县界，南入于邵水。邵水又东会云泉水，水出零陵永昌县云泉山，西北流迳邵阳县南，县故昭阳也。云泉水又北注邵陵水，谓之邵阳水口。自下东北出益阳县，其间迳流山峡，名之为茱萸江，盖水变名也。

……

茱萸江又东迳益阳县北，又谓之资水。应邵曰：县在益水之阳。今无益水，亦或资水之殊目矣。然此县之左右，处处有深潭，渔者咸轻舟委浪，谣咏相和，罗君章所谓其声绵邈者也。水南十里，有井数百口，浅者四五赤，或三五丈，深者亦不测其深。古老相传，昔人以杖撞地，辄便成井。或云古人采金沙处，莫详其实也。

湖即洞庭湖也。所入之处，谓之益阳江口。①

资水有西源与南源两个源头，西源出自零陵郡都梁县路山（唐纠山），初源名为大溪水，经武冈、建兴与另一源头汇于今邵阳县；南源出自零陵郡夫夷县少延山，初源名为夫水，经新宁县与西源汇于今邵阳县。郦道元按照由南至北，由左及右的顺序描述了资水从上游至入江口的山水地形。

资水位于湖南省中部，西面以雪峰山脉和沅水交界，东隔衡山山脉与湘水毗邻，南以五岭山脉和广西桂水流域相接。② 主要一级支流有大溪水、夫夷水、云泉水、邵水、高平水等，但这些支流大多短小。资水流域形状南北长而东西窄，地势西南高而东北低，位于亚热

---

① 郦道元：《水经注》卷38，中华书局2007年版，第893页。
② 李承银：《资水》，《中国水利》1985年第11期，第36页。

带范围，受季风影响气候湿润，水量丰富。其河道地质岩性硬软相间，易于侵蚀的石灰岩地层与坚硬的冰积层交错分布，受流水的作用形成较大的比降，造成险滩。此外，由于河谷时宽时窄，在峡谷中流速快的河水携带大量泥沙与卵石，在盆地沉淀后又形成浅滩。由于滩险较多，暗礁棋布，资水流域大多不便于航行。①

对资水主要河道水系分布的了解，有助于自然环境变迁以及渡口建设等人文地理方面的讨论。图一与图二为资水流域的古、今水系分布图。②

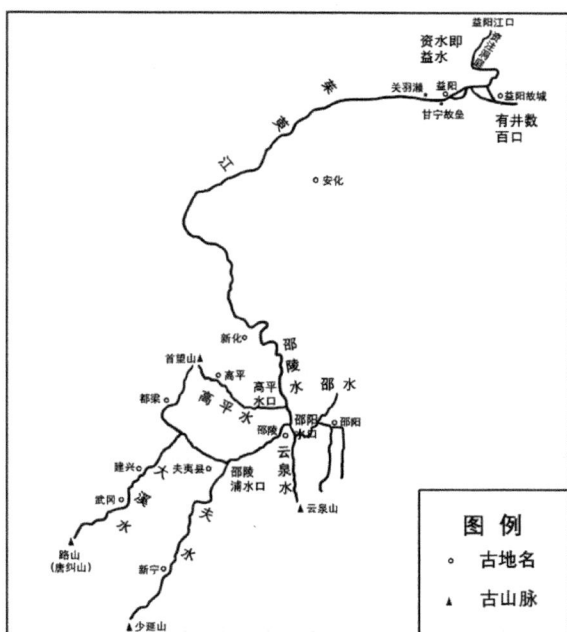

图一　《水经注图》资水流域图

---

① 薛家骧：《资水》，《人民长江》1956 年第 4 期，第 28 页。

② 图一由笔者根据清代杨守敬撰《水经注图》光绪三十一年观海棠刻本中卷 38《资水篇》的信息绘制而成，在 469~470、474~475、480 页。图二由笔者根据谷歌卫星地图绘制而成。

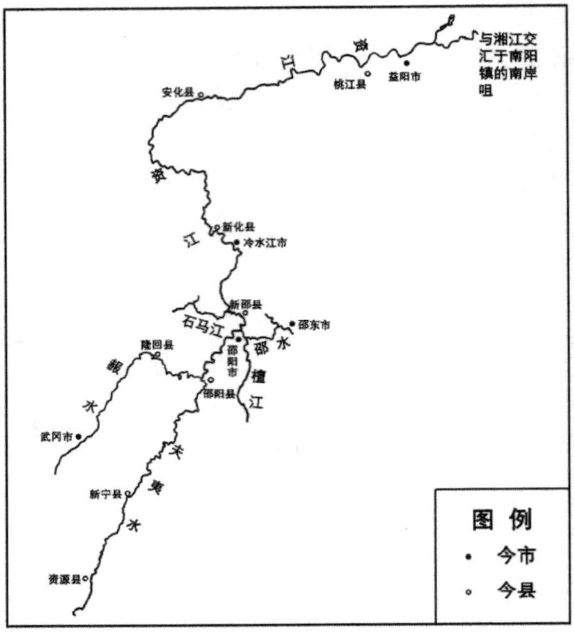

图二　今资水流域图

二、自然环境变迁：关于水口与河道的考证

（一）"邵陵浦水口"的位置

郦道元《水经注》云"夫水又东注邵陵水，谓之邵陵浦水口也"，杨守敬《水经注疏》按：邵陵水即大溪。① 但笔者认为邵陵水即大溪的说法并不准确。据《水经注》下文"县治郡下，南临大溪，水迳其北，谓之邵陵水"可知，资水沿东北方向过邵陵县后始被称为"邵陵

① 郦道元注，杨守敬、熊会贞疏：《水经注疏》，江苏古籍出版社1989年版，第3113页。

水"，且"南临大溪"说明杨守敬承认邵陵县南面为大溪水，故此处大溪水并不能与邵陵水画等号。"夫水又东注邵陵水"应为"夫水又东注大溪水"，因此邵陵浦水口的位置问题就值得探究。

"邵陵浦水口"中"浦水"二字意义重复，《(嘉庆)重修一统志》卷361《宝庆府·山川》云："邵陵浦口，在邵阳县西九十里"①，此处作"邵陵浦口"，"水"字衍。但还有另一种可能，作"邵陵水口"，"浦"字衍。《水经注》下文又云"溪水东得高平水口"以及"云泉水又北注邵陵水，谓之邵阳水口"，依"高平水口""邵阳水口"来看，此处"邵陵浦水口"极有可能为"浦"字衍，作"邵陵水口"更为合适。但按主、支流交汇口的名称通常取支流名称或支流通过的地名为名的惯例，邵陵并不在此处，此处名为"夫水口"或"大溪水口"比之"邵陵水口"更为合适。且"县治郡下，南临大溪"也说明此处应为"大溪水口"。

那"邵陵水口"究竟在何处？《(嘉庆)重修一统志》卷361《宝庆府·山川》云："邵陵浦口，在邵阳县西九十里。"②古邵阳县即今邵东市。古"邵陵水口"应为大溪水沿东北方向过邵陵县注入资水的水口，在"邵阳水口"的北部(见图一)。

(二)关于"邵陵水""邵水""邵阳水"之考证

由《水经》中"又东北过邵陵县北"以及《水经注》中"水迳其北，谓之邵陵水"可知，资水流经邵陵县，有"邵陵水"之称。杨守敬《水经注疏》云："今罗江自全州东北流，迳新宁县，至邵阳县西南入资水。"③其名来源于邵陵县。这里杨守敬所指"罗江"即"夫水"，"夫水""邵陵水"都是资水在不同地区的名称。《水经注》云："溪水东得高平水口，水出武陵郡沅陵县首望山，西南流迳高平县南，又东入邵陵县界，南入于邵水。邵水又东会云泉水，水出零陵永昌县云泉山，西北流迳邵阳县南，县故昭阳也。云泉水又北注邵陵水，谓之邵阳水

① 潘锡恩：《(嘉庆)重修一统志》，上海书店1984年版，第399页。
② 潘锡恩：《(嘉庆)重修一统志》，上海书店1984年版，第399页。
③ 郦道元注，杨守敬、熊会贞疏：《水经注疏》，江苏古籍出版社1989年版，第3113页。

口。"在邵陵水段，高平水与云泉水注入资水，因此"南入于邵水"当作"南入于邵陵水"，其下"邵水又东会云泉水"也当作"邵陵水又东会云泉水"，两处"邵水"皆脱"陵"字，"云泉水又北注邵陵水"可为证。因此此处的"邵水"实际上是指"邵陵水"。

邵阳水口，因云泉水流经邵阳县南，当时又有邵阳水之称，故其注入邵陵水的水口，即称为邵阳水口。邵阳水其后简称为邵水，但此"邵水"与《水经注》中的"邵水"指代并不相同。综上所述，邵陵水是资水流经邵陵县后河段的名称，《水经注》中"邵水"脱"陵"字，实际上是邵陵水。而邵阳水是资水的支流，后世被称为"邵水"，二者并不相同，不可混为一谈。

（三）"高平水""云泉水"注入资水的先后顺序

杨守敬《水经注疏》云："《注》高平水入邵水，在云泉水之前。今顺水自新化县东南流，于邵阳县北入资水，在檀江入资之后，盖水道改矣。"①顺水即指"高平水"，今名石马江，而檀江即指云泉水。关于高平水与云泉水注入资水的先后顺序问题，可根据其各自发源地及流经地进行确认。高平水，在新邵县西注入资水，其入口《注》文即谓之高平水口。杨守敬曰："今有顺水出新化县西南首望山，盖即高平水也。"光绪《湖南全省分图》新化县西南标有首望山，山之西南标有高平水源流，东南标有古高平县。首望山相当于今隆回县北海拔1493米的望云山。云泉水，《（嘉庆）重修一统志》卷361《宝庆府·山川》："云泉水，在邵阳县南，今名檀江，源出高霞山，北流入邵水。"②此处的"邵水"是指"邵陵水"。云泉水并没有直接注入资水，而是与邵阳水汇合后一同流入资水邵陵水段的邵阳水口。南朝时期云泉水为邵陵郡邵陵县与零陵郡永昌县的界山，即今祁东县和邵东县交界上的雷祖殿。在山脉的走势影响下，河流改道的可能性不大，此处极有可能为《注》文的错漏之处。

---

① 郦道元注，杨守敬、熊会贞疏：《水经注疏》，江苏古籍出版社1989年版，第3114页。

② 潘锡恩：《（嘉庆）重修一统志》，上海书店1984年版，第399页。

三、水路要津：对明清资水流域河流渡口的研究

资水流域水系并不复杂，支流短小，险滩较多，但当地同样重视渡口的设置与修建。就目前的资料来看，关于明清时期湖南境内渡口修建和管理的专著不多，只有少部分对此进行了简单论述，而有关资水流域附近渡口修建的文章更是少之又少。张艳芳《明代渡口述略》对渡口进行了大致分类，对渡口的配套设施、管理运作进行了宏观描述。张俊在《清代两湖地区的桥梁与渡口》中展现了两湖地区的渡口设置、管理以及修建。本文将对明清时期资水流域的主要渡口进行探究。

(一) 渡口的设置

从嘉靖《湖广图经志书》的相关记载来看，明代资水流域的渡口设置还不是很普遍，只有零星几个渡口。明代对渡口管理的许多法令与措施往往是与桥梁连在一起的，对桥梁渡口的管理，历代统治者都比较重视，一向被认为是王政之要、守令之责。[1]

根据明清时期渡口运作的方式，可将其分为三类：官渡、私渡和义渡。《(同治)崇阳县志》卷2《建置志·津梁》曾记载"津要之所，地方有司造船以济往来，曰官渡；自里中好善者为之，曰义渡"。但具体到某个渡口而言，其所属类别并不是一成不变的，在一定的条件下可以转化。如《新宁县志》记载，新宁县的城南渡原本不设渡口，知县李华在任时为方便群众往来捐出俸金修造了渡船。三年后，生员蒋从龙将此事上报布政司参议，将城南渡定为官渡，将渡口费用编入条鞭银内。由此，城南渡由义渡转化为官渡。新宁县的低平渡，是东安、武冈一带的往来要路，当地的豪强刘周等人"置船私渡，百计索诈，商民苦之"[2]。知县沈文系在任时，为杜绝这一弊端，捐出俸禄

---

① 张艳芳：《明代渡口述略》，《中国地方志》2008年第3期，第51页。

② 沈文系等纂修：《(万历)新宁县志》卷4《地理考·津梁》，明万历三十四年刊本，台湾成文出版社有限公司2014年版，第82页。

造船，旁近的蒋、吕等姓居民也自愿捐款购置田地作为渡夫的工食。这样，低平渡就由私渡转化为义渡。这说明在官渡未达到覆盖范围时，义渡的修建弥补了一定的空白。义渡、官渡之间的相互转化也证明了地方政策的灵活性，渡口官修或民修与渡口的所有权之间并无必然的联系。

有些民间义渡捐资者只负责捐造渡船，并没有设置专门渡夫，这为来往行旅渡河埋下了安全隐患。地方志中有一些记载反映了当时某些义渡未设渡夫的事实。如湖南零陵县高溪渡，由当地好善之士"集义置四舟，人赖以济，至于今百年，夫横舟无人者，野渡平津也"，时人感叹："兹渡险且要，士民工贾之所经，妇竖之所趋，安得人人习操舟而后济？则须舟子巫矣！"①义渡在人员设置方面，由于缺乏固定的政策和保障措施，存在缺员的情况。

(二) 渡口的管理

管理的好坏对明清时期资水流域渡口的命运所产生的影响不可小视，明清资水流域渡口及所施缮渡田的管理主体主要有：（1）归捐资者及其后裔或其宗族祠堂经管。如湖南新化县人张自茂设立城东塔山湾义渡，先造四船，后倡捐买腴田三十余亩，张自茂死后，其三子监生张灏"踵守义渡，毋少失"②，张灏死后，子监生张如震"经理义渡亦有法"③。（2）由官府直接经管，这主要是一些比较重要的桥梁或渡口。如湖南零陵县太平渡，嘉庆初陈命侯、孙克协等倡捐添造船只，增置田亩，"知府丁云锦批饬捕衙经管"④。零陵县平政桥，同治四年冬月厘局捐铁链一，救生船一，"向由经历掌管"，光

① 嵇有庆修，刘沛纂：《（光绪）零陵县志》卷2《建置·津梁》，民国二十年补刊本，台湾成文出版社有限公司1975年版，第233~234页。

② 关培钧等修，刘洪泽等纂：同治《新化县志》卷19《人物·孝友一》，清同治十一年刊本，台湾成文出版社有限公司1975年版，第1437~1438页。

③ 关培钧等修，刘洪泽等纂：同治《新化县志》卷25《人物·善行一》，清同治十一年刊本，台湾成文出版社有限公司1975年版，第1865~186页。

④ 嵇有庆修，刘沛纂：《（光绪）零陵县志》卷2《建置·津梁》，民国二十年补刊本，台湾成文出版社有限公司1975年版，第233页。

绪元年九月知县嵇有庆"通禀各宪将岁收一百一十千文改归厘局经管"。①

渡口管理者的主要职责是经理田地、掌管经费、维修渡口和监督渡夫。通常管理者要亲自监督所捐田地的佃种及生息，不能假手他人，也不得借机牟取私利。如湖南安化县旷公渡，在县南门外，乾隆五十三年"每年共租谷三十石，又署内渡夫银一两八钱三分"，"订簿四本，拨清查十二人，每年一换，将银谷变卖，择殷实家领收生息，清查人不得自领，亦不得存于铺店，以杜私领私吞等弊"。② 渡夫大多由当地农民担任，也有的让一些没有固定职业的游民充当渡夫。湖南益阳县碧津官渡，位于城东门大渡口，乾隆年间有渡船四只，"臧、王、李三姓各派人撑架"③。如果津梁管理者不善经营或者不能秉公、监守自盗，渡口则不能长久。乾隆年间，湖南平江县邵阳渡里绅方培怀独力修建桥船，同治元年又募置义田十四亩，不料"经理非人，桥船两误，义田亦被典卖"④。

在渡口这类公共事业建设上，民间自行修建发挥了较大的作用，民修在资金筹措和管理上表现出极强的活力，但由于制度上的不完善，民修渡口还存在很多缺陷。而官府在地方渡口修建中也起到了提倡、引导、监督和管理的作用，二者互相补充。

四、结　语

综上所述，本文讨论了自然环境的演变等历史自然地理问题，也讨论了对环境演变的调适与应对等历史人文地理问题，尤为注重人地

---

① 嵇有庆修，刘沛纂：《（光绪）零陵县志》卷2《建置·津梁》，民国二十年补刊本，台湾成文出版社有限公司1975年版，第228~229页。

② 邱育泉等修，何才焕等纂：《（同治）安化县志》卷13《建置·津梁》，清同治十一年刊本，台湾成文出版社有限公司2014年版，第383页。

③ 姚念杨等修，赵裴哲等纂：《（同治）益阳县志》卷4《营建志下·津梁》，清同治十三年刊本，台湾成文出版社有限公司2014年版，第304页。

④ 麻维绪等修，李元度等纂：《（同治）平江县志》卷12《建置志三·桥渡》，清同治十三年刊本，台湾成文出版社有限公司2014年版，第384页。

关系的探讨。具体而言，可归纳为以下几点：

第一，论证了"邵陵浦水口"究竟位于何地的问题。"邵陵浦水口"实际上"浦"字衍，当作"邵陵水口"。它的位置也并不是在大溪水与夫水的交汇处，而应是大溪水流经邵陵县注入资水主流的水口。

第二，厘清了"邵陵水""邵水""邵阳水"等水名之间的相关关系。"邵陵水"一名指资水流经邵陵县后那一段的名称，"邵水"在《水经注》中是"邵陵水"脱"陵"字后的省称，而"邵阳水"指资水的支流，从邵阳县注入邵陵水段，后世省称为"邵水"。二"邵水"指代并不相同，不可混为一谈。

第三，高平水与云泉水注入资水的先后顺序存在争议，杨守敬认为《水经注》记载高平水注入邵陵水在云泉水之前。但到了清代，顺水（即高平水）注入资水在檀江（即云泉水）之后，是河流改道的结果。但笔者认为在山脉走势的影响下，河流改道的程度不会如此之大，极有可能为《水经注》的错漏。

第四，明清时期，官方和民间都极为重视对资水流域渡口的建设。但相比较来说，民修渡口所占的比例要大于官修渡口。但民修渡口也存在或多或少的缺陷，渡夫设置的缺少以及管理的不善都会给渡口日常运作带来不利的影响，而官修渡口的管理则相对完善。

综论之，区域经济开发与自然环境演变及其后的人文因素演化密切关联，我们应该对此进行深入的探讨。

（作者系武汉大学历史学院硕士研究生）

论"当涂高"之谶

杨富强

摘要："当涂高"之谶流行于两汉魏晋南北朝时期，反映了谶纬之学在当时的影响，并与此期政治密切相连。本文以"当涂高"之谶为研究对象，从文献考证和谶纬之学传承的角度，梳理其流传过程，探究其起源、语义演变及其特殊政治意义，以此考察谶纬在社会变动和王朝更替中的作用。

关键词：谶纬；当涂高；汉魏之际；魏晋南北朝

关于谶纬的研究，长期以来是中古史研究较为薄弱的环节，主要限于史料的缺乏、分散和研究断代的限制以及研究观念的影响。首先，史籍中关于谶纬的记载往往是分散、零星的，且常需要考证辨别后使用，加之唐以降谶纬思想的逐渐消亡和纬书遭大规模删改，使得对谶纬史料的梳理难度相对较大；其次，谶纬学起源并兴盛于两汉时期，而中古谶纬学逐渐衰微，因而对其研究，学者们常关注汉代而忽视中古；最后，在相当一段时期内谶纬被视为"封建迷信"而为学界所忽视。但自 20 世纪 80 年代以来，随着人们研究观念和研究视角的转变，对于历史上谶纬这类特殊信仰和舆论符号有了新的认识，相关研究取得了较大进步，有关论著把谶纬放在具体的政治环境下考察，分析其与政治文化的关系，并与数术、佛道之争等相结合，开拓了谶纬研究的新视角。① 对于谶纬研究，笔者以为一方面可以继续对文献、史事进行深入考证，进一步梳清谶纬的起源、流传过程；另一方面可以从谶纬学传承和相关士人群体角度进行研究；此外谶言本身的语义演变以及验证之后的政治符号作用及其背后所反映的政治传统亦值得关注。

一、"当涂高"之谶的起源与流传

"当涂高"之谶的起源和形成过程限于史料，长期以来一直无法完整复原。本节拟从两汉谶纬学传承和"当涂高"之谶语义演变的角度梳理该谶言的起源和流传情况。② "当涂高"之谶最早见于三国魏

---

① 20世纪以来关于两汉时期以及中古时期谶纬研究的代表论著有陈槃：《谶纬释名》《谶纬溯原（上）》，《中央研究院历史语言研究所集刊》，上海商务印书馆1943年版；钟肇鹏：《谶纬论略》，辽宁教育出版社1991年版；王利器：《谶纬五论》，《晓传书斋集》，华东师范大学出版社1997年版；徐兴无：《谶纬文献与汉代文化构建》，中华书局2003年版；吕宗力：《谶纬与十六国北朝的政治与社会》，《"1至6世纪中国北方边疆、民族、社会国际学术研讨会"论文集》，科学出版社2008年版；吕宗力：《谶纬与两晋南朝的政治与社会》，《魏晋南北朝史研究：回顾与探索——中国魏晋南北朝史学会第九届年会论文集》，2007年，第379~396页；姜望来：《谣谶与北朝政治研究》，天津古籍出版社2011年版；吕宗力：《汉代的谣言》，浙江大学出版社2011年版；孙英刚：《神文时代：谶纬、术数与中古政治研究》，上海古籍出版社2015年版；丁鼎：《试论"当涂高"之谶的作者与造作时代——兼与钟肇鹏先生商榷》，《烟台大学学报》（哲学社会科学版）2004年第1期；楼劲：《谶纬与北魏建国》，《历史研究》2016年第1期；吕宗力：《谶纬与曹魏的政治与文化》，《许昌学院学报》2018年第3期；夏远辉：《河图、洛书的传承途径考》，《河南科技大学学报》（社会科学版）2019年第5期等。

② 关于"当涂高"之谶起源的讨论，钟肇鹏先生在《谶纬论略》第1章《谶纬的起源和形成》中认为"代汉者当涂高"之谶是曹魏集团为实现其代汉目的所造（辽宁教育出版社1991年版，第29页）。丁鼎老师在《试论"当涂高"之谶的作者与造作时代——兼与钟肇鹏先生商榷》，一文中提出了不同意见，认为"当涂高"之谶曹魏代汉时虽利用过本条谶言，但仅是利用而已，而并非编造，并指出"当涂高之谶"起源于西汉末年［《烟台大学学报》（哲学社会科学版）2004年第1期，第94~95页］。笔者赞成"当涂高之谶"起源于西汉末年，但论证角度不同于丁鼎教授，对于丁鼎老师某些观点有所补充。

鱼豢所撰《典略》：

> 术以袁姓出陈，陈，舜之后，以土承火，得应运之次。又见谶文云："代汉者，当涂高也。"自以名字当之，乃建号称仲氏。①

《典略》从文献的角度上说当属最早，但所叙之事发生于东汉末年，而《三国志》和《后汉书》中又未记述袁术称帝使用"代汉者当涂高"之谶一事，故对于《典略》所载之事难以进一步考证。其次就是西晋陈寿《三国志·蜀书·周群传》所载蜀地名士周舒解谶之事：

> 周群字仲直，巴西阆中人也。父舒，字叔布，少学术于广汉杨厚，名亚董扶、任安。数被征，终不诣。时人有问："《春秋谶》曰代汉者当涂高，此何谓也？"舒曰："当涂高者，魏也。"乡党学者私传其语。②

又同书《杜琼传》记叙谯周问对一事：

> 杜琼字伯瑜，蜀郡成都人也。少受学于任安，精究安术……虽学业入深，初不视天文有所论说。后进通儒谯周常问其意……（谯）周因问曰："昔周征君以为当涂高者魏也，其义何也？"琼答曰："魏，阙名也，当涂而高，圣人取类而言耳。"③

周舒受学于杨厚，不知其生卒，与董扶、任安大致同时期，故周舒解释《春秋谶》的时间应大致在桓、灵之后而早于建安时代，其语

---

① 《三国志》卷6《袁术传》，中华书局1959年版，第210页。
② 《三国志》卷42《周群传》，中华书局1959年版，第1020页。
③ 《三国志》卷42《杜琼传》，中华书局1959年版，第1021～1022页。

83

在乡党学者中私下传播。① 而杜琼在回答谯周时进一步解释了"魏"的意思,言"魏,阙名也,当涂而高"。杜琼又说:"吏言属曹,卒言侍曹,此殆天意也。"②可推知谯周问对或发生在汉魏禅代前夕。③ 而陈寿原为蜀臣,少受学于谯周,治《尚书》《三传》,撰《益部耆旧传》十篇,平吴后鸠合三国史,著魏、吴、蜀三书,六十五篇,号《三国志》,④ 且陈寿久居蜀地,与蜀中人士多有交际,尤其是其少受学于谯周,归晋后亦与谯周多有来往,⑤ 故《三国志》所记之事或来自谯周所述及巴蜀耆旧所传,为陈寿所掌握的第一手资料;况且《三国志》所记之事距陈寿生活的时代不远,且发生于蜀地,相关人物又与陈寿颇有渊源,其记载或有修饰,但基本可信。因此,"当涂高"之谶可能早已在蜀地乡党学者中流传并为陈寿所熟知。

---

① 笔者以为董扶、任安在建安时代前后不久已然去世。关于董扶去世年代,《三国志》卷31《刘焉传》裴注引陈寿《益部耆旧传》:"扶出一岁而灵帝崩,天下大乱。后去官,年八十二卒于家。"(中华书局1959年版,第866页)关于任安去世年代,《后汉书》卷79《任安传》:"年七十九,建安七年,卒于家。"(中华书局1965年版,第2551页)周舒与二人年纪应相差不远,若建安时仍在世,年纪应甚大。况且蜀地自刘焉入蜀后与外界交通一度中断,即使仍有交流,恐怕所需时间甚长,其因为中原局势变化而解谶的可能性不大,且建安年间一直到曹操彻底平定河北之前,曹氏代汉之心尚不明显。故笔者认为周舒解谶一事当是发生于建安时代以前的地方谶纬学者的孤立学术行为,而不应作过多政治解释,甚至以为与曹魏代汉有关。

② 《三国志》卷42《杜琼传》,中华书局1959年版,第1022页。

③ 《三国志》卷42《杜琼传》载:"琼年八十余,延熙十三年卒。"(中华书局1959年版,第1022页)又《三国志》卷42《谯周传》载:"(泰始)五年,予尝为本郡中正,清定事讫,求休还家,往与周别。周语予曰:'昔孔子七十二、刘向、扬雄七十一而没,今吾年过七十,庶慕孔子遗风,可与刘、扬同轨,恐不出后岁,必便长逝,不复相见矣。'疑周以术知之,假此而言也。(泰始)六年秋,为散骑常侍,疾笃不拜,至冬卒。"(中华书局1959年版,第1033页)依二传可以推知谯周问杜琼时或已二十出头,即汉魏禅代前夕。

④ 常璩撰,任乃强校注:《华阳国志》卷11《陈寿传》,上海古籍出版社1987年版,第634页。

⑤ 《三国志》卷12《谯周传》,中华书局1959年版,第1033页。

据《周群传》《杜琼传》所述，周舒、任安和董扶三人皆师从杨厚，善于谶纬学，可见"代汉者当涂高"之谶或可追溯至杨厚，为杨厚弟子及其后学所周知。① 关于杨厚其人，《后汉书·杨厚传》载：

> 杨厚字仲桓，广汉新都人也。祖父春卿，善图谶学，为公孙述将。汉兵平蜀，春卿自杀，临命戒子统曰："吾绨帙中有先祖所传秘记，为汉家用，尔其修之。"统感父遗言，服阕，辞家从犍为周循学习先法，又就同郡郑伯山受《河洛书》及天文推步之术……统作《家法章句》及《内谶》二卷解说，位至光禄大夫，为国三老。年九十卒。统生厚……厚少学统业，精力思述……永建二年，顺帝特征，诏告郡县督促发遣。厚不得已，行到长安，以病自上，因陈汉三百五十年之厄，宜蠲汉改宪之道，及消伏灾异，凡五事……每有灾异，厚辄上消救之法，而阉宦专政，言不得信。时大将军梁冀威权倾朝……欲与相见。厚不答，固称病求退。帝许之，赐车马钱帛归家。修黄老，教授门生，上名录者三千余人……年八十二，卒于家。②

广汉杨氏世传图谶之学，善天文占候之术，从杨春卿到杨厚三代传承家学，而杨统、杨厚皆为杨氏谶纬学传承的重要人物。杨统从春卿处受先祖所得汉家秘技，又先后求学于周循和郑伯，事奉华里先生

---

① 关于杨厚，《华阳国志》记为"杨序"。常璩撰，任乃强校注：《华阳国志》卷10《广汉士女》载："杨序，字仲桓，统仲子也。道业侔父，三司及公车连征，辞。永建二年，特征拜侍中，上言四方兵起，及荆、扬六州人民疫、蝗，洛阳大水，宫殿灾，三府当免大臣，近戚谋变，皆效验。大将军梁冀秉权，自退。归家修黄老，教授，门徒三千人。本初元年及建和中，特征聘，不行。年八十三卒。天子痛惜，诏祭，谥曰文父。弟子雒昭约节宰，绵竹寇欢文仪，蜀郡何苌幼正，侯祈升伯，巴郡周舒叔布，及任安、董扶等，皆征聘辟举，驰名当世。"（上海古籍出版社1987年版，第562页）

② 《后汉书》卷30上《杨厚传》，中华书局1965年版，第1047~1050页。

炎高，① 直至作《家法章句》及《内谶》二卷解说，稍传家学。杨厚则少从学杨统，尽得家学，随父入京后，因对答灾异如验而得官，之后每逢灾异出现，往往能上消救之法。辞官后修黄老，教弟子三千，杨氏谶纬学传至杨厚而大兴于巴蜀。可见周舒对于"当涂高"之谶的认识或来源于杨氏谶纬学。关于广汉杨氏谶纬学的源头和内容，《后汉书·杨厚传》李贤注引《益部耆旧传》曰：

> 统字仲通，曾祖父仲续举河东方正，拜祁令，甚有德惠，人为立祠。乐益部风俗，因留家新都，代修儒学，以夏侯尚书相传。②

杨氏先祖杨仲续本居于河东，后迁至广汉兴都，代修儒学，传夏侯尚书。③ 唐晏《两汉三国学案》将杨氏所传尚书归于小夏侯派，又称："小夏侯派，亦伏生别派也，其传又不及大夏侯氏之盛，且渐入章句之学，西汉经学变为东汉矣。而欧阳、夏侯皆究心洪范，波靡至于李寻，则杂入异说，由乎小道，详其所论，无异术士之言。东汉符谶一流，皆此辈阶之厉也。"④可见杨氏所传尚书或为小夏侯派，并且可追溯到李寻等人，其学被视为东汉谶纬学的重要来源。而据唐晏考证，小夏侯尚书派的传承情况大致如下：

----

① 常璩撰，任乃强校注《华阳国志校》卷10《广汉士女》载："杨统，字仲通，新都人也。事华里先生炎高。高戒统曰：'汉九世王出《图书》，与卿适应之。'建武初，天下求通《内谶》二卷者，不得。永平中，刺史张志举统方正。司徒鲁恭辟掾。与恭共定音律，上《家法章句》及二卷《解说》。迁侍中，光禄大夫。以年老道深，养于辟雍，授几杖，为三老，卒。《内谶》二卷竟未详。"（上海古籍出版社1987年版，第561页）

② 《后汉书》卷30上《杨厚传》，中华书局1965年版，第1048页。

③ 《汉书》卷88《儒林传》载："夏侯胜，其先夏侯都尉，从济南张生受尚书，以传族子始昌。始昌传胜，胜又事同郡蕑卿。蕑卿者，倪宽门人。胜传从兄子建，建又事欧阳高。胜至长信少府，建太子太傅，自有传。由是尚书有大小夏侯之学。"（中华书局1962年版，第3604页）

④ 唐晏著，吴东民点校：《两汉三国学案》卷4《尚书》，中华书局1986年版，第164~165页。

夏侯建—李寻—王良、间邱葵、杨仲续—杨春卿—杨统—杨厚—任安、董扶、周舒—杜琼、周群。①

小夏侯尚书始于夏侯始昌，而夏侯始昌作《洪范五行传》，② 故小夏侯尚书一派善修天文五行之术，在治《尚书》学一派儒生中属于特殊。《杨厚传》所述杨春卿善谶纬学并称有先祖所传秘记，而华里先生炎高亦戒杨统"汉九世王出图书，与卿适应之"③。可见在杨仲续或之前杨氏已世传谶纬学，后又兼修小夏侯尚书。又依"汉九世王出图书"之言，杨氏所得图书大致可能在元、成时期，其来源或是汉家所藏图书，而当时民间亦有图谶流传，杨氏先祖从民间获得，而后冒称汉家秘记亦有可能。关于《内谶》之由来，《后汉书·郡国志》李贤注引《巴汉志》："有彭池大泽、名山、灵台，见孔子《内谶》。"④此处"内谶"与孔子有关，或许就是《春秋谶》。总之，大体上可知杨氏图谶之学当起于西汉后期，其家传《内谶》二卷，后佚失不详，有杨统作《家法章句》及《内谶》二卷解说，继续传承杨氏谶纬学，其中包含"当涂高"之谶不无可能。

下面我们再简要讨论"当涂高"之谶的语义演变。周舒在回答"代汉者当涂高"时，解释为"当涂高者，魏也"。后来谯周问杜琼"昔周征君以为当涂高者，魏也，其义何也?"杜琼进一步解释道："魏，阙名也，当涂而高，圣人取类而言耳。"可见当时人们对于"当涂高"含

---

① 唐晏著，吴东民点校：《两汉三国学案》卷4《尚书》，中华书局1986年版，第157~165页。

② 关于《洪范五行传》的作者，主要有三种观点。一说伏生，出自南朝沈约《宋书·五行志序》云"伏生创记《大传》，五行之体始详"；一说夏侯始昌，出自赵翼《廿二史劄记》卷二"汉儒言灾异"条；一说刘向。陈侃理老师主张夏侯始昌说，依据比较充分，笔者在此采用夏侯始昌说（陈侃理：《儒学、数术与政治：灾异的政治文化史》，北京大学出版社2013年版，69~74页）。

③ 常璩撰，任乃强校注：《华阳国志》卷10《广汉士女》，上海古籍出版社1987年版，第561页。

④ 《后汉书》卷113《郡国志》，中华书局1965年版，第3507页。

义的理解并不是十分明确具体，存在一个变化的过程。之后杜琼虽言
"始自汉已来，名官尽言曹，吏言属曹，卒言侍曹，此殆天意也"①。
亦未直接解释"当涂高"为曹魏，大概此时三国鼎立，天下归属尚不
可知，杜琼之言或许是谯周在蜀亡后对于曹氏代汉的添加之词。但是
人们认为"当涂高"为"魏阙"并且提出"代汉"之意是可以确定的。关
于"魏阙"的由来和含义，《史记·商君列传》载：

> 将兵围魏安邑，降之，居三年，作为筑冀阙宫庭于咸阳，秦
> 自雍徙都之。②（《索隐》：冀阙即魏阙也。冀，记也。出列教
> 令，当记于此门阙。）

《商君列传》记载秦国占领魏国安邑后，筑冀阙，即魏阙。史籍
中的"魏阙"一词往往与魏国有关，或是解释为高大之意。"魏阙"一
词也常常指代庙堂，用"心在魏阙之下"来表达不在庙堂之中，仍然
心忧国事。③ 可见"魏阙"一词在早期本无特殊的预言作用。至西汉
后期，谶纬之学兴起，"魏阙"或被解释为"当涂高"，并被赋予其特
殊的政治寓意，即将来拥有天下的是"当涂高"。当汉室衰微、天下
纷乱之际，"当涂高"更是与"代汉者"相结合，遂有"代汉者当涂高"
之谶。但是，对于"当涂高"的解释并不明确，使用者往往以姓名附
会，如公孙述、袁术④；而治谶纬之学的儒生往往解释为"魏阙"或

---

① 《三国志》卷 42《杜琼传》，中华书局 1959 年版，第 1022 页。

② 《史记》卷 68《商君列传》，中华书局 1959 年版，第 3232 页。

③ 《艺文类聚》卷 62《居处部二·阙》引《文子》曰："老子云：身处江海之
上，心在魏阙之下。"（上海古籍出版社 1999 年版，第 116 页）刘文典撰，冯逸、
乔华点校：《淮南鸿烈集解》卷 2《俶真训》高诱注："魏阙，王者门外阙也，所以
县教象之书于象魏也，巍巍高大，故曰魏阙。言真人虽在远方，心存王也，一
曰：心下巨阙，神内守也。"（中华书局 1980 年版，第 53 页）刘文典撰，冯逸、
乔华点校：《淮南鸿烈集解》卷 12《道应训》云："中山公子牟谓詹子曰：身处江
海之上，心在魏阙之下，为之奈何？"许慎注：江海之上，言志在于己身，心之
魏阙也，言内守。（中华书局 1980 年版，第 390 页）

④ 参看《三国志》卷 6《袁术传》裴注引鱼豢《典略》，中华书局 1959 年版，
第 210 页；《后汉书》卷 13《公孙述传》，中华书局 1965 年版，第 538 页

"魏",并无特指对象,是否有代汉之意又往往与汉室兴衰有关,汉室即将中兴之时对于"当涂高"甚至会加以利用,使之成为汉室复兴的预言,而无任何避讳,如光武帝在《与公孙述书》中用"当涂高"之谶反驳公孙述并非"当涂高"①。总之,"当涂高"之谶出现之初意指尚不明确,而代汉之意亦是在汉室出现衰败迹象后才产生的。

二、汉魏之际"当涂高"之谶的再度流行与演变

在考察汉魏之际"代汉者当涂高"之谶的流行前,首先应当梳理一下两汉之际"当涂高"之谶的流行情况。东晋常璩《华阳国志·公孙述志》云:

> 蜀土清晏。述乃移檄中国,称引图纬以惑众。世祖报曰:"《西狩获麟谶》曰'乙子卯金',即以未岁授刘氏,非西方之守也。'光废昌帝,立子公孙',即霍光废昌邑王立孝宣帝也。黄帝姓公孙,自以土德,君所知也。'汉家九百二十岁以蒙孙亡,受以丞相,其名当涂高',高岂君身耶?吾自继祖而兴,不称受命。求汉之断,莫过王莽。近张满作恶,兵围得之,叹曰:'为天文所误!'恐君复误也。"又使述旧交马援喻述,述不从。②

又刘宋范晔《后汉书·公孙述传》云:

> 述亦好为符命鬼神瑞应之事,妄引谶记。以为孔子作春秋,为赤制而断十二公,明汉至平帝十二代,历数尽也,一姓不得再受命。又引《录运法》曰:"废昌帝,立公孙。"《括地象》曰:"帝轩辕受命,公孙氏握。"《援神契》曰:"西太守,乙卯金。"谓西方太守而乙绝卯金也。五德之运,黄承赤而白继黄,金据西方为白

① 《后汉书》卷13《公孙述传》,中华书局1965年版,第538页。
② 常璩撰,任乃强校注:《华阳国志》卷5《公孙述志》,上海古籍出版社1987年版,第331页。

德，而代王氏，得其正序。又自言手文有奇，及得龙兴之瑞。数移书中国，冀以感动众心。帝患之，乃与述书曰："图谶言'公孙'，即宣帝也。代汉者当涂高，君岂高之身邪？乃复以掌文为瑞，王莽何足效乎！君非吾贼臣乱子，仓卒时人皆欲为君事耳，何足数也。君日月已逝，妻子弱小，当早为定计，可以无忧。天下神器，不可力争，宜留三思。"署曰"公孙皇帝"。述不答。①

据上举史料中公孙述可能使用"当涂高"之谶并移书中国、惑乱百姓而光武帝为此致书公孙述并使用该谶加以反驳的描述，并结合两汉之际的汉室一度为王莽取代、天下豪杰并起的时代背景，"当涂高"之谶在两汉之际一度流行于中原和巴蜀或是可能。"当涂高"之谶的流行或许与两汉之际流动于中原和巴蜀的善天文图谶之术的士人有关，并为各方势力所利用，其间"当涂高"之谶可能转化为"代汉者当涂高"之谶。当光武帝陆续平定各地方割据势力，汉室得以中兴之时，"当涂高"之谶显然已失去其流行的条件。尽管自光武帝以来东汉政权推崇谶纬学，② 民间也盛行谶纬之学，但是"代汉者当涂高"这种既不利于东汉统治，也暂时缺乏验证条件的谶言，自是很难继续流行，而不得不留存于谶纬图书之中并通过某些善谶纬学的家族隐秘流传。

东汉后期，外戚与宦官轮流执政、相互倾轧，使得朝局愈发混乱，继而黄巾起义、董卓入京，各地豪强大族并起，士大夫流寓各地，汉室天下陷入崩溃的边缘。此时谶言再度成为推动改朝换代、重建天下秩序的舆论工具。"代汉者当涂高"之谶正是在此背景再度流行并发生演变的，现将史籍中关于汉魏之际"代汉者当涂高"之谶的记载列举如下：

---

① 《后汉书》卷13《公孙述传》，中华书局1965年版，第538页。李贤注引《东观记》云，光武与述书曰："承赤者，黄也；姓当涂，其名高也。"（中华书局1965年版，第538页）

② 赵翼著，王树民校证：《廿二史劄记》卷4"光武信谶书"条，中华书局1984年版，第87~89页。

《三国志》裴松之注引《典略》曰：

　　术以袁姓出陈，陈，舜之后，以土承火，得应运之次。又见
谶文云："代汉者当涂高也。"自以名字当之，乃建号称仲氏。①

《三国志·蜀书·周群传》曰：

　　时人有问："《春秋谶》曰代汉者当涂高，此何谓也？"舒曰：
"当涂高者，魏也。"乡党学者私传其语。②

《三国志·蜀书·杜琼传》曰：

　　周因问曰："昔周征君以为当涂高者魏也，其义何也？"琼答
曰："魏，阙名也，当涂而高，圣人取类而言耳。"③

《三国志·魏书·文帝纪》裴松之注引《献帝传》载禅代众事曰：

　　太史丞许芝条魏代汉见谶纬于魏王曰……《春秋汉含孳》曰：
"汉以魏，魏以征。"《春秋玉版谶》曰："代赤者魏公子。"《春秋
佐助期》曰："汉以许昌失天下。"故白马令李云上事曰："许昌气
见于当涂高，当涂高者当昌于许。"当涂高者，魏也；象魏者，
两观阙是也；当道而高大者魏。魏当代汉。今魏基昌于许，汉征
绝于许，乃今效见，如李云之言，许昌相应也。④

《艺文类聚·居处部二·阙》引王隐《晋书》曰：

---

① 《三国志》卷6《袁术传》，中华书局1959年版，第210页。
② 《三国志》卷42《周群传》，中华书局1959年版，第1020页。
③ 《三国志》卷42《杜琼传》，中华书局1959年版，第1022页。
④ 《三国志》卷2《文帝纪》，中华书局1959年版，第63~64页。

汉末，博士敦煌侯瑾善内学，语弟子曰："凉州城西有泉水当竭，当有双阙起其上。"魏嘉平中，武威太守起学舍，筑阙于此。①

《三国志·魏书·武帝纪》裴松之注引张璠《汉纪》曰：

初，天子败于曹阳，欲浮河东下。侍中太史令王立曰："自去春太白犯镇星于牛斗，过天津，荧惑又逆行守北河，不可犯也。"由是天子遂不北渡河，将自轵关东出。立又谓宗正刘艾曰："前太白守天关，与荧惑会；金火交会，革命之象也。汉祚终矣，晋魏必有兴者立"，后数言于帝曰："天命有去就，五行不常盛，代火者土也，承汉者魏也，能安天下者，曹姓也，唯委任曹氏而已。"公闻之，使人语立曰："知公忠于朝廷，然天道深远，幸勿多言。"②

汉魏之际"代汉者当涂高"之谶再度流行，涉及众多人群，既有民间善谶纬的学者的问谶和解谶行为，也有大族豪强借此谶言图谋称帝之举，还有官方学者的符合"代汉者当涂高"的类似预言。然而此时的"代汉者当涂高"之谶仍无特定的指代对象，存在较大的解释空间。该谶虽流行于天下，但是却难以短时间内被验证。此时汉室虽衰，但在政治方面仍然具有强大号召力，袁术称帝失败和曹操迎汉献帝后势力快速发展即是证明，加上各地大族豪强割据势皆无代汉的实力，故"代汉者当涂高"之谶此时仅仅停留于口头，而无任何势力可以实现。当曹氏集团迎汉献帝于许，又陆续平定北方割据势力后，曹

---

① 《艺文类聚》卷 62《居处部二·阙》，上海古籍出版社 1999 年版，第 1116 页。

② 《三国志》卷 1《武帝纪》，中华书局 1959 年版，第 13～14 页。该条言"汉祚终矣，晋魏必有兴者立"，"天命有去就，五行不常盛，代火者土也，承汉者魏也，能安天下者，曹姓也，唯委任曹氏而已"。按：《后汉书·天文志》和其他有关刘艾的记载中皆无此事，似是魏晋时所附会编造之事。另外在《宋书·符瑞志》记"王立"为"王昱"。

操先后称魏公、魏王，开始建立魏社稷，设立魏官，此时"代汉者当涂高"之谶可能开始具体指曹魏并运用于汉魏禅代，遂有故白马令李云上事曰："许昌气见于当涂高，当涂高者当昌于许"之事。此前无具体指代对象的"代汉者当涂高"之谶，此时已成为曹氏代汉的工具与曹魏政权的理论支持和政治象征。

三、魏晋南北朝时期"当涂高"之谶的特殊政治意义

汉魏禅代完成之后，"当涂高"之谶在曹魏一代未见直接记载，甚至谶言也少有提及。然而汉代以来流行于社会的谶纬思想并未消亡，曹魏集团的成员多受谶纬思想影响，汉魏禅代中谶纬的使用亦给天下人以深刻印象，谶纬在曹魏政治中仍然不时以其他形式发挥作用。① 下面笔者拟通过梳理史籍中魏晋南北朝时期的谶记、异事和有关"当涂高"之谶的记载，来解释谶纬在政治斗争中的作用及其特殊的政治意义。

曹魏一代"当涂高"之谶自完成禅代以后在史籍中不见记载，盖其政治使命已然完成，实际政治意义已经不大，加之曹魏一代谶纬思想的转衰，提及谶言和使用谶纬解释问题的场合已然不多。故曹魏一代"当涂高"之谶不见史籍记载，有关谶纬的记载也极少。与谶纬有关记载如下：

《三国志·魏书·明帝纪》裴注引《魏氏春秋》曰：

> （青龙三年）是岁张掖郡删丹县金山玄川溢涌，宝石负图，状象灵龟……其南有五字，曰"上上三天王"；又曰："述大金，大讨曹，金但取之，金立中，大金马一匹在中，大吉开寿，此马甲寅述水。"凡"中"字六，"金"字十；又有若八卦及列宿孛彗之象焉。②

---

① 吕宗力：《谶纬与曹魏的政治与文化》，《许昌学院学报》2018 年第 3 期，第 12~24 页。
② 《三国志》卷 3《明帝纪》，中华书局 1959 年版，第 106 页。

同书同卷引《搜神记》曰：

> 初，汉元、成之世，先识之士有言曰，魏年有和，当有开石于西三千余里，系五马，文曰"大讨曹"。及魏之初兴也，张掖之柳谷，有开石焉，始见于建安，形成于黄初，文备于太和……此一事者，魏、晋代兴之符也。至晋泰始三年，张掖太守焦胜上言，以留郡本国图校今石文，文字多少不同，谨具图上。①

同书同卷引《汉晋春秋》曰：

> 氐池县大柳谷口夜激波涌溢，其声如雷，晓而有苍石立水中……其文曰："大讨曹，适水中，甲寅。"帝恶其"讨"也，使凿去为"计"，以苍石窒之，宿昔而白石满焉。至晋初，其文愈明，马象皆焕彻如玉焉。②

三则材料实言一事即所谓张掖郡《玄石图》的出现，言及"大讨曹""金但取之""甲寅"等，其事是否真发生于明帝时不可知，或与魏晋禅代有关，为晋人所编造之事，以附会魏晋禅代。③ 可知在魏晋时期谶纬思想仍存在巨大影响力，故魏晋禅代之际司马氏使用谶言来证明禅代的合法性仍是不可缺少的环节。曹魏以"代汉者当涂高"之谶和土德取代火德来验证其代汉的合法性，至魏晋禅代之际，时隔不过三十余年，"代汉者当涂高"之谶及当年汉魏禅代的旧事在朝野内外仍然记忆深刻。加之曹氏立国已历四代，根基已深，朝野内外认可"当涂高"皇权的势力依然庞大，司马氏难以仅仅依靠权谋和谶言来

---

① 《三国志》卷3《明帝纪》，中华书局1959年版，第106页。
② 《三国志》卷3《明帝纪》，中华书局1959年版，第107页。
③ 关于张掖《玄石图》的研究，请参看津田资久先生《曹魏符瑞与司马懿的政治地位》一文。该文是津田资久在中国魏晋南北朝史学会2007年第九届年会上作的报告，该报告基于《符瑞〈张掖郡玄石图〉的出现与司马懿の政治の立场》(发表在日本九州大学文学部东洋史研究会《东洋史论集》35上，2007年出版)一文。

取代曹氏，须建立大功业和制造更多的符瑞和异事来推进其禅代过程。关于魏晋禅代之际的符瑞和异事亦有不少，《三国志·魏书·少帝纪》载：

> （咸熙元年）甲子，行幸长安。壬申，使使者以玉璧祀华山……六月，镇西将军卫瓘上雍州兵于成都县获璧玉印各一，印文似"成信"字，依周成王归禾之义，宣示百官，藏于相国府。①

又裴注引孙盛曰：

> 昔公孙述自以起成都，号曰成。二玉之文，殆述所作也。②

此两则史料所记之事发生于魏灭蜀之年，蜀亡是影响三国格局的重大事件，亦是司马氏代魏的重要举措，以此强化司马氏的功业，摆脱高贵乡公之死所带来的政治道德危机。③ 遣使奉玉璧祭祀华山是禅代的常规之举，而发现"成信"印则是意外。司马氏"依周成王归禾之义，宣示百官，藏于相国府"。而裴注中引孙盛言，认为"成信"印为公孙述所作。可能"成信"印发现之时亦有不同解释，而司马氏选择"周成王归禾之义"应是为了昭示司马氏灭蜀之功，预示天下即将归一。又《三国志·蜀书·杜琼传》云：

> 景耀五年，宫中大树无故自折，（谯）周深忧之，无所与言，乃书柱曰："众而大，期之会，具而授，若何复？"言曹者众也，魏者大也，众而大，天下其当会也，具而授，如何复有立者乎？蜀既亡，咸以周言为验。周曰："此虽己所推寻，然有所因，由

---

① 《三国志》卷4《少帝纪》，中华书局1959年版，第150页。
② 《三国志》卷4《少帝纪》，中华书局1959年版，第150页。
③ 可参看仇鹿鸣：《魏晋之际的政治权力与家族网络》，上海古籍出版社2015年版，第133~153、182~184页。

杜君之辞而广之耳，殊无神思独至之异也。"①

　　此事发生于蜀汉灭亡前夕，谯周以"宫中大树无故自折"而深感忧虑，书柱言"众而大，期之会，具而授，若何复?"预言蜀汉将亡于曹魏，后果如谯周所言。蜀汉自称承继汉统，而蜀汉亡于曹魏，谯周此言似应"代汉者当涂高"之谶。然此时司马氏已经掌握曹魏大权而意图取代曹魏，蜀亡后不久魏晋禅代完成。又谯周身为蜀臣怎会如此直言汉将为曹魏所取代，即使谯周预感蜀汉气数将尽，意欲归顺曹魏，怎会不知曹魏政局变化和司马氏将取而代之的形势，而不去取悦司马氏，此甚为奇怪? 大概曹魏承继汉，晋又承继曹魏，谯周先后仕蜀汉、曹魏、晋，其所言似符合王朝承继，通过肯定曹魏代汉而委婉地承认蜀汉的合法性，又为魏晋禅代做解释，体现了汉、魏、晋三朝的承继性，故《杜琼传》将谯周之言写入而无顾忌，因为谯周的说法符合西晋统治者的要求和汉、魏、晋三代的承继性。面对司马氏为魏晋禅代制造的种种符瑞、谶言和异事，曹氏皇室亦有不少对抗的举措，《三国志·魏书·少帝纪》裴注引《帝集》载帝自叙始生祯祥曰：

　　昔帝王之生，或有祯祥，盖所以彰显神异也……其辞曰：惟正始三年九月辛未朔，二十五日乙未直成，予生。于时也，天气清明，日月辉光，爰有黄气，烟煴于堂，照曜室宅，其色煌煌。相而论之曰："未者为土，魏之行也。"②

同书同卷裴注引《汉晋春秋》：

　　是时龙仍见，咸以为吉祥。帝曰："龙者，君德也。上不在天，下不在田，而数屈于井，非嘉兆也。"仍作潜龙之诗以自讽，司马文王见而恶之。③

---

① 《三国志》卷42《杜琼传》，中华书局1959年版，第1022页。
② 《三国志》卷4《少帝纪》，中华书局1959年版，第138页。
③ 《三国志》卷4《少帝纪》，中华书局1959年版，第143页。

高贵乡公在描述其出生祯祥时强调"未者为土，魏之行也"。突出了魏的土德，也肯定了其当涂子孙的身份。又对"龙见于井"这一异象，在皆认为是吉祥的情况下，提出"龙者，君德也。上不在天，下不在田，而数屈于井，非嘉兆也"。可见面对司马氏的禅代之举，曹魏皇室试图通过魏德仍在、天命在魏，而从道义和舆论上对抗司马氏。

汉魏禅代完成后"当涂高"之谶一度未见于史籍，但其仍可能存在于人们记忆和各类谶纬图书之中。通过前面的分析可知谶纬思想在曹魏、西晋时期仍然有着一定影响力，"当涂高"的影响依然隐约可见。再度出现是在西晋末年，见《晋书·王浚传》：

> 浚以父字处道，为"当涂高"应王者之谶，谋将僭号。胡矩谏浚，盛陈其不可。浚忿之，出矩为魏郡守。前渤海太守刘亮、从子北海太守搏、司空掾高柔并切谏，浚怒，诛之……时燕国霍原，北州名贤，浚以僭位事示之，原不答，浚遂害之。由是士人愤怨，内外无亲。①

此后十六国北朝时期北方谶言流行，出现多个以魏或借汉魏故事而称帝建国的政权，如石勒创业初期、冉魏、翟辽，以及重建后改国号为魏的拓跋鲜卑政权，② 可见在少数民族进入中原、天下再度混乱的背景下，"当涂高"之谶仍然同汉末时一样发挥着特殊的政治预言作用。但是此时与汉末相比，加入了少数民族的因素，加上"当涂高"之谶已有汉魏禅代的成功先例，以及其他谶言的流行，故十六北朝时期的"当涂高"之谶的内涵和地位已大大不同于汉末。③ 另外值得注意的是此时东晋南朝史料中，未发现有关"当涂高"或与之有关

---

① 《晋书》卷39《王浚传》，中华书局1974年版，第1149页。
② 楼劲老师在《谶纬与北魏建国》一文中详细讨论了十六国时期使用"魏兴之谶"的政权情况（《历史研究》2016年第1期，第7~11页）。
③ 楼劲：《谶纬与北魏建国》，《历史研究》2016年第1期，第23页。

的谶言在东晋南朝流行的线索。① 而北朝后期"当涂"或"当涂高"已似乎不再是一则谶言，而成为具有特殊政治意味的术语，象征着元魏皇权。据庾信撰《周上柱国齐王宪神道碑》云："虹蜺满野，是废当涂之高；鸑鷟鸣岐，实始维新之命。"②又《周大将军崔说神道碑》载："时当涂失御，政在权门。始论函谷之兵，即起韩陵之战。"③以及《周柱国大将军纥干弘神道碑》载："魏永安中，任子都督翻原州城受陇西王节度，于时洛邑乱离，当涂危逼，礼乐征伐不出于天子，举贤诛暴实在于强臣。"④以上碑文中多次出现"当涂"一词，并以此象征元魏政权，记述北魏末年到东魏、西魏对峙时期元魏皇权为权臣所侵夺的情形，可见"当涂"一词在此时可直接指代元魏皇权并成为文人的常用语。

综上所述，"当涂高"之谶在汉魏禅代完成以后，逐渐超出谶纬的范畴，而成为具有特殊意义的政治术语和政治传统。曹魏、西晋时期"当涂高"不见史籍，而通过其他记载可以隐约窥测其影响，此期的"当涂高"之谶乃至谶纬在魏晋政治文化环境下似乎成为一个隐晦但又不可回避的话题。西晋末年到北魏初年，"当涂高"之谶成为各方势力尤其是少数民族统治者所利用的舆论工具，并与其他谶语结合，此时的当涂高似乎已在其长期流传与实践中转化为一种政治传统，少数民族统治者借用汉魏故事以彰显其为华夏正统。经历北魏统治和长期宣传，到北朝后期"当涂"或"当涂高"作为一种具有特殊意义的政治术语和政治传统已然固化。

---

① 六朝时期南方流行"黄旗紫盖，运在东南"和"帝出乎震"之类的谶言，以此对抗北方的中原正统。相关研究可以参看魏斌：《"山中"的六朝史》，生活·读书·新知三联书店 2019 年版，第 17~54 页；孙英刚：《神文时代：谶纬、数术与中古政治研究》，上海古籍出版社 2015 年版，第 63~73 页。

② 庾信撰，许逸民校注：《庾子山集注》卷 13，中华书局 1980 年版，第 734 页。

③ 庾信撰，许逸民校注：《庾子山集注》卷 13，中华书局 1980 年版，第 773 页。

④ 庾信撰，许逸民校注：《庾子山集注》卷 14，中华书局 1980 年版，第 836 页。

四、余　　论

谶言的流行不是孤立的现象，而与社会变迁密切相关，从中可以看到时代发展趋势和人心向背。因此，谶言的流行和谶纬之学的传播某种程度上是一个时代信仰体系的反映，其变化也可以反映出时代信仰的演变。“当涂高”之谶流行于两汉魏晋南北朝时期，其内涵几度转变，在不同时期其作用亦不相同。从“当涂高”之谶的演变历程既可以看到两汉时期谶纬之学的兴起和传承，又可反映出两汉魏晋南北朝历次王朝更替过程中谶言这一特殊信仰符号和预言工具的作用。当然，谶言是谶纬的一部分，需要依附于一定学术体系和政治环境，①并且有时还需要与其他信仰形式和舆论工具结合。“当涂高”之谶的演变正是两汉魏晋南北朝时期学术知识、信仰体系和政治文化演变的表现。

（作者系武汉大学历史学院研究生）

---

①　孙英刚：《神文时代：谶纬、数术语中古政治研究》，上海古籍出版社2015年版，第164页。

《任氏传》所见盛唐长安的
空间结构与空间认知

郗方园

摘要：长安在开元天宝以后城市功能的分化，构成唐代都市发展的中心事件，也标志着 8 世纪城市结构的重要转型。《任氏传》的作者巧妙勾勒出街东、西的空间结构，并描述天宝时期长安诸坊内居民在特定空间中的行为特点，从而将故事置入更具真实性的情境。传奇的特殊形式使之具备史书记载中难以充分展现的对城南之印象。《任氏传》正是在这一基础上展现了天宝时期的城市结构与居民对空间的认知。

关键词：《任氏传》；盛唐时期；长安；空间结构；空间认知

一、绪　　论

长安在盛唐时期展现出纷繁复杂的面貌，彼时的城市生态在历史文献中显得格外有活力，后世许多文化、经济现象亦由此滥觞。因而唐史研究者围绕唐长安城的空间结构与空间认知问题展开了许多有价值的讨论。就这一时段下空间结构进行的研究有，荣新江讨论了中晚唐时期城市"公共空间"的扩大现象，即从王宅的私密空间，到寺观作为皇家祭祀举行场地、文人聚会场所、俗讲和戏曲演唱区域的公共空间之转变；①

---

① 荣新江：《从王宅到寺观：唐代长安公共空间的扩大与社会变迁》，《隋唐长安：性别、记忆及其他》，复旦大学出版社 2010 年版，第 83~88 页。

杨宽从宏观角度探讨了长安东、西市的空间布局，并注意到中唐以后城门和坊角的金吾卫在阻止侵街行为方面起到的作用；① 鲁西奇等注意到长安城内部的空间并未完全遵循土地利用的"经济理性"，而是国家权力通过坊墙的分割作用，对城市功能进行的强制分划；② 贺梓城通过分析唐人墓志，指出在延平门和延兴门大街以北各坊居住人数较多，以南者逐渐减少，但是南部各坊多为贵族家庙所在地或官吏的别墅；③ 气贺泽保规通过分析盛唐长安的人口类型及数目，将其定为非生产性人口很多的世界都市，此外，他还指出长安的南部虽是田地，但住在坊内的居民要想白天外出劳作、夜晚归家是比较困难的，因此长安的农民大多住在城外④。另外，李孝聪⑤、刘淑芬⑥等也作

---

① 杨宽：《中国古代都城制度史研究》，上海古籍出版社 1993 年版，第 227～243 页。另外，妹尾达彦《唐代长安的东市与西市》[《乾陵文化研究》(四)，三秦出版社 2008 年版，第 327～377 页]、张永禄《隋唐长安成的规划布局与其设计思想》[《西北大学学报》(自然科学版)2014 年第 4 期]、盛会莲《唐代坊市制度的发展变化》[《西北师大学报》(社会科学版)2000 年第 3 期]亦详细探讨了长安以东、西市为中心的城市结构。

② 鲁西奇、马剑：《空间与权力：中国古代城市形态与空间结构的政治文化内涵》，《江汉论坛》2009 年第 4 期，第 84～86 页。

③ 贺梓城：《唐长安城历史与唐人生活习俗——唐代墓志铭札记之二》，《文博》1984 年第 2 期，第 35～36 页。

④ 气贺泽保规：《绚烂辉煌的世界帝国：隋唐时代》第六章《城市的发展与丝绸之路》，石晓军译，广西师范大学出版社 2014 年版，第 244～248 页。另外，妹尾达彦在《唐都长安城的人口数与城内人口分布》中亦通过探讨开元天宝年间人口数目问题，对长安的城市性质进行探讨，认为"长安城的建筑原本就不是以居民的生活空间为出发点的，而是根据 6 世纪末到 7 世纪初王都的理念，设计建设成一座宏伟的理想都市"[收入《中国古都研究(第十二辑)——中国古都学会第十二届年会论文集》，1994 年，第 179～189 页]。

⑤ 李孝聪：《历史城市地理》，山东教育出版社 2007 年版，第 160～163 页。李孝聪：《唐代地域结构与运作空间》，上海辞书出版社 2003 年版，第 257 页。

⑥ 刘淑芬：《六朝的城市与社会》，台湾学生书局 1992 年版，第 465～466 页。

出了有益贡献。空间认知方面有陈寅恪①、张伟然②等先生的精彩研究。而在传奇小说对居民空间记忆所起的作用方面，妹尾达彦提醒读者，在唐人的认知中，长安逐渐由神圣的宇宙之都，向充满小说、传奇、逸事的世俗之都进行转变。③ 这些都为本文进一步收缩视域、聚焦于天宝时期的长安打下了坚实基础。

《任氏传》为沈既济撰，收于《太平广记》卷 452。前人已就《任氏传》的作者、主旨作了论述，④ 亦有使用此则故事作为史料，说明唐后期商业发展情况及坊市制的瓦解者⑤。不过，由于小说情节以整个长安为舞台，以街道为背景贯穿全篇，因此，《任氏传》中所载的西京图景尚可探讨。本文主要关注 8 世纪以长安为题材的传奇中，体现

① 陈寅恪《元白诗笺证稿》(生活·读书·新知三联书店 2001 年版，第 255~260 页)透过白居易的《卖炭翁》，探讨了长安居民对宫市的认知，即苦于宫市之弊然又不敢言。并且解读出了杜甫诗"欲往城南望城北"中对于空间的情感，点明少陵"以虽欲归家，而犹回望宫阙为言，隐示其眷念迟回不忘君国之本意"。

② 张伟然在《唐人心目中的文化区域及地理意象》一文中探讨了唐代地域的文化意象，指出唐人对长安的印象为"长安重游侠"(卢照邻语)、"秦俗动言利"(孟郊语)，以及国际化程度高，以至于"长安少年有胡心矣"(陈鸿祖《东城父老传》)。该文收入李孝聪：《唐代地域结构与运作空间》，上海辞书出版社 2003 年版，第 336~338 页。

③ 妹尾达彦：《长安的都市规划》，高兵兵译，三秦出版社 2012 年版，第 204~206 页；妹尾达彦：《唐代后期的长安与传奇小说——以〈李娃传〉的分析为中心》，刘俊文主编：《日本中青年学者论中国史·六朝隋唐卷》，上海古籍出版社 1995 年版，第 509~553 页。

④ 李剑国：《唐五代志怪传奇叙录》，南开大学出版社 1993 年版，第 265~268 页。卞孝萱：《再论〈任氏传〉——兼评沈既济以"雌狐"自喻臆说》，《淮阴师范学院学报》(哲学社会科学版)2008 年第 2 期，第 208~213 页。

⑤ 薛爱华·谢弗《唐代的外来文明》(吴玉贵译，广西师范大学出版社 2005 年版，第 57 页)指出胡饼在社会中广为流行、属于大众食品，并且"制作和出售胡饼的通常为西域人"。杨宽《中国古代都城制度史研究》(上海古籍出版社 1993 年版，第 220 页)以《任氏传》说明唐代的宵禁制度。气贺泽保规：《绚烂辉煌的世界帝国：隋唐时代》(石晓军译，广西师范大学出版社 2014 年版，第 253 页)、徐东升《唐代坊市制与工商业》[《福建论坛》(文史哲版)2000 年第 3 期，第 86 页]以本则故事中鬻饼胡在坊门未开时便经营生意的现象，论证唐代坊市制逐步瓦解。

的长安城之空间结构与空间认知，尝试揭示：（1）《任氏传》所载的长安空间结构，包括居民的居住分划、在空间里的行为等；（2）《任氏传》反映出的居民的空间认知，即他们如何看待自己所身处的空间。

二、《任氏传》与长安城

《任氏传》中出现的长安坊里名称颇多，且与故事有紧密的联系。西京各坊的布局如图一所示：

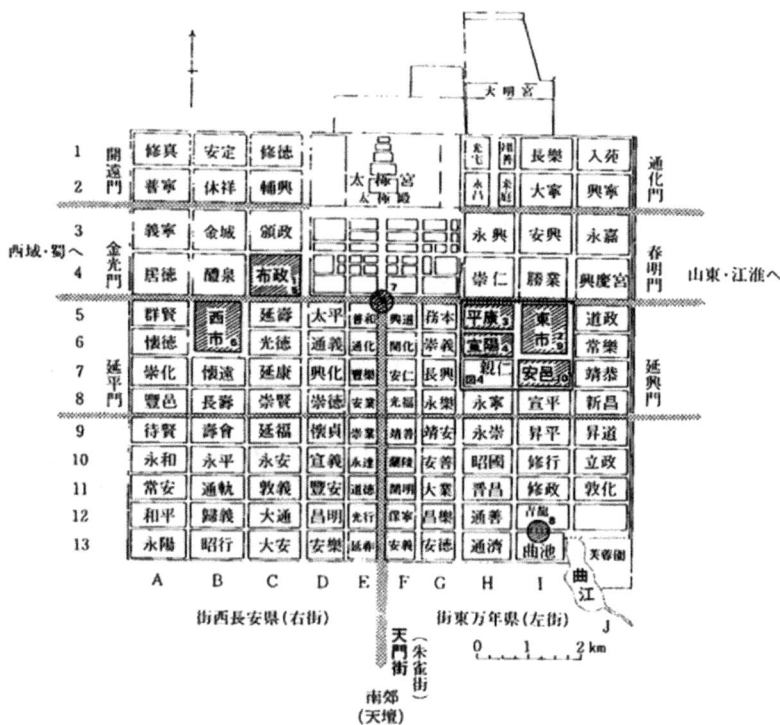

图一　唐代的长安城及《任氏传》的舞台①

① 此图摘自妹尾达彦：《唐代后期的长安与传奇小说》，刘俊文主编：《日本中青年学者论中国史·六朝隋唐卷》，上海古籍出版社1995年版，第477页。

根据《任氏传》的记载，玄宗天宝年间，信安王李祎的外孙韦崟与郑六关系甚佳，往来密切。九年夏六月，二人在去新昌里(J8)饮酒的途中，郑子在宣平坊(I8)之南改变主意，向南进入升平坊(I9)北门，在此遇见了故事的女主人公任氏，并对其一见钟情。郑生跟随任氏到达乐游原的住宅酣饮，清晨时任氏担心自己"名系教坊，职属南衙"的兄弟返回家中撞见二人，于是催促郑生离开。①

郑六至里门，看到"门旁有胡人鬻饼之舍"，于是在等待里门开启的时候同其闲聊，得知"此隤墉废地，无第宅也"，"其中皆榛荒及废圃耳"。② 十天之后，郑生在西市衣肆中看到了女主人公，但"任氏侧身周旋于稠人中以避焉"。郑子连呼前迫、发誓不会背弃任氏，二人遂定终身。③ 于是郑、任一同在西市之东"大树出于栋间者，门巷幽静"处税居，并且从韦崟家借来物品以供日用。④

韦氏听闻女主人公艳丽殊绝，乃至郑生家中睹之，"爱之发狂，乃拥而凌之"，任氏婉拒后自陈"家本伶伦，中表姻族，多为人宠媵，以是长安狭斜，悉与之通"，许诺将韦崟悦而不得的鬻衣妇张十五娘带至其身边。⑤ 数月后，韦崟又谋取在千福寺看到的双鬟女子，任氏便将疾病加致女子身上，其母"忧之方甚，将征诸巫"，女主人公悄悄贿赂巫者，"指其所居，使言从就为吉"。术士依言行之，韦崟遂得此女。⑥

不久，任氏建议郑生"鬻马于市者，马之股有疵，可买以居之"，郑子将之买下后，以二万五千文的价格将其卖给了昭应县负责御马的官吏，用来弥补虽死去三年但没有及时除籍、腿上有官印的马匹。⑦

---

① 李昉等编：《太平广记》卷 452《任氏》，中华书局 1986 年版，第 3692 页。
② 李昉等编：《太平广记》卷 452《任氏》，中华书局 1986 年版，第 3693 页。
③ 李昉等编：《太平广记》卷 452《任氏》，中华书局 1986 年版，第 3693 页。
④ 李昉等编：《太平广记》卷 452《任氏》，中华书局 1986 年版，第 3693 页。
⑤ 李昉等编：《太平广记》卷 452《任氏》，中华书局 1986 年版，第 3694 ~ 3595 页。
⑥ 李昉等编：《太平广记》卷 452《任氏》，中华书局 1986 年版，第 3695 页。
⑦ 李昉等编：《太平广记》卷 452《任氏》，中华书局 1986 年版，第 3695 ~ 3696 页。

几年之后，郑子授槐里府果毅尉，邀请任氏一同前往金城县。女主人公本想以"有巫者言，某是岁不利西行"的理由进行推辞，却在其恳请下出行。至马嵬，任氏为道路中的猎狗所杀。① 其中情节与都城内坊市的对应关系如表一。

首先，两位男主人公在东市附近的街区闲逛，并决定去新昌坊（J8）喝酒。韦崟年少落拓、喜好饮酒，同伯叔等合居于街东的官僚住宅区。据《新唐书·宰相世系表》记载，他出身于京兆尹氏勋公房，是韦调之孙，② "应与韦安石、韦陟、韦抗是同族之侄孙或侄辈"③。

天宝四载，玄宗曾册韦崟之女，诏曰："咨尔京兆府新丰县尉韦崟第八女，庆承华族，礼冠女师……是用命尔为陈王妃。"④韦氏家门显赫，他的女儿藉此之故方得与皇家结亲。否则徒凭京兆尹之女的身份，定难成此姻缘。

故事发生之时，韦安石已经逝去，其子韦陟、韦斌虽显贵，然而也因此为李林甫所嫉，将兄弟二人先后排斥出京。天宝年间，韦陟为李林甫所忌，"以亲累贬钟离太守，重贬义阳太守。寻移河东太守，充本道采访使"⑤。韦斌亦有相似的遭遇，天宝五载，"右相李林甫构陷刑部尚书韦坚，斌以亲累贬巴陵太守"⑥，这与《任氏传》所言"崟伯叔从役于四方"的情节相符。

表一　　　　　　　　　　故事的情节与长安街道

构成	舞台	男（郑生与韦崟）、女主人公（任氏）的行动及舞台设置	地区特征
闲逛	长安东市的陌中（向新昌里进发）	韦崟祖父为信安王祎，与其从父妹婿郑六来往密切，喜好饮酒	官僚住宅区

① 李昉等编：《太平广记》卷452《任氏》，中华书局1986年版，第3696页。
② 赵超编：《新唐书·宰相世系表集校》，中华书局1998年版，第621～655页。
③ 周绍良：《唐传奇笺证》，人民文学出版社2000年版，第94页。
④ 董诰等编：《全唐文》，中华书局1983年版，第420页。
⑤ 《旧唐书》卷92《韦安石列传》，中华书局1975年版，第2959页。
⑥ 《旧唐书》卷92《韦安石列传》，中华书局1975年版，第2962页。

续表

	构成	舞台		男(郑生与韦崟)、女主人公(任氏)的行动及舞台设置	地区特征
1	会饮↓	街东	宣平坊	(郑生)辞有故,请间去,继至饮所。于是乘驴而南徙行道中、容色姝丽的白衣女子(任氏)	官僚住宅区
			升平坊乐游原	天色已昏黑,见一宅,土垣车门,屋宇甚严,白衣(任氏)邀请郑生进入住宅	
2	邂逅↓		新昌坊	将晓而行,见里门旁有胡人鬻饼之舍,(郑生)与主人闲聊,获悉此处实为废弃园囿	人烟较少
		街西	西市	在衣肆瞥见任氏,任氏躲入人群中,郑子连呼前迫、诚恳发誓,二人定下终身	繁华的商业区
3	同居↓		西市以东	税居于门巷幽静、大树出于栋间的住宅 (韦崟)伯叔从侠四方,家贮三院什器。郑子访其舍	庶民居住区
4	相游↓	街东(推测)	韦崟宅	以假借器物	官僚居住区
5	谋利↓	街西	任氏宅	韦崟亲往拜谒,欲睹任氏容貌,并趁郑子外出时试图褒辱之,不得。其后任氏自言身世,愿为韦崟致西市鬻衣妇张十五娘	接近商业区、属于庶民居住区
		不详	刁将军缅家	任氏加善吹笙的双鬟女子(刁缅宠奴)以病,贿巫师,指其所居,使言从就为吉。双鬟女子到任氏宅后,韦崟与之通	不详
		街西	西市	建议郑生鬻疵股之马,并以二万五千文的价格卖出	闹市
	逝去	城外	马嵬	西门圉人教猎犬于道,任氏为犬所害	

韦氏家族住在安兴坊(I3)①，"门第豪华，早践清列，侍儿阉阍，列侍左右者十数，衣书药食，咸有典掌，而舆马僮奴，势侔于王家主第"②。韦崟既与其叔伯合居，小说中出现的住宅应位于此处；身为其从父妹婿的郑六贫困无家，需托身妻族，则亦住在安兴里。

韦崟的外祖父信安王李祎，是太宗第三子吴王恪之孙。③ 李峘、李峄、李岘乃韦氏母舅家之势力，其世系如图二：

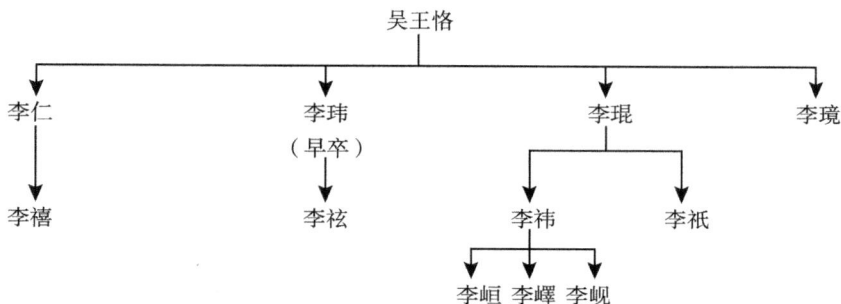

```
                          吴王恪
        ┌──────────────┬──────────────┬──────────────┐
        ↓              ↓              ↓              ↓
       李仁            李玮           李琨            李璄
                     （早卒）     ┌────┴────┐
        ↓              ↓          ↓        ↓
       李禧            李祜        李祎      李祗
                              ┌───┼───┐
                              ↓   ↓   ↓
                             李峘 李峄 李岘
```

图二　世系图

吴王恪名望素高，高宗永徽中，房遗爱谋反，"因事诛恪，以绝众望"④，他的四个儿子遂为流放至岭表。则天掌权时期，"皇室诸王有德望者，必见诛戮"⑤，长子李仁为避祸而表现得"褊躁无才，复数进献符瑞事"⑥。长安三年与节愍太子谋诛武三思，事败坐诛，"籍没其家，改姓蝮氏"⑦，李璄亦受其牵累坐贬。直至睿宗时期方

---

① 韦安石宅，《长安志》未载，骆天骧《类编长安志》(中华书局 1990 年版，第 112 页)、徐松《增订唐两京城坊考》(三秦出版社 1996 年版，第 119 页)将其定于安兴里，此处从其说。

② 《旧唐书》卷 92《韦安石列传》，中华书局 1975 年版，第 2959 页。

③ 关于其祖父信安王李祎，参见《旧唐书》卷 76《太宗诸子列传》，中华书局 1975 年版，第 2652 页。

④ 《旧唐书》卷 76《太宗诸子列传》，中华书局 1975 年版，第 2650 页。

⑤ 《旧唐书》卷 76《太宗诸子列传》，中华书局 1975 年版，第 2650 页。

⑥ 《旧唐书》卷 76《太宗诸子列传》，中华书局 1975 年版，第 2650 页。

⑦ 《旧唐书》卷 76《太宗诸子列传》，中华书局 1975 年版，第 2651 页。

恢复他们的本姓。

在吴王一系里，后嗣最为显贵旺盛的当属第三子李琨，他们这支凭借李祎而大放异彩。据《旧唐书》记载，李祎于中宗景龙十二年被封为信安郡王，"拜左金吾卫大将军、朔方节度副大使、知节度事，兼摄御史大夫。寻迁礼部尚书，仍充朔方节度使"①，带兵抵御吐蕃、契丹的侵扰并大获全胜。

李祎的三个儿子李峘、李嶧、李岘以门荫入仕，均致显官。本则故事发生在天宝时期，这时李峘正担任南宫郎，"历典诸曹十余年"②，其弟李岘亦为京兆尹。③ 不过，杨国忠秉政时，"郎官不附己者悉出于外，峘自考功郎中出为睢阳太守，寻而弟岘出为魏郡太守"④，李氏一族为杨国忠贬斥，杨氏将李峘、李岘均调离了长安城，直至安史之乱后，李氏兄弟匡翊有功，方返回城内居住。

在都城内，李峘一家住在长兴里(G7)，"门列三戟，两国公门十六戟，一三品门十二戟，荣耀冠时"⑤。可以看出，故事的男主人公之一韦崟门第十分显赫。另一位男主人公郑六为其从父妹婿，"不记其名，早习武艺，亦好酒色。贫无家，托身于妻族"⑥。韦、郑为姻亲关系，郑六家中较为贫穷，在京城中多倚仗其妻族势力方得生存，因此二人虽看起来较为亲密、游处不间，实际上关系较为微妙，这为任氏在遭到韦崟轻薄后，感叹"郑生有六尺之躯，而不能庇一妇人。……哀其贫穷不能自立，衣公之衣，食公之食，故为公所系耳。若糠糗可给，不至若是"⑦，并为女主人公决心帮助郑生谋利埋下了铺垫。

① 《旧唐书》卷76《太宗诸子列传》，中华书局1975年版，第2652页。

② 《旧唐书》卷112《李峘》，中华书局1975年版，第3342页。

③ 《旧唐书》卷112《李峘》，中华书局1975年版，第3342页。

④ 《旧唐书》卷112《李峘》，中华书局1975年版，第3342页。

⑤ 《旧唐书》卷112《李峘》，中华书局1975年版，第3342页。

⑥ 李昉等编：《太平广记》卷452《任氏》，中华书局1986年版，第3692页。

⑦ 李昉等编：《太平广记》卷452《任氏》，中华书局1986年版，第3694页。

以上便是故事发生的历史背景，现在让我们将目光回到文本当中。韦崟与郑六在天宝九载，穿过长安城东市的街巷，准备去新昌坊饮酒（J8）（会饮）。新昌坊位于东市的东南处，坊内南门之东有青龙寺，其地"北枕高原，前对南山，为登眺之绝胜"，向南继续走则可到达曲江。① 这一地带为公共娱乐场所，士人常来此游玩。因此，韦、郑二人当为来新昌坊宴游，酒酣之际或许会去青龙寺登高远眺、欣赏美景。

不过，郑生在行至宣平坊（I8）之南时，临时想起自己另有他事，遂于此暂同韦崟别离，《任氏传》言"崟乘白马而东，郑子策驴而南"②，宣平坊内有东西、南北向的街道各一条，交叉成十字形③。郑六沿着南北街行走，进入升平坊（I9），他正是在此处的道路中遇见了故事的女主人公任氏（邂逅）。郑氏随着一行人向东进发，天色昏黑时抵达了任氏在乐游原附近的住宅，"土垣车门，屋宇甚严"④。任氏的姊妹、"名系教坊，职属南衙"的兄弟都在这处房舍居住。这些均暗示出街东乐工、官吏、士人的住宅较为常见。

随后，故事转移到街西，男主人公郑生及韦崟日常接触到的群体也相应发生了变化。郑六决定为任氏谋寻栖止之处，二人遂在西市附近租贷房屋，这样任氏从家中搬出后有了落脚点。不过，郑氏依旧需要仰赖其妻族的接济，于是去拜访韦崟请求假借日用器具。

跟着郑生的行迹，小说的舞台短暂地回到了街东，并且进入韦崟家中。据《任氏传》描述，其家的场景为"崟伯叔从役于四方，三院什

---

① 中国科学院考古研究所西安唐城发掘队、卢兆荫执笔：《唐青龙寺遗址踏察记略》，《考古》1964 年第 7 期，第 346 页。关于曲江的具体位置，参见辛德勇：《隋唐两京丛考》，三秦出版社 2006 年版，第 34～37 页。

② 李昉等编：《太平广记》卷 452《任氏》，中华书局 1986 年版，第 3692 页。

③ 唐代的坊曲布局，可参见宿白：《隋唐长安城和洛阳城》，《考古》1978 年第 6 期，第 409～425 页。

④ 李昉等编：《太平广记》卷 452《任氏》，中华书局 1986 年版，第 3692 页。

器，皆贮藏之"①，韦氏在京都中以贵盛见称，宅邸内"行步悉藉茵毯"②。不过，韦陟、韦斌兄弟此时当因名望较高而遭到李林甫嫉妒，居住在城外，所以他们家中的日用品虽多，但大部分都收贮起来，以等主人回来后再使用。也正因韦氏兄弟的外调，身为其子侄的韦崟，才能作主将物品借与郑生（同居）。韦崟听到家僮的禀告后，欲睹任氏风姿，遂往郑生家中。女主人公同其狎昵却不肯及乱，并许诺将刁缅将军宠爱的奴婢带给他。任氏的方法是为使宠奴生病，贿赂巫师，使就己宅以禳之。几年后，郑生武调，欲与其俱赴金城县，任氏推辞不得，于是在行至马嵬时，为西门圉人的猎犬所害，小说进入尾声。

以上可见，故事的起点、发展都有长安真实存在的坊名、街道名称出现，使故事增强了现实感。唐代后半期长安城坊市职能的分化，使特定地区的居民生活呈现出特定的色彩，并且，由于联系紧密的群体逐渐聚居在一起，这便为其相互交往提供了便利，从而加深了这些联系。坊作为故事的舞台出现，不同地区的交替变化，与故事情节的变化相对应，其设定与在此登场的人物之交往群体、获得住宅的方式等密切相关。

小说中长安街道名称的频繁出现，为主人公经历的展开做好了铺垫。事实上，作者沈既济参与了唐代国史的修撰，"吏部侍郎杨炎雅推之，既执政，荐既济有良史才，召拜左拾遗、史馆修撰"③。大历中，他由韦崟处听闻此事，建中二年谪居东南时撰成《任氏传》，主旨为"异物之情也，有人道焉。遇暴不失节，狗人以致死，虽今妇人有不如者矣"④。

---

① 李昉等编：《太平广记》卷 452《任氏》，中华书局 1986 年版，第 3693页。

② 李肇：《唐国史补》，上海古籍出版社 1979 年版，第 18 页。

③ 《新唐书》卷 132《沈既济列传》，中华书局 1975 年版，第 4538 页。另外，李肇《唐国史补》（上海古籍出版社 1979 年版，第 55 页）曰："沈既济撰《枕中记》，庄生寓言之类；韩愈撰《毛颖传》，其文尤高，不下史迁。二篇真史才也。"

④ 李昉等编：《太平广记》卷 452《任氏》，中华书局 1986 年版，第 3697页。

沈氏巧妙利用了 8 世纪长安城内不同坊市所代表的图景，使故事随着主人公在不同的街衢出现而逐渐推进。因此，解剖长安的街景，可以反过来得知特定时代、特定地点对故事本身的构成方法上所体现出的不同或特点，并且可以为我们了解天宝时期的长安社会提供线索。所以，下面我们结合小说的情节，重点分析街东、街西的地区特点。

三、长安城街东的居民区

先分析两位主人公初登场的街东。韦、郑在长安城东部到访的主要区域及见到的人物如图三所示①：

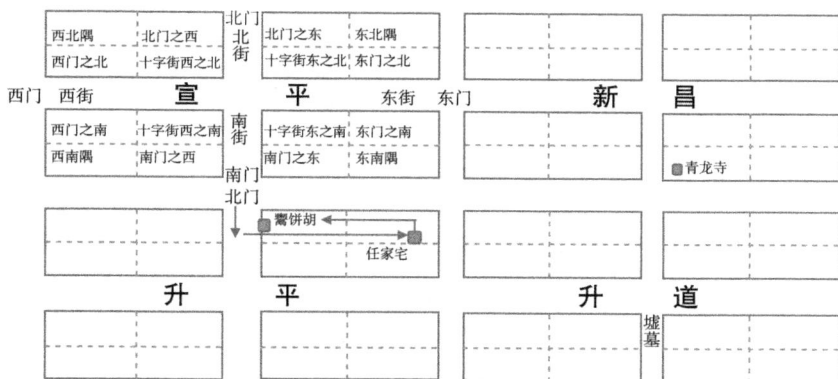

图三　街东的主要舞台

主人公在街东的经历为：（位于安兴坊的家中）韦、郑相约会饮→（宣平坊）→（升平坊）初遇任氏→（乐游原附近的坊内）访任家姊

① 本图参照《任氏传》正文（李昉等编：《太平广记》卷 452，中华书局 1986 年版，第 3692~3697 页）、乐史《太平寰宇记》（中华书局 2007 年版）、徐松《增订唐两京城坊考》（三秦出版社 1996 年版）、宿白《隋唐长安城和洛阳城》（《考古》1978 年第 6 期）、杨鸿年《隋唐两京坊里谱》（上海古籍出版社 1999 年版）。

妹①→(同坊里门旁的鬻饼胡舍)与胡人闲聊。接下来将依此顺序，逐步分析这些区域居民的特点，以及某一群体出现在特定坊内的原因。

上文已经提及，韦、郑二人住在安兴坊(I3)。安兴坊位于街东，开元天宝时期有户部尚书陆象先宅、开府仪同三司宋璟宅、尚书兵部侍郎李岩宅、朝议郎行河南府士曹参军张仲晖宅、银青光禄大夫行内侍省内侍员外苏思勖宅、四品子尉迟阿道宅、左金吾尉曹参军陆振宅、范阳郡君卢尊师宅等。② 韦氏家族将住宅定于此，除了"文公卿以下民止多在朱雀街东，第宅所占勋贵"③的原因外，或有凭借此处与士大夫交游、网罗贤才的意图。我们可以看到，位于男主人公家西南的崇仁坊(H4)为文人聚居之处，《长安志》"崇仁坊"条曰：

> 北街当皇城之景风门，与尚书省选院最相近，又与东市相连。选人京城无第宅者，多停憩此。因是一街辐凑，遂倾两市。昼夜喧呼，灯火不绝。京城中诸坊莫之与比。④

崇仁坊(H4)靠近选院，为文人间的相互拜谒提供了便利；与繁华的东市相连，则为其京都生活增添了一些乐趣。向南则有务本坊(G5)，内有国子监，太学生便住在此处。显而易见，这些人会通过科考的途径进入仕途，从而成为朝中官员。

另外，进京的举子当有意居于官员住宅区附近，甚至如果有条件的话，他们会愿意住在官员及贵族的家中，这为他们进入仕途提供捷

---

① 为与下文情节中，任氏搬出后租住的房舍相区分，此处的图内以"任家宅"称呼其原先的住处。

② 徐松撰，李健超增订：《增订唐两京城坊考》，三秦出版社1996年版，第118~121页。正文言及的人物官职名称，鉴于均参考《城坊考》，因此并非开元天宝年间其人在长安居住时的官职，而是其逝去后的赠官或生前担任的最高官职。韦氏宅的位置，另参辛德勇：《隋唐两京丛考》，三秦出版社2006年版，第68~69页。

③ 宋敏求撰，毕沅校：《长安志》卷七，清乾隆四十九年刊本。

④ 宋敏求撰，毕沅校：《长安志》卷八，清乾隆四十九年刊本。

径。《封氏闻见记》曰：

> 玄宗时，士子殷盛，每岁进士到省者常不减千余人，在馆诸生更相造诣，互结朋党以相渔夺，号之为"棚"，推声望者为棚头，权门贵盛，无不走也，以此荧惑主司视听。其不第者，率多喧讼，考功不能御。开元二十四年冬，遂移贡举属于礼部，侍郎姚奕颇振纲纪焉。①

所以，玄宗开元、天宝时期，长安城的举子为了获得权贵、官员的推荐，于是积极拜访其宅邸，二者的住处往往邻近，并呈现出杂糅的布局样貌。

两位男主人公相约饮酒，他们沿着朱雀街东第二（或者第三）纵街至永乐坊（G8），途中经过永宁坊（H8），来到宣平坊（I8）之南。郑生随即由升平坊（I9）步入当时人烟较少的长安城南部，这也预示着传奇故事的正式开始、身为狐妖的女主人公即将登场。

此处所言长安南，指的是连接延平、延兴两门的第九横街以南。《长安志》曰：

> 自朱雀门南第六横街以南，率无居人第宅。
> 注曰：自兴善寺以南四坊，东西尽郭，虽时有居者，烟火不接，耕垦种植，阡陌相连。②

以兰陵坊（F10）、开明坊（F11）、保宁坊（F12）、安义坊（F13）四坊为代表，与北部接近宫城及皇城的官员、贵族、举子聚居区相比，长安城南的居民较少，较为荒凉。所以，唐代长安城的居民对其有着

---

① 封演撰，赵贞信校注：《封氏闻见记校注》，中华书局2005年版，第16页。关于唐代士族在科举的促进下从乡村进入城市的问题，可参见韩昇《南北朝隋唐士族向城市的迁徙与社会变迁》（《历史研究》2003年第4期，第54~60页）、冻国栋《略述唐代人口的城乡结构与职业结构》（《魏晋南北朝隋唐史资料》2002年11月，第171页）。

② 宋敏求撰，毕沅校：《长安志》卷七，清乾隆四十九年刊本。

奇特的想象，认为狐狸、仙人等会在此出现。

　　本则故事中的狐妖任氏在开篇便是出现在城南，并且与其兄弟姊妹一同住在乐游原附近的坊内。乐游原地势较高，文人喜其视野辽阔，常于此游玩，李商隐诗曰："向晚意不适，驱车登古原。夕阳无限好，只是近黄昏"①，便表明了这一点。不过，鉴于唐代实行宵禁，此地夜晚较为寂静，能够见到的人员很少。

　　这里提到郑生在鬻饼的胡人舍中休憩，以等待坊门开启。《太平广记》卷485《东城父老传》曰：

　　　　上皇北臣穹庐、东臣鸡林、南臣滇池、西臣昆夷，三岁一来会，朝觐之礼容、临照之恩泽、衣之锦絮、饲之酒食，使展事而去，都中无留外国宾。今北胡与京师杂处，娶妻生子，长安中少年有胡心矣。②

　　根据玄宗以前的惯例，胡人主要是以使节的身份来到长安，当时的皇帝虽然会赏赐给他们许多物品，却不准他们定居于此。③ 据《长安志》记载，皇城"承天门街之西第七横街之北"从东有鸿胪客馆，注曰"四夷慕化及朝献者所居焉"④。这种情况在安史之乱后发生了转变，以回鹘为主的胡商纷纷进入京城中留居。

　　这些异域而来的人员，其房舍当为购买或者租贷而来，因此玄宗统治时期，东、西二街中均可见到其身影。鉴于《任氏传》记叙的事

① 李商隐著，冯浩笺注：《玉谿生诗集笺注》，上海古籍出版社1979年版，第749页。
② 李昉等编：《太平广记》卷485《东城父老传》，中华书局1986年版，第3995页。
③ 向达在《唐代长安与西域文明》(河北教育出版社2001年版，第7~55页)中，提到玄宗以前进入长安的胡人，除了使者外，还有魏晋以来入居长安者、战俘、胡僧。
④ 宋敏求撰，毕沅校：《长安志》卷七，清乾隆四十九年刊本。关于唐代的外交，可参见韩昇：《〈井真成墓志〉所反映的唐朝制度》，《复旦学报》(社会科学版)2009年第6期，第70页。

情发生在天宝年间，所以本则小说中亦有鬻饼胡出场，作者借其口首次提醒读者郑生与任氏的邂逅实际上为"此中一狐，多诱男子偶宿，尝三见矣，今子亦遇"①，暗示了女主人公的狐妖身份。

因此，我们可以看到，长安街东的北部（以连接延平、延兴门的第九横街为界）主要为官员、举子聚居区，这与贵族士大夫试图以交游的形式网罗贤才、举子想要通过拜谒权贵获得升迁捷径有关。街东的南部则较为荒凉，居民较少，多为田地、墟墓等。

四、长安城街西的居民区

十余日后，当对任氏之冶艳念念不忘的郑生进入西市游逛时，作品充分利用了长安城市地理空间和时间性，使场面更有时代感。任氏出现在西市的衣肆内，韦述《两京新记》言"市署前有大衣行。杂糅货卖之所，讹言反说，不可解识"②，此地除了衣服外，还售卖杂货产品，因此人员稠密，郑生需连呼前迫，方能与其相认。

在郑、任二人定下终身后，女主人公提议在西市之东的某个坊内，租赁"大树出于栋间者，门巷幽静"的住宅以居。在长安城中，位于西市之东的为延寿（C5）、光德（C6）二坊。③ 在新宅当中，任氏险遭韦崟的轻薄，不过终能以大义服之。然而，在此引起笔者注意的是，任氏为报答韦崟，在许诺为其带来姝丽的鬻衣女张十五娘前，对身世的自陈：

---

① 李昉等编：《太平广记》卷 452《任氏》，中华书局 1986 年版，第 3693 页。

② 韦述、杜宝撰，辛德勇辑校：《两京新记辑校 大业杂记辑校》，三秦出版社 2006 年版，第 49 页。

③ 由于在故事流传过程中，"从此而东"下阙文，故笔者所见文段为"从此而东，□□ 陋不。明钞本此处亦空缺，但无'陋不'二字。□□□□□□□□□□□□□□□□□□□□□大树出于栋间者，门巷幽静，可税以居"。惜乎未得见任氏所言之全文，故不能确切得之他们税居何处。不过，鉴于任氏言曰"从此而东"，因此推测其为西市以东的延寿、光德坊。

某秦人也，生长秦城，家本伶伦，中表姻族，多为人宠媵，以是长安狭斜，悉与之通。或有姝丽，悦而不得者，为公致之可矣，愿持此以报德。①

周绍良言曰："为报恩也为维系这生活来源，她便投其所好诱取美女致送韦崟，以加害于其他女人的方式酬答她的厚友。这个情节既体现了人性的复杂，也融进了世相的真实，见出任氏作为一个出身于教坊、辗转于市井的世故女子的另一种性格特征"②，已注意到任氏与教坊的关系。不过，这里尚需讨论的是，教坊中的伶人是否要住官府指定的居所中？如果是的话，如何解释《任氏传》中任氏"名系教坊，职属南衙"的兄弟能够在早晨归家、家族成员多为伶人的任氏能够搬入西市租贷房屋等情节？这难道表明天宝时期的伶人可以自行选择住在何处吗？③

首先看一下教坊的具体位置及需要居住其间的人员。天宝时期的教坊分为内教坊、（外教坊）左右教坊。《教坊记》曰："右教坊在光宅坊，左教坊在延政坊，右多善歌，左多工舞，盖相因以成习"④，可以确定的是，天宝时期右教坊位于光宅坊（H1）。至于左教坊，《长安志》"长乐坊"条曰："后改延政坊"⑤，其位置应在此。

内教坊为玄宗在蓬莱宫所置，皇帝亲自教授其乐曲，这一点从以下文字中便可窥见：

①元宗置左右教坊于蓬莱宫侧，帝自为法曲俗乐以教宫人，

---

① 李昉等编：《太平广记》卷452《任氏》，中华书局1986年版，第3694~3695页。

② 周绍良：《唐传奇笺证》，中华书局1962年版，第21页。

③ 任氏兄弟归家的事情发生在街东，不过，为便于集中探讨这个问题，本文将此情节合并在任氏自陈"家本伶伦"的身世后，在此一并讨论。

④ 崔令钦撰，任半塘笺订：《教坊记笺订》，中华书局1962年版，第14页。

⑤ 宋敏求撰，毕沅校：《长安志》卷八，清乾隆四十九年刊本。内、外教坊及鼓吹署具体位置的考辨，参辛德勇：《隋唐两京丛考》，三秦出版社2006年版，第82~85页。

号皇帝梨园弟子。(《长安志》)①

②（玄宗）置内教坊于蓬莱宫侧，居新声、散乐、倡优之伎，有谐谑而赐金帛朱紫者。(《新唐书·礼乐志》)②

③天宝中，上命宫女子数百人为梨园弟子，皆居宜春北院。(《开元天宝遗事十种》)③

④旧制，雅俗之乐，皆隶太常，元宗精晓音律，以太常礼乐之司，不应典倡优杂伎，乃更置左右教坊以教俗乐，命右骁卫将军范及为之使，又选乐工数百人，自教法曲为梨园，谓之皇帝梨园弟子。(《文献通考》)④

玄宗时期，内教坊由宫人及新声、散乐、倡优之伎，还有乐工组成，人数极多。"散乐"之伎应不以女子为限，《新唐书·礼乐志》言"玄宗为平王，有散乐一部，定韦后之难，颇有预谋者"⑤、上引第②条材料中"有谐谑而赐金帛朱紫者"皆可为证。为政变进行谋策、皇帝赏赐朝臣之服，皆表明内教坊中有男子的存在。任半塘指出，玄宗时期，"教坊主'歌舞、俳优杂技'，男女兼用，尤重女乐"⑥、"惟男伎不宿在宫内"⑦，可以推知天宝年间，籍属教坊的男性日常能够

---

① 宋敏求撰，毕沅校：《长安志》卷六，清乾隆四十九年刊本。此条材料亦见于刘肃撰，许德楠、李鼎霞点校：《大唐新语》，中华书局1984年版，第151页。

② 《新唐书》卷22《礼乐志》，中华书局1975年版，第475页。

③ 王仁裕等撰，丁明辑校：《开元天宝遗事十种》，上海古籍出版社1985年版，第37页。

④ 马端临：《文献通考》卷146《乐九》，中华书局1986年版，第1282页。

⑤ 《新唐书》卷22《礼乐志》，中华书局1975年版，第475页。

⑥ 崔令钦撰，任半塘笺订：《教坊记笺订》，中华书局1962年版，第23页。

⑦ 崔令钦撰，任半塘笺订：《教坊记笺订》，中华书局1962年版，第17页。王国维在《古剧脚色考》(收入王国维著，谢维扬、房鑫亮主编：《王国维全集》，浙江教育出版社2010年版，第475页)中引用《旧唐书·礼乐志》、《教坊记》，并认为开元以后乐工"率举家隶太常，故子弟入梨园，妇女入宜春院"。不过，任半塘对此说提出了商榷，详见崔令钦撰，任半塘笺订：《教坊记笺订》，中华书局1962年版，第23页。

住在自己的家中。

《任氏传》言其兄弟"职属南衙",《新唐书·百官志》"左右金吾卫"条曰:

> 上将军各一人,大将军各一人,将军各二人。掌宫中、京城巡警,烽候、道路、水草之宜。凡翊府之翊卫及外府佽飞番上,皆属焉。师田,则执左右营之禁,南衙宿卫官将军以下及千牛番上者,皆配以职。大功役,则与御循行。凡敝幕、故甈,以给病坊。①

南衙当为宰相掌管的宿卫军,负责宫中、京城的治安。如此看来,任氏所言"兄弟",绝非当时教坊诸女"以气类相似,约为香火兄弟。每多至十四五人,少不下八九辈"②之类的称呼,此人确为任氏家族成员,并且在南衙中具有职位,因此绝非女子。所以,小说中"名系教坊"的任氏兄弟能够返回家中居住。

至于任氏能够搬出伶人的住处、在西市租住房屋,应与当时的乐籍制度有关。《教坊记》曰:

> 妓女入宜春院,谓之"内人",亦曰"前头人",常在上前头也。其家犹在教坊,谓之"内人家",四季给米。其得幸,谓之"十家",给第宅,赐无异等。初,特承恩宠者有十家。后继进者,敕有司:给赐同十家。虽数十家,犹故以"十家"呼之,每月二日、十六日,内人母得以女对;无母,则姊妹若姑一人对。十家就本落,余内人并坐内教坊对。内人生日,则许其母、姑、姊、妹皆来对。其对如所式。③

---

① 《新唐书》卷49上《百官志》,中华书局1975年版,第1285页。
② 崔令钦撰,任半塘笺订:《教坊记笺订》,中华书局1962年版,第50页。
③ 崔令钦撰,任半塘笺订:《教坊记笺订》,中华书局1962年版,第24页。

　　玄宗时期，教坊、宜春院住有女乐，不过这些人并非全家均入乐籍，"其母、姑、姊、妹等既以外人而来对，则未尝先举家入太常，然后妇女再转入宜春"①。因此，小说中的女主人公虽"家本伶伦，中表姻族，多为人宠媵"，自身却并未入乐籍，故能够在西市附近自行选择屋舍。

　　数月后，厌倦了张十五娘的韦崟提出了新的要求，想谋取刁缅将军的双鬟宠奴。任氏遂令宠奴患上医生束手无策的疾病，诱使刁缅和其母向巫者求助。在故事中并未交代将军家住何处、巫者居于何地。不过，可以确定的一点是，巫者是在刁缅家中为双鬟女子占卜。鉴于唐朝对官员与术士的往来具有律令方面的限制，因此官员不愿明与术士往来。《唐会要》等文献记载：

　　　　其年三月，殿中御史郭震劾刑部尚书赵彦昭、太子宾客韦嗣立、青州刺史韦安石，曰："彦昭以女巫赵五娘左道乱，常托为诸姑，潜相援引，既因提挈，遂践台阶。或驱车造门，着妇人之服；或携妻就谒，申犹子之情。同恶相济，一至于此。"(《唐会要》)②

　　　　古之圣王，先禁左道。为其蠹政，犯必加刑，至如占相吉凶，妄谈休咎，假托卜筮，幻惑闾阎。矜彼愚蒙，多受欺诖。宜申明法令，使有征革。自今已后，缘婚礼丧葬卜择者听自，余一切禁断。(《全唐文》)③

　　开元二年，韦嗣立等人欲从巫者处获知自己未来的仕途状况，或者想要获得长生不老之方，亦可能为救治重病难愈的家人，遂悄悄与其往来，但被御史发现这一状况后遭到了弹劾。天宝三载之后，玄宗

---

① 崔令钦撰，任半塘笺订：《教坊记笺订》，中华书局1962年版，第24页。

② 王溥：《唐会要》卷61《弹劾》，中华书局1955年版，第1071页。

③ 董诰等编：《全唐文》卷31《元宗皇帝》，中华书局1983年版，第347页。

更以诏令的形式，对卜者的行为多加限制。《任氏传》之所以特别提出女主人公"乃出入刁家月余"，"缅使苍头控青骊以迓任氏"①，除了因为刁缅自矜身份、不肯造访任氏外，亦潜在含有令此举不为人知的意图。

这样，《任氏传》中在视觉空间上聚焦唐代天宝时期的长安，以当时人们所熟悉的长安坊里居民作为故事的角色，增加了故事的真实感，使故事本身更加富有广度和深度。同时，随着场所的变化，生活在不同坊内的群体纷纷登场，也使故事更容易发展，更能展现出新的内容。

可以看出，长安街西的居民以商贾为主。此处较为特殊的一点是，天宝时期名系内教坊的男性伶人，日常生活中可以返回家中居住，因此当时出现了部分乐人散居的现象。此外，鉴于当时的乐籍制度并未要求举家均入太常，所以伶人的亲属亦可搬出家族住宅、自由选择居地。

五、安史之乱前后的长安城南

最后，结合唐代的其他小说，重新分析一下《任氏传》的特点。表二是以《太平广记》史料为基础、参考其他唐传奇内容，整理出的主人公与仙人、化为人形的妖怪在长安城邂逅的地点（本表依照时间顺序排列，时间不明者则附于末尾）②：

---

① 李昉等编：《太平广记》卷452《任氏》，中华书局1986年版，第3695页。

② 唐传奇中，鬼怪常出现在梦中，并将主人公引向阴曹地府（牛僧孺、李复言撰，苏道明选译：《玄怪录 续玄怪录》，浙江古籍出版社1989年版，第105~110页），此类情节不在本文讨论范围中，故未列出。另外，鬼市（钱易撰，黄寿成点校：《南部新书》，中华书局2002年版，第9页）等记载，亦与表中"邂逅仙人或妖怪"的情节不甚相符，因此没有列出。关于唐代志怪传奇小说的发展，可参见陈寅恪：《元白诗笺证稿》，生活·读书·新知三联书店2001年版，第13页。

表二

	时间	地点	登场的仙人或妖怪	邂逅情节	出处
1	天宝以后①	宣平坊（I8）	白菌化成的卖油者张帽	有官人夜归入曲，有卖油者张帽驱驴，驮桶不避，导者博之，头随而落，遂邂入一大宅门。官人异之，随入，至大槐树下遂灭	《酉阳杂俎》《增订唐两京城坊考》②
2	元和十三年（818年）	升道坊（J9）南街	妖狐化成的华服美女、执乐青衣	十一月八日夜，仆夫他宿，独庚在月下。忽闻异香满院。方惊之，俄闻履声渐近，庚屣履听之，数青衣年十八九，艳美无敌，推门而入，曰："步月逐胜，不必乐游原。只此院小藤架可矣。"遂引少女七八人，容色皆艳绝，服饰华丽，宛若豪贵家人。……庚度此坊南街，尽是墟墓，绝无人住。谓从坊中出，则坊门已闭，若非妖狐，乃是鬼物	《太平广记》卷345、364，③出《续玄怪录》④
3	咸通年间（860年11月至874年11月）	兰陵坊（F10）南边小巷	弊衣曳杖、遭到笞打后浑然不觉的异人	（京兆尹）温公出自天街，将南抵五门，呵喝风生。有黄冠老而且伛，弊衣曳杖，将横绝其间，驱人呵之不能止	《太平广记》卷49、195，⑤出《三水小牍》《酉阳杂俎》

① 《酉阳杂俎》并未交代故事发生的时间，不过，故事提到"有官人夜归入曲"，据宿白（《隋唐长安城和洛阳城》，《考古》1978年第6期，第410页）的研究，"大约在唐天宝以后，区内发展了'曲'"，因此将时间定为天宝之后。

② 段成式撰，金桑选译：《酉阳杂俎》，浙江古籍出版社1987年版，第67页。此条材料亦见于徐松撰，李健超增订：《增订唐两京城坊考》，三秦出版社1996年版，第130页。

③ 李昉等编：《太平广记》卷345《张庚》，中华书局1986年版，第2730~2731页。

④ 牛僧孺、李复言撰，苏道明选译：《玄怪录 续玄怪录》，浙江古籍出版社1989年版，第187~189页。

⑤ 李昉等编：《太平广记》卷49《温京兆》，中华书局1986年版，第307页；卷195《兰陵老人》，中华书局1986年版，第1464页。

续表

	时间	地点	登场的仙人或妖怪	邂逅情节	出处
4	不详	崇贤坊（C8）	道士、冶艳的妓女	（男主人公崔汾仲兄）夏月乘凉于庭际。疏朗月色，方午风过，觉有异香。……忽睹一道士，大言曰："大好月色。"崔惊惧遂走。道士缓步庭中，年可四十，风仪清古。良久，妓女十余，排大门而入，轻绡翠翘，艳冶绝世。有从者具香茵，列坐月中。崔生疑其狐媚，以枕投门阖警之	《酉阳杂俎》①
5	不详	升道坊（J9）	美人、青衣	所居庭中，多牡丹。一日晚霁。出其居，南行百步，眺终南峰，伫立久之。见一骑自西驰来，绣缋仿佛，近乃双鬟，高髻靓妆，色甚姝丽。……（男主人公谢翱）望其居，见一青衣三四人，偕立门外。翱益骇异，入门，青衣俱前拜。既入，见堂中设茵毯、张帷帘，锦绣辉映，异香遍室。……顷之，有金车至门，见一美人，年十六七，风貌闲丽，代所未识。降车入门，与翱相见，坐于西轩，谓翱曰："闻此地有名花，故来与君一醉耳。"	《太平广记》卷364，出《宣室志》

　　小说多以现实生活中的真实境况为依托，在此基础上进行撰写，这是很自然的事情。在《太平广记》中所载的、和唐代长安相关的故事中，与仙人或化为人形的妖怪之邂逅，往往在城南发生。表二中的第2例、4例、5例情节类似，均为意图赏月或者观花的狐妖女子，出现在长安城南部的某处住宅中之情节。其中，第2例明确点出城南的特点为"尽是墟墓，绝无人住"。正文第二部分已经提到，长安城

----

　　① 段成式撰，金桑选译：《酉阳杂俎》，浙江古籍出版社1987年版，第103页。

南少居民、较为荒凉，若再加之以夜晚的氛围，这样的情境很适合仙人、妖怪的登场。因此，西京中的居民对其有着奇特的想象，《任氏传》可被视为这些认知的具体表现形式之一。

不过，让我们将镜头暂时回溯至《任氏传》的城南，便会发现出现在此处的人物，除郑生及真实身份乃狐妖的女主人公外，尚有鬻饼胡。① 鉴于开元二十五年的律令规定"五更三筹，顺天门击鼓，听人行"②，可以看出郑生与胡商相遇时，宵禁尚未结束。能够想见，此时鬻饼舍中几乎没有顾客。所以，为何作者在情节设计中，要在时间为清晨、地点为荒凉的城南，特意安排胡商出场呢？胡人难道不是更为倾向于在繁华的街西做生意吗？如果由负责升平里的坊正或者卫兵，在坊门未开、街巷无人时出面与男主人公交谈，难道不会使故事更有可信度吗？

要探讨这个话题，首先需要理解长安居民眼中的胡人形象。开元七年的令曰："诸其外夷每有番客到京，委鸿胪，讯其人本国山川风土为图，以奏焉，副于上省"③，在盛唐长安的官员及其所辖居民看来，这些人是异乡而来的归化者，与本土人民具有显著差别。所以，日常生活中胡商虽活跃在西市，唐传奇里他们则经常与珍宝、异术等相联系，长安居民对这些来自异域的人具有种种想象。④

上文已提及，荒凉的特征使得城南蒙上了一层神秘的面纱，夜晚仙人、狐妖的出没令长安城南部骤然远离了庄严的宫城及皇城、秩序

---

① 胡人自魏晋以来的渊源演变，前贤已详论之。见唐长孺：《魏晋南北朝隋唐史论丛》，河北教育出版社 2002 年版，第 423~427 页。鲁西奇：《观念与制度：魏晋十六国时期的"杂胡"与"杂户"》，《思想战线》2018 年第 4 期，第 44卷，第 45~49 页。

② 仁井田陞引《唐六典》卷 6，将此处的"顺天门"定为"承天门"，见氏著，栗劲、霍存福、王占通、郭延德编译：《唐令拾遗》，长春出版社 1989 年版，第276 页。

③ 仁井田陞著，栗劲、霍存福、王占通、郭延德编译：《唐令拾遗》，长春出版社 1989 年版，第 798 页。

④ 参见余欣：《中古异象：写本时代的学术、信仰与社会》，上海古籍出版社 2015 年版，第 315~317 页。石田干之助著，钱婉约译：《长安之春》，清华大学出版社 2015 年版，第 133~187 页。

井然的官僚住宅区，以及繁华的商业区，象征着未知、不详，尚待进一步探索。

在传统世界观中，人们认为王土是正方形的，因而习惯以方形的格局构想出等级序列，以便安排不同类型的居民住在特定的空间当中。①（见图四）

皇帝、后妃住在宫城当中，官员则在皇城中处理行政事务，他们的住宅分布在附近区域。对于不甚繁华的过渡地区，人们对其夜晚的景象有着丰富的联想。农人主要住在郊外，以便耕种田地。因此，作者安排鬻饼胡在清晨无人之时，出现在城南的荒凉地带，更可能为利用胡人的异域身份，为此处情节增添想象空间。

本则小说的女主人公任氏，在乐游原附近的坊内登场，作者借胡人之口，点出其所居之处荒凉、多废弃园圃的特点。实际上，天宝年间，升平坊（I9）内并非全然如鬻饼胡所言"此隟塘地也，无第宅也"（这样的言辞给读者造成了此中全无人烟的印象）。在现实中，开元天宝时期此处有尚书右仆射裴遵庆宅②，当不至荒凉如斯。

另外，《任氏传》为沈既济撰于建中二年，故事的男主人公韦崟、郑六虽于历史中实有其人，女主人公的真实身份却为狐妖，作者特意将任家安排在长安城南，似乎表明在沈氏追述其事的德宗时期，这一

---

① 图四的绘制参考韦述《两京新记》（韦述、杜宝撰，辛德勇辑校：《两京新记辑校 大业杂记辑校》，三秦出版社2006年版）、《长安志》卷七至卷九（宋敏求撰，毕沅校：《长安志》，清乾隆四十九年刊本）、徐松《唐两京城坊考》（李健超增订：《增订唐两京城坊考》，三秦出版社1996年版）、骆天骧《类编长安志》（黄永年点校：《类编长安志》，中华书局1990年版，第42~45页）、张泽咸《唐代城市构成的特点》（《社会科学战线》1991年第2期）、贺梓城《唐长安城历史与唐人生活习俗》（《文博》1984年第2期）。"方形格局"的观点受启于段义孚著，志丞、刘苏译：《恋地情结》（商务印书馆2018年版，第54~55页）。此图描绘的是理想中的士农工商在都城中的分布顺序，不过，鉴于唐长安的宫城、皇城设计中贴近北部城墙，并且以天门街为界分为东、西两个区域，因此实际生活中更为复杂。

② 徐松撰，李健超增订：《增订唐两京城坊考》，三秦出版社1996年版，第133页。此条材料亦见于（唐）姚汝能撰，曾贻芬校点：《安禄山事迹》，上海古籍出版社1985年版，第36页。

北

西　　　　　　　　　　　　　　　　东

皇室中心

皇室成员

士大夫、进贡者

手工业者、商人

不甚繁华的过渡地带

农人

南

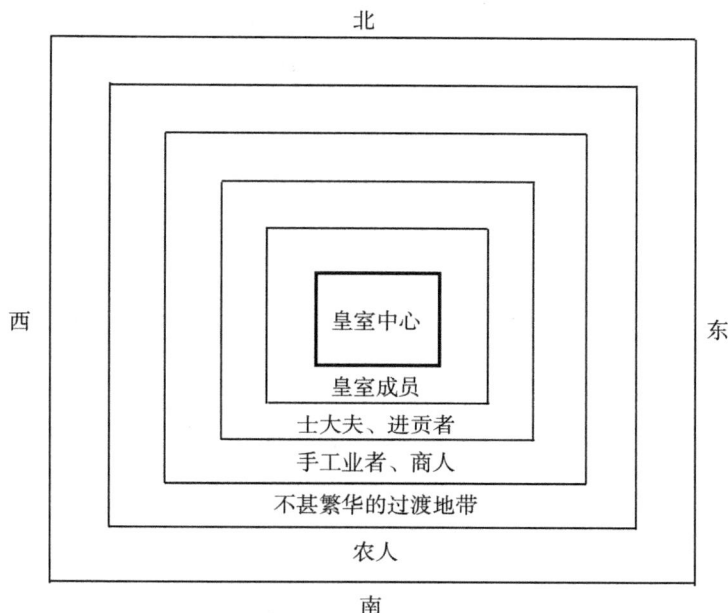

图四　理想中的都城居民序列图

区域依旧居民较少。然而，难道我们可以依此认为，自开元天宝至安史之乱，城南的景象始终以废园、田地、墟墓为主，几乎没有任何变化吗？

安史之乱时，叛军攻入长安，都城内的居民遭到劫掠。《开元天宝遗事》曰：

> 天宝末，群贼陷两京，大掠文武朝臣及黄门宫嫔乐工骑士，每获数百人，以兵仗严卫送于洛阳，至有逃于山谷者，而卒能罗捕追协，授以冠带。①

---

①　王仁裕等撰，丁明辑校：《开元天宝遗事十种》，上海古籍出版社1985年版，第31页。目前学界主要关注安史之乱后，衣冠的南迁及其对江南地区的影响，如唐长孺《魏晋南北朝隋唐史三论》（武汉大学出版社1992年版，第248～251页）。

叛军对街东官员、贵族居住区之劫掠尤甚，并在俘获他们后，强迫其仕于禄山，致使其向城外逃亡。有城门处已开始搜捕而来不及避难者，便倾向于躲到人烟较少的城南，《东城父老传》详细地记录了这一景象：

> 老父姓贾名昌，长安宣阳里人。……（玄宗）帝出游，见昌弄木鸡于云龙门道旁，召入为鸡坊小儿。衣食右龙武军。……二十三年，玄宗为娶梨园弟子潘大同女，男服佩玉、女服绣襦，皆出御府。昌男至信、至德。天宝中，妻潘氏以歌舞重幸于杨贵妃，夫妇席宠四十年，恩泽不渝。岂不敏于伎，谨于心乎？……十四载，胡羯陷洛，潼关不守，大驾幸成都，奔卫乘舆，夜出便门，马踣道窘，伤足不能进，杖入南山，每近鸡之日，依向西南大哭。禄山往年朝于京师，识昌于横门外。及乱二京，以千金购昌长安、洛阳市。昌变姓名，依于佛舍，除地击钟，施力于佛。洎太上皇归兴庆宫，肃宗受命于别殿。昌还旧里，居室为兵掠，家无遗物，布衣憔悴，不复得入禁门矣。明日，复出长安南门道，见妻儿于招国里，菜色黯焉。儿荷薪，妻负故絮，昌聚哭，集于道，遂长逝。①

贾昌于开元年间入玄宗所设鸡坊，甚得皇帝与贵妃恩宠，并为之娶梨园弟子潘大同女。至此，贾氏与当时的伶人家族成为姻亲，自身也凭借斗鸡之伎名于天下。安史之乱时，他由于所乘马匹足部受伤的缘故，无法随驾赴成都，遂变易姓名、躲入山中。安禄山除了劫掠官员、贵族外，又甚为留意搜捕伶人，因此这三类人大量弃其居所而走。可以看到，城市南部居民较少，贾氏的妻儿为避乱遂由宣阳里（H6）逃至此处，并在此伐薪度日。

贾氏的遭遇当非孤例，安史之乱中，叛军的劫掠迫使部分西京的居民涌入城南躲藏。然而，从小说对仙人、狐妖登场的舞台选择上来

---

① 李昉等编：《太平广记》卷485《东城父老传》，中华书局1986年版，第3392～3993页。

看，无论是撰于建中年间的《任氏传》，抑或将故事发生时间定于元和、咸通的志怪类传奇，长安的居民仍然对城南有着奇异的认知，并保留着此区域人烟稀少、绝无人住的印象。

六、结　　语

《任氏传》在故事情节中充分利用了天宝年间长安不同坊内的居民群体，通过对《任氏传》的分析，可以具体验证唐玄宗时期长安的空间结构与居民的空间认知。

《任氏传》所载内容发生在天宝九载的夏天，作者沈既济在文中追述了韦崟、郑六与狐妖任氏的奇遇。在叙述过程中，作者巧妙利用了天宝时期长安不同坊内的居民特征，从而使情节展开更为流畅、故事更为生动。

这一时期，长安城街东以官员、举子、伶人为主。男主人公韦崟、郑六居住在韦氏家族于安兴坊的住宅中，其西南便为著名的崇仁坊。唐代举子为获得升迁捷径，遂倾向于住在权贵宅邸附近；官员为网罗人才、与文人进行交游，亦乐与其住在相邻的坊中。经过会饮、邂逅的情节后，作者特意提到郑生宿于任氏乐游原处的住宅时，需要担心"名系教坊、职属南衙"的兄弟清晨归家。这是因为玄宗所设内教坊虽有职掌散乐的男子，却不许他们与女伎混住，日常中这些男子能够获得归家的机会。此外，任家住宅附近出现的鬻饼胡，则是自玄宗时期方获准于长安城内留居的。

当故事的镜头转至街西时，与伶人多有姻亲关系的任氏，在西市附近租贷了住宅。女主人公的家族虽与教坊有着密切联系，她自身却并未进入乐籍当中，因此能够搬出家中、自由选择住处。任氏设法为韦崟带来刁缅将军的宠奴时，鉴于玄宗时期对官员与巫者交往的限制，遂和巫者一道经常出入刁家。小说引入现实中长安居民的具体境况，增加了故事的真实感。

作者将身为狐妖的女主人公初登场之地定于城南，这与唐代后期长安居民对城南的认知有关。以连接延平门、延兴门的第九横街为界，其南部多为荒地、废弃园圃、墟墓，即使安史之乱后，部分居民被迫涌入城南躲避，依然无法改变长安居民认为这一区域荒凉无人的印象，因此唐代的志怪传奇中，仙人、化为人形的狐妖等多在此出现。

（作者系武汉大学弘毅学堂本科生）

试论唐代金吾卫总监诸卫

杨 磊

摘要：唐代金吾卫的前身是北朝的虞候都督和武候府，这些职官的核心职能"候"一脉相承，也就是伺察内外、维持治安以及监察军队。北朝虞候都督和武候府专掌候职，具有监察军队的重权，地位逐渐超越同品级的其他诸军。隋炀帝改武候府为候卫，并设置察非掾专掌纠弹。其后武候府（唐初更为原名）权力逐步提升，最迟在玄宗朝，金吾卫就已经在南衙确立了总监诸卫的格局。

关键词：唐代；金吾；南衙；监察

一、引 言

公元 837 年，日本派出四艘船规模的遣唐使团，使团长是藤原常嗣，圆仁也是其中一员。一行人历经千难万险终于抵达唐朝，入唐以后，藤原常嗣获得了唐朝授予的官阶。使团里的圆仁在《入唐求法巡礼行记》中注释了每个官阶，在"兼左金吾将军员外置同正员"的"左金吾将军"后，他注释道："是武官第一国亲所除职也正三品。"①正三品表明"金吾"后脱"大"字。此时是开成四年（839 年），上距甘露之变四年。甘露之变后，金吾卫被明显压制，但从圆仁的注释看，金吾卫的名望不减。金吾卫的权力自然比不过北衙，可论官衔，却比北

---

① 圆仁著，小野胜年校注，白化文、李鼎霞、许德楠补注：《入唐求法巡礼行记校注》，花山文艺出版社 1992 年版，第 122~123 页。

衙尊贵。① 且金吾卫在入宋后就被正式确立为环卫（延袭唐十六卫）之首。②

唐人一般不会说某官是文官第一或武官第一。文官有些复杂，暂且不论；玄宗之后，卫官成为勋臣迁转之资，倒能排出固定的次序。圆仁说金吾大将军是武官第一，是以外人的口吻说出了唐人心照不宣的事。我们似乎也能感觉到，他特意注明"第一"，是替使团长感到欣喜，虽然那只是个"员外置同正员"的虚衔。

隋唐令文均以左右卫为首卫，圆仁却说金吾卫大将军为武官第一，表明左右卫的首卫只是名义上的，金吾卫的职权实居诸卫之首。这种地位应该源于隋炀帝时，"候卫总监诸卫"，之后这种格局稳固于玄宗朝时。

在南衙确立金吾卫总监诸卫后，唐王朝也相应设"护军中尉""中护军"监管北衙，护军中尉就类似神策军的监军。③ 宋人陈傅良在《历代兵制》里说唐代"南衙领于金吾，北衙统于羽林"④。这总结的是唐前期的情况，唐后期北衙统于神策。唐后期的南衙和北衙分别以金吾、护军中尉为长官，可以说，甘露之变也是金吾与护军中尉斗争的缩影。

二、唐金吾卫总监诸卫的制度渊源

唐金吾卫得以总监诸卫是因为其掌握监察权力，追溯这种格局的制度渊源还要看北朝的制度。北朝虞候大都督是隋朝武候府的前身，

---

① 参见赵和平：《敦煌表状笺启书仪辑校》，江苏古籍出版社 1997 年版，第 77 页；黄征、张涌泉：《敦煌变文校注》卷 2，中华书局 1997 年版，第 299 页；柳淳：《唐代节度使带职问题研究》，西北大学硕士学位论文，2016 年，第 38~39 页。

② 参见李仲顾：《北宋环卫官之研究》，淡江大学硕士学位论文，2010 年；张泽伦：《唐五代宋初环卫官的演变》，《保定学院学报》2017 年第 2 期，第 49~55 页。

③ 黄楼：《神策军与中晚唐宦官政治》，中华书局 2019 年版，第 47 页。

④ 陈傅良：《历代兵制》卷 6，清道光守山阁丛书本。

也是唐金吾卫的直接渊源。

胡三省在《资治通鉴》里两次注释唐代都虞候，他认为都虞候源于后魏时宇文泰设立的虞候都督。① 此说应该不误。虞候都督当隶属于丞相府，之后的北齐、北周都延续了这一设置。《北齐书》记莫多娄贷文为"虞候大都督"。② 他的儿子莫多娄敬显也担任过类似职务：

> （斛律）光每命敬显前驱，安置营垒，夜中巡察，或达旦不睡。临敌置陈，亦令敬显部分将士，造次之间，行伍整肃。深为光所重。位至领军将军，恒检校虞候事。武平中，车驾幸晋阳，每令敬显督留台兵马，纠察盗贼，京师肃然。③

张金龙、田头贤太郎均据此认为，莫多娄敬显的职务演变成了隋武候大将军的职务。④

又《周书·韩果列传》记其"为虞候都督。每从征行，常领候骑，昼夜巡察，略不眠寝"⑤。很明显，莫多娄敬显与韩果的职务几乎没有区别。韩果虽为虞候都督，但北周亦有虞候大都督⑥。

上述的虞候都督均设立于周齐交战之时，故职能偏向于伺敌，难以见识虞候都督对内执掌军法的记载（莫多娄敬显整肃行伍可算执掌军法的一个侧面）。

虞候大都督最初设于宇文泰的丞相府，周齐的中央禁卫军似乎并不设此职。莫多娄敬显居于禁军之首的领军将军，却还要"检校"虞

---

① 《资治通鉴》卷224，唐代宗大历三年二月甲午，中华书局1956年版，第7198页；《资治通鉴》卷291，周太祖显德元年三月庚子，中华书局1956年版，第9508页。

② 《北齐书》卷19《莫多娄贷文列传》，中华书局1972年版，第252页。

③ 《北齐书》卷19《莫多娄贷文列传》，中华书局1972年版，第253页。

④ 参见张金龙：《魏晋南北朝禁卫武官制度研究》，中华书局2004年版，第881页；田头贤太郎：《金吾卫の职掌とその特质—行军制度との关系を中心に—》，《东洋学报》第88卷第3号，2006年，第288~289页。

⑤ 《周书》卷27《韩果列传》，中华书局1971年版，第441~442页。

⑥ 《周书》卷12《齐炀王宪列传》，中华书局1971年版，第192页。

候事，足证领军将军原来不领"虞候"事。丞相府设虞候都督，便于伺察中外，控制朝政，而中央禁军不预此职，这应该也是宇文泰、宇文护"以外朝控制宫廷"①的措施。

周武帝杀宇文护之后改变了局面，"改置宿卫官员"，确立以卫统府的制度，新设司卫、司武掌宿卫之事。《通典》记"至后周，置武环率、武候率"，似乎武候在北周仅为东宫官。唐长孺辨正此处记载后指出，北周在东宫之外设有武候府，其长官为上大夫，职掌为"昼夜巡察，执捕奸非"②。武候府长官为上大夫，恰与司卫、司武的长官平级，三者在入隋之后即为左右卫府、左右武卫府、左右武候府。我们看到，"丞相府—虞候都督"的组合提升为"皇帝—武候府"。不仅如此，"皇帝—武候府（金吾卫）"的搭配还移植到了隋唐的行军制度，即"行军总管—虞候军"。③

武候府独居"候"职，执掌军法，战时伺敌肃军，回京则维护京师治安，监视臣民，被皇帝所倚重。杨坚在篡权前夕以杨雄为相府虞候、雍州牧，"周宣帝葬，备诸王有变，令雄率六千骑送至陵所"④。这以后，武候（金吾）将领常兼京师长官，或互相迁转。以武候（金吾）治理京师蕴含着以军事手段治理民政的思路。

杨坚即位后，最先在左卫府与左武候府中安排将领。⑤ 在隋唐，左右卫府是名义上的首卫，在隋立国之初还重于左右武候府，但不久

---

① 唐长孺：《魏晋南北朝史论丛》，中华书局 2011 年版，第 272 页。

② 唐长孺：《魏晋南北朝史论丛》，中华书局 2011 年版，第 272~273 页。

③ 关于此点，田头贤太郎在其论文《金吾卫の职掌とその特质—行军制度との关系を中心に—》中论述甚详。但仍有两条材料可证此说。孙继民曾在分析一件瀚海军文书时认为，文书中的"总管左金吾卫郎将韩欢"似乎是"中军左虞候"的主官，见孙继民：《唐代瀚海军文书研究》，甘肃文化出版社 2002 年版，第 132 页；又泾原兵变后，德宗出逃奉天，以"前神策军京西都虞候侯仲庄为金吾卫将军兼御史中丞、奉天防城使兼右厢兵马使"，这是由"方镇—都虞候"转为"皇帝—金吾卫"。见赵元一撰，夏婧点校：《奉天录（外三种）》卷1，中华书局 2014 年版，第 23 页。

④ 《北史》卷 68《杨绍列传附子雄列传》，中华书局 1974 年版，第 2369 页。

⑤ 参见《隋书》卷 1《高祖纪上》，中华书局 1973 年版，第 13 页。

之后，左右武候府就重于左右卫府了。① 这点在隋炀帝时尤为明显，杨广就曾经从左武卫大将军转为左武候大将军，② 也许正是这一经历，让杨广在即位后更为倚重左右武候卫。隋炀帝在大业改制，更武候卫为候卫，并增置察非掾二人，专掌纠弹。③

隋炀帝巡幸江都的时候，李子雄为民部尚书，"帝以仗卫不整，顾子雄部伍之。子雄立指麾，六军肃然。帝大悦曰：'公真武候才也。'寻转右武候大将军，后坐事除名"④。此处的武候才即指整肃六军的能力。"六军"代指天子军队，是虚指。这段材料的实际含义为：左右候卫可以总监诸卫。⑤ 隋炀帝时十二卫长官均为正三品的大将军，而平级的武候卫执掌军法，便在一定程度凌驾于诸卫之上，我们说左右候卫"总监"诸卫，实际的含义就是这样。

总而言之，候卫总监诸卫属于军队内部监察，它使前者的监察权与领兵权结合，类似于现代的"宪兵"，⑥ 让统治者既倚重又忌惮，所以会受到压制，在制度上发展得不够成熟。

三、唐金吾卫总监诸卫

隋炀帝时，候卫总监诸卫是就候卫执掌军法而言。随着唐代府兵

---

① 古怡青《隋代禁卫武官研究》列有禁卫武官的前后官，多见诸卫大将军转为武候卫（候卫）大将军，不见后者转为前者。见古怡青：《隋代禁卫武官研究》，台湾大学博士学位论文，2012年，第205~211页。

② "（开皇二年二月）庚寅，以晋王广为左武卫大将军……"见《隋书》卷1《高祖纪上》，中华书局1973年版，第16页；开皇十五年春正月，"高祖之祠太山也，（杨广）领武候大将军"，见《隋书》卷3《炀帝纪上》，中华书局1973年版，第60页。

③ 《隋书》卷28《百官志下》，中华书局1973年版，第800页。

④ 《隋书》卷70《李子雄列传》，中华书局1973年版，第1620页。

⑤ 唐玄宗时期亦发生了类似的事情，参见《资治通鉴》卷210，唐玄宗开元元年十月己亥，中华书局1956年版，第6687页。

⑥ 参见雷家骥：《隋唐中央权力结构及其演进》，台湾东大图书公司1995年版，第448页。

制的发展，武候卫更名为金吾卫，也在行政上逐渐总监南衙诸卫，这得益于统治者的倚重。更关键的因素应该是，高宗之后府兵制衰败，直至天宝中央卫府不再统兵，逐渐沦为闲署，金吾卫便得以收束诸卫行政事务，集中管理以提高效率。所以我们看到在南衙诸卫整体势衰下，金吾对诸卫的掌控反而更深入了。这一过程，我们先从隋末天下大乱说起。

隋末大乱，群雄割据，武候卫职务崇重，独掌军法，存在变相节制诸军的可能，所以各方势力尤其重视此职。黄永年亦说武候大将军"在隋唐之际是最显要的武职"①。

郭荣在隋炀帝时入为武候骠骑将军，"以严正闻"，相继迁为左候卫将军、右候卫大将军，炀帝曾说"诚心纯至如郭荣者，固无比矣"②。大业九年（613 年），杨玄感反隋，炀帝派郭荣驰守太原，以守住隋朝的"北大门"，此举应该是为了防止突厥乘虚而入以及并州内乱。

屈突通在隋时曾任左武候车骑将军，奉公正直，后来辗转升为左武候大将军，并屯河东阻拦李渊进军。③ 屈突通在此前曾任关内讨捕大使，④ 隋帝升屈突通为左武候大将军，应该就默许屈突通节制诸军，以集中力量对抗李渊。郭荣与屈突通的仕途轨迹很相似，二者分任左右武候卫长官，并前后镇守太原与河东，⑤ 足见隋室深重此职。

李密称魏王的时候曾在魏公府中置"六卫"，当即隋朝左右卫、左右武卫、左右武候卫，但仅见"以单雄信为左武候大将军，徐世勣

---

① 黄永年：《文史探微》，中华书局 2000 年版，第 205 页。

② 《隋书》卷 50《郭荣传》，中华书局 1973 年版，第 1320 页。

③ 《资治通鉴》卷 184，隋恭帝义宁元年七月壬戌，中华书局 1956 年版，第 5742 页。

④ 《资治通鉴》卷 182，隋炀帝大业十年五月庚申，中华书局 1956 年版，第 5690 页。

⑤ 隋朝河东为唐朝河中。参见钱大昕著，方诗铭、周殿杰点校：《廿二史考异》卷 47，上海古籍出版社 2004 年版，第 715 页。

为右武候大将军，各领所部"的记载，① 这说明相较于诸卫，武候卫更重要，且李密诸军就是分统于二人之下。武候卫第一个也是最显要的职能是为天子"前驱后殿"，亦即"警跸"，此是天子权威所系。在制度上，其他诸卫不预此职，为武候卫专有。李密本应降级置"虞候军"，其置武候卫已表明僭越之心。

李渊起兵，以李建成和李世民分领左、右军，又让李世民"自为武候，将轻骑夜发前行"②，这是以武候前驱作侦查。李世民自为武候不仅是要为全军侦察敌情，恐怕还在于此职监察军队，可以慑服诸将的缘故。

武德元年（618年）李渊即位时，李世民为"右翊卫大将军"（左右翊卫不久之后复旧名为左右卫），荡平陇右薛仁杲后因功拜为"右武候大将军"。③ 随后薛举寇泾州，李世民为西讨元帅。"西讨元帅"节制诸军讨伐薛举，而节制诸将的权力应该还来自他的本官——右武候大将军。

武德二年（619年）五月，关中附近形势大为不妙，李渊加李世民为左武候大将军，凉州总管，关东兵马并受节度，制文云"宜摄九门总司八校……可左武候大将军……右武候大将军上柱国王如故"④。李世民既领左右武候大将军，那么他"总司八校"（八校用西汉典故，代指禁军）就不是一句虚写的话，而可以说确实总监诸卫了。

其后，李世民又为天策上将，并在武德五年（622年）十月领左右十二卫大将军，⑤ 这时李世民的兵权可以说是左右武候大将军、天策上将、领左右十二卫大将军的叠加。尤其是李世民为"领左右十二卫

---

① 《资治通鉴》卷183，隋恭帝义宁元年二月庚子，中华书局1956年版，第5722页。

② 王钦若等编纂，周勋初等校订：《册府元龟》卷19《帝王部·功业》，凤凰出版社2006年版，第192页。

③ 《新唐书》卷2《太宗本纪》，中华书局1975年版，第25页。

④ 《唐大诏令集》卷35《秦王兼凉州总管制》，商务印书馆1959年版，第148页。

⑤ 《唐大诏令集》卷35《秦王领左右十二卫大将军制》，商务印书馆1959年版，第149页。

大将军"却并不解去左右武候大将军的官职，足证此时诸卫的关系正是武候卫总监诸卫。①

此时唐朝的军权几乎集中于李世民一人之手，在当时的背景下，不得不被李渊及东宫势力所忌惮，所以李世民的左右武候大将军的职务在不久之后被解除，此事史无明文，但李高迁在武德六年（623年）七月就为右武候大将军②更明显的是，武德八年（625年）十一月，《秦王等兼中书令等制》记李世民一大串官衔，天策上将、太尉、十二卫大将军等武官衔仍在，却不见左右武候大将军。③ 可同制文中的李元吉却列衔为右武候大将军。也就是说，李世民的军权在武德五年后确实被削减。

但李世民似乎并未善罢甘休，李元吉任右武候大将军是对他不小的威胁，所以这之后不久，也就是在武德九年（626年）二月的时候，李元吉就"升"为左卫大将军了。④ 左右卫名为诸卫之首，其实并不比左右武候卫更有权力。李元吉的被升迁让左右武候卫不被置于东宫势力和秦王势力掌控下，这可能是李渊的一种平衡术。直到玄武门之变，亦不见有其他人担任左右武候大将军。

武德九年六月四日发生了玄武门之变，这之后李世民安插秦王府的亲信担任禁军将领，左右武候卫尤被重视，长官分别为长孙无忌与尉迟敬德。《资治通鉴》记武德九年七月己丑（三日），尉迟敬德为右武候大将军，据墓碑和墓志知其此前任左卫大将军。⑤ 壬辰（六日），

---

① 另外可参见雷家骥：《隋唐中央权力结构及其演进》，台湾东大图书公司1995年版，第434页；关于李世民所任武候将军的分析，还可参见刘啸：《"玄武门事变"新考——以"事变"时李世民的职权为中心》，《中华文史论丛》2010年第2期，第164、176页；杜文玉：《从唐初官制看李世民夺位的基本条件》，《渭南师专学报》1998年第6期，第11页。

② 《资治通鉴》卷190，唐高祖武德六年七月丙子，中华书局1956年版，第5969页。

③ 《唐大诏令集》卷35《秦王等兼中书令等制》，商务印书馆1959年版，第149页。

④ 《唐大诏令集》卷35《齐王元吉司徒制》，商务印书馆1959年版，第149页。

⑤ 张沛编：《昭陵碑石》，三秦出版社1993年版，第142~146页。

长孙无忌为吏部尚书，① 史载长孙无忌在这之前为左武候大将军②。这之后，左武候大将军空缺，③ 而尉迟敬德在贞观三年（629年）出为襄州都督，④ 之后右武候大将军空缺。

我们看到，杨广与李世民在任太子之前均担任过武候卫（候卫）的长官，所以武候大将军逐渐成为受宠亲王的历练之职，并可能由此升为储君。

李泰备受太宗喜爱，墓志记其贞观八年（634年）为雍州牧，"寻领左武候大将军"⑤，与《旧唐书》所记贞观五年（631年）即领左武候不同，应以墓志为准。墓志还记贞观十年（636年）李泰从越王改封为魏王，却重复叙述"又除雍州牧、左武候大将军"，此前李泰已经身兼二官。我们推测，这和李治有关。⑥

贞观十年，文德皇后去世，李治"哀慕感动左右，太宗屡加爱

---

① 《资治通鉴》卷191，唐高祖武德九年七月壬辰，中华书局1956年版，第6016页。

② 《旧唐书》记长孙无忌在李世民八月甲子即位时迁左武候大将军，并在贞观元年转吏部尚书（见《旧唐书》卷65《长孙无忌列传》，中华书局1975年版，第2446~2447页）。《旧唐书》所记时间点皆误，李世民的即位诏书中明确记载，当时的吏部尚书已经是长孙无忌（见《册府元龟》卷128《帝王部·明赏第二》，凤凰出版社2006年版，第1394页）。但《旧唐书》的记载仍表明，长孙无忌是从左武候大将军迁为吏部尚书的。

③ 史料可见贞观初年庞卿恽为左武候大将军，据虞世南为其所撰碑记为"左武候将军"，庞氏一族称其为"大将军"盖为赠官，即赠本卫大将军，考其行迹，不大可能在贞观初正任左武候大将军。而唐人以赠官追称事亦屡见不鲜。相关研究参见李红扬：《两〈唐书·庞卿恽传〉新证——以庞卿恽家族碑志为中心》，《唐史论丛》第29辑，陕西师范大学出版社2019年版，第311~325页。

④ 参见郁贤皓编：《唐刺史考全编》卷189《襄州（襄阳郡）》，安徽大学出版社2000年版，第2570页。

⑤ 刘志军：《唐濮恭王李泰墓志铭考》，《考古与文物》2020年第1期，第94页。

⑥ 如武承嗣就被重复册为魏王，第二次册封是在武周时，意义颇不一般。见赵振华：《谈武周授封武承嗣的诏书和册书——以新见石刻文书为中心》，《湖南科技学院学报》2013年第2期，第72~73页。

抚，由是特深宠异。寻拜右武候大将军"①。太宗应该是在此年分别拜李泰、李治为左右武候大将军，以二子分掌左右武候，总监诸卫。这也许是强调他们为太宗之左膀右臂。毕竟，从史料中可以看出，亲王居武候大将军也是要实际履行职务的。② 又因李治曾任武候长官，故后来在武候卫任职的人不免矜夸一番，特意强调武候卫是"天皇历试之司"③。

贞观十七年（643 年），太子李承乾被废，李泰、李治分掌左右武候府的局面也结束了。李泰被贬居均州，李治则升为储君。这之后直到高宗即位，不见有人任左右武候大将军的记载（有低一级的将军掌本卫事），只以其他诸卫长官检校武候大将军，且事后并不正授。④盖因太宗防范人臣居于此职掌控诸卫，也是将这一缺职留给高宗即位授予，以结人心。⑤

显庆五年（660 年），高宗讲武于并州城北，以"左卫大将军张延师为左军，左右及骁武六卫、左羽林骑士属焉；左武候大将军梁建方为右军领，武候六卫、右羽林骑士属焉"⑥。其实在这种礼仪性的讲

---

① 《旧唐书》卷 4《高宗本纪》，中华书局 1975 年版，第 65 页。《述圣记》有李治"执金按道"一语，即指李治任右武候大将军替太宗清道。见贺梓城：《乾陵〈述圣记〉碑和它的现存文字》，《文物》1961 年第 3 期，第 35 页。

② 许敬宗编，罗国威整理：《日藏弘仁本文馆词林校证》卷 666《贞观年中幸魏王泰宅曲赦诏一首》，中华书局 2001 年版，第 303 页。

③ 《□□□朝散大夫守昭陵令护军姬府君墓志铭并序》，周绍良、赵超主编：《唐代墓志汇编续集》，上元 015 号，上海古籍出版社 2001 年版，第 219 页。

④ 北京图书馆金石组编：《北京图书馆藏中国历代石刻拓本汇编》第 11 册，中州古籍出版社 1989 年版，第 105 页；张沛编：《昭陵碑石》，三秦出版社 1993 年版，第 120、153 页；曹发展：《唐〈樊方墓志〉〈樊兴墓碑〉与庆善宫考》，《乾陵文化研究》第 4 辑，三秦出版社 2008 年版，第 390 页。

⑤ 见《旧唐书》卷 59《丘行恭列传》，中华书局 1975 年版，第 2326 页；《资治通鉴》卷 199，唐高宗永徽二年七月，中华书局 1956 年版，第 6274 页。

⑥ 《册府元龟》卷 124《帝王部·讲武》，凤凰出版社 2006 年版，第 1353 页。

武场合，应该以名义上的诸卫之首左右卫分领左右军。① 高宗越出常规的举措，应该是特意崇重武候卫的表现。这一事件揭示了一个事实：在南衙诸卫中，左右卫是按照唐朝律令排序的名义上的首卫；而左右武候卫是实质上的首卫。所以唐人并不称哪一卫是第一卫，而外来的圆仁却兴奋地说出了唐人习以为常的认知。杜佑后来在《通典》里称"左右卫及左右金吾总谓之四卫，其余谓之杂卫"②，这句话也可作为此次讲武的注释。

两年后，左右武候卫更名为左右金吾卫。在这之前，唐人就常以汉代执金吾比附武候卫，③ 此次更名也是实至名归的。更名后的十六卫中，金吾卫的渊源最为久远，它不仅是秦汉一个官名的重现，也在本朝拥有不逊于昔日的荣光，而金吾大将军也获得一个独特的美称——大金吾。唐王朝也逐渐将诸卫的行政事务收拢于金吾卫，金吾卫俨然成了诸卫的"大管家"，这个现象集中出现于玄宗朝。到此时，折冲府渐渐无兵可交。而中央十六卫除左右金吾卫、千牛卫、监门卫职能特殊外，其他诸卫职能重合度比较高，逐渐沦为闲署，所以也有整合南衙诸卫以提高行政效率的需要，也许还有扶持南衙金吾与北军羽林制衡的考量。④ 以下试举几例证明玄宗朝，金吾卫已掌管诸卫大部分行政事务。

其一，《唐六典》记卫尉所掌器械，"凡天下兵器……其应供宿卫者，每岁二时阅之，其有损弊者，则移于少府监及金吾修之"⑤。则金吾卫可以支配南衙诸卫的兵仗。

其二，《唐六典》记金吾卫"录事参军事掌所受翊府、外府及诸卫

---

① 北京图书馆金石组编：《北京图书馆藏中国历代石刻拓本汇编》第 11 册，中州古籍出版社 1989 年版，第 105 页。

② 《通典》卷 28《职官十》，中华书局 1988 年版，第 782 页。

③ 许敬宗编，罗国威整理：《日藏弘仁本文馆词林校证》卷 453《左武候将军庞某碑序一首》，中华书局 2001 年版，第 160 页。

④ 参见《资治通鉴》卷 221，唐肃宗乾元二年乙未，中华书局 1956 年版，第 7072~7073 页。

⑤ 《唐六典》卷 16《卫尉宗正寺》，中华书局 1992 年版，第 459 页。

百司之事，以发付勾检"①。虽然诸卫都设有录事参军，但金吾卫的录事参军总勾诸卫文书，而实质上成为更高一级的勾检官。

其三，《册府元龟》记开元九年(721 年)二月诏："诸府卫士，役重人微，既每征行，又常番上，言念艰辛，更无是过，不稍优矜，何以存济。自今已后，征行及当番处卫士，除公乘配手力厅事及复身以外，官人辄私抽役使，宜令御史金吾按察使严加采察。"②则金吾卫已俨然成为诸卫利益的维护者了。

最明显的是，诸卫具有立仗维护皇帝安全及展示朝仪的职能，这些仗卫以金吾卫所掌引驾仗最为重要，引驾仗由金吾卫管理，立仗将士却来自诸卫。③ 这当是"金吾卫总监诸卫"的袖珍形式。

可以说在玄宗朝，金吾卫总监诸卫的格局确立了下来，这类似于西汉中垒校尉监诸校(西汉八校为北军，唐金吾等诸卫为南军)。但中晚唐的南衙禁军更趋衰落，金吾卫虽总监诸卫，所收拢的权力其实并不太大。皇帝以及把控北军的宦官似乎并不认为金吾卫是太大的威胁。金吾卫的权力仍在于其本身所掌握的两个机构：引驾仗(宫中)和街使(京城)，二者职能组合在一起就是金吾卫"掌宫中及京城昼夜巡警之法"，后者的职能渐重，应该和唐朝京城的发展有关系。

金吾卫的名望在中晚唐依旧不减，唐朝宦官一般加将军衔，且普遍为监门卫，④ 后逐渐染指其他诸卫，但难以加金吾卫的名衔。史籍所见第一个加金吾卫官衔的宦官是田令孜，⑤ "有诏以令孜为十军十二卫观军容制置左右神策护驾使。至成都，进左金吾上将军，兼判四

---

① 《唐六典》卷 25《诸卫》，中华书局 1992 年版，第 639 页。

② 《册府元龟》卷 135《帝王部·悯征役》，凤凰出版社 2006 年版，第 1493 页。

③ 《唐六典》卷 25《诸卫》，中华书局 1992 年版，第 638~639 页。

④ 史净罡：《唐代宦官带监门卫将军考》，《黑龙江史志》2015 年第 5 期，第 10~11 页。

⑤ 有学者将德宗时的左金吾卫大将军刘昇朝误认为宦官，盖为百密一疏(王丽梅、杜文玉：《唐代宦官封爵问题探微——兼补〈二十五史补编：唐宦官封爵表〉》，《江汉论坛》2012 年第 3 期，第 43 页)，实际上是刘昇朝义父刘奉进为宦官。

卫事，封晋国公"①。"至成都"是在中和元年（881年），此时距甘露事变46年。田令孜把"十二卫"加入了自己的官衔，却还要叠加"左金吾上将军"，这足以证明金吾卫在此时仍被视为总监诸卫的首卫，这种叠加的先例源自太宗为秦王，以左右武候大将军叠领左右十二卫事。之后杨复恭替代田令孜，他的官衔也是"金吾卫"叠加"十二卫"。② 其后，金吾卫顺理成章地成为宋朝环卫之首。

金吾卫总监诸卫的权力格局直接源于隋炀帝时，那时诸卫未衰，如何控制南衙是当时的权力争夺者难以忽视的问题。在唐前期，金吾卫的身影活跃在朝堂权力斗争甚至武力政变中，唐后期甘露之变中的金吾卫就是这种身影的延伸，不过这需要另文探讨了。

（作者系武汉大学历史学院硕士研究生）

---

① 《新唐书》卷208《宦者列传下》，中华书局1975年版，第5885页。
② 《旧唐书》卷184《杨复恭列传》，中华书局1975年版，第4774页；《新唐书》卷208《宦者列传下》，中华书局1975年版，第5889页。

唐代寿星坛祭祀发微

李钟鼎

摘要：唐开元二十四年（736年）建立寿星坛，为唐玄宗祈求长寿，是唐玄宗千秋节典礼的延续，并带有补充完善千秋节庆典的色彩。唐玄宗之后，寿星坛在祭祀时间、祭祀形制等方面经历了诸多变化。寿星坛祭祀也影响了后世对南极老人星内涵形象的叙述。经历唐宋间的变化，寿星坛由创立时在玄宗诞节时进行祭祀，逐渐固定在秋分日进行。南极老人星的内涵也由专指帝王长寿转向普遍意义上的长寿形象，并影响后世的寿星坛祭祀，直至明代取消寿星坛祭祀。

关键词：千秋节；寿星坛；唐玄宗

　　唐代国家祭祀，近年来逐渐成为学界研究重点。开元二十四年（736年）唐玄宗敕立寿星坛，此为唐代礼仪方面重要事件。为玄宗祈求长寿的寿星坛，影响后世数百年。近年来学术界关注到了寿星坛祭祀在千秋节和唐代中后期礼制变化中的作用。① 然而对于寿星坛祭祀仍存在相当多的疑问尚未解决。特别是在玄宗朝后的寿星坛祭祀，寿

---

① 相关研究参见刘书龙：《"寿星"考》，《寻根》2004年第3期，第101~102页；赵贞：《唐宋天文星占与帝王政治》，北京师范大学出版社2016年版，第327~338页；郭佳：《寿星崇拜研究》，中国社会科学研究院硕士学位论文，2013年；王丽娜：《寿神崇拜研究》，中南民族大学硕士学位论文，2016年；吴丽娱：《皇帝"私"礼与国家公制："开元后礼"的分期及流变》，《中国社会科学》2014年第4期，第160~208页。朱溢：《事邦国之神祇：唐至北宋吉礼变迁研究》，上海古籍出版社2014年版，第63~67页。

星坛的祭祀礼仪发生了一系列的变化。与唐玄宗千秋节息息相关的寿星坛祭祀，在唐玄宗时代之后，其祭祀内容、祭祀礼仪发生了什么变化，以及寿星坛祭祀设立后南极老人星的内涵分化，这是本文所拟讨论的核心问题。

一、后玄宗时代的寿星坛祭祀时间

寿星坛设立的目的主要是为唐玄宗祈求福寿，其祭祀日期为玄宗生日千秋节八月初五日。《唐会要》卷22"祀风师雨师雷师及寿星等"条记载：

> 开元二十四年七月十二日，有上封事者言："《月令》云：'八月，日会于寿星，祠于大社坛享之。'"敕曰："宜令所司特置寿星坛，常以千秋节日修其祀典"，二十六日敕："寿星坛宜祭老人星及角亢七宿，着之常式。"①

《册府元龟》卷32《帝王部·崇祭祀二》：

> 二十四年，七月庚子，有上封事者言："《月令》云：'八月，日月会于寿星，居列宿之长。'五者土之数，以生为大。臣窃以寿者圣人之长也，土者皇家之德也，陛下首出寿星之次，旅于土德之数，示五运开元之期，万寿无疆之应。伏请两京各改一殿，以万寿为名，至千秋节会，百僚于此殿如受元之礼。每至八月社日配寿星祠，至于大社坛享之。"
>
> 诏曰："德莫大于生成，福莫先于寿考。苟有所主，得无祀之？今有上事者言：仲秋，日月会于寿星，以为朕生于是月，欲以配社而祭，于义不伦。且寿星，角、亢也，既为列宿之长，复有福寿之名，岂惟朕躬，独享其应，天下万姓，宁不是怀？盖秦时已有寿星祠，亦云旧矣。宜令所司特置寿星坛，尝以千秋节日

---

① 《唐会要》卷22，中华书局1960年版，第427页。

修其祀典。申敕寿星坛宜祭老人星及角亢七宿。"①

从《唐会要》《册府元龟》所载史料可知，寿星坛祭祀是千秋节庆典的延伸，从国家礼仪层面庆祝千秋节，祈求玄宗长寿。但在安史之乱后，寿星坛祭祀虽仍延续，但寿星坛的祭祀日期是否仍在八月初五当天祭祀，并无详细记载。安史之乱以后，对玄宗诞节的庆祝也持续了一段时间。《封氏闻见记》卷4记载：

> 吏部尚书颜真卿奏："准《礼经》及历代帝王，无降诞日，惟开元中始之。又复本意以为节者，喜圣寿无疆之庆，天下咸贺，放号节日。千秋万岁之后，尚存此日以为节，恐乖本意。"于是敕停之。②

天长节在德宗时期取消，但其相关庆祝活动直至宪宗元和二年（807年）才取消，《唐会要》卷29记载：

> 元和二年正月。诏停中和、重阳二节赐宴。其上巳日仍旧。其年二月。御史大夫李元素、太常卿高郢等上言："玄宗肃宗降诞日，据太常博士王泾奏，按礼经及历代典故，并无降诞日为节假之说……伏以玄宗肃宗代宗德宗顺宗五圣，威灵在天已久。而当时庆诞犹存，正可言不可行之礼。请依王泾奏议，并停。"制可。③

依《唐会要》所记，元和二年（807年）之前仍依前代礼制庆祝千秋节，所以我们可以推测在宪宗之前，寿星坛祭祀仍延续开元时期所立礼

---

① 《册府元龟》卷32《帝王部·崇祭祀二》，中华书局1960年版，第360页。

② 封演撰，赵贞信校注：《封氏闻见记校注》卷4，中华书局2008年版，第29页。

③ 《唐会要》卷29，中华书局1960年版，第427页。

制，在八月初五日进行祭祀活动。《通典》卷44《礼四》记载："大唐开元二十四年七月，敕宜令所司特置寿星坛，恒以千秋节日，修其祠典。又敕寿星坛，宜祭老人星及角亢七宿，着之恒式。"①可见在德宗时期，唐人所见当时制度，寿星坛祭祀制度仍未有变化。加之此时玄宗诞节庆祝仍有延续，所以可能在《通典》修成时期，寿星坛祭祀仍在继续。

但到了宪宗之后，伴随着新的礼仪讨论，对前代帝王的降诞庆祝的停止，寿星坛的重要程度降低。《大唐郊祀录》并未记载寿星坛，即可能是因为此原因。《大唐郊祀录》之后，对于寿星坛祭祀的记载材料较少，直至宋代再次设立寿星坛。《宋史》卷130《礼志六》云：

> 景德三年，诏定寿星之祀。太常礼院言："按《月令》：'八月，命有司享寿星于南郊。'《注》云：'秋分日，祭寿星于南郊。寿星，南极老人星也。'《尔雅》云：'寿星，角、亢也。'《注》云：'数起角、亢，列宿之长，故云寿星。'唐开元中，特置寿星坛，常以千秋节日祭老人星及角、亢七宿。请用祀灵星小祠礼，其坛亦如灵星坛制，筑于南郊，以秋分日祭之。"②

宋初依唐制设立寿星坛，但依上文所引材料，景德三年（1006年）太常礼院所引"《月令》"理论文本直接来源于《唐月令》，应为寿星坛设立后所成的文本，但从材料中宋人所引《唐月令》的注释是将寿星坛祭祀时间安排在秋分，并不符合《唐月令》成书时代寿星坛祭祀时间在八月初五日的实际情况。所以该注文成型必然晚于唐玄宗时代。③前文所言宪宗元和时期取消对前代帝王诞节的贺礼，则此《唐月令》注文形成年代可能在宪宗之后。《通典》卷44《礼四》记载："周

---

① 《通典》卷44《礼四》，中华书局2016年版，第1230页。
② 《宋史》卷130《礼志六》，中华书局1977年版，第2515页。
③ 此处可参见赵永磊：《历术、时令、郊社制度与〈唐月令〉》，《文史》2018年第4辑，第139~162页。

制……秋分日，享寿星于南郊。"①《唐月令》这条注文与《通典》所载类同，应有相同的理论来源。

综上可以推测在玄宗诞节贺礼仍存时，寿星坛祭祀可能仍在八月初五日进行。在宪宗元和年间取消对玄宗诞节的贺礼之后，寿星坛祭祀可能被取消或者被边缘化，其祭祀时间可能改为秋分日，直到宋代重立寿星坛祭祀并将其祭祀日期固定在了秋分日。

二、寿星坛的祭祀空间形制

关于寿星坛的形制，前人已有部分研究。②《通典》卷 44 记载："大唐开元二十四年七月，敕宜令所司特置寿星坛，恒以千秋节日，修其祠典。又敕寿星坛，宜祭老人星及角亢七宿，着之恒式。其仪具开元礼。"③由此可见在《大唐开元礼》成书之后设立的寿星坛祭祀是遵循开元礼的形制进行祭祀。但《大唐郊祀录》并未提及寿星坛的形制而只记载灵星祭祀的形制，只有《文献通考》《宋史》记载唐代寿星坛的形制。《宋史》卷 130《礼志六》记载：

> 元丰中，礼文所言："时令秋分，享寿星于南郊。熙宁祀仪：于坛上设寿星一位，南向。又于坛下卯陛之南设角、亢、氐、房、心、尾、箕七位，东向。按《尔雅》所谓'寿星角、亢'，非此所谓秋分所享寿星也。今于坛下设角、亢位，以氐、房、心、尾、箕同祀，尤为无名。又按晋《天文志》：'老人一星在弧南，一日南极，常以秋分之旦见于丙，春分之夕没于丁，见则治平，主寿昌，常以秋分候之南郊。'后汉于国都南郊立老人星庙，常以仲秋祀之，则寿星谓老人矣。请依后汉，于坛上设寿星一位，南向，祀老人星。其坛下七宿位不宜复设。"

---

① 《通典》卷 44《礼四》，中华书局 2016 年版，第 1230 页。

② 相关研究可参见吴书雷：《北宋东京祭坛建筑研究》，河南大学硕士学位论文，2005 年，第 49 页。

③ 《通典》卷 44《礼四》，中华书局 2016 年版，第 1230 页。

......

庆历以立秋后辰日祀灵星，其坛东西丈三尺，南北丈二尺，寿星坛方丈八尺。皇祐定如唐制，二坛皆周八步四尺……《政和新仪》改定：坛高三尺，东西袤丈三尺，南北袤丈二尺，四出陛，一壝，二十五步。①

由此我们可以看出，唐代寿星坛的形制为"周八步四尺"，与灵星祭祀相同形制。《大唐郊祀录》所载："（灵星）坛高三尺，周回八步四尺。"②可见在唐代"周回八步四尺"应是唐代寿星坛的形制。唐玄宗之前并无相应祭祀南极老人星及东方七宿的礼仪祭祀建筑的形制流传。目前所能见到的最早祭祀南极老人星的建筑应为东汉老人星庙。《后汉书》卷95《礼仪志中》：

仲秋之月，县道皆案户比民。年始七十者，授之以王杖，舗之糜粥。八十、九十，礼有加赐……是月也，祀老人星于国都南郊老人庙。③

此时的庙，与之后的坛形制完全不同，而唐前的南朝陈代，更是将祭祀南极老人星的场所放在太史署中。《隋书》卷7《礼仪志二》记载南朝陈代老人星祭祀礼仪：

又令太史署，常以二月八日于署庭中，以太牢祠老人星。兼祠天皇大帝、太一、日月、五星、钩陈、北极、北斗、三台、二十八宿、大人星、子孙星，都四十六坐。④

---

① 《宋史》卷130《礼志六》，中华书局1977年版，第2515页。
② 王泾：《大唐郊祀录》卷3，《大唐开元礼 附大唐郊祀录》，民族出版社2000年，第705页。
③ 《后汉书》卷95《礼仪志中》，中华书局1965年版，第3124页。
④ 《隋书》卷7《礼仪志二》，中华书局2019年版，第157页。

　　南北朝隋代关于老人星祭祀的场所并未有固定的礼仪方面的规定，且玄宗时期寿星坛不仅祭祀南极老人星，同时也祭祀东方七宿，前代无例。所以在玄宗朝设立寿星坛祭祀时，其优先选择较为相似的灵星祭祀作为模仿版。为何选择灵星祭祀作为模仿样本？灵星祭祀活动与农业相关。《通典》卷44记载："（灵星祭祀）舞象教田，初为芟除，次耕耨、次耘耔、驱爵及穫刈、舂簸之形，象成功也。"①可能是因为千秋节、寿星坛祭祀均为秋日之祭祀，而作为千秋节庆典的一部分，寿星坛不可避免地受到千秋节庆典中的庆丰收的影响。千秋节庆典中有"村社作寿酒，宴乐，名为赛白帝，报田神"等与农业活动相关的活动。② 所以可以推测在没有先例范本的情况下，寿星坛在形制建构上优先选择模仿灵星祭祀，直到宋代《政和新仪》对寿星坛祭祀形制进行了重新规划。

三、寿星坛祭祀后的老人星内涵分化

　　寿星坛祭祀使南极老人星的理论内涵，逐渐走入民间视野。寿星坛祭祀创立之前，南极老人星在星占学中专属于帝王，凡有提及，均和帝王寿命相关。如《晋傅玄贺老人星表》："老人星见，挥景光明，圣主寿诞，享祚元吉，自天之佑，莫不抃舞。"《晋卜壶贺老人星表》："陛下圣德应干，嘉瑞屡臻，玄象垂耀，老人启征，万寿无疆。"③《文苑英华》所收武周时期武三思《贺老人星见表》：

　　……伏惟天册金轮圣神皇帝陛下润色丕业，光赫宝祚……伏见太史奏称，八月十九日夜有老人星见。臣等谨按《黄帝占》云："老人星，一名寿星，色黄明，见则人主寿昌。"又按《孙氏瑞应图》云："王者承天，则老人星临其国。"又《春秋分候县象文曜镜》云："王者安静，则老人星见。当以秋分候之，悬象著符于

---

① 《通典》卷44《礼四》，中华书局2016年版，第1228页。
② 《册府元龟》卷2《帝王部·诞圣》，中华书局1960年版，第20~21页。
③ 《艺文类聚》卷1《天部·星》，中华书局1965年版，第2页。

上，人事发明于下。"寿昌者，知亿载之有归；安静者，示万邦之必附。澄霞助月，非唯石氏之占；散翼垂芒，何独斗枢之说……①

可见在唐玄宗前所传文献，南极老人星的叙述一直是由官方所掌握，遵循谶纬和星占文献的相关理论，老人星与帝王寿命相关，老人星见则预示帝王长寿。关于南极老人星其他内涵的理论则不见于史籍。②

唐代禁止私人学习天文谶纬知识，《唐律》记载："诸玄象器物、天文图书、谶书、兵书、七曜历、太一雷公式，私家不得有，违者徒二年。私习天文者亦同。"③在寿星坛祭祀设立之前，寿星坛所祭祀的南极老人星和东方七宿的相关理论多来源于天文星占和谶纬知识。但在寿星坛设立之后，唐代文学作品对南极老人星内涵的解释走上不同的两条道路。

一方面是秉承官方寿星坛祭祀理论的作品，如元和时期赵蕃《老人星》："太史占南极，秋分见寿星。增辉延宝历，发曜起祥经。灼烁依狼地，昭彰近帝庭。高悬方杳杳，孤白乍荧荧。应见光新吐，休征德自形。既能符圣祚，从此表遐龄。"④白居易的《司天台 引古以儆今也》："司天台，仰观俯察天人际……明朝趋入明光殿，唯奏庆云寿星见。天文时变两如斯，九重天子不得知。不得知，安用台高百尺为。"⑤

还有元稹《遣兴十首》："老人在南极，地远光不发。见则寿圣明，愿照高高阙。"⑥以上这些诗文中的南极老人星的含义都和官方视

① 《文苑英华》卷 561《表九·贺祥瑞一》，中华书局 1966 年版，第 2868 页。
② 关于唐玄宗前老人星在天文星占、谶纬中的理论，可参考瞿昙悉达：《开元占经》卷 68，九州出版社 2012 年版，第 678 页。
③ 长孙无忌：《唐律疏议》卷 9《职制律》，中华书局 1983 年版，第 196 页。
④ 《文苑英华》卷 181《诗三·省试二》，中华书局 1966 年版，第 888 页。
⑤ 白居易撰，谢思炜校注：《白居易诗集校注》，中华书局 2006 年版，第 318~321 页。
⑥ 《全唐诗》卷 398，中华书局 1960 年版，第 4468 页。

角下寿星坛祭祀中的南极老人星与帝王长寿相关的理论相同。这是唐代官方，也即礼仪祭祀、天文星占中的南极老人星的内涵。

另一方面，在非官方视角下的南极老人星，其形象又有许多不同。如杜甫《泊松滋江亭》："一柱全应近，高唐莫再经。今宵南极外，甘作老人星。"①在杜甫笔下老人星的形象并不与帝王寿诞相关，更接近其天文意义上的形象，而到了晚唐时期，李商隐《寄太原卢司空三十韵》："神物龟酬孔，仙才鹤姓丁。西山童子药，南极老人星。"②晚唐时期李频《府试老人星见》："海内逢康日，天边见寿星。"③在晚唐时期，南极老人星虽然与长寿安康相关，但并不直接与帝王长寿相关，此时的老人星内涵越来越贴近民间，直至后代转变为南极老人这一经典形象。④

官方与非官方文学作品中对南极老人星内涵做出的不同解释，说明了对于老人星的定位在寿星坛祭祀后有一定的改变，即南极老人星内涵由官方独占的理论解释进一步发展为民间对官方理论的去神圣化。

有趣的是，在北宋初期，史官对于南极老人星理论的理解也存在着另外一种观点，如《册府元龟》卷180《帝王部·失政·滥赏》载宋代史官所言："前代太史预言气象水旱灾变使国有备可赏之矣。至于中秋老人星见日月薄蚀皆常事也。赐赏非其时况历日乎！"⑤在宋代史官的视角下，老人星作为一种常见的恒星，已经无法继续视为祥瑞了。对南极老人星的祭祀也很难如唐玄宗时期那样将其套用在帝王诞节之上。

在玄宗时期寿星坛祭祀创立之后，关于南极老人星的内涵解释发生了一定的分化。官方解释延续之前的南极老人星与帝王寿星相关的理论，非官方对南极老人星的理论和内涵的理解主要侧重其天文特

---

① 《全唐诗》卷232，中华书局1960年版，第2556页。

② 《全唐诗》卷541，中华书局1960年版，第6254页。

③ 《全唐诗》卷589，中华书局1960年版，第6842页。

④ 此处可参见郭佳：《寿星老人考》，《宗教学研究》2020年第1期，第258~265页。

⑤ 《册府元龟》卷180，中华书局1960年版，第2166页。

征，到了晚唐时期逐渐转化为普通的长寿意象。这也可以揭示中晚唐时期经由寿星坛祭祀的推动，南极老人星由官方解释下的帝王长寿到普遍意义的长寿的理论发展。

四、余　论

开元十七年（729年）唐玄宗创立千秋节，正式将帝王生日纳入国家节日。开元二十四年（736年）寿星坛设立。安史之乱后，随着唐肃宗的继位，对唐玄宗的神圣化塑造的减少，围绕唐玄宗生日寿诞的寿星坛的地位逐渐下降，到了宪宗时期甚至取消对玄宗生日的贺礼，使得寿星坛祭祀进一步边缘化，在宪宗时期所成的《大唐郊祀录》中甚至没有记载寿星坛祭祀。在中晚唐时期寿星坛祭祀是否存在，这仍值得我们继续研究。如果其存在，则其祭祀时间应有变化，从唐玄宗时期八月初五日"回归"到唐玄宗之前的秋分时期祭祀。宋代真宗时期重新设立寿星坛祭祀，将祭祀时间定为秋分日，宋徽宗时期曾将寿星坛祭祀移至宋徽宗诞节天宁节时候祭祀，但缺少理论依据，最后还是回到秋分日祭祀。

现存的关于唐代寿星坛祭祀的形制问题仅见于《宋史》中，其形制也与《大唐郊祀录》中所载灵星祭祀类同。从寿星坛形制同于灵星，灵星祭祀作为一个与农业相关的祭祀，也可推测寿星坛祭祀与灵星祭祀时间相近，玄宗之前的南极老人星祭祀无固定形制，且千秋节具有一定的农业丰收色彩，所以寿星坛形制一定程度上借鉴了灵星祭祀的设计。

在寿星坛祭祀创立之后，关于南极老人星内涵的解释展现了较大的不同。首先是官方解释延续之前天文星占、谶纬的知识理论；非官方视角下的老人星更多偏重于老人星的天文特征，但到了晚唐时期，对老人星的内涵解释逐渐发展出了与帝王寿命脱钩的纯粹长寿意象，这与之前的侧重于帝王长寿有所不同。出现这种现象一方面是天文知识的发展，另一方面也与寿星坛祭祀推动了南极老人星知识的广泛传播相关。南极老人星自寿星坛祭祀后逐渐走向大众和文学创作，最后成了家喻户晓的形象。

　　总而言之，寿星坛祭祀作为一个围绕玄宗寿诞千秋节而设立的祭祀，也继承了千秋节的"自我作古"的特性。玄宗之后，寿星坛祭祀的理论重点偏移，在经历多番改造后，回归唐前的老人星祭祀，与此同时其理论进一步扩散至民间，这也值得我们深入探讨。

（作者系武汉大学历史学院硕士研究生）

傅楫的仕宦生涯

王美龄

摘要： 与北宋中后期众多以科举入仕的士人一样，傅楫初入官场即为政地方，在地方长期任职后进入中央。虽然正史记载有限，但墓志和地方志等材料揭示了傅楫的学宦境遇。在傅楫之前，仙溪傅氏家族自入宋以来尚无人仕宦，这一现实决定了此后进入官场的傅楫需要付出更多的个人努力；跟随陈襄、孙觉治学为傅楫后来的仕途奠定了知识基础；履任地方时，傅楫积累了处理实政的经验，也始终保持着恬淡自如、正直不阿的品格；官居中央时，傅楫专注于治经，同时执教诸王，后因邹浩论册后一事牵连受贬；徽宗即位后，傅楫官复原职并有升迁，而面对时事之变，他最终选择了退居地方。

关键词： 北宋中后期；傅楫；仕宦

北宋中后期，由于冗员之疴和铨选制度的繁复等原因，多数进入官场的士人或终生就职于地方；或于地方官场浸没了大部分光阴后，最终走向中央，但他们基本处于北宋中后期官场漩涡的边缘。对该时期个体官员的仕宦经历进行观察，我们可以探究这一政治群体的仕宦经验和个人选择。本文拟通过梳理官历神宗、哲宗、徽宗三朝的傅楫的经历，考察此时身居政争边缘的个体官员的官场履职情况，在一系列经历的交织中，了解个体对于官场动态的回应。

傅楫，字元通，兴化军仙游（治今福建省仙游县）人，生于庆历二年（1042年），于治平四年（1067年）进士及第。进入官场后，傅楫首先历任扬州司户参军、代天长县令、福清县丞、苏州录事参军；而升任京官后历大谷县令、知龙泉县；在中央，傅楫先后任太学博士、太常博士、诸王府说书、王府记室参军、王府侍讲、王府翊善中人、司封员外郎、监察御史、国子司业、起居郎等，最终官拜中书舍人，崇宁初以龙图阁待制知亳州致仕，卒于崇宁元年（1102年）。关于傅楫其人，《宋史》、南宋《仙溪志》有传；另有汪藻所撰《朝请郎龙图阁待制知亳州赠少师傅公墓志铭》（简称傅楫墓志）一篇，其内容涉及仙溪傅氏家族之溯源和傅楫本人主要学宦经历。① 傅楫夫人陈氏为陈襄长女，二人共育有子七人，已知姓名者有傅谅友、傅谊夫、傅谦受、傅诒微、傅诒度五人。②

目前学界尚未见专门研究傅楫的成果，或许与现存资料较为匮乏有关。本文试图借助墓志和地方志等材料，详细考察傅楫所在的仙溪傅氏一族之源流、傅楫的治学经历以及他在地方为政的经历，同时对《宋史》傅楫本传涉及的傅楫在中央为官的内容加以补充。事实上，在释褐后长达二十多年的时间中，傅楫一直辗转地方任职。当涉及傅楫的地方仕宦经历时，地方志和墓志中的内容或许能说明其中更多细节，也应当引起我们的重视。另外，地方志与墓志也对傅楫进入中央后的相关事宜有详细说明。因此，在史料方面，本文主要运用了相关地方志与墓志的内容，同时参考了《宋史》《宋会要辑稿》等史书。

一、仙溪傅氏家族源流

关于仙溪傅氏一族，汪藻在撰写傅楫墓志铭时有所说明：

---

① 《宋史》卷348《傅楫列传》，中华书局1977年版，第11021~11022页。黄岩孙编，黄真仲重订：《仙溪志》卷4《宋人物》，《宋元方志丛刊》，中华书局1990年版，第8321页。汪藻：《浮溪集》卷26《朝请郎龙图阁待制知亳州赠少师傅公墓志铭》，《丛书集成初编》本第1960册，中华书局1985年版，第308~312页。

② 叶祖洽：《先生行状》，《古灵先生文集·附行状墓志铭等六篇》，《宋集珍本丛刊》，线装书局2004年版，第74页。黄岩孙编，黄真仲重订：《仙溪志》卷4《宋人物》，《宋元方志丛刊》，中华书局1990年版，第8321页。汪藻：《浮溪集》卷26《朝请郎龙图阁待制知亳州赠少师傅公墓志铭》，《丛书集成初编》本第1960册，中华书局1985年版，第311页。

傅氏系出北地，自祗、亮世仕江南，子孙因散处江淮间。有居光州者，遭广明之乱，从王潮奔闽，数世而至公高祖仁瑞，又徙居兴化军仙游县。故公今为仙游人。曾大父献，大父傅，皇考滋，皆以地远京师不求仕。而皇考尤有信义，为里人所宗，以公故赠朝奉郎。①

在墓志中，汪藻首先将傅氏家族的先祖历史追溯至魏晋傅祗与南朝傅亮。据《晋书》《宋书》载，傅祗、傅亮均出自北地大族傅玄一系。② 此段历史现已无据可考，这里或为汪藻的附会笔法，抑或傅氏后人的"心向往之"。

傅楫墓志里涉及唐以后傅氏家族的相关历史叙述则较为可信，即傅氏在唐代时居于光州（治今河南省潢川县），因广明之乱跟随光州人王潮迁入闽中。光州为隋之弋阳郡，唐武德三年（620年）改为光州，天宝元年（742年）改为弋阳郡，乾元元年（758年）复为光州，领定城（治今河南省潢川县）、光山（治今河南省光山县）、仙居（治今河南省光山县）、殷城（治今河南省商城县）、固始（治今河南省固始县）五县。③ 王潮、王审知随后据有闽地，傅氏应当也随之安定于此。另如同安（治今福建省厦门市）苏光诲之父苏益"自固始随王潮入闽"④；侯官（治今福建省闽侯县）人陈襄先祖为光州固始人，五代末"随王氏入闽"，后遂定居于福州（治今福建省福州市）；⑤ 莆田有方氏，其先

① 汪藻：《浮溪集》卷26《朝请郎龙图阁待制知亳州赠少师傅公墓志铭》，《丛书集成初编》本第1960册，中华书局1985年版，第309页。

② 傅祗，字子庄，北地泥阳人，为魏晋名臣傅玄之孙；傅亮，字季有，北地灵州人，为傅玄之来孙，《晋书》卷47《傅祗列传》，中华书局1974年版，第1330～1332页；《宋书》卷43《傅亮列传》，中华书局1974年版，第1335～1341页。

③ 《旧唐书》卷40《地理志三》，中华书局1975年版，第1577～1578页。

④ 邹浩：《道乡集》卷39《故观文殿大学士苏公行状》，《景印文渊阁四库全书》第1121册，台湾"商务印书馆"1986年版，第511页。李清馥：《闽中理学渊源考》卷12《同安苏氏家世学派》，凤凰出版社2011年版，第198页。

⑤ 叶祖洽：《先生行状》，《古灵先生文集·附行状墓志铭等六篇》，《宋集珍本丛刊》，线装书局2004年版，第70页。

祖方廷范"避黄巢之乱，自固始来闽，居莆田"①；永福县（治今福建省永泰县）林宋伟一支的祖先也是由固始入闽②。此外，《仙溪志》在叙述仙游户口时，也尝言"五季干戈，北方避地者多居于此"③。由此，包括傅氏在内的诸多家族或皆因其时的战乱与动荡加入南迁闽中的队伍之中。

至于迁徙的傅氏先祖的身份，目前尚未可知。在傅楫墓志随后的叙述中可见，至其高祖傅仁瑞时，傅氏这一支迁到仙游县（治今福建省仙游县），此后，其曾祖傅献、祖父傅俏及父亲傅滋均"以地远京师不求仕"④。傅楫之父傅滋以"尤有信义"享誉乡里，后因傅楫得赠朝奉郎。⑤ 这应该是关于仙溪傅氏先祖源流最早的文献记载。

此外，关于傅氏家族的迁徙，陆游为傅楫之从孙傅仁撰写的墓志铭（《傅正议墓志铭》）也提供了一些信息：

> 其（傅仁）先为北地清河著姓，后徙光州，为固始人。唐广明之乱，光人相保聚，南徙闽中，今多为大家。而傅氏之祖曰府君，实与其夫人林氏，始居泉州晋江县。生五子。长子卒，谋葬，有异人告以葬圣姑山之右，而徙其居仙游罗山之麓。林夫人有高识，悉用其言。宋兴，仙游隶兴化军，而傅氏巨公显人始继出矣。⑥

---

① 陈棨仁：《闽中金石略》卷7《方廷范墓碣》，《宋代石刻文献全编》，北京图书馆出版社2003年版，第635页。

② 沈瑜庆等：《福建金石志》卷12《宋朝请大夫林公宋伟墓志》，《宋代石刻文献全编》，北京图书馆出版社2003年版，第435页。

③ 黄岩孙编，黄真仲重订：《仙溪志》卷1《叙县》，《宋元方志丛刊》，中华书局1990年版，第8277页。

④ 汪藻：《浮溪集》卷26《朝请郎龙图阁待制知亳州赠少师傅公墓志铭》，《丛书集成初编》本第1960册，中华书局1985年版，第309页。

⑤ 汪藻：《浮溪集》卷26《朝请郎龙图阁待制知亳州赠少师傅公墓志铭》，《丛书集成初编》本第1960册，中华书局1985年版，第309页。

⑥ 陆游：《渭南文集》卷33《傅正议墓志铭》，《陆游集》，中华书局1976年版，第2312页。

根据傅楫墓志，我们所知的仅是傅氏在唐代居于光州，因唐末战乱，傅氏先祖迁至闽中，之后到傅楫高祖傅仁瑞时，傅氏这一支举家徙居仙游县。由《傅正议墓志铭》可以进一步了解到，傅氏最初来自光州之固始县，傅仁瑞一支先迁居于泉州晋江县(治今福建省晋江市)，而后迁徙到仙游，其家徙居仙游或源于其长子之逝。在傅仁瑞及其夫人林氏为长子选择葬地时，他们听取了一位"异人"的建议：将逝子葬在圣姑山之右，① 并举家迁徙至仙游的罗山。在陆游笔下，似乎正是因为采取了这样的举措，傅氏由此人才辈出。

由两封墓志、《仙溪志》人物卷以及傅楫相关的仙溪傅氏家族世系(见图一)来看，傅氏先祖在唐及五代时期的信息尚不明确；又"莆故秀民未尝肯出仕，鲜有人物。自唐以来，姓名可靠仅一二"②，在有据可考的范围内，我们或可认为傅楫是宋代仙溪傅氏一支因仕宦起家的肇始。这一肇始负有荣光，自傅楫出仕后，仙溪傅氏开始不断有仕宦子弟出现，如其子傅谅友官至膳部郎中、傅谊夫官至兵部侍郎，又如同年中第的"傅氏三龙"(傅权、傅求、傅希龙)等。③ 根据《仙溪志》的记载，仙溪傅氏一门更有 25 人登进士第，登第人数为仙溪家族之榜首。④ 不过，傅楫自是家族宦途的开启者，其官场之路必然充满着艰辛，它表明傅楫借家族之途寻遇汲引的机会渺然，这同时也预示了其可能长期官居地方。

---

① 《(万历重修)泉州府志》载："圣姑山。相传地产菰，壮大倍常，人异之。即地建祠，讹为圣姑云。"阳思谦修，徐敏学、吴维新纂：《(万历重修)泉州府志》卷2《舆地志(中)》，台湾学生书局影印明万历四十年刊本，1987年，第100页。

② 黄岩孙编，黄真仲重订：《仙溪志》卷4《宋人物》，《宋元方志丛刊》，中华书局1990年版，第8314页。

③ 黄岩孙编，黄真仲重订：《仙溪志》卷4《宋人物》，《宋元方志丛刊》，中华书局1990年版，第8322页。

④ 黄岩孙编，黄真仲重订：《仙溪志》卷3《衣冠盛事》，《宋元方志丛刊》，中华书局1990年版，第8303页。

傅仁瑞 — 林氏
│
傅献
│
傅偁
│
傅滋　陈襄
│
傅楫 ┬ 陈氏

傅谅友　傅谊夫　傅谦受　傅诒度　傅诒微…　　　傅权　傅求　傅希龙
│　　　　　　　　│　　　　　　　　　　　　　│　　│
傅庠　傅巩　　　傅苌　　　　　　　　　　傅共　傅一声　傅知柔　傅知新
　　　　　　　傅丙　傅公稜　　　　　　　　　　　　傅矩　傅汝霖
　　　　　　　傅学吉　傅烨　　　　　　　　　　　　　　傅梦澄

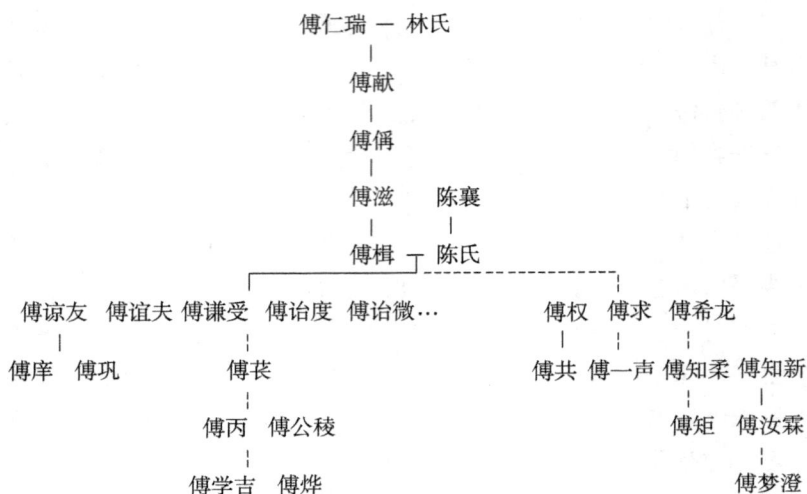

注：|表示直系亲属，¦表示旁系亲属。

图一　傅楫相关仙溪傅氏家族世系

资料来源：《仙溪志》卷2《进士题名》、卷3《衣冠胜事》、卷4《宋人物》

二、治学积淀，从游陈、孙

宋代福建的文化教育十分兴盛，地少人稠的兴化军更作为福建四个科第中心区域之一而引人瞩目。① 陈襄曾言："天下士儒，惟言泉、福、建、兴化诸郡为盛，其间高第、历显官、福吾天子之民者为不少。"②作为兴化军属县的仙游，在这一方面也丝毫不逊色。早在咸平

---

① 戴显群、方慧：《宋代福建科举的地位与四个科第中心区域的形成》，《科举学论丛》2013 年第 2 期，第 12 页。
② 陈襄：《古灵先生文集》卷 7《与陆学士书》，《宋集珍本丛刊》，线装书局 2004 年版，第 711 页。

五年（1005 年）之前，仙游已有县学。①　蔡襄在《兴化军仙游县登第记序》中曾写道："兴化军属县三，仙游才为中县。然乡间右学，后生不儒衣冠，不得与良子弟齿……每朝廷取士，率登第言之，举天下郡县，无有绝过吾郡县者。"②由此可见，仙游一地的文教之风在北宋时期业已兴盛。

起初，迁入仙游的傅氏一族因"地远京师不求仕"③。或许由于地域文化的日浸月染，到傅楫这一辈，其家开始了对教育的投资。据傅楫墓志：

> 公少庄重如成人，甫七岁，从乡先生学，已能痛自刻厉，他儿戏旁哗笑，如不闻，反并取其书诵读。未冠，试广文馆第一，其文天下传诵之。既不第而归，有贵人欲留公，使子弟学焉者。公曰："吾方求师友，资身未暇也。"闻孙觉、陈襄有学行，抠衣从之。襄门人有许安世、江衍之流，皆尝以文艺冠多士，襄不之取，独称公曰："傅元通，金石人也。"以其女妻之。擢治平四年进士……④

《仙溪志》也有载：

> （傅楫）少试广文馆第一，不第而归。闻孙觉、陈襄有学行，抠衣从之。襄门人许安世、江衍之流，皆以文艺冠多士，襄不之

---

①　黄岩孙编，黄真仲重订：《仙溪志》卷 1《叙县》，《宋元方志丛刊》，中华书局 1990 年版，第 8274 页。

②　蔡襄：《宋端明殿学士蔡忠惠公文集》卷 26《兴化军仙游县登第记序》，《宋集珍本丛刊》，线装书局 2004 年版，第 160 页。

③　汪藻：《浮溪集》卷 26《朝请郎龙图阁待制知亳州赠少师傅公墓志铭》，《丛书集成初编》本第 1960 册，中华书局 1985 年版，第 309 页。

④　汪藻：《浮溪集》卷 26《朝请郎龙图阁待制知亳州赠少师傅公墓志铭》，《丛书集成初编》本第 1960 册，中华书局 1985 年版，第 309 页。

取，独曰："傅元通，金石人也。"①

傅楫七岁即求学于乡先生，且为学十分专注刻苦。另外，经过宋初的政策调整以及随后的庆历兴学，出身平民之家的读书人得以进入国子监学习。② 生于庆历二年（1042 年）的傅楫恰逢其时，尚未及冠便已"试广文馆第一"，至此时他的文章也广为传颂。③ 傅楫有文名，据《莆阳比事》记载，傅楫后"以词赋名世"④，有文集三十卷⑤。不过，傅楫此番入京求举未中。尽管已有"贵人"希望聘请他教育子弟，但此时的傅楫尚不以资身为寄，而以立学为先。

傅楫选择追随的对象是陈襄和孙觉。陈襄，字述古，福州侯官人，"海滨四先生"之一，庆历二年（1042 年）进士。⑥ 孙觉，字莘老，高邮（治今江苏省高邮市）人，皇祐元年（1049 年）进士，官拜御史中丞。⑦ 孙觉曾从学胡瑗、陈襄等人，并为陈襄撰写了墓志铭。宋代私学普遍存在，也有一些士人设书斋或随处讲学，⑧ 依傅楫治平四年

① 黄岩孙编，黄真仲重订：《仙溪志》卷 4《宋人物》，《宋元方志丛刊》，中华书局 1990 年版，第 8321 页。

② 梁庚尧：《宋代科举社会》第 4 讲《官学的演变（上）》，东方出版中心 2017 年版，第 51 页。

③ 汪藻：《浮溪集》卷 26《朝请郎龙图阁待制知亳州赠少师傅公墓志铭》，《丛书集成初编》本第 1960 册，中华书局 1985 年版，第 309 页。

④ 李幼杰：《莆阳比事》卷 4《坊表孝义，里名文赋》，李勇先主编：《宋元地理史料汇编》，四川大学出版社影印宛委别藏本，2007 年，第 434 页。

⑤ 李幼杰：《莆阳比事》卷 3《以诗名家，有文行世》，李勇先主编：《宋元地理史料汇编》，四川大学出版社影印宛委别藏本，2007 年，第 426 页。

⑥ 《宋史》卷 321《陈襄列传》，中华书局 1977 年版，第 10419 页。（宋）陈晔编：《古灵先生年谱》，吴洪泽、尹波主编：《宋人年谱丛刊》，四川大学出版社 2003 年版，第 1600 页。（清）李清馥：《闽中理学渊源考》卷 10《海滨四先生学派》，凤凰出版社 2011 年版，第 158 页。

⑦ 《宋史》卷 344《孙觉列传》，中华书局 1977 年版，第 10925 页。（清）茆泮林编：《宋孙莘老先生年谱》，吴洪泽、尹波主编：《宋人年谱丛刊》，四川大学出版社 2003 年版，第 2204 页。

⑧ 梁庚尧：《宋代科举社会》第 6 讲《私学的兴盛》，东方出版中心 2017 年版，第 91、94 页。

（1067 年）第进士来看，他大概在嘉祐末和治平年间（1064—1067 年）随学于陈、孙二人。

傅楫擅治经，后于绍圣年间升任太常博士，而其经学积淀或从陈襄、孙觉二人那里汲取了不少养分。孙觉在求学胡瑗时，其老成材质即已凸显，其为学有志于经"而浸有原本"①，于嘉祐中进馆阁校勘，后"以文学行义为时儒宗"②。陈襄在举荐孙觉时，曾言孙氏"明经术义理之学，端良信厚，可以镇浮厉世"③。另外，陈襄本人也主张"明经笃行"④，强调治经的重要性。陈、孙二人对经学的看重同时也影响了傅楫日后执教诸王的理念。

在求学的过程中，傅楫颇获陈襄赏识。陈襄的门人为数众多，且"出公之门显者居多"⑤，前文所述孙觉便是其中之佼佼者，另如许安世、江衍等都名著一时⑥。为官时，陈襄也十分"留意教化"⑦，凡"莅官所至，必务兴学校"⑧，其所任官之地的民风也多因此得以改善。在与友人或上级的书信往来中，陈襄也时常讨论兴学养士的问题，例如他曾在向两浙安抚使推荐士才时，表达了股肱大臣应以"求贤拔士之务为先"的期愿。⑨ 由此或能看出，陈襄是爱士惜才之人，

① 陈襄：《古灵先生文集》卷 7《与两浙安抚陈舍人书》，《宋集珍本丛刊》，线装书局 2004 年版，第 702 页。

② 毕仲游：《西台集》卷 13《朝请大夫孙公墓志铭》，《丛书集成初编》本第 1944 册，中华书局 1985 年版，第 209 页。

③ 陈襄：《古灵先生文集》卷 1《熙宁经筵论荐司马光等三十三人章稿》，《宋集珍本丛刊》，线装书局 2004 年版，第 662 页。

④ 陈襄：《古灵先生文集》卷 8《常州请雇临秘校主学书》，《宋集珍本丛刊》，线装书局 2004 年版，第 717 页。

⑤ 叶祖洽：《先生行状》，《古灵先生文集·附行状墓志铭等六篇》，《宋集珍本丛刊》，线装书局 2004 年版，第 70 页。

⑥ 江衍为至和六年省元，许安世为治平四年状元。马端临：《文献通考》卷 32《选举考五》，中华书局 2011 年版，第 945 页。

⑦ 《宋史》卷 321《陈襄列传》，中华书局 1977 年版，第 10420 页。

⑧ 《宋史》卷 321《陈襄列传》，中华书局 1977 年版，第 10421 页。

⑨ 陈襄：《古灵先生文集》卷 7《与两浙安抚陈舍人书》，《宋集珍本丛刊》，线装书局 2004 年版，第 702 页。

也善于识人荐士。同时，陈襄也认为应长期观察一个人的言行才能对其作出判断。① 在他眼中，随学于他的傅楫是"金石人"。可见在陈襄的诸多门人中，傅楫的品质应该是比较突出的。之后，傅楫娶陈襄长女陈氏为妻，并终不负陈襄所望，于治平四年（1067 年）考中进士，此时的他已年届二十六。

三、傅楫的仕宦生涯

进士及第后，傅楫首先在东南区域的地方上就任曹官，履职经历包括扬州司户参军、代天长县令、福清县丞、苏州录事参军等。其间，傅楫曾两度丁忧，仕途或因此而稍有搁置。至晚在元祐元年（1086 年），傅楫得以升任京官，此后他官历大谷县令、知龙泉县，而终迈入朝官之列。在中央，傅楫先后任太学博士、太常博士，在自身擅长的经学领域致其所能，积极倡言。同时他因学受用，凭德行老成被择以教授诸王课学，自诸王府说书至端王府记事参军、侍讲、翊善中人，后也由此为徽宗所重。但朝堂之事多纷繁复杂，傅楫一度因济助获罪同僚而遭追官勒停，也曾因不予权臣之助而被中伤。宦途三十余载后，历经浮沉的傅楫最终在风暴即将来临前选择了退居地方。

（一）初起东南，耕职庶务

傅楫的官宦生涯起任于扬州司户参军，关于其到任的时间目前暂不可考。司户参军为宋沿唐制设，诸州置此官掌户籍赋税、仓库交纳，也分典狱讼，分管"与户籍关系密切的婚田词讼"②。在任期间，虽屡遭同僚所难，但傅楫仍"裁决如流"，由此能看出他对职事应是

---

① 陈襄：《古灵先生文集》卷 7《与两浙安抚陈舍人书》，《宋集珍本丛刊》，线装书局 2004 年版，第 703 页。

② 马端临：《文献通考》卷 63《职官考十七》，中华书局 2011 年版，第 1907 页。徐松辑：《宋会要辑稿》职官 47 之 11，上海古籍出版社 2014 年版，第 4271 页。苗书梅：《宋代州级属官体制初探》，《中国史研究》2002 年第 3 期，第 124 页。

得心应手的。① 后天长令缺，傅楫被调至天长县（治今安徽省天长市），暂代县令。天长县为唐天宝元年（742年）置地，七年（748年）改名天长，后周时为天长军，至道二年（996年）军废为县，隶属扬州。② 初临官场，傅楫即获得了暂代县令的委任，这或是上级对其为政能力的一种肯定。在天长，傅楫未负信任，"发伏摘奸"，颇有治绩。③ 直至明代，地方志中仍有"古令天长者，惟包拯、傅楫诸贤晦之远"的记载。④ 不过傅楫代天长令的职任因其父逝世而终止，随后他返归乡里丁忧，暂别官场。

留居乡里时，大概因为傅楫的履历在家乡已有所闻，里中常就难决的讼事求询傅楫。待到守丧期满，傅楫便到邻近的福州福清县任县丞。福清县县丞为熙宁四年（1071年）置，据《（淳熙）三山志》：

> 熙宁四年有中书札子曰："诸路县分，今实管主户二万以上，委转运司勘会，委系繁剧难治去处，保明申奏，各置丞一员。福清等七县，各实管主户二万户以上，委是繁剧难治去处，许添置丞。"⑤

由此可见，傅楫到任福州县丞的时间至早在熙宁四年以后。另外，福清虽邻近故土，但"繁剧难治"，且新法推行后，县丞更掌推行农田、水利、免役、市易等法，及兴山、坑冶之利，⑥ 傅楫在此为

---

① 汪藻：《浮溪集》卷26《朝请郎龙图阁待制知亳州赠少师傅公墓志铭》，《丛书集成初编》本第1960册，中华书局1985年版，第309页。

② 《旧唐书》卷40《地理志三》，中华书局1975年版，第1572页。

③ 汪藻：《浮溪集》卷26《朝请郎龙图阁待制知亳州赠少师傅公墓志铭》，《丛书集成初编》本第1960册，中华书局1985年版，第309页。

④ （明）邵时敏修，（明）王心纂：《（嘉靖）皇明天长志》卷5《重修三坛记》，《天一阁藏明代方志选刊》，上海古籍书店影印明嘉靖二十九年刻本，1981年，第352页。

⑤ 梁克家纂修：《（淳熙）三山志》卷24《秩官类五》，《宋元方志丛刊》，中华书局1990年版，第7994~7995页。

⑥ 《宋史》卷167《职官志七》，中华书局1977年版，第3977~3978页。马端临：《文献通考》卷63《职官考十七》，中华书局2011年版，第1910~1911页。

官治事也并非闲易可言。在福清，傅楫还与曾巩有所往来。曾巩于元丰元年（1078 年）知福州军州事，所以傅楫到任福清县丞的时间至晚大概也在此时间前后。① 曾巩负才倨傲，"久外徙，世颇谓偃蹇不偶"②，而他此时却独与傅楫"钧礼"③。由此可见，傅楫本人应当也有相当的才识，因而能获曾巩赏识并以平等之礼相待之。

之后，傅楫改任苏州录事参军。宋代录事参军为州府"诸曹官之长"④，"掌州院庶务，纠诸曹稽违"⑤。值得注意的是，元丰二年（1079 年），孙觉起知苏州，七月"坐苏轼诗狱，徙知福州"⑥。傅楫此次改任或与孙觉有一定的关系。不过，此任随即又以丁母忧而告终，傅楫不得不再度暂离官场。

（二）获识交荐，升任京官

守丧期满后，约于元祐初，傅楫被任以太原府太谷令。至此时，傅楫为官已然二十年，"犹在吏部选"⑦。之前皆于东南辗转宦途的傅楫，此次则来到了遥远的北方接任官职。太原（治今山西省太原市）于仁宗嘉祐四年（1059 年）复，太谷县（治今山西省太谷县）为隋置，北宋时为次畿县。⑧ 在这里，他因与曾巩此前在福清时的交情而获其弟曾布所识。据《宋史》本传，曾布于元祐初知太原府，傅楫大

① 周明泰：《曾子固年谱稿》，吴洪泽、尹波主编：《宋人年谱丛刊》，四川大学出版社 2003 年版，第 1674 页。

② 《宋史》卷 319《曾巩列传》，中华书局 1977 年版，第 10391 页。

③ 汪藻：《浮溪集》卷 26《朝请郎龙图阁待制知亳州赠少师傅公墓志铭》，《丛书集成初编》本第 1960 册，中华书局 1985 年版，第 309 页。

④ 苗书梅：《宋代州级属官体制初探》，《中国史研究》2002 年第 3 期，第 121 页。

⑤ 《宋史》卷 167《职官志七》，中华书局 1977 年版，第 3976 页。

⑥ 茆泮林编：《宋孙莘老先生年谱》，吴洪泽、尹波主编：《宋人年谱丛刊》，四川大学出版社 2003 年版，第 2232~2233 页。

⑦ 汪藻：《浮溪集》卷 26《朝请郎龙图阁待制知亳州赠少师傅公墓志铭》，《丛书集成初编》本第 1960 册，中华书局 1985 年版，第 309~310 页。

⑧ 王存：《元丰九域志》卷 4《河东路》，中华书局 1984 年版，第 161~162 页。马端临：《文献通考》卷 316《舆地考二》，中华书局 2011 年版，第 8578 页。

概也在此前后来到太谷县。① 这一时期，曾布不仅领诸监司共同荐举傅楫，还"以书言之朝廷公卿间"②。大概在元祐三年（1088年）前后，傅楫改官宣德郎，知龙泉县（治今浙江省龙泉市），正式步入京官行列。其时已是御史中丞的孙觉仍有意提携傅楫，③ 曾对傅楫言："朝廷欲用公，幸少留，除书且下矣。"④或因两次举荐的作用，或许傅楫就任地方的作为此时也已为朝中所知，孙觉提供的信息于傅楫而言无疑是一次机遇。不过，对于孙觉这一次抛出的橄榄枝，傅楫并未接受，他仍选择了就外官之任。

除了都曾从学陈襄，孙觉与傅楫性格品质也有近似之处。这也许是孙觉数次援引傅楫的原因之一。《宋史》孙觉本传曾有记载：

> 王安石早与觉善，骤引用之，将援以为助……
>
> 青苗法行……觉奏条其妄，曰："……今以农民乏绝，将补耕助敛，顾比末作而征之，可乎？……圣世宜讲求先王之法，不当取疑文虚说以图治。今老臣疏外而不见听，辅臣迁延而不就职，门下执正而不行，谏官请罪而求去。臣诚恐奸邪之人，结党连伍，乘众情之汹汹，动摇朝廷，钓直干誉，非国家之福也。"
>
> 安石览之，怒，觉适以事诣中书，安石以语动之曰："不意学士亦如此！"始有逐觉意。⑤

可以看出，孙觉并没有因为与王安石的故旧交情而影响自己对政策的判断。由此，孙觉应当是立场坚定、不因人鉴事之人。而傅楫既是陈

---

① 《宋史》卷471《曾布列传》，中华书局1977年版，第13715页。

② 汪藻：《浮溪集》卷26《朝请郎龙图阁待制知亳州赠少师傅公墓志铭》，《丛书集成初编》本第1960册，中华书局1985年版，第310页。

③ 依《续资治通鉴长编》，孙觉于元祐三年四月任御史中丞。李焘：《续资治通鉴长编》卷409"元祐三年夏四月壬午"条，中华书局1995年版，第9965～9966页。

④ 汪藻：《浮溪集》卷26《朝请郎龙图阁待制知亳州赠少师傅公墓志铭》，《丛书集成初编》本第1960册，中华书局1985年版，第310页。

⑤ 《宋史》卷244《孙觉列传》，中华书局1977年版，第10926～10927页。

襄口中所赞的"金石人"，也是孙觌笔下所书的"清明直谅"之人。①
尽管曾布兄弟曾于他有"汲引"之恩，但当后来曾布希望借旧恩笼络
人心时，傅楫则始终持正言事。② 二人如此气质相投，也不免孙觉愿
意多为傅楫的仕途留心几分。

(三)"经学"致用，崭露朝堂

大抵在元祐末，傅楫进入中央任职。据《宋史》傅楫本传：

> （傅楫）道除太学博士，居四年，未尝一迹大臣门。既满，
> 径赴铨曹。楫丞福清时，受知郡守曾巩，巩弟布方执政，由是荐
> 为太常博士。③

另据傅楫墓志：

> （傅楫）道除太学博士，所至学者阗门。官太学四年足，未
> 尝及宰相执政之门。秩满，即日诣曹。曾布知枢密院，与其副林
> 希共荐之。宰相④亦雅知公名，除太常博士。⑤

任官太学博士的四年中，傅楫未曾踏足宰执之门。但学者们纷至沓
来，可见他依旧凭学问获得了青睐。此外，傅楫还尽其所学，参与相
关朝议，有载的一次为其在绍圣初南北郊之议中的参与：

---

① 孙觌：《南兰陵孙尚书大全文集》卷60《宋故左承议郎权发遣和州军州
事傅公墓志铭》，《宋集珍本丛刊》，线装书局2004年版，第710页。

② 汪藻：《浮溪集》卷26《朝请郎龙图阁待制知亳州赠少师傅公墓志铭》，
《丛书集成初编》本第1960册，中华书局1985年版，第310页。

③ 《宋史》卷348《傅楫列传》，中华书局1977年版，第11021页。

④ 据《宋宰辅编年录校补》，其时宰相应为章惇。徐自明撰，王瑞来校补：
《宋宰辅编年录校补》卷210《绍圣四年》，中华书局1986年版，第649页。

⑤ 汪藻：《浮溪集》卷26《朝请郎龙图阁待制知亳州赠少师傅公墓志铭》，
《丛书集成初编》本第1960册，中华书局1985年版，第310页。

公长礼学，自神宗时议祠北郊，至是有诏复议，议者多持两可，公独援经据古，损其车服、仪卫、赏赉之类，使悉得其中，上之，后卒施行如公议。①

元丰中，神宗曾下诏"欲复北郊"，哲宗元祐七年（1092 年）复有讨论。② 绍圣元年（1094 年）五月，因张商英、黄履等建言，哲宗遂诏"诏令两省、台谏、礼官同议"南北郊之祀；二年（1095 年）正月，又诏议"如何可以亲行祭地之礼，然后可罢合祭"。③

《宋会要辑稿》载傅楫言：

> 古者斋庄虔肃以事天地，苟可致恭，不敢少怠，岂以暑暍，遂废大礼？又况往返于将旦，展案于未明，而暑暍非患也。愿陛下果断力行之。④

此时朝中"未敢以合祭为全非"，傅楫尚主张哲宗亲行祀礼。⑤ 事实上，在这场讨论中，傅楫与曾布、林希都主张分祭。⑥ 后曾布于绍圣四年（1097 年）闰二月壬寅除知枢密院事，林希则同时除同知枢密院

---

① 汪藻：《浮溪集》卷 26《朝请郎龙图阁待制知亳州赠少师傅公墓志铭》，《丛书集成初编》本第 1960 册，中华书局 1985 年版，第 310 页。

② 岳珂：《愧郯录》卷 3《南北郊》，《丛书集成初编》本第 842 册，中华书局 1985 年版，第 17 页。

③ 马端临：《文献通考》卷 76《郊社考九》，中华书局 2011 年版，第 2356~2357 页。（宋）岳珂：《愧郯录》卷 3《南北郊》，《丛书集成初编》本第 842 册，中华书局 1985 年版，第 22 页。徐松辑：《宋会要辑稿》礼 3 之 24~26，上海古籍出版社 2014 年版，第 549~550 页。

④ 徐松辑：《宋会要辑稿》，上海古籍出版社 2014 年版，第 549 页。

⑤ 岳珂：《愧郯录》卷 3《南北郊》，《丛书集成初编》本第 842 册，中华书局 1985 年版，第 22 页。

⑥ 马端临：《文献通考》卷 76《郊社考九》，中华书局 2011 年版，第 2357 页。

事，次年四月，林希即"自同知枢密院事出知亳州"①。若依照傅楫墓志所言，正是在此期间，傅楫受荐于曾布、林希二人，除太常博士。不过，《文献通考》《宋会要辑稿》均载绍圣二年时傅楫已为太常博士，② 几处文献所载时间有所出入，尚待考察。

（四）教授诸王，辅佐储君

关于南北郊的讨论，哲宗与徽宗均主张分祭。③ 恰在徽宗被封为端王的前一年，即绍圣二年（1095 年），傅楫因德行受肯，为宰执所青睐，被择为诸王府说书，为诸王讲解经史。④ 而傅楫的经学思想或对之后徽宗的分祭主张产生了一定的影响。

傅楫就任诸王府说书前，诸王的课程内容以书、文为要而不及经。但在傅楫看来，"王当以德义为光"，若要发扬"王德"，经史之学应先于翰墨。⑤ 因此他上奏言：

> 将来诸郡王听读日，乞依旧互讲《论语》、《孝经》、《孟子》。如唐诗、对句之类，一切罢去。⑥

傅楫的这一主张随后被采纳。⑦

---

① 徐自明撰，王瑞来校补：《宋宰辅编年录校补》卷 210《绍圣四年》，中华书局 1986 年版，第 648~649 页。《宋史》卷 343《林希传》，中华书局 1977 年版，第 10914 页。

② 马端临：《文献通考》卷 76《郊社考九》，中华书局 2011 年版，第 2357 页。徐松辑：《宋会要辑稿》礼 3 之 24，上海古籍出版社 2014 年版，第 549 页。

③ 岳珂：《愧郯录》卷 3《南北郊》，《丛书集成初编》本第 842 册，中华书局 1985 年版，第 22 页。

④ 汪藻：《浮溪集》卷 26《朝请郎龙图阁待制知亳州赠少师傅公墓志铭》，《丛书集成初编》本第 1960 册，中华书局 1985 年版，第 310 页。

⑤ 汪藻：《浮溪集》卷 26《朝请郎龙图阁待制知亳州赠少师傅公墓志铭》，《丛书集成初编》本第 1960 册，中华书局 1985 年版，第 310 页。

⑥ 徐松辑：《宋会要辑稿》帝系 2 之 15，上海古籍出版社 2014 年版，第 46 页。

⑦ 汪藻：《浮溪集》卷 26《朝请郎龙图阁待制知亳州赠少师傅公墓志铭》，《丛书集成初编》本第 1960 册，中华书局 1985 年版，第 310 页。

绍圣三年（1096 年），徽宗封端王后，傅楫除王府记室参军；四年（1097 年），为王府侍讲；五年（1098 年），为王府翊善中人。在此期间，端王府内有"执事者例与宫僚昵"，而傅楫正色凛然，"不与亲"。① 这也再度印证了傅楫其人德优行谨。而傅楫"阅五年移官者四，而不出王府"，也能见其颇为徽宗所礼遇。②

（五）牵连遭贬，因旧起复

元符二年（1099 年）九月，贤妃刘氏被册为皇后，时为右正言的邹浩以论册后不当遭削官，羁管新州。③ 其时为邹浩诘争或陈情者均遭贬，傅楫与同县人朱绂、王回因赆金、为其治装等受牵连，因此均被追官勒停。④

不过，贬谪一事随即因徽宗即位迎来了转机。当徽宗即位之后，邹浩迅速被召还，傅楫、朱绂、王回等人也官复原职，并有升迁。据傅楫墓志：

> 才两月，徽宗即位，首问公安在，即除直秘阁，进尚书司封员外郎，擢监察御史，权殿中侍御史……移国子司业，迁起居郎。召试中书舍人，徽宗面称训词有西汉风……徽宗顾公潜邸旧，见必咨访。公每以遵祖宗法度，安静自然为献语，宰相亦谆谆及之，归则削稿，虽至亲莫得而闻。一日，李清臣劝上清心省

① 汪藻：《浮溪集》卷 26《朝请郎龙图阁待制知亳州赠少师傅公墓志铭》，《丛书集成初编》本第 1960 册，中华书局 1985 年版，第 310 页。
② 汪藻：《浮溪集》卷 26《朝请郎龙图阁待制知亳州赠少师傅公墓志铭》，《丛书集成初编》本第 1960 册，中华书局 1985 年版，第 310 页。
③ 李焘：《续资治通鉴长编》卷 515"元符二年九月丁未"条，中华书局 1995 年版，第 12238 页。《宋史》卷 345《邹浩传》，中华书局 1977 年版，第 10957 页。
④ 李幼杰：《莆阳比事》卷 2《名公论荐，贤士交游》，李勇先主编：《宋元地理史料汇编》，四川大学出版社影印宛委别藏本，2007 年，第 406 页。吕希哲：《吕氏杂记》卷下，《丛书集成初编》本第 2858 册，中华书局 1991 年版，第 28 页。彭百川：《太平治迹统类》卷 24《元祐党事始末下》，广陵书社 1990 年版，第 431～432 页。

事，徽宗曰："近臣惟傅楫为朕言此甚详。"然后人始知公所以启迪上心者，其卓至皆此类也。①

大概因旧时王府执教之故，傅楫获徽宗惦念，仕途再获起色。傅楫也依旧尽心建言，辅佐君主。不过，从傅楫此次复职后的官场境遇看，他的仕宦环境似乎不再同于往昔：

> （傅楫）论内侍都知刘瑗恃宠专恣，不报……曾布当国，以兄弟于公有汲引恩，冀其助己，公岿然守正……凡朝廷命令有可疑，进退人材有不厌众望，如救王古、范纯礼之类，皆人所难言者，必极论之，虽屡却，不为之回夺。布每以为言不合者，因是中伤公，公不恤也……建中靖国秋，见时事浸更张，窃叹曰："祸其始此乎！不去，楚人将钳我于市。"闻者莫不甚其言，公笑曰："后当以吾言为信。"遂求补外，诏不许，恳祈不已。最后中书舍人邹浩为请，乃听除龙图阁待制知亳州，到郡数月属疾，易衣趺坐而卒……②

面对此时朝中乱象，傅楫没有借机诿附权贵，并拒绝加入党争漩涡。他直论宠臣之恣，执言"人所难言者"。或因朝堂之上容身不易，加之他本人已预见时事将变，也许更明白无法挽澜于极危，傅楫遂选择上疏乞去。

最终，在乞补外未果的情况下，傅楫因邹浩陈情得以以龙图阁待制知亳州。在邹浩为傅楫所作的祭文中，我们依然能看到朝中人对傅楫再返的期盼：

> 天子龙潜，公翊左右，阅闰者再，莫如公久。天子龙飞，公

---

① 汪藻：《浮溪集》卷26《朝请郎龙图阁待制知亳州赠少师傅公墓志铭》，《丛书集成初编》本第1960册，中华书局1985年版，第310～311页。

② 汪藻：《浮溪集》卷26《朝请郎龙图阁待制知亳州赠少师傅公墓志铭》，《丛书集成初编》本第1960册，中华书局1985年版，第310～311页。

陟从班，曾未期年，遽以疾言。重违公诚，姑听均逸，止于近藩，弗远去国。庶几亟还，密奉朝夕，道行志伸，为时辅弼。苍苍在上，垂鉴实深，宜俾寿康，以慰人心。云胡弗佑，忽成古今，有识涕下，或至沾襟……①

徽宗对傅楫委以信赖，本也"欲其常在左右"②，但未料到他的这次改任已是仕终前夕。

四、结　语

傅楫一生的遭逢是北宋中后期官场上一批入仕士人的缩影：他以科举进入仕途，在地方为官时，倾注心力于政事，处理繁杂庶务；他也因缘际会与朋辈有所交集，因此积累了一些人脉；历经艰难的晋升之路，他最终来到中央，迈入了朝官之列，发挥自身所擅职能，实现士大夫"治国"之理想。

傅楫少时学于乡先生，勤勉不辞；未冠即进入广文馆，游学京师，文名获誉；落第后从学于陈襄、孙觉二人，仍孜孜向学。在跟随陈、孙二人的学习过程中，傅楫在治经方面应该大有增益，同时也得到了师友的信赖。纵观傅楫的从学轨迹，有了这十八载求学之路的坚持与磨砺，日后他在面对地方宦职之途时才能更加坚定与淡然。

步入官场后，傅楫首先在东南地区的扬州、福州、苏州辖内任职。面对地方上的繁杂政务与人事，他应当耗费了相当的心力才能作出一些成绩，并收获了一些声誉。同时，受携于孙觉、结识曾巩等经历对傅楫的官宦生涯产生了积极的影响。不过，受制于官职升任程

① 邹浩：《道乡集》卷38《祭傅待制文（元通）》，《景印文渊阁四库全书》第1121册，台湾"商务印书馆"1986年版，第509页。
② 邹浩：《道乡集》卷18《傅楫龙图阁待制知亳州制》，《景印文渊阁四库全书》第1121册，台湾"商务印书馆"1986年版，第317页。

序，傅楫的仕进之路颇为漫长。正如曾巩在任知福州军州事时为辖内官员写转官状所陈情的那样：尽管"绵历岁月，积累劳能"，这位官员却"不下磨勘文字已十五年"。① 磨勘法彰显了"岁月对功效的凌驾"②，履任久不历磨勘应是这一时期大部分地方官员所遭遇的常态。加之初入仕途即逢两度丁忧，这对傅楫既是一种情感上的打击，同时"终守丧制"也延迟了他这一阶段的仕进。③ 至担任太谷令时，傅楫入仕已然二十年，但"犹在吏部选"④。

对于傅楫在地方任职的经历，《宋史》本传只略笔带过，而傅楫墓志铭的内容可对此加以补充。根据墓志内容，在神宗以及哲宗朝前期的一段时间里，傅楫一直任官于地方，在任地方的经历占据了他为官生涯的大半光阴。而傅楫所履任的多为诸曹官，在宋代，州级属官的司法行政事务十分繁重，⑤ 根据记载，傅楫应该是一位擅于处理地方政事和庶务的官员。地方的政务造就了傅楫勤勉踏实的为政作风，塑造了他恬淡自然、正直不阿的官场品格；而地方宦职的人际结交也为傅楫后来的仕途提供了更多转迁的机遇。同时，傅楫的仕宦生涯由地方而起，又终于地方。地方是一个充满着弹性的空间，它给予了如傅楫一般的诸多官员前进与退居的机会。

进入中央后，于哲宗朝任朝官期间，傅楫本分守位。在太学任博士时，他从未"及宰相执政之门"⑥。他积极发挥自身治经之能，兢

① 曾巩：《南丰先生元丰类稿》卷 33《福州举知泉州陈枢久不磨勘特与转官状》，《宋集珍本丛刊》，线装书局 2004 年版，第 433 页。

② 邓小南：《宋代文官选任制度诸层面》，河北教育出版社 1993 年版，第 170 页。

③ 邓杰：《北宋官员丁忧持服制度研究》，辽宁大学硕士学位论文，2013 年，第 31 页。

④ 汪藻：《浮溪集》卷 26《朝请郎龙图阁待制知亳州赠少师傅公墓志铭》，《丛书集成初编》本第 1960 册，中华书局 1985 年版，第 309~310 页。

⑤ 苗书梅：《宋代州级属官体制初探》，《中国史研究》2002 年第 3 期，第 125 页。

⑥ 汪藻：《浮溪集》卷 26《朝请郎龙图阁待制知亳州赠少师傅公墓志铭》，《丛书集成初编》本第 1960 册，中华书局 1985 年版，第 310 页。

兢执教于诸王，对课学提出建议，也曾于绍圣间参与南北郊祀的讨论。虽如此，他也依旧不失"岿然守正"之个性，不与王府官僚过分亲昵，"凡于朝命令有可疑，进退人才有未当，必反复极论之"①。对遭逢祸事的同僚，他以"道义相期"，慨然给予帮助，曾在元符间因邹浩以论册后事不当被贬受牵连，因此被追官勒停。② 至徽宗即位，他因旧时王府任职之故获徽宗念，复官升任。不过，此时的傅楫既已预见时事更变，也不愿同权臣苟合，终于崇宁初以龙图阁待制知亳州致仕。

由于宋代的社会流动存在着局限性，以科举入仕的平民子弟的晋升之路不可谓不艰难。③ 傅楫久历地方，他自始至终经历并接纳着这一现实。仕途人际方面的结交也几度让出身于普通家庭的傅楫收获机会。不过，正如黄宽重先生在《孙应时的学宦生涯》里所说的那样，"相较于高官大儒，中低阶层士人缺乏改变大环境的能力"④，起于平民之家的傅楫尽管后来升任朝官，但纵观其整个仕宦生涯，他更常如浮萍无依，稍有政治变动极易倾然受挫。官场的境遇时常充满着变数与偶然，不论是从学而被识、为官有知遇，抑或丁忧而暂离、利由而有所拒，正是这些经历磨砺了傅楫的为官性格，让他始终专注政务，兢兢于一隅。同时，傅楫身上还彰显着仙游人的近古之风，⑤ 或许有了这份秉性加诸后天习得与形成的品格，傅楫在面对复杂的政治

① 李幼杰：《莆阳比事》卷4《耻附秦党，弗诣蔡门》，李勇先主编：《宋元地理史料汇编》，四川大学出版社影印宛委别藏本，2007年，第433页。

② 邹浩：《道乡集》卷38《祭傅待制文（元通）》，《景印文渊阁四库全书》第1121册，台湾"商务印书馆"1986年版，第509页。

③ 梁庚尧：《宋代科举社会》第9讲《社会流动及其局限》，东方出版中心2017年版，第143页。

④ 黄宽重：《孙应时的学宦生涯：道学追随者对南宋中期政局变动的因应》第一章《导言》，台湾大学出版中心2018年版，第4页。

⑤ 黄岩孙编，黄真仲重订：《仙溪志》卷1《叙县》，《宋元方志丛刊》本，中华书局1990年版，第8276页。

环境时才能"处之怡然，未尝以穷达介怀"①，也能在时移世变之际有预见性地选择了向漩涡告别。

（作者系武汉大学历史学院研究生）

---

① 汪藻：《浮溪集》卷26《朝请郎龙图阁待制知亳州赠少师傅公墓志铭》，《丛书集成初编》本第1960册，中华书局1985年版，第310页。

元代桑枣种植考

莫云霞

摘要：蒙古人以游牧起家，其风俗与中原王朝迥异。但在入主中原之后，蒙古统治者为适应中原农耕文化的需求，开始推行一系列重农政策，在中央和地方设立诸多机构来管理全国的农林牧业，而桑枣种植就成为其农业政策中的一个要点。那么，元代的诸多桑枣种植政策究竟是怎样的呢？蒙古统治者又为什么会对桑枣秉持着这样的态度，这一政策究竟给元代带来何种影响？本文以元代桑枣种植问题为切入点，探究元代劝课桑枣的办法和初衷，兼以探讨元代的农业政策。

关键词：农业政策；桑枣；植树

元起于朔沙，以游牧为生。宋人孟珙在《蒙鞑备录》一书中对于蒙古族的情况亦有记载，提到"鞑国地丰水草，宜羊马"①。蒙古人将牛羊当作财产，重视游牧保护草地，这样的游牧民族特性使得他们的风土人情与汉人迥异，其风俗就是"不待蚕而衣，不待耕而食"②。当然，也正因为蒙古人以游牧为生的特性，才导致了蒙古统治者在初期对于中原的农耕文化所知甚少，甚至产生了一些偏执的想法，认为"汉人无补于国，可悉空其人以为牧地"③。虽然"悉空其人以为牧

---

① 孟珙：《蒙鞑备录》，王国维笺证本：《蒙古史料校注四种》上卷，中华书局 1926 年版，第 24 页。

② 《元史》卷 93《食货志一》，中华书局 1976 年版，第 2354 页。

③ 《元史》卷 146《耶律楚材列传》，中华书局 1976 年版，第 3458 页。

地"的建议最后并未被蒙古统治者采纳，但也在一定程度上反映了当时蒙元统治者对于中原地区农业一种漠视的态度。

所幸这样的情况并未持续多久，蒙古人在入主中原之后为适应中原环境，逐渐融入中原的生产与生活，并推行了一系列恢复农业的政策。忽必烈即位后便于中统二年夏四月"命宣抚司官劝农桑，抑游惰"①；中统六年八月又"命中书省采农桑事，列为条目，仍令提刑按察司与州县官相风土之所宜，讲究可否，别颁行之"②。在这一系列的农业政策中，桑枣种植曾被元统治者反复提起，桑枣种植只是元代诸多农业政策中的一项，但是它对于恢复农业生产、维持社会稳定都有着重要的作用。

目前学界对于元代桑枣种植的研究论文并不很多，谢志诚曾就与元朝北方的农林业做出了探讨，详细论证了蒙元政权对中原地区农业态度的变化、推进农业发展的措施，以及元代保护农林业的诸多政策等。③ 罗玮的《元明时期树木保护法令初探》则主要梳理元明史料中对于林业保护的相关法令，并与前代进行比较研究。④

论著方面，吴宏岐在《元代农业地理》一书中梳理了元代桑蚕事业的发展，根据史料以及元代五户丝分拨情况，考察了元代北方的桑蚕种植情况和南方的桑蚕种植情况。⑤ 李幹在其著作《元代社会经济史稿》中对元代的桑蚕以及其他经济作物做出了统计，认为元代桑树的普遍种植，为桑蚕事业的发展提供了条件。⑥ 余士雄在《中世纪大旅行家马可·波罗》中就《马可波罗行纪》一书对元代的植树制度有过考察，并总结元代重视植树有三大原因和益处："既有裨益""亦重观

---

① 《元史》卷4《世祖本纪一》，中华书局，1976年版，第69页。
② 《元史》卷6《世祖本纪三》，中华书局1976年版，第122页。
③ 谢志诚：《元代北方农林业》，《河北学刊》1994年第6期。
④ 罗玮：《元明时期树木保护法令初探》，《北京林业大学学报》（社会科学版）2015年第1期。
⑤ 吴宏岐：《元代农业地理》，西安地图出版社1997年版，第142~152页。
⑥ 李幹：《元代社会经济史稿》，湖北人民出版社1985年版。

瞻"和"且必长寿"①。

总的来说，关于元代桑枣种植的研究主要集中在讨论元代植树政策、桑枣分布以及种植情况上，对于桑枣种植政策内容、推行情况以及政策制定背后原因等问题的讨论尚且不够深入。本文在前人的研究基础上，从元代农林业中的桑枣种植问题入手，探究元代劝课桑枣这一政策和初衷，进而揭示元政府对于农业生产的态度，并期望能在元代桑枣种植研究这一方面做出突破。

一、元代对桑枣种植的态度

忽必烈即位后，对于中原地区的农业生产给予了较高的重视，并昭告天下："国以民为本，民以衣食为本，衣食以农桑为本。"②元代政府在恢复农业生产的同时，各项职能机构也日趋完备，并设司农司管理造林一事，《元史》记载："大司农司，秩正二品，凡农桑、水利、学校、饥荒之事，悉掌之。"③大司农司再分派劝农官及知水利者"巡行郡邑，察举勤惰"④。虽则司农司时立时废，但是农桑一事一直都是国家生活生产中的重中之重，即便在不设司农司的时候，也有许多地方长官兼领劝农事，如至元十四年罢司农司后"以按察司兼领劝农事"⑤，又譬如诸路总管府中"上路秩正三品，达鲁花赤一员，总管一员，并正三品，兼管劝农事"⑥。由上可知，即便在司农司被罢之后，劝农一事也仍未被怠慢，劝课农桑也仍然是地方长官的职责之一。

在恢复农业生产的同时，桑枣的种植问题也被反复提及，元代

---

① 余士雄：《中世纪大旅行家马可·波罗》，中国旅游出版社 1988 年版，第 51 页。
② 《元史》卷 93《食货志一》，中华书局 1976 年版，第 2354 页。
③ 《元史》卷 87《百官志三》，中华书局 1976 年版，第 2188 页。
④ 《元史》卷 87《百官志三》，中华书局 1976 年版，第 2188 页。
⑤ 《元史》卷 87《百官志三》，中华书局 1976 年版，第 2188 页。
⑥ 《元史》卷 91《百官志七》，中华书局 1976 年版，第 2316 页。

的法令规定："种植之制，每丁岁种桑枣二十株。"①中国古代王朝
对于桑枣的劝课由来已久。西周时朝廷就设有管理林木业的官员。
北魏时朝廷便已授田种桑枣："男夫一人给田二十亩，课莳余，种
桑五十株、枣五株、榆三株，限三年种毕。"②唐代与宋代也都有授
田种植桑枣的相关规定，《唐律疏议》中记载："户内永业田，每亩
课植桑五十根以上，榆、枣各十根以上。"③宋朝政府也十分重视对
于桑枣的劝课，宋太祖常诏"所在长吏谕民，有能广植桑枣、垦辟
荒田者，止输旧租"④。元代时，朝廷依旧秉持着中原地区劝课桑
枣的传统，对桑枣种植给予了高度的关注，并且制定了诸多的政策
和法令规定。

二、元代桑枣种植的政策

元政府桑枣种植的要求十分细致，其劝课政策总的来说可以分为
三个方面，一是义务种植，二是授民技术，三是奖惩制度。

(一)义务种植

元政府对于植树向来持鼓励甚至强制的态度，要求百姓义务种植
桑枣树。前已提到政府要求每丁岁种桑枣二十，其具体内容是：

> 每丁周岁须要创栽桑、枣二十株，或附宅栽种地桑二十株，
> 早供蚁蚕食用。其地不宜栽桑、枣，各随地土所宜，栽种榆、柳
> 树等树，亦二十株。若欲栽种杂果者，每丁限种十株，皆以生成
> 定数，自愿多栽者听（若本主地内栽种已满，别无余地可栽者，
> 或有病丧丁数，不在此限）。若有上年已栽桑果树木，另行具
> 报，却不得朦昧报充次年树木。或有死损，从实申说本处官司。

---

① 《元史》卷93《食货志一》，中华书局1976年版，第2355页。
② 《魏书》卷110《食货志》，中华书局1974年版，第2853页。
③ 长孙无忌：《唐律疏议》，蓝天出版社1999年版，第59页。
④ 《宋史》卷173《食货志一》，中华书局1977年版，第4158页。

申报不实者，并行责罚。①

由此可知，岁种二十株已经成为百姓的义务，这里的树以桑枣为首选，不宜栽种桑枣才会选用其他树种，且上年已栽的桑果树不得冒充次年的树木，如果有死损也要从实上报，若不实申报须得受到责罚。这里的诸多规定也表明，元政府对于桑枣种植并不是盲目无序的，而是有其自身的管理和监督机构。

桑枣种植的这种义务不仅体现在百姓身上，也体现在地方长官身上，劝课桑枣对于一些地方长官而言是一项职责，这一职责要求一些地方长官将当地桑枣的种植情况"依期造册，申覆本管路、府体覆是实，保结牒呈廉访司通行体究。若有虚冒，严加究治。年终比附殿最，类申大司农司，以凭黜陟"②。《元史》中也有类似的记载："诸劝农官每岁终则上其所治农桑水利之成绩于本属上司，本属上司会所部之成绩以上于大司农司若部，部考其勤惰成否以上于省，而殿最之。其再官怠其事，隳其法者罪之。"③由上两则史料可知，元政府已经将桑枣的劝课当作地方长官政绩的一种考核，政绩不佳的话是有可能会被废黜的。有不少元代的地方长官劝课桑枣，发展了当地的桑枣事业，这些事迹往往会被当作他们的功绩而载入史册。如元代名臣姜彧在任滨州知州的时候，见"行营军士多占民田为牧地，纵牛马坏民禾稼桑枣，或言于中书，遣官分画疆畔，捕其强猾不法者置之法。乃课民种桑，岁余，新桑遍野，人名为太守桑"④。"太守桑"这一名称的出现，也反映了元代官民对于桑枣种植的重视。正因为朝野对桑枣的重视，部分官吏为了自己的政绩考虑往往会勤课桑枣，从而进一步促进了元代桑枣种植事业的发展。

---

① 陈高华等点校：《元典章》卷23《劝农立社事理》，天津古籍出版社2011年版，第917~918页。

② 陈高华等点校：《元典章》卷23《农桑》，天津古籍出版社2011年版，第934页。

③ 《元史》卷102《刑法志一》，中华书局1976年版，第2618页。

④ 《元史》卷167《姜彧列传》，中华书局1976年版，第3928页。

(二)授民技术

中国古代农业生产向来强调"不违农时"，每一种作物都要按照一定的季节与时节种植培育，借以获得最大的收益。正如《孟子·梁惠王上》所提："不违农时，谷不可胜食也。"

元代劝课桑枣，最首要的一项是劝民趁时栽种。依照时节来劝课农桑，"不违农时"的这一观点在元代的相关文书中也常有出现，官府反复强调地方长官要"依时用心劝课"①。同样的内容也反复出现在元代的农书中，元人鲁明善在《农桑衣食撮要》就曾记载十二个月与之对应的林业生产之事，其中亦有正月宜栽桑、修桑；五月午时宜嫁枣等的记载，凡此种种，无一不体现着元代百姓对于农时的把控。

其次是栽种技术。有元一代涌现出许多出色的农书，这些农书向百姓教授了大量的桑枣种植技术。不管是由司农司主编的《农桑辑要》，还是全国范围内系统性的《王祯农书》，抑或前面提到的《农桑衣食撮要》，其中都有对桑枣种植技术的大篇幅记载。《农桑辑要》中曾记载了插接、劈接、靥接、批接四种嫁接方法，而《王祯农书》则提到过元代嫁接果树的六种常见方法，《农桑衣食撮要》也对桑枣等树木的嫁接栽种有详细的记载：

> 嫁树：元旦五更，点火把照桑枣果木等树则无虫，以刀斧斑驳敲打树身则结实，此谓嫁树。②
>
> 栽桑树：耕地宜熟，移栽时，行需用宽；横行阔八步，长行相离四对栽。桑行中间可用牛耕，故田不废，桑不致荒。二月内移栽亦可，腊月亦得。③
>
> 枣熟者雾则多损，用苘麻散拴于树枝上，则可辟雾气，或用

---

① 陈高华等点校：《元典章》卷23《复立大司农司》，天津古籍出版社2011年版，第915页。

② 鲁明善：《农桑衣食撮要》，中华书局1985年版，第2页。

③ 鲁明善：《农桑衣食撮要》，中华书局1985年版，第2页。

秸秆于树上四散拴缚，亦得。①

上述记载都是当时常见的桑枣培育之法，这些良方的出现也说明元代民间确实盛种桑枣。同时，元政府也比较看重这些农书，要求官吏在劝课桑枣的过程中尽量参考这些农书中的良法，法令规定："除元行外，又于诸书内采择到树桑良法，开坐遍行所属，督勒社长，劝课农民，趁时栽种。"②当然，元代的技术推广也不仅仅靠农书，对于地方长官府在劝课桑枣中积累的经验亦十分推崇。史料记载，元武宗至大二年，"淮西廉访佥事苗好谦献种莳之法。其说分农民为三等，上户地一十亩，中户五亩，下户二亩或一亩，皆筑垣墙围之，以时收采桑葚，依法种植。武宗善而行之"③。

再次则是强调因地制宜，元代对于桑枣种植的规定并不是僵化的，如果该地不适宜种植桑枣树，也是可以种植其他树木的。元代法令也规定："土性不宜者，听种榆柳等，其数亦如之。"④与此同时，元代许多农书也着重强调因地制宜的重要性，如元代农书《农桑辑要》中记载："顺天时，量地利，则用力少而成功多；任情返道，劳而无获。"⑤元代政府固然要求百姓种植桑枣树，却没有强令百姓在所有的土地上都要种植桑枣，而是强调随土性，强调因地制宜，这也在一定程度上抑制了桑枣的盲目种植。

(三) 奖惩制度

在义务种植的前提下，元政府对于勤种桑枣者也是有一定奖励的。根据元代的规定，开荒种地满五年后需要验地定课差："先为人

---

① 鲁明善：《农桑衣食撮要》，中华书局 1985 年版，第 24 页。
② 陈高华等点校：《元典章》卷 23《种治农桑法度》，天津古籍出版社 2011 年版，第 927 页。
③ 《元史》卷 93《食货志一》，中华书局 1976 年版，第 2356 页。
④ 《元史》卷 93《食货志一》，中华书局 1976 年版，第 2355 页。
⑤ 元司农司编撰：《农桑辑要》，蓝天出版社 1999 年版，第 34 页。

户凡有开荒作熟土地，限五年验地科差。"①而种植桑果的话，验科差的年限则会往后推迟，《元典章》中就有比较详细的记载："据创栽桑科并杂果等树，比及生成得力，桑科拟限八年，杂果等树拟限一十五年。自栽种月日为始，验各色年限满日，本处官司至日申覆上司，定夺科差。"②相较于垦荒的五年之限，桑树可以推迟到八年，杂果数可以推迟到十五年之后再定科差。将年限往后推，主要是考虑到桑枣的成熟期比一般的粮食要长。这种规定一则是为了鼓励百姓勤种桑枣，二也是为了减轻农户的负担，并且"若有勤务农桑及开到荒地之人，本处官司不得添加差发"③。这一政令是对官府添派差发的一种限制，也是对勤种桑枣的一种奖赏和优待。

同时，元代对于桑枣种植也有相应的惩罚措施，这些措施主要针对不务本业不积极种植桑枣者、恶意毁坏桑枣以及砍伐桑枣者，以下逐条分析。

首先是对于不务正业者的处罚。元代以自然村为基础立社，"诸县所属村疃，凡五十家立为一社"④。社的职能较多，但是最重要的职能还是劝农，对于不务本业游手好闲的人，社长对其也有相应的处罚方式，《元典章》记载："若有不务本业、游手好闲、不遵父母兄长教令凶徒恶党之人，先从社长丁宁教训。如是不改，籍记姓名，候提点官到日，对社众审问是实，于门首大字粉壁书写'不务本业'、'游惰凶恶'等名称。如本人知耻改过，从社长保明申官，毁去粉壁。如终是不改，但遇本社合着夫役，替民应当。"⑤从上可知，元代若有社

① 陈高华等点校：《元典章》卷23《开田栽桑年限》，天津古籍出版社2011年版，第934页。

② 陈高华等点校：《元典章》卷23《开田栽桑年限》，天津古籍出版社2011年版，第934页。

③ 陈高华等点校：《元典章》卷23《开田栽桑年限》，天津古籍出版社2011年版，第934页。

④ 陈高华等点校：《元典章》卷23《劝农立社事理》，天津古籍出版社2011年版，第916页。

⑤ 陈高华等点校：《元典章》卷23《劝农立社事理》，天津古籍出版社2011年版，第920页。

众不务本业、不按照政府的规定种植桑枣的话，应当由社长出面对其进行叮嘱教训，若是不改再等提点官到的时候对其进行审问，并在门首粉壁上书写"不务本业""游惰凶恶"等大字以示惩戒，若这样依旧不改则会被选去替社民承担夫役。

其次是恶意毁坏桑枣者，元代戍军以及牲畜众多，行军征战或是放牧难免会损伤田谷桑枣，为避免不必要的损失，约束军队士兵官兵、权豪势要等行为，元政府出台了一系列的规定，对于毁坏桑枣者进行断罪赔偿。早在元世祖时期，元代的法令规定中就已经提出违反法令破坏桑枣，需要验损田禾桑果分数赔偿，并且相关的人员和军官需要受到相应的惩罚。《通制条格》记载的一条规定："中统五年八月，钦奉圣旨条画内一款：诸军马营寨及达鲁花赤、地方长官、权豪势要人等，不得恣纵头匹损坏桑枣，踏践田禾，搔扰百姓。如有违犯之人，除军马营寨约会所管头目断遣，余者即仰本处官司就便治罪施行，并勒验所损田禾桑果分数赔偿。及军马不得于村坊安下，取要饮食。"①至元三十一年四月又重申："仍禁约军马不以是何诸色人等，毋得纵放头匹，食践损坏桑果田禾，违者断罪倍还。"②这些政令的出台反映出了元政府对保护桑枣树木的高度重视，希望通过断罪赔偿的办法来禁止军队、势要之家等对于桑枣树的破坏。

最后是对砍伐桑枣者的断罪。在中国古代随着社会发展，燃料短缺的问题也日渐凸显。以元大都为例，大都人口稠密，每年冬天城内居民生活生产需要用到的燃料必然所耗甚多。关于元大都的燃料种类问题，陈高华先生曾有过详细的研究，他认为"大都燃料，主要有两类。一类是植物燃料，包括木柴、草和木柴加工而成的木炭。一类是矿物燃料，主要是煤。此外还有一种奇特的燃料——马粪，虽所占比重不大，但相当普遍"③。植物燃料的最主要来源就是木柴，而燃料

---

① 郭成伟点校：《大元通制条格》卷16《司农事例》，法律出版社1999年版，第202页。

② 陈高华等点校：《元典章》卷2《劝农桑》，天津古籍出版社2011年版，第53页。

③ 陈高华：《元大都的燃料供应》，《文史知识》2015年第11期，第80页。

的急需也使得砍伐树木充作薪柴之类的事情频繁发生。但值得注意的是，元政府对于砍伐桑枣的行为是严厉禁止的，中统二年六月钦奉皇帝圣旨中有一条："及有破伐柴薪之人，以致失误用度，仰邻接管民正官，专一关防禁治。但犯，决八十。因致阙用者，奏取圣裁。"①忽必烈即位之后，于同年(中统二年)颁布了《中统权宜条理》，对于量刑有了新的规定，将杖刑以"七"结尾，所以这里的"决八十"只是元代早期的法律规定。成宗时，又重申了砍伐桑枣需断罪的规定，《元典章》中提到大德五年据监察御史呈，民间有"一等不务本业、拾柴为生之徒，窥见身梢颇有枯槁去处，用斧劈砍，作柴货卖，以养妻子"②。又有"自行砍斫之家"③，对于这种情况，监察御史称这是地方长官没有用心禁治，且各道廉访司体察过少，所以奏请"自今而后，严加禁约，排门粉壁，仍许诸人捉拿首告，将犯人通行断罪赔偿"④。元武宗至大三年二月朝廷下令："各处和买柴薪，毋令百姓砍斫桑枣送纳及街市货卖，违者断罪。"⑤这些规定的反复出现既说明元代砍伐桑枣的事件是比较频繁的，且已经引起了官方的注意，同时也说明了元政府对待桑枣与其他一般树种不同，以断罪的形式对砍伐桑枣的行为进行约束，意图保护桑枣树。

三、元代桑枣劝课的原因

在明确了元代桑枣种植的诸多政策后，不难发现一点，即蒙元统

---

① 陈高华等点校：《元典章》卷22《恢辨课程条画》，天津古籍出版社 2011 年版，第 793 页。

② 陈高华等点校：《元典章》卷23《禁砍伐桑果树》，天津古籍出版社 2011 年版，第 936~937 页。

③ 陈高华等点校：《元典章》卷23《禁砍伐桑果树》，天津古籍出版社 2011 年版，第 937 页。

④ 陈高华等点校：《元典章》卷23《禁砍伐桑果树》，天津古籍出版社 2011 年版，第 937 页。

⑤ 陈高华等点校：《元典章》卷23《农桑》，天津古籍出版社 2011 年版，第 933 页。

治者虽出身游牧民族，但对于桑枣树的重视与前朝并没有什么太大的差别，身为游牧民族却对桑枣劝课予以重视，这背后的原因自然更值得讨论。纵观史料，元政府重视桑枣劝课与种植的原因，大致可归纳为以下几个方面。

（一）桑枣的经济性

程念祺在《国家力量与中国经济的历史变迁》中提到了一个有趣的问题——"桑枣"并称的重要性。他认为，两汉以后我国古代文献中涉及的农民副业都是桑枣并称的，到宋元时，"桑枣"更成为农民副业的一种总称，与其他树木相比，桑枣的经济性是一目了然的。枣可作为地方特产，且拥有一定的经济价值。《至顺镇江志》中曾涉及当地枣的记载："枣：有数种实大味美而色莹白者，名牙枣；锐两端者名梭；枣小而圆者名羊矢；枣丛生山径间实小而酢者名酸枣。"①这种特产不论是在本城内贸易还是跨地区贸易，都能给当地带来不菲的收益。由枣而衍生出的一系列农副产品也是枣经济价值的体现。元代饮酒成风，以枣为原料酿造的酒是当时的饮品之一，《析津志辑佚》中亦有："枣酒，京南真定为之，仍用些少曲蘖，烧作哈剌吉，微烟气甚甘，能饱人。"②另外，枣子还能制醋。《饮膳正要》中提道："醋有数种，酒醋、桃醋、麦醋、葡萄醋、枣醋、米醋为上，入药用。"③

至于桑树，用处则更为广泛，所谓"民生济用，莫先于桑"④。桑可入药、可作禽畜饲料，桑果亦可作水果、或是酿酒之用，甚至可以做纸。桑皮纸纤维细腻，元代的纸币主要就是用桑皮纸印制的。而种桑、养蚕、缫丝更是百姓最重要的副业，由此足见种桑之紧要。桑枣也因其经济性，成为百姓副业的不二之选。

---

① 俞希鲁撰，阮元辑：《至顺镇江志》，江苏古籍出版社 1988 年版，第 121 页。

② 熊梦祥著，北京图书馆善本组辑：《析津志辑佚》，北京古籍出版社 1983 年版，第 239 页。

③ 忽思慧撰，杨柳竹、宁越峰注释，朱德礼校译：《饮膳正要》，内蒙古科学技术出版社 2002 年版，第 123 页。

④ 王祯：《农书》，中华书局 1956 年版，第 37 页。

(二)桑枣的文化性

枣在中国文化中的寓意十分美好，枣与"早"谐音，有早生贵子等意，蕴含了吉祥的意思，所以婚礼中须得有枣，祭祀也有用枣。据元代《居家必用事类全集》中所说："大树近轩，疾病连绵，人家种植中庭，一月散财千万，中庭种树主分张，门庭双枣喜嘉祥，庭心树木名闲困，长植庭心主祸殃。"[1]由此可知，元代依旧将门庭种枣当作吉事。枣树为北方常见的果树，亦是果腹救荒之物。揭傒斯曾写有诗作《京城闲居杂言八首》，其中就有诗句："桃李大于拳，枣粟充饥粮。谁谓苦寒地，百物莫得伤。"[2]在粮食短缺百姓食不果腹的情况下，枣是能够充做粮食的。

枣在中华文化中的地位不可小觑，而桑在农耕文化中的地位则更甚。农桑二字，是中国农业的传统模式，也是男耕女织的另一种体现。古人将农桑二字并提，也证明了桑在农耕社会中地位之高。桑蚕的种植与养殖，与传统时代男耕女织的小农经济相契合。小农经济得以维系，必然离不开桑树的种植。

桑树是与男耕女织的社会经济相适应的存在，枣则更多的是在农业社会中充当一种救济粮的作用，一衣一食，恰恰是百姓最需要的东西，所以桑枣并重也是统治者一种维持社会稳定的需求，是中原地区千百年来形成的固有传统。蒙元政权入主中原之后，在蒙古的草原文化与中原的农耕文化的碰撞中，不可避免地会出现交汇融合的情况。蒙元统治者为了更好地治理国家，开始提出了"祖述变通，附会汉法"。在这种情况下，元统治者理所当然地开始重视桑枣，借以表达对汉文化的一种认同，更是他们对于农业的重视。

(三)统治者的喜好

《蒙兀儿史记》中有一段记载："先时汗（成吉思汗）尝出猎至此，

---

① 《居家必用事类全集》，《续修四库全书》第 1184 册，上海古籍出版社 2002 年版，第 439 页。

② 揭傒斯：《文安集》，《景印文渊阁四库全书》第 1208 册，台湾"商务印书馆"1986 年版，第 159 页。

见孤树嘉荫，盘桓其下，谓左右曰：'我百岁后即藏此'。其后有人述汗前命，遂卜丧焉。日久，茂林蔽地，不止陵在何树下，虽当日送葬者亦莫能识。托雷汗、蒙戈可汗、忽必烈可汗、阿里不哥，皆附葬于此。"①另有"诸蒙兀儿百姓酣嬉起舞，绕树踏歌"②等诸多有关于树的记载，反映出蒙古民族对于树木似乎有着偏爱。如果说这些史料还不足以说明问题的话，那么元世祖在位时下达的诸多政令，便是他酷爱植树的有力佐证。《马可波罗行纪》中有记载："大汗曾命令人在使臣及他人所经过之一切要道上种植大树，各树相距二三步，俾此种道旁皆有密接之极大树木，远处可以望见，俾行人日夜不至迷途。盖在荒道上，沿途皆见此种大树，颇有利于行人也。"③《元典章》中有史料能与其相印证，至元九年二月据大司农司奏："自大都、随路州县城郭周围并河渠两岸，急递铺、道店侧畔，各随地宜，官民栽植榆、柳、槐树，令本处正官提点本地分人，护长成树。系官栽到者，营修堤岸、桥道等用度，百姓自力栽到者，各家使用，似为官民两益。"④由此可知，这种沿路种植树木的规定在元代确实得到了良好的施行。

除了要求在道路两侧广植树木外，忽必烈也热衷于搜集元代境内所有长得好看的树，将他们栽种在"绿山"上。马可·波罗途经元代宫廷的时候，就记载了这样一座"绿山"，这座山就是今天北京北海琼岛的白塔山，金名琼华岛，元代改成万寿山。当时山上广植树木，这些树都是忽必烈让人种在山中的，《马可波罗行纪》中称："北方距皇宫一箭之地，有一山丘，人力所筑。高百步，周围约一哩。山顶平，满植树木，树叶不落，四季常青。汗闻某地有美树，则遣人取之，连根带土拔起，植此山中，不论树之大小。树大则命象负而来，

---

① 屠寄：《蒙兀儿史记》，中国书店 1984 年版，第 42 页。

② 屠寄：《蒙兀儿史记》，中国书店 1984 年版，第 8 页。

③ 马可·波罗著，冯承钧译：《马可波罗行纪》，上海书店出版社 2001 年版，第 254 页。

④ 陈高华等点校：《元典章》卷 23《道路栽植榆柳槐》，天津古籍出版社 2011 年版，第 935 页。

由是世界最美之树皆聚于此。"①

忽必烈对于树的钟爱是显而易见的，这点看似奇怪但也在情理之中。《黑鞑事略》中记载了蒙古族关于草原保护的法令："其国禁：草生而劙地者，遗火而爇草者，诛其家。"②蒙古人虽是游牧出身不通农事，但是由于游牧经济自身的脆弱性，导致了他们对于生态环境保护尤为重视，这种重视生态保护的态度在忽必烈即位后得以继续保持并发扬。

（四）元代桑枣破坏情况

元代政府推行积极的桑枣政策，当然也是出于对当时现实情况的考量。前面提到，蒙古族的风俗与中原地区迥然不同，所以在蒙古人最初征伐汉地的时候，并没有保护桑枣以及农业区的概念，伴随着战事的扩散，北方的农业区遭到了严重的破坏。除了军事征伐中的破坏，蒙古人还在中原地区分拨草马牧地，用中原的农业区发展游牧，《元史》中记载了蒙古军攻破金地后有关兵将的赏赐事宜，其中就提到了分拨土地："金亡，朝廷以肖乃台功多，命并将史氏三万户军以图南征，赐东平户三百，俾食其赋，命严实为治第宅，分拨牧马草地，日膳供二羊及衣粮等。"③蒙古征伐汉地时的破坏性行为，对当时的中原农业区来说无异于灭顶之灾，直至忽必烈继位之后，王恽在上书言事的时候还提道："窥见黄河迤南，大江迤北，汉水东南，两淮地面，系在前南北边徼中间，闲歇岁久，膏肥有余，虽有居民，耕种甚是稀少。"④可见，大规模军事战争给农业区带来的影响绝非是短时间内能够恢复的。

除了在蒙古国时期的军事征伐行为，元朝成立之后诸多官兵、蒙古势官等对于桑枣等农作物的破坏行为也时有发生。朝廷之所以反复

① 马可·波罗著，冯承钧译：《马可波罗行纪》，上海书店出版社2001年版，第204页。

② 彭大雅：《黑鞑事略》，中华书局1985年版，第9页。

③ 《元史》卷120《肖乃台传》，中华书局1976年版，第2966页。

④ 王恽：《秋涧先生大全集》卷91《开种两淮地土事状》，《四部丛刊初编》本。

发布政令，甚至严惩破坏桑枣者，也是因为这种破坏桑枣的行为屡禁不止。中统三年春正月下令："禁诸道戍兵及势家纵畜牧犯桑枣禾稼者。"①同年夏四月："禁征戍军士及势官，毋纵畜牧伤其禾稼桑枣。"②《元史·姜彧列传》亦提道："时行营军士多占民田为牧地，纵牛马坏民禾稼桑枣，彧言于中书，遣官分画疆畛，捕其强猾不法者置之法。"③反复发布相关的政令，说明元代士兵及蒙古势官对于农桑的破坏已经引起了朝廷的重视，所以才会相继下达政令，禁止这类行为的发生。

当然，对桑枣树的破坏绝不仅仅只有士兵、蒙古势要人等，元代的怯薛执事扰民、毁坏桑枣的事情也时常发生。早在至元二十九年忽必烈颁布的圣旨中，就有御史台奏："昔宝赤每、贵赤每、合刺赤每、探马赤每、放官头口底每、阿速每、放骆驼低每、八儿赤每、河西秃鲁花每、往来行的人每，上位底圣旨无底，省家文字无底，百姓根底使气力茶饭草料要有，叫百姓每眼生受有。"④上述这些人大多是元代的怯薛执事，元代的怯薛执事主要是为大汉左右服劳侍从执事之人，其名称后面大多加"赤"，称谓不同负责的事情也不同。元政府虽有规定禁止怯薛执事扰民，但是从相关的史料中我们也能看出，怯薛执事扰民已然是屡禁不止了。大德七年十一月十八日，圣旨再次提到禁止怯薛执事扰民、破坏桑枣果树，圣旨规定："今后打捕的昔宝赤、八儿赤、贵赤、哈刺赤、拔都每、阿鲁浑、阿速每、放官头匹的、蒙古人匠、探马赤、站赤、憨哈纳思、诸王的伴当每，往来行的各枝儿里，不以是何人，除奉省部文字外，村坊里倚气力休安下者，无体例休要取要饮食草料者，休教损坏桑枣果木等树者。"⑤这些怯薛执事大多不是汉人，且在元代入主中原之后，部分少数民族出身的

---

① 《元史》卷5《世祖本纪二》，中华书局1976年版，第81页。
② 《元史》卷5《世祖本纪二》，中华书局1976年版，第84页。
③ 《元史》卷167《姜彧列传》，中华书局1976年版，第3928页。
④ 郭成伟点校：《大元通制条格》卷28《扰民》，法律出版社1999年版，第309～310页。
⑤ 郭成伟点校：《大元通制条格》卷28《扰民》，法律出版社1999年版，第311～312页。

怯薛执事对中原的农耕文化并没有太深的认同感，加上职官的身份与特权，使这些怯薛执事很容易与农民产生冲突，倚仗身份肆意取要饮食草料、破坏桑枣果树等扰民行为也日渐频发。

此外，还有元代的使臣。至大二年二月二十一日，钦奉诏书条画一款："围猎飞放、喂养马骆及各色过往屯驻军马出使人员，自有合得分例。父复欺凌官府，扰害百姓，多取饮食钱物，纵放头匹，践踏田禾，咬树木事，事非一端，民受其害。"①元代出使人员扰民问题也比较突出，受其影响的不仅是百姓，连一些官府都饱受其害。对于使臣扰民问题，苗冬在《元代使臣扰民问题初探》中有比较详细的论证，认为元代使臣扰民的表现形式主要有"对驿站交通资源的滥用、扰乱了政府机构的正常行政秩序、滥用国家公共资源"②三个方面。使臣作为大汗以及诸王贵族的代表，享有比较高的政治特权，在监督力度不够的情况下，这种特权极容易滥用，因此元代也出现许多使臣破坏正常农业生产秩序的事例。

大蒙古国时期的军事征伐给中原农业区带来了历史性的创伤，元朝成立之后，诸屯军兵将、蒙古权贵、怯薛执事、往来使臣等对于农业区又有不同程度的破坏，这些现实情况也促使元代统治者加快恢复元朝境内的农耕区，发展农业生产，而勤种桑枣也只是其恢复农业生产的措施之一。

四、元代桑枣的种植情况

有元一代，桑枣的种植规模不断扩大，这点在《元史》的记载中就可以窥见一二，至元二十三年元朝"植桑枣杂果诸树二千三百九万四千六百七十二株"③，至元二十八年"植桑枣诸树二千二百五十二

---

① 郭成伟点校：《大元通制条格》卷28《扰民》，法律出版社1999年版，第312页。

② 苗冬：《元代使臣扰民问题初探》，《云南社会科学》2009年第3期，第133~135页。

③ 《元史》卷14《世祖本纪十一》，中华书局1976年版，第294页。

万七千七百余株"①。当然，这样的统计结果不一定是准确的，因为其中不可避免地存在官吏为了政绩谎报或虚报的情况。当时的元廷便已经意识到这样的问题，至大三年二月，尚书省奏奉圣旨中就提道："农民栽植桑枣，令行已久，而有司劝课不至，旷野尚多。是知年例考较，总为虚数。"②因此，元政府对于桑枣的劝课更加严苛，要求官员"依期造册，申覆本管路、府体覆是实，保结牒呈廉访司通行体究"③。

总的来看，元代桑枣的种植还是发展的。元代桑枣种植情况在当时士人的诗词中也有反映，如赵孟頫在《题耕织》的诗中描述："大哉皇元化，四海无交兵，种桑日已广，弥望绿如云。匪惟锦绮谋，只以厚民生。"④仇远也在诗中记载："轻舟十里过溪庄，桑枣成阴柳着行。"⑤

元代桑枣的遍及，既是中原农耕文化的发展反映，也可以说是元代政策推行的一个积极结果。元代的桑枣政策总结起来，可以分为三类，一是义务种植，这种义务包括百姓的种植义务还有官员的劝课义务；二是授民技术，元代对于桑枣的种植技术尤为重视，通过农书、政令等方式向百姓传授桑枣种植技术，扩大桑枣种植的规模；三是建立了比较完整的奖惩机制，对于勤种桑枣的百姓有一定的奖励，对于不务本业、恶意毁坏桑枣、砍伐桑枣做柴的人都有相应的惩罚。

元代的桑枣种植也是农业政策中的一项。身为游牧民族的蒙古族，在入元之后能积极改变政策，从最初的忽视到后面诸多重农政策的颁布，其背后的原因也是多种的，首先因为桑枣自身经济性与文化性让元代的统治者不得不改变对桑枣的态度，其次也是因为元代皇

---

① 《元史》卷16《世祖本纪十三》，中华书局1976年版，第354页。

② 陈高华等点校：《元典章》卷23《农桑》，天津古籍出版社2011年版，第933~934页。

③ 陈高华等点校：《元典章》卷23《农桑》，天津古籍出版社2011年版，第934页。

④ 赵孟頫：《题耕织图二十四首奉懿旨撰》，张景星、姚培谦、王永祺编选：《元诗别裁集》，吉林出版集团股份有限公司2017年版，第8页。

⑤ 仇远：《金渊集》卷6《浪洋舟中》，中华书局1985年版，第85页。

帝，尤其是忽必烈对于植树的偏爱，最后则是基于对元代桑枣树饱受摧残这一现实情况的考量。蒙元战争时期北方的农业区遭受了战火的破坏，这种情况虽然在元朝统一社会稳定下来之后逐渐好转，但是部分元代军官、蒙古势要、怯薛执事以及往来使臣对于桑枣树的破坏也是屡禁不止的。元政府虽然通过其他禁令等形式予以约束，但是效果不佳，桑枣被破坏的事例还是时有发生。从元代的桑枣政策推行中遇到的阻碍不难看出，元代的农业与游牧业，汉人与蒙古权贵、少数民族等的矛盾一直都存在。

不可否认，元代经过政令的发布、官员劝课等方式的确恢复了农业生产，并且使得桑枣树在元朝得到了广泛的种植，这是元代统治者在入主中原之后对于中原传统农耕文化的一种继承和发扬，是元代推行汉法的一个佐证。但与此同时，元代蒙古权贵、少数民族的特权依旧存在，元代统治者并没有完全抛弃蒙古旧俗，这也说明了元朝推行的汉法并不彻底，是一种有限的汉化。这种有限的汉化使元代虽然重视农业生产，但是在农业生产过程中仍然出现一些矛盾与冲突，使得元代的政治出现了冲突与融合兼具的特点。

（作者系武汉大学历史学院研究生）

明成化开湖广金场述论

郭从阳

摘要：明代是我国矿业发展的重要时期，金矿因其具有重大价值而为官府所垄断。成化十年，明宪宗下令开湖广金场进行采金，五十五万人劳作一年仅得黄金三十五两，矿夫因蛇、虎与洪水的袭击而死伤无数。本文试图探究此次开矿活动的原因与过程，分析湖广金场开采失败的缘由及其所造成的影响。湖广金场的开闭，皆有皇帝、宦官、官员参与其中，通过对此次开矿活动的研究，可以窥见三者对于矿业的不同态度。同时，明成化开湖广金场的失败案例成为后世开矿者与禁矿者争论的一个焦点，魏源、彭玉麟、王先谦皆对该事件进行分析与评价，他们得出的结论值得世人重视与借鉴。

关键词：明代；成化；湖广金场

　　明代是我国矿业发展的一个重要时期，金银矿因其具有重大价值而为官府所垄断，民营矿业则在铁矿等方面取得较大的发展。对于明代矿业的研究，早在 20 世纪学术界就有所关注，如白寿彝《明代矿业的发展》一文梳理了明代官矿和民矿的发展过程，指出明代矿业在总体上是向前发展的，并对明代矿业中的封建所有制进行了讨论。① 刘叔鹤《宋元明时代矿业统计》一文对宋至明的矿业进行了统计说

---

　　① 白寿彝：《明代矿业的发展》，《北京师范大学学报》1956 年第 1 期，第 95～129 页。

明。① 谈论明代矿业的文章，多从政策角度加以分析，如刘利平《略论明代的金银矿业政策》一文认为影响明代金银矿业政策的动因是传统道德的约束与皇室财政的状况，皇帝、宦官和中央及地方官员之间力量的消长。② 赵长贵《明代矿业政策演变的历史考察》系统梳理明代矿业政策，认为明代矿业政策分为严禁为主、禁弛无常和矿禁渐弛三个阶段，并对每个阶段的变化进行了分析。③ 上述文章多将明代矿业作为一个整体进行考察，并没有对某次具体的开矿活动进行深入的研究，而且由于明代白银的地位逐渐重要，导致相关的研究多着眼于银矿，而极少涉及金矿。最后，大多数研究明代矿业的学者只着眼于明代，极少探讨明代矿业对于后世的影响。

明成化年间的这次开采金矿，因宪宗下令而起，涉及十二县共二十一座金场，动用人力多达五十五万人，可谓明代的重大开矿活动。但是，目前学界尚无专文详细探讨此次开矿活动。因此，笔者力图梳理成化年间开湖广金场事件的始末，探究其原因、过程、影响及其对后人的借鉴作用。

一、湖广金场的开采原因及过程

成化十年开采湖广金场的原因有两点，一是内帑乏金，朝廷急需黄金补充；二是湖广行省自宋元以来就是朝廷的采金重地，明初曾在此处开采黄金，拥有一定的开采基础。

《明宪宗实录》详细记载了此次开矿活动的始末：

> 罢湖广宝庆等府县淘金。时内费日侈，帑金渐乏，乃命湖广宝庆等府、武陵等县，开原额，金场淘煎以进。巡抚等官，命所

---

① 刘叔鹤：《宋元明时代矿业统计》，《统计研究》1986 年第 3 期，第 75～80 页。

② 刘利平：《略论明代的金银矿业政策》，《肇庆学院学报》2005 年第 3 期，第 20～23 页。

③ 赵长贵：《明代矿业政策演变的历史考察》，《郑州大学学报》(哲学社会科学版)2018 年第 4 期，第 95～101 页。

属十二县，开二十一场，岁役民夫五十五万有奇。而武陵之民伤
于蛇虎，死于大水者无算，仅得金三十五两而已。巡抚等官乃
奏，工多金少，徒害生民，请仍闭金场。第令有司取赃罚及设法
以银易金一千两应用，从之。①

开采湖广金场的直接动因是"内费日侈，帑金渐乏"。早在成化
九年（1473 年），内库所藏黄金就已告竭，为了搜罗黄金，明宪宗下
令各地将原本上缴的白银折变为黄金上缴：

> 户部言："比者，内承运库太监林绣奏：'本库自永乐年间
> 至今，收贮各项金七十二万七千四百余两，银二千七十六万四百
> 余两，累因赏赐，金尽无余。惟余银二百四十万四千九百余
> 两。'今欲册封，及后赏给，俱合储金备用。但天下屡奏灾伤，
> 既无官钱支买，税粮折纳，且湖广金场以课少而闭，云南折银以
> 民穷而止。今宜行令浙江、福建、云南镇守、巡抚、三司等官，
> 于闸办银课内。浙江折金三百两、福建二百两、云南五百两。仍
> 以浙江等处折粮银，改折浙江金四百两。松江、常州俱一百五十
> 两，苏州三百两。其云南所遣岁办、差发金银及各处赃罚金，尽
> 数差解，以应急用。"疏上，诏令所拟折纳，各倍其数，仍于产
> 金地，斟酌取之。②

明代"滥赐"现象严重，明人袁庆祥因此进言："朝廷赏赐过多，
所入不偿所出。"③内库积攒的财富之所以迅速消耗，除赏赐外，也与
成化帝奢侈享乐有关，《续文献通考》载："国家内帑积金，凡十窖，
每窖凡若干两……及成化中，太监梁芳、韦兴等作奇技淫巧，祷祀宫

① 《明宪宗实录》卷 136，成化十年十二月己丑，台湾"中央研究院"历史
语言研究所 1962 年版，第 2547 页。
② 《明宪宗实录》卷 120，成化九年九月癸丑，台湾"中央研究院"历史语
言研究所 1962 年版，第 2326 页。
③ 陆釴：《病逸漫记》，邓士龙：《国朝典故》卷 67，北京大学出版社 1993
年版，第 1496 页。

观，宝石之事兴，于是十窖具罄悬。"①明制"初，岁赋不征金、银，惟坑冶税有金、银，入内承运库"②，即金银矿业的收入全归皇室所有，故皇帝每当财用不足之时就想到开采金银矿。明宪宗因内帑不足而大兴矿利之事在成化三年（1467年）就已有之，"内承运库会计岁用赏赐不给，请于浙江等处旧罢银坑内如例采之"③。内承运库是掌管皇家金银财宝的机构，由宦官执掌，《明史·职官志》载："掌印太监一员，近侍、金书太监十员，掌司、写字、监工无定员。掌大内库藏，凡金银及诸宝货总隶之。"④宦官往往又是各个矿场的闸办人选，矿场一开，他们就可以趁机上下其手，中饱私囊，如万历年间的矿监"自二十五年至三十三年，诸珰所进矿税银几及三百万两，群小藉势诛索，不啻倍蓰"⑤。皇帝与宦官的奢侈消费将内库储备的金银用之一空，自然会想方设法搜罗金银。

成化十年选择重开湖广金场的另一原因在于湖广行省自宋元以来就是朝廷采金的重地。《宋史》载："绍兴三十二年……湖南、广东、江东西金冶二百六十七，废者一百四十二。"⑥《元史》载："在湖广者，至元二十年，拨常德、澧、辰、靖民万户，付金场转运司淘焉。"⑦明初曾派遣官员在湖广省开采金银，《明史》载："永乐间……遣官湖广、贵州采办金银课。"⑧正是因为湖广省采金历史悠久，加之明初曾在此地开采黄金，拥有开矿的基础，故明宪宗决定"开原额"，重开湖广金场。

《明史》载："成化中，开湖广金场，武陵等十二县凡二十一场，

---

① 王圻：《续文献通考》卷36《国用考》，万历三十年松江府刻本，第3页。

② 张廷玉等：《明史》卷79《食货志三》，中华书局1974年版，第1927页。

③ 《明宪宗实录》卷40，成化三年三月辛巳，台湾"中央研究院"历史语言研究所1962年版，第812页。

④ 张廷玉等：《明史》卷74《职官志三》，中华书局1974年版，第1820页。

⑤ 张廷玉等：《明史》卷81《食货志五》，中华书局1974年版，第1972页。

⑥ 《宋史》卷185《食货志下七》，中华书局1977年版，第4531页。

⑦ 《元史》卷94《食货志二》，中华书局1976年版，第2379页。

⑧ 张廷玉等：《明史》卷81《食货志五》，中华书局1974年版，第1970页。

岁役民夫五十五万，死者无算，得金仅三十五两，于是复闭。"①湖广行省按照朝廷命令，下令所属宝庆、武陵等府县设立二十一座淘金场，征调五十五万民夫进行采金活动。

明代官矿上的矿夫由民夫、军士、工匠、囚犯等组成。开采湖广金场的矿夫主要是由民夫组成，"岁役民夫五十五万有奇"，数量可以说是空前的，以永乐年间的黑山金场为例，当时动用矿夫不过六千人，②而湖广金场有二十一座采金场，平均每个金场动用民夫二万六千余人，是黑山金场的四倍多。矿场上矿夫的处境十分艰苦，不但冒着生命危险在矿洞中开采黄金，而且所使用的工具材料都需要矿夫自备，同时矿夫还要承担差徭科征：

> 诏蠲江西德兴、铅山铜场夫徭役。先是，二县铜场岁浸铜，得五十余万斤。所用铁炭，丁夫自备。其差徭科征皆不免，岁额累亏。至是敕有司悉免杂役，税粮于附近输纳，仍令广信、饶州、徽州办给铁炭。③
>
> 复开银场虽一时之利，然凡百器具皆出民间。④

虽然上述史料谈及的只是银矿与铜矿，但是同为官矿的金矿在实际情形上应与之无二。

矿夫除在采金场艰苦的劳动外，他们的生命还时时刻刻受到威胁。矿夫先是遭受到矿山中蛇和虎的袭击，后又遭遇洪水，导致"死者无算"。据《明宪宗实录》，这两件事主要发生在武陵县，并不是整个湖广金场都遭遇了此种情况，所以《国榷》有"罢宝庆各县淘金。初

---

① 张廷玉等：《明史》卷81《食货志五》，中华书局1974年版，第1971页。

② 张廷玉等：《明史》卷159《彭谊列传》，中华书局1974年版，第4345页。

③ 《明宣宗实录》卷47，宣德三年九月乙丑，台湾"中央研究院"历史语言研究所1962年版，第1157页。

④ 《明英宗实录》卷119，正统九年闰七月戊寅朔，台湾"中央研究院"历史语言研究所1962年版，第2395页。

设二十一场，役五十五万人，武陵尤困弊无算，仅得三十五金"①之语。关于此次大水，笔者尚未在与武陵县相关的史料中找到直接证据，但却在与武陵县同处洞庭湖之南的沅江县中找到蛛丝马迹。《(嘉庆)沅江县志》有"(成化)十年，大水"的记载，② 同时明人沈德符对于成化十年开采湖广金场的记载如下："成化十年，湖广宝庆府开金矿，岁役夫五十五万。湖南民为水淹死，及虎豹所食无算，仅得金三十五两。始报罢。"③沅江县与武陵县俱在洞庭湖之南，沅江县于成化十年发大水，又有沈德符"湖南民为水淹死"之语，可推测当时武陵县与沅江县一样遭受水灾。

兴师动众地开采一年后，湖广金场只采得黄金三十五两，又有许多人为蛇、虎所伤，或是死于大水。最终，在地方官以"工多金少，徒害生民，请仍闭金场"为由的劝谏下，明宪宗只得关闭湖广金场，并命湖广有司上缴一千两黄金以弥补此次开矿活动的损失。

成化十年开湖广金场失败的客观原因是湖广行省的金矿早已枯竭。宋朝在湖南的采金场所多达二百六十七处，元朝每年在湖广省征收的金课为"八十锭二十两一钱"④。在宋元两代大规模的开采下，湖广的金矿渐绝，以至于永乐年间开采湖广金场，也因其地不产黄金而关闭矿场。⑤ 清人纂修的湖南地方志认为本地的黄金稀少，不足以开采，《(乾隆)岳州府志》载："成化中开湖广金场，武陵等十二县，凡二十一场，岁役民夫五十五万，死者无算，得金仅五十三两(应是三十五两)，于是复闭。则楚金之无补开采，亦有明征。"⑥根据上述记载，可以清楚地知道湖广省在明代的产金量低微，其结果必然难以如愿。

关闭湖广金场的另外一个原因是明宪宗意识到开矿获利太低，徒

---

① 谈迁：《国榷》卷37，宪宗成化十年十月癸卯，中华书局1958年版，第2349页。

② 《(嘉庆)沅江县志》卷22《祥异志》，清嘉庆十五年刻本，第253页。

③ 沈德符：《万历野获编》卷2《矿场》，中华书局1959年版，第69页。

④ 《元史》卷94《食货志二》，中华书局1976年版，第2383页。

⑤ 张廷玉等：《明史》卷81《食货志五》，中华书局1974年版，第1970页。

⑥ 《(乾隆)岳州府志》卷12《物产》，乾隆十一年增修刻本，第352页。

费民力，主动关闭各地矿场。上文提及明廷于成化九年（1473 年）开始搜罗黄金，大兴矿利亦在同年，"（成化）九年，奏准各处山场有新生矿脉者，从各镇巡、三司等官勘实开采"①。随后便有官员进言开矿利益太低，徒费民力，请求关闭各地金银矿场，如黑山金场，"（成化）十年冬，户部传檄所司开黑山金场。（彭）谊奏，永乐中，太监王彦等开是山，督夫六千人，三阅月止得金八两，请罢之。遂止"②。关闭河南宜阳等卫银场更能反映出明宪宗打消通过开矿获得金银的想法，《国朝典汇》载：

> （成化）十一年二月，诏闭河南宜阳等卫银洞。先是给事中郭镗言："河南各县多有银矿，乞开煎，以备边用。"有司勘报，言："银洞在山谷中，道路险阻，矿脉细微，所得不多，徒费民力。"遂命封闭。至是户部尚书杨鼎又言："内府及边储缺用，乞复开煎。"勘报如前，上命，仍封闭之。③

罢黑山金场的时间为成化十年（1474 年）十月，④ 湖广金场在地方官员的劝谏下也于十二月关闭⑤。河南宜阳等卫银矿罢于十一年（1475 年）二月，即便后来有人请求重新开采，明宪宗依然选择下令封闭。从上述记载可以看出当时明廷有意识地采取封闭矿场的行动。

关闭湖广金场的第三个原因是督办矿场的宦官为非作歹，引起地方官员的不满。金矿在明代为国家所有，严禁私人采挖，对盗挖者制

---

① 龙文彬：《明会要》卷 57《食货五》，中华书局 1956 年版，第 1097 页。
② 张廷玉等：《明史》卷 159《彭谊传》，中华书局 1974 年版，第 4345 页。
③ 徐学聚：《国朝典汇》卷 196《开矿》，北京大学出版社 1993 年版，第 9376 页。
④ 谈迁：《国榷》卷 37，宪宗成化十年十月癸卯，中华书局 1958 年版，第 2347 页。
⑤ 谈迁：《国榷》卷 37，宪宗成化十年十月癸卯，中华书局 1958 年版，第 2349 页。

定了十分严厉的惩罚，情节严重者斩首。① 明代采金活动一般由朝廷主持，明廷通常不设立专门的金矿管理机构，其管理方式据《续文献通考补》载：

> 永乐中，有采办金银之课，差官领之。湖广、浙江、福建、贵州皆设……正统中添设参议一员，又指挥金事一员，专理巡矿等务。规利甚析民，犹未病也。自天顺初，差内使一员煎办，而令镇守太监提督，于是四川、云南各处采办，而骚扰之患甚矣。成化中，复有开采新生矿脉以补缺额之令，而弊窦愈滋。②

明初是派遣官员管理采办金银之事，后改为以内使煎办，镇守太监提督。正是这种"令内臣以守之，差宪臣以督之"③的管理方式使得以镇守太监为首的中官肆意干涉矿场事务，骚扰百姓。如《国朝典汇》记载："镇守太监或有于每年冬月，亲去前项府分，煎销银课，往来供应头目人等，甚是劳扰。"④此种弊端至成化年间越发严重，湖广金场饱受其苦，时任湖广巡抚刘敷以此为由，上疏朝廷请求关闭湖广金场，"十年，（刘敷）移抚湖广……有中贵至常德等府采办金课，乃极言其弊，上为罢之"⑤。在地方官员的劝谏下，明宪宗下令关闭湖广金场。

二、明成化开湖广金场的影响

明宪宗重开湖广金场之举，非但没有为内库提供急需的黄金，还给当地百姓造成严重的危害。一是百姓因采金死伤无算；二是中官骚

---

① 《明世宗实录》卷 528，嘉靖四十二年十二月戊申，台湾"中央研究院"历史语言研究所 1962 年版，第 8612~8613 页。

② 朱奇龄：《续文献通考补》卷 24《食货补三》，清抄本，第 5 页。

③ 邱濬：《大学衍义补》上册，京华出版社 1999 年版，第 273 页。

④ 徐学聚：《国朝典汇》卷 196《开矿》，北京大学出版社 1993 年版，第 9377 页。

⑤ 雷礼：《国朝列卿纪》卷 111，万历徐鉴刻本，第 12 页。

扰，百姓大受其害；三是赔累加重百姓的负担。湖广民夫因蛇、虎与洪水的袭击而死伤无数及朝廷派往各个矿场监督的宦官趁机骚扰百姓之事，前文已述。

赔累是指官矿开采皆规定数额，若数额不足，则剩余部分摊派于民，由百姓负责补足上缴，"课不及额者，派于民"①。矿场的赔累对于老百姓是极大的负担，以云南省为例：

> 云南所属楚雄、大理、洱海、临安等卫军全充矿夫，岁给粮布采办之。初洞浅矿多，课额易完，军获衣粮之利未见其病，今洞深利少，而军夫多以瘴毒死，煎办不足，或典妻鬻子赔补其数，甚至流移逃生，啸聚为盗，以致军丁消耗。②

云南矿夫因赔累而卖妻鬻子或流亡他处，足见赔累之害。重开湖广金场仅得金三十五两，明宪宗为弥补损失，下令湖广有司"取赃罚及设法以银易金一千两应用"。仅靠"赃罚"（指收缴犯罪赃物及对罪犯所处罚的财产收入）肯定不足以凑齐一千两黄金，更多的是依靠百姓以银易金完纳赔累，但这同样是个沉重的负担，以弘治朝为例："弘治中，复有折买金千两，以解部之令。云南每年额办金六十六两六钱七分，银八千八百九两五分，今令以银易金，而赔累益甚。"③云南作为明代的产银大省，以银易金的命令使得该省"赔累益甚"，更何况产银不多的湖广省，这往往会导致"赔累之民，富者困弊，贫者逃亡"④的惨状出现。

同时，明成化开湖广金场的失败案例还成为后世禁矿者与开矿者争论的一个焦点。

禁矿者与开矿者在明代就有过激烈的辩论。开矿者持"天地生

---

① 朱奇龄：《续文献通考补》卷24《食货补三》，清抄本，第5页。
② 《明宪宗实录》卷144，成化九年三月壬寅，台湾"中央研究院"历史语言研究所1962年版，第2212页。
③ 朱奇龄：《续文献通考补》卷24《食货补三》，清抄本，第6页。
④ 嵇璜：《续文献通考》卷23《征榷考》，《四库全书》本，第33页。

财，本以资国家之用。今帑藏无余财，山泽无遗利，则权宜开矿，亦是理财一策"①的观点，认为开矿有利于国家财政，是为理财一策。禁矿者如大学士邱濬则认为开矿对国家财政起不到多大作用，反而会招致不法之徒因利起乱，祸害当地百姓：

> 盖以山泽之利，官取之则不足，民取之则有余。今处州等山场虽闭，而其间尤不能无渗透之微利遗焉。此不逞之徒，所以犹囊橐其间，以竞利起乱也。为今之计，宜于坑场遗利之处，严守捕法。可筑塞者，筑塞之；可栅堑者，栅堑之。俾其不至聚众争夺，以贻一方生灵之害可也。②

双方的观点影响着明代的矿业政策，使其经历了严禁为主、禁弛无常和矿禁渐弛三个阶段③。最后因为万历年间的"矿害"（指明神宗派遣大量矿监前往各地开矿，给社会带来巨大的灾难）使得禁矿者获得更多人的支持，而成化开湖广金场的失败案例也成为禁矿者反驳开矿者的有力论据。

至晚清，由于国力的衰退与时局的恶化，部分开明士人如魏源、彭玉麟、王先谦对开矿持赞同态度，并对禁矿者的言论进行驳斥，而如何解释明成化开湖广金场的失败自然成为他们讨论的重点。

魏源先以实例反驳开矿易聚众召乱的观点：

> 闻之滇吏曰："矿丁多寡，视矿苗衰旺，矿旺人众，矿衰人少，矿绝人散。有利则赴，无利则逝，不俟官为散遣，从无聚而难散之事。凡矿所在，皆有场主，听治而平其争……令严制肃，万夫无哗。"故雍正、乾隆中，腾越边外为桂家银场，为缅夷所惮。永昌边外有茂隆银场，为猓夷所惮……乾隆末，威远厅同知

---

① 张萱：《西园闻见录》卷92《坑冶》，哈佛燕京学社印本，第38页。
② 邱濬：《大学衍义补》上册，京华出版社1999年版，第273页。
③ 赵长贵：《明代矿业政策演变的历史考察》，《郑州大学学报》（哲学社会科学版）2018年第4期，第95~101页。

傅鼐结矿场之练勇以御倮夷，斩馘数百，亦称奇捷。是则有矿之地，不惟利足以实边储，且力足捍外侮。何反畏其生内患？①

他认为矿夫会随着矿脉的衰败而自我解散，且矿场有场主约束矿夫，不需要官府为之担忧。魏源又举出桂家银场、茂隆银场以及傅鼐招募矿夫抵御倮夷之事说明矿夫非但不会危害国家，反而会成为保家卫国的有生力量。

针对禁矿者以明代矿害为例反对开矿的诘问，魏源也给出了自己的解释：

> 成化时，中官开湖广武陵等县金场，则得不偿费，一小扰……至万历二十四年……中使四出，计十年间，共进矿税银三百万两，每岁亦不过三十万。而奸珰乘势诛索，中饱不啻倍蓰。利归下，怨归上，为任奸珰之极弊……固宜为封禁者之口实，开冶者之厉戒哉。②

他认为导致明代矿害的根本原因在于使用中官，以至于弊窦丛生，这一点与明人的看法一致，沈德符言："开矿遍天下，为世乱阶，然权属内珰与无赖奸宄，故致纷纭耳。"③魏源建议后世开矿者需以此为戒。

彭玉麟在结合时局的基础上阐释开矿的重要性：

> 泰西之所以称富强者，精于矿务耳……中国为财富奥区……矿产之富，诚为五大洲所未有。所可惜者，产于地而仍弃于地耳，非不知矿利之大有益也。一则因前明殷鉴之不远……成化间，采金于湖广等郡，役五十五万人，用费无算，仅得金三千（应为"十"）余两，前事如此，宜后之开办者之掣肘也。不知明

---

① 魏源：《圣武记》卷14《军储篇》，岳麓书社2010年版，第533页。
② 魏源：《圣武记》卷14《军储篇》，岳麓书社2010年版，第536页。
③ 沈德符：《万历野获编》卷2《矿害》，中华书局1959年版，第70页。

之所采者，金银矿也，意在聚敛，且任用非人，事之所以易败也。今之宜开者，煤铁矿也，意在便民，且当务为急事，之所以必成也。①

彭玉麟认为西方之所以富强，是因为他们精于矿务，中国也有丰富的矿产，却因明代成化年间开采湖广金场失败的"殷鉴"而不敢任意开采。他认为明代采矿的本意是聚敛金银且用人不当，所以易败；而如今开矿的本意是开采煤铁以便利百姓，是为当务之急，一定可以成功。

王先谦与彭玉麟的观点一致：

> 开矿，此中外臣工屡请举行者。泰西皆用开矿致富强，中国产煤铁少，则轮船所用必取给外洋，是中土添一漏卮，外洋增一利薮。故从前可以不办，今日势难缓图，国家无事之日，动不如静，有事则当与时势为变通……或以前明流弊为疑，臣又尝深求明代之失……成化十年，采金于湖广宝庆等郡，岁役五十五万人，死者无算，而得金三十余两。官吏欺谩，适成笑柄，此明事历历可指者。大凡国家举事，先问本意何在，则能行与否，可以直决。为国聚敛，虽小且易事，无不败；为民兴利，虽大且难事，无不成。明所采金者，金银矿也，以聚敛为急事，见在臣工所请开者，煤铁矿也，以为民兴利为重。②

二人都认为开矿于时局是急事，不可不办，王先谦更将彭玉麟对于明代开矿"意在聚敛"的观点做进一步阐释，他认为国家施政，要先问其本意如何，若是聚敛钱财，那么即便是小且易的事情，也只会得到一个糟糕的结果；若是为百姓谋利，无论多么困难的事情，最后都会成功。明朝开采金银矿，是属于前者，如今开采煤铁矿，是属于后者，因此必定会成功。

---

① 陈忠倚：《清经世文三编》卷68《工政八》，清光绪石印本，第5页。
② 葛士濬：《清经世文续编》卷120《洋务二》，清光绪石印本，第5页。

　　魏、彭、王三人关于开矿的思想可谓一脉相承，并且根据时局的变化而有所发展。他们都认为开矿本身不是什么坏事，针对禁矿者以明代矿害为例反对开矿的情况，三人都解释为这是由于明代开矿本意是为了聚敛金银且任用非人。他们更结合晚清危亡的时局指出开矿是减少国家损失，为民兴利的当务之急，如魏源所说："天子不言有无，本强不问标末，帝王之道，张弛各因其时也。故普赐田租之事，可行于文景，不可行于宣元。矿课开采之事，可不行于雍正，断不可不行于今日。"①

三、结　语

　　明宪宗生活奢侈以及赏赐无度，导致内库积累的黄金所剩无几，为了补充内库所需，明宪宗通过各种方式搜罗黄金，曾于永乐年间开采过黄金的湖广金场因此重启。但是湖广行省的金矿在历经宋、元两朝大规模的开采后，矿脉早已微绝。加之民夫因蛇、虎与洪水的袭击而死伤无数，最终在以湖广巡抚刘敷为首的地方官员劝谏下，明宪宗下令关闭湖广金场，同时命湖广有司上缴一千两黄金作为补偿。成化十年重开湖广金场对当地百姓造成巨大的危害，民夫因采金死伤无数，百姓因供养往来的中官备受骚扰，湖广金场关闭后的赔累更是大大地加重了湖广百姓的负担。

　　通过此次开矿活动我们得知明代皇帝、宦官热衷于开矿活动，而官员则是普遍厌恶。皇帝需要金银财宝满足其私欲，宦官可以通过开矿大肆搜刮，再加上宦官本身就是皇权的延伸，二者对于开矿有共同的利益，自然热衷于此。皇帝、宦官通过开矿赚得钵满盆满，百姓却因赔累之事倾家荡产。湖广金场采金一年得金三十五两，而赔累之额高达一千两，这正如刑部侍郎吕坤所言："朝廷得一金，郡县费千倍。"②奉旨兴矿的宦官更是凭借手中的权力与皇帝的庇护而作威作

---

　　①　魏源：《圣武记》卷14《军储篇》，岳麓书社2010年版，第537页。
　　②　张廷玉等：《明史》卷226《吕坤列传》，中华书局1974年版，第5939页。

福，肆意欺压百姓，凌虐百官。这种情况在万历时期特别严重，他们或诬陷富商藏匿违禁品进而勒索钱财，或克扣卫所军士月粮，或任意鞭笞官吏，或诬陷官员使其下狱，更有甚者直接杖杀官员。① 矿监的恶劣行径使得民怨沸腾，民变四起，故有明一代官员普遍厌恶开矿之事，遍数开矿之害，甚至认为明亡始于大兴矿利。②

清代禁矿者屡次以成化开湖广金场的失败来反对朝廷开矿。至晚清，随着国力的衰退与外国势力的入侵，部分开明的士人如魏源、彭玉麟、王先谦意识到开矿是减少国家损失，增强国力的好办法。他们或著书立说支持开矿，或上奏朝廷请求开矿。针对禁矿者以明成化十年开采湖广金场失败为例反对朝廷大兴矿利的情况，三人皆解释为这是由于明代开矿本意是聚敛金银，且任用的都是无恶不作的奸珰、无赖奸宄，开矿目的的自私与用人不当是其失败的主因。而如今他们所支持开采的乃是利国利民的煤铁矿，因此一定会成功。值得肯定的是魏、彭、王三人站在国家施政的高度上分析成化开湖广金场的利弊得失，得出国家施政，必先问其本意，若是聚敛之事则必败，若为民兴利则必成的结论。可谓是真知灼见，足为后世政府所借鉴。

（作者系武汉大学历史学院研究生）

---

① 赵翼：《廿二史劄记校正》卷 35《万历中矿税之害》，中华书局 2013 年版，第 828～829 页。

② 张廷玉等：《明史》卷 81《食货志五》，中华书局 1974 年，第 1972～1973 页。

戏剧与明正德年间的宫廷政治

——以乐人臧贤受宠干政为线索的考察

赵一鸣

摘要：对于明代正德年间的伶官干政，学者多归因于明武宗的个性使然，对造成该局面的时代背景探究不够充分。以臧贤为代表的倡优能够"操文学词臣进退之权"，一方面固然与明武宗的主观因素有关，但更广泛的客观因素不容忽视。首先，明初制作礼乐时兼采俗乐，官乐机构中俗乐兴盛；其次，明人普遍注重教坊声色之娱，士大夫和全社会普遍重实用、重世俗，寄情戏剧；再次，宦官等内侍势力强大，存在干政传统。多种因素使得臧贤之类有技艺、通俗乐的乐人晋身士林，备受圣眷。臧贤的个人经历，折射出明代正统至正德年间的宫廷风气，也折射出明代士人和内侍群体推动宫廷文化中雅俗混杂，导致俗文化势头更劲的历史过程。

关键词：正德；臧贤；教坊司；俗乐

臧贤是明代伶人，其人本来品秩低微，然而却备受明武宗朱厚照宠信，竟至于干涉文臣的任免。沈德符《万历野获编》称："伶人恣横，至操文学词臣进退之权。"①关于臧贤其人，由于其早年身份低微，故而记载稀少。臧贤在受到皇帝宠信的钱宁推荐之后，威势渐高，直到他被卷入宁王叛乱事件，才身死势消。臧贤受宠的历史线索至今留存，故宫博物院还藏有臧贤的三方印章。一般研究中，多以臧

---

① 沈德符撰，杨万里校点：《万历野获编》，上海古籍出版社2012年版，第28页。

贤作为明代正德年间"俳优之势大行"的典例，如《臧贤与明武宗时期伶官干政局面的形成》认为，明武宗作为皇帝，其个人喜好在伶官干政局面形成中起主要作用。① 那么，作为皇帝的明武宗本来应该深受精英文化熏陶，居于儒家"正统"，为何反受戏曲、俳优等俗文化吸引？为何皇帝的一己嗜好，竟至于影响一代朝政？本文尝试以臧贤作为伶官受宠为线索，就此问题作一分析。

一、明代教坊司与俗乐兴盛

臧贤是供职于明代教坊司的乐人，史书记载他得圣宠时先为左司乐，② 为从九品官；臧贤在左司乐任上上疏乞骸骨，当时伶人按例不得像朝官士子一般作乞求退休的上疏。然而明武宗竟答复了臧贤的上疏，并挽留他，最后让他升职为奉銮，即正九品的教坊司主事官，对他给予士人一般的优待，甚至过之。③

臧贤所职的教坊司，其成员大多数是贱籍乐户。"教坊"这一职司设置，唐已有之。明代从明太祖朱元璋开始设置教坊，主要掌管

---

① 郭福祥：《臧贤与明武宗时期伶官干政局面的形成》，《东南文化》2003年第5期，第49~54页。李舜华也有类似论述。她认为，明朝官乐的制作历程经历了三次大变。自太祖朱元璋起，留心制礼作乐，以续三朝乐统为己任，锐意定建大统，播诸教化，此为第一次变革；而正统(明英宗)以来，随朝政变迁，逐渐"礼崩乐坏"，官乐积衰，英宗早年受阁臣影响而大放乐工，以示无暇乐戏之事，这为国家对于礼乐态度的第二次变化；而从明武宗正德年间开始，俳优备受宠幸，教坊与钟鼓司合流，俗乐大兴，此为第三次变化。见氏著《礼乐与明前中期演剧》，上海古籍出版社2006年版，第194页。

② 沈德符《万历野获编》卷一"伶官干政"条记载此事，并记臧贤为"右司乐"，《明武宗实录》记载，正德六年五月乙丑"教坊司左司乐臧贤以疾求退，间有旨勉起供职，仍升为奉銮。贤伶人，宠幸如此"。据官修书，臧贤以疾求退后反升职一事发生时应为左司乐。见《明武宗实录》卷75，正德六年五月乙丑，台湾"中央研究院"历史语言研究所1967年版，第1653页。

③ 事见《明武宗实录》卷75，正德六年五月乙丑，台湾"中央研究院"历史语言研究所1967年版，第1653页；沈德符撰，杨万里校点：《万历野获编》，上海古籍出版社2012年版，第28页"伶官干政"条亦有记载。

"宴会大乐",① 奉銮原称"和声郎",为该机构的最高官职。该机构成员多为乐籍,② 所职崇高而身份卑贱,因俳优的身份,多为士人不齿。

此前的研究者为了强调明代教坊司成员身份地位之卑,大多引用以下两项史事。其一,明成祖朱棣即位后处置效忠建文帝的一众大臣,把他们的妻女没入教坊司,身份改为乐籍;③ 其二,孝宗初即位时行藉田礼,教坊司以杂戏进,被马文升厉声斥去④。以此显示供职教坊司者所处的身份困境。其实,将罪臣妻孥的没入乐籍并职教坊司可以说明教坊司乐工的身份低贱,但将孝宗藉田礼时教坊司的举动被文臣谏责作为教坊司身份地位低的例证,却不够有力。

第一,藉田礼加入教坊司进献杂戏环节是明代成例。《明史》卷49《礼志三》记载了明朝祭祀先农的藉田礼沿革。明孝宗弘治元年以前,明太祖朱元璋只是依照大臣奏议,议定藉田礼的内容和大致流程,并定下皇帝亲自参与祭祀的规矩,后期实行上,也有太祖不亲自祭祀的时候;到了明成祖朱棣永乐年间,则对藉田礼做了新规定,增添了教坊司陈百戏以及顺天府官率耆老谢恩的项目,增加了俗乐和演剧的娱乐成分,⑤ 且规定只有皇帝即位之初行藉田礼时,皇帝才亲自

---

① 张廷玉等:《明史》卷61《乐志一》,中华书局1974年版,第1500页。

② "教坊司。奉銮一人,(正九品)左、右韶舞各一人,左、右司乐各一人,(并从九品)掌乐舞承应。以乐户充之,隶礼部。"张廷玉等:《明史》卷74《职官志三》,中华书局1974年版,第1818页。

③ "成祖起靖难之师,悉指忠臣为奸党,甚者加族诛、掘冢,妻女发浣衣局、教坊司,亲党谪戍者至隆、万间犹勾伍不绝也。"张廷玉等:《明史》卷94《刑法志二》,中华书局1974年版,第2320页。

④ "孝宗即位……帝耕藉田,教坊以杂戏进。文升正色曰:'新天子当使知稼穑艰难,此何为者?'即斥去。"张廷玉等:《明史》卷182《马文升列传》,中华书局1974年版,第4840页。

⑤ 郭正域:《皇明典礼志》卷11《耕藉》,明万历四十一年刘汝康刻本,第1~2页。"永乐间增定驾至藉田所,户部尚书捧鞭跪进,教坊司官率其属作乐,随驾行。三推,礼毕,驾至仪门,升座,乐作,观三公九卿推讫,教坊司用大乐百戏奏致语。顺天府官率耆老谢恩,乐作、乐止。次百官行礼,乐作、乐止。赐百官酒饭,尚膳官进膳,乐作,百官入席,教坊司一奏本太初之曲,二奏仰大明之曲,三奏民初生之曲,撤御案,乐止,顿首谢驾还。"

行祭仪，其他时候只派遣官员行祭而已，对皇帝承担的祭祀任务做了简化。明孝宗弘治元年继承了永乐以来的演剧娱神成分，却没有继续简化皇帝的祭祀任务，反而隆重其礼：

> 弘治元年，定耕耤仪：前期百官致斋。顺天府官以耒耜及種種种进呈，内官仍捧出授之，由午门左出。置彩舆，鼓乐，送至耤田所。至期，帝翼善冠黄袍，诣坛所具服殿，服衮冕，祭先农。毕，还，更翼善冠黄袍。太常卿导引至耕耤位，南向立。三公以下各就位，户部尚书北向跪进耒耜，顺天府官北向跪进鞭。帝秉耒，三推三反讫，户部尚书跪受耒耜，顺天府官跪受鞭，太常卿奏请复位。府尹挟青箱以种子播而覆之。帝御外门，南向坐，观三公五推，尚书九卿九推。太常卿奏耕毕，帝还具服殿，升座。府尹率两县令耆老人行礼毕，引上中下农夫各十人，执农器朝见，令其终亩。百官行庆贺礼，赐酒馔。三品以上丹陛上东西坐，四品以下台下坐，并宴劳耆老于坛旁。宴毕，驾还宫。大乐鼓吹振作，农夫人赐布一匹。①

即规定仪节为：藉田礼前，百官致斋，然后由顺天府尹进呈耕种工具和粮食种子，再由内官原物奉还，一路用彩色的乘舆，伴着鼓乐送到藉田所。到了祭祀的时间，皇帝再亲自进行祭祀。祭祀过程也较为繁琐，相比前朝，细节繁多，但色彩丰富，乐声欢喧，且允许农夫加入，与民同乐。不过此种仪节后又为明世宗嘉靖皇帝更改、简化，此为后话。

在孝宗朝这种元素众多、基调欢乐的藉田礼仪式上（加之永乐时所定下的教坊司进献百戏的传统），教坊司进献杂戏，也不是突兀之举。左都御史马文升从祭祀的庄严性出发谏言，也不一定就是出于对教坊司乐人教养的轻蔑，反而可能是为事而发，不是责难教坊司乐人不该尽祭祀环节中的职能。

第二，马文升自身的经历使得他的语气严厉，并反映在历史记载

---

① 张廷玉等：《明史》卷49《礼志三》，中华书局1974年版，第1272页。

中。有文献说马文升"斥去"献戏乐人一语，因明代文臣斗争也有用"逐之"等语，且文升"貌瑰奇多力"，初官御史，需直言劝谏，后历转军职，语气有个人特点也未可知。① 这类感情色彩浓厚的词，不算太有力的证据。

如上所述，明代藉田礼经过明成祖、明孝宗朝的实践，其祭祀环节对杂戏、百戏态度越来越宽容。武宗朝承袭了这种风气。明武宗为孝宗独子，也许是受其父皇影响，对礼乐本身较为重视：

> 正德三年，武宗谕内钟鼓司康能等曰："庆成大宴，华夷臣工所观瞻，宜举大乐。迩者音乐废缺，无以重朝廷。"礼部乃请选三院乐工壮者，严督肄之，仍移各省司取艺精者赴京供应。顾所隶益猥杂，筋斗百戏之类日盛于禁廷。既而河间等府奉诏送乐户，居之新宅。乐工既得幸，时时言外者不宜独逸，乃复移各省司所送技精者于教坊。于是乘传续食者又数百人，俳优之势大张。臧贤以伶人进，与诸佞幸角宠窃权矣。②

为了选取郊祀庆成宴的人才，武宗广集天下乐工人才。臧贤也是藉此机会到了武宗身边。虽然也有研究者说武宗只是打着国事的幌子，以满足自身娱乐的需求。③ 但正因武宗的这一举动，俗乐在明廷更加光明正大地繁盛起来。

从明成祖开始，明代藉田礼中加入俗乐成分，俗乐似有逐渐兴盛之势，这种势头在武宗朝格外显著。但明廷俗乐的兴盛，从明朝建立之初所定音乐制度上看，就已现其滥觞。《明史·乐志》记载："明兴，太祖锐志雅乐。是时，儒臣冷谦、陶凯、詹同、宋濂、乐韶凤辈皆知声律，相与究切厘定。而掌故阔略，欲还古音，其道无由。太祖亦方以下情偷薄，务严刑以束之，其于履中蹈和之本，未暇及也。"

---

① 张廷玉等：《明史》卷182《马文升传》，中华书局1974年版，第4840页。

② 张廷玉等：《明史》卷61《乐志一》，中华书局1974年版，第1509页。

③ 郑莉：《统治者的态度对明代宫廷戏剧的影响》，《湖北民族学院学报》（哲学社会科学版）2012年第2期，第94~98页。

明太祖虽然有心厘定雅乐，恢复古音，但是因为缺乏资料，又忙于刑政，稳固基业，最终没能正定雅乐古音。建文帝时，"文皇帝访问黄钟之律，臣工无能应者"。如此延续到"英、景、宪、孝之世，宫县徒为具文。殿廷燕享，郊坛祭祀，教坊羽流，慢渎苟简，刘翔、胡瑞为之深慨"。由于"学士大夫之著述止能论其理，而施诸五音六律辄多未协，乐官能纪其铿锵鼓舞而不晓其义"，明廷礼乐其实始终处于雅俗混杂状态，"当时作者，惟务明达易晓，非能如汉、晋间诗歌，铿锵雅健，可录而诵也。殿中韶乐，其词出于教坊俳优，多乖雅道。十二月乐歌，按月律以奏，及进膳、迎膳等曲，皆用乐府、小令、杂剧为娱戏。流俗喧譊，淫哇不逞。太祖所欲屏者，顾反设之殿陛间不为怪也"①。明初制作礼乐的主要负责人所作曲词不如汉晋时雅驯，大殿中重要的宴享用乐"中和韶乐"等，因其词为教坊俳优所作，所以大多数都不算典雅。迎膳、进膳的曲目甚至有直接取用乐府、小令、杂剧等作为娱乐节目的，明太祖朱元璋屏绝俗乐，以雅乐播诸教化的壮志终究未能实现。而明廷在对待外藩使者的时候，也会令教坊司杂陈百戏以迎宾接待。② 沈德符等士人也就明代接待外国使节方面有微词。③ 明代宫廷的雅乐从来都只是个相对概念，俗乐从一开始就

---

① 张廷玉等：《明史》卷 61《乐志一》，中华书局 1974 年版，第 1499、1507～1508 页。

② 张廷玉等：《明史》卷 56《礼志十》，中华书局 1974 年版，第 1424 页。"蕃王至省门外，省官迎入，从官各从其后。升阶就坐，酒七行，食五品，作乐，杂陈诸戏。"

③ 沈德符《万历野获编》"赐四夷宴"条："本朝赐四夷贡使宴，皆总理戎政勋臣主席，惟朝鲜琉球则以大宗伯主之，盖以两邦俱衣冠礼义，非他蛮貊比也。其侑席之乐，以教坊供事。两国尚循仪矩，侍坐庭下；若他夷则睢盱振抶，离坐恣观，拊掌顿足，殊不成礼。所设宴席，俱为庖人侵削，至于腐败不堪入口。亦有黠者作侏偶语怨詈，主者草草毕事，置不问也。窃意绥怀殊俗，宜加意抚恤，本朝既无接伴馆伴之使，仅以主客司一主事，董南北二馆，已为简略，而赐宴又粗粝如此，何以柔远人？然弘治十四年，锦衣千户牟斌，曾上言四夷宴时，宜命光禄寺堂上官主办，其设务从丰厚，再委侍班御史一员巡视。上从之。今日久制湮，不复讲及此矣。斌于正德元年，以指挥佥事理锦衣抚镇司事，坐救护言官，廷杖三十，降湖广沔阳卫百户闲住，此后再起再废，其人非庸弁也。"（沈德符撰，杨万里校点：《万历野获编》，上海古籍出版社 2012 年版，第 659 页）

深深渗透、影响着明代的宫廷演乐。① 经历洪武、永乐至弘治，俗乐在宫廷演乐中所占地位更加重要。明武宗时臧贤能够以卑贱的身份，邀宠御前，实际上早有相应的环境作为土壤，令以其为代表的伶人有机会活跃于历史的前台。

二、内侍集团与文臣的角力

研究者们多关注臧贤本身的"俳优"身份，而对于臧贤所属的政治阵营不太关注。臧贤虽由武宗诏谕访求乐工而得晋身机会，但他其实是由当时颇受皇帝宠信的钱宁引荐给武宗的。《明史·佞幸列传》里有钱宁传记，钱宁是太监钱能的养子，很受钱能喜欢。钱能是前朝操弄权柄、贪得无厌的太监代表之一，沈德符《万历野获编》说他"怙宠骄蹇，贪淫侈虐，尤为古所未有"②。这样的钱能居然寿终正寝于武宗正德初年，而且赐葬最胜寺，让当时的人怀疑世界上根本没有什么天道报应。《万历野获编》里面记载了一种关于钱能死因的说法，即养子钱宁趁着钱能病重，毒死了钱能，把钱能的财产势力据为了己有。③

钱宁的得宠，与其义父钱能有一定的关联。明代自明成祖朱棣永乐时开始便有镇守太监的官职，起因是皇帝对当时驻守边境的文臣武将不信任，后来发展到各省皆有太监镇守。镇守太监在地方权力较大，相当于皇帝布置到地方的耳目。武宗的祖父明宪宗曾经宠幸太监

---

① 张帆《明代宫廷祭礼中的演乐成分初探——以"庆成礼"、"耕藉礼"为例》(《戏剧》2017 年第 6 期，第 17~27 页) 一文中，认为明代这种雅俗混杂、礼崩乐坏的景象主要是因为教坊司与钟鼓司的职能混杂造成的，其实教坊司与钟鼓司的职能混杂也只是明代礼崩乐坏的现象之一，实质是俗乐的盛行和雅乐的难于考究、复原，是明代制礼作乐之初所面临的"文献不足征"，以至于一开始就半推半就地接受了雅乐和俗乐混用于宫廷节仪的模式。

② 沈德符撰，杨万里校点：《万历野获编》，上海古籍出版社 2012 年版，第 691 页。

③ 沈德符撰，杨万里校点：《万历野获编》，上海古籍出版社 2012 年版，第 691~692 页。

汪直，汪直在宫内权力斗争失败，就出走做了镇守太监。① 钱宁的养父钱能原本是宪宗朝受宠的太监梁芳一派的人，在钱宁受宠以前，武宗皇帝宠信的八个太监"八虎"之一的刘瑾，也是自幼投靠了姓刘的宦官，逐渐在宫里发展的。钱宁后来做了锦衣卫，职务上直接为皇帝服务，是皇帝的耳目，且他的出身背景与太监密切相关，属于宫中的内侍势力集团。② 内侍与文臣势力之间一直存在合作和对立。

内侍与文臣势力之间的合作与对立的典例是明代的"阉党"。因明代宦官乱政现象较为突出，《明史》甚至专门新增"阉党列传"一目。《明史·阉党列传》说："明代阉宦之祸酷矣，然非诸党人附丽之，羽翼之，张其势而助之攻，虐焰不若是其烈也。中叶以前，士大夫知重名节，虽以王振、汪直之横，党与未盛。至刘瑾窃权，焦芳以阁臣首与之比，于是列卿争先献媚，而司礼之权居内阁上。迨神宗末年，讹言朋兴，群相敌仇，门户之争固结而不可解……今录自焦芳、张彩以下，迄天启朝，为《阉党列传》，用垂鉴诫。"③认为明中叶以前大多数士大夫有政治道德，不会主动谄媚宦官，所以还不至于形成以太监为首，其麾下聚合一批附从阉宦之文臣的群体(此文臣群体即《明史》所批判的阉党)。《明史·阉党列传》从武宗朝依附刘瑾的焦芳、张彩开始罗列"阉党"，认为此前不算形成了真正大规模的阉党势力。但其实王振(明英宗)、汪直(明宪宗)时期文臣与内侍之间的关系已为后来武宗时期形成阉党奠基。王振坚持皇帝亲征土木堡，致使明英宗战败被俘瓦剌，自己也身死土木堡，以一己之见影响皇帝，甚至朝臣也不能动摇皇帝的决心，不用说内侍在与文臣竞争中展现的优势。明宪宗时期，"司礼太监黄赐母死，廷臣皆往吊，翰林不往。侍讲徐琼谋于众，音大怒曰：'天子侍从臣，相率拜内竖之室，若清议何！'琼

---

① 沈德符撰，杨万里校点：《万历野获编》，上海古籍出版社 2012 年版，第 113 页。

② 本文所界定的"内侍集团"与"文臣集团"都是就职务分划而言的，"内侍集团"包括史书所称"近幸"，即亲近皇帝的诸臣，文臣在武宗朝没有"近幸"的待遇，故此种划分较为明晰。

③ 张廷玉等：《明史》卷 306《阉党列传》，中华书局 1974 年版，第 7833～7834 页。

愧沮"。虽然此处所列陈翰林音自持风骨，未成为主动与宦官走动的文臣，但他怒而说当时的文臣群体相约一起去拜谒内侍，实在有损朝士体面，不利于文臣自身的清议，可见他不过是个个例。不过《明史》也暗示了陈音是个呆书生，虽然经学方面自有心得，但是日常琐事则非其所长，时人还常常编排陈音不聪慧的段子调侃他。① 虽然在正史甚至笔记、野史中，都以士人不依附太监而以为其人有"忠"而不"奸"的可贵品质，认为其人有士大夫风操，使用了这样一套意识形态术语，但其实既然这样的士人需要单列以为可贵，足以说明时流多不如此。② 不过，宦官本身也不是专务与文臣作对，在具体事务上，两股势力有合作。如孝宗时期，胡中锡与司礼太监赵忠一起去核查南京守备太监蒋琮与兵部郎中娄性等人牵连数百人的交诘纷争案，先前派往处理的官员得出的结果双方不服，等胡中锡等人到了，争执的双方人马各打五十大板，最后蒋琮收狱，娄性从兵部除名，大显神威，事件析决。③ 此外，内侍势力也不是占有绝对优势，宪宗十分宠信太监汪直，但当时的内阁学士商辂发起联名上书，条奏汪直罪状后，皇帝虽然不高兴，直接让中官怀恩问上疏是出于谁的意思，但在商辂、万安、刘珝、刘吉等人的慷慨陈词下，也不得不照顾外廷文臣的意见，罢设汪直统领的西厂，更换了汪直的职务。④ 武宗正德初

---

① 张廷玉等：《明史》卷184《陈音列传》，中华书局1974年版，第4881页。

② "忠"与"奸"的判别见上海古籍出版社2012年版《万历野获编》"一人先忠后佞"条（第426～427页）及"又先佞后忠"条（第427页）。

③ "南京守备太监蒋琮与兵部郎中娄性、指挥石文通相讦，连数百人，遣官按，不服。中锡偕司礼太监赵忠等往，一讯得实。性除名，琮下狱抵罪。"（张廷玉：《明史》卷187《蒋中锡列传》，中华书局1974年版，第4951页）

④ 《明史》卷176《商辂列传》以及卷304《汪直列传》："五月，大学士商辂与万安、刘珝、刘吉奏其状。帝震怒，命司礼太监怀恩、覃吉、黄高至阁下，厉色传旨，言：'疏出谁意？'辂口数直罪甚悉，因言：'臣等同心一意，为国除害，无有先后。'珝慷慨泣下。恩遂据实以奏。顷之，传旨慰劳。翼日，尚书忠及诸大臣疏亦入。帝不得已，罢西厂，使怀恩数直罪而宥之，令归御马监，调韦瑛边卫，散诸旗校还锦衣。中外大悦。然帝眷直不衰。"（张廷玉等：《明史》，中华书局1974年版，第4690～4691、7779页）

年，许进有与宦官抗衡的能力，"进以才见用，能任人，性通敏。刘瑾弄权，亦多委蛇徇其意，而瑾终不悦"①。刘瑾最终联合文臣焦芳等的力量，以人才推荐不合典制的理由才强令其致仕。虽然如此，文臣对"不学"的刘瑾有很大的引导作用，《明史·阉党列传》，称焦芳"居内阁数年，瑾浊乱海内，变置成法，荼毒缙绅，皆芳导之"，刘瑾的大多数作为都是焦芳引导、放任的结果，而刘瑾最终被下狱治罪，他的侄子刘二汉被杀的时候，说："吾死固当，第吾家所为，皆焦芳与张彩耳。今彩与我处极刑，而芳独晏然，岂非冤哉。"②朝臣与阉党，外廷与禁中，二者在皇帝集权的时期，实在是一体两面的，都是给予皇帝建议，为皇帝效力，而非最终做决定的人，内臣多不如文臣见识广博，城府深厚，且亲近皇帝，较为容易被皇帝掌控，放权容易，收权也迅速，与皇帝的情义比大多数外臣深厚，但大臣们自有文士风骨和才学政绩可以提升自身在宫廷中的魅力，能够直接或通过内侍间接给予皇帝影响。因此，明代内侍团体与文臣团体之间竞争与合作并存。

钱宁、臧贤等人的获用，可填补皇帝身边内侍势力的空缺位置，从而与文臣集团抗衡。在钱宁、臧贤受宠以前，宦官刘瑾颇受皇帝信任，给皇帝进献鹰犬等玩乐之物。明武宗武德元年，大学士李东阳、刘健、谢迁等文臣屡次带头上疏，劝皇帝坚持听日讲甚至午讲，远离内宫小人，且多次就盐政问题与内宫集团交锋。在武德元年刘瑾已经颇受重用。后来刘瑾及依附他的朝臣们在朝堂上形成了史书记载的第一次"阉党"势力。文臣如刘健、李东阳、谢迁等人主要用日讲等方式约束皇帝，用灾异之说提醒皇帝远离鹰犬玩乐，远离内侍影响，皇帝从开始的听从到敷衍文臣的劝谏。③ 钱宁等人崛起于刘瑾被诛之后，而刘瑾被诛下狱，他的大权被内侍中的几股势力重新分配。一直

---

① 张廷玉等：《明史》卷186《许进列传》，中华书局1974年版，第4925页。

② 根据鹏宇《〈明史〉勘误一则》(《中国史研究》2016年第4期，第202页)，中华书局版《明史》此处应为刘瑾之从子，而非从孙。张廷玉等：《明史》卷306《阉党列传》，中华书局1974年版，第7837页。

③ 事见《明武宗实录》正德元年记载。

与刘瑾角力，同为"八虎"之一的张永——也是导致刘瑾被诛杀的主谋者，在刘瑾被诛后没能成为第二个刘瑾。武宗身边，钱宁、江彬等一批有武力的男子受到了皇帝的亲信。在刘瑾被诛后，这些势力又互相制衡。钟鼓司是刘瑾曾掌权的地方，刘瑾曾有意为皇帝进献新奇的玩乐杂技。明代教坊司与钟鼓司之间的职能分划其实并不壁垒森严，职能有重合之处。在皇上爱赏新奇的时候，臧贤以乐人身份获得圣眷倒也顺理成章。①

除了客观上刘瑾被诛后留下的权力空间，锦衣卫千户钱宁的推举是臧贤受圣眷的直接原因。钱宁自身很受武宗喜爱，武宗赐他朱姓，钱宁自身也以"皇庶子"的身份自诩。臧贤由钱宁引荐后，仍然属于钱宁的势力集团，为钱宁所用，是钱宁势力集团的外部触手之一。钱宁和臧贤都参与其中的事件主要有弹劾杨一清事件、宁王朱宸濠叛乱事件等，从中可以看到臧贤的政治集团归属，及其在集团内的地位。

臧贤在所属政治集团中从属于钱宁。例如，时任武英殿大学士的杨一清与钱宁原本交情不错，但是因为有人从中挑拨，加上杨一清因灾异事件上疏武宗自我弹劾，奏疏中有句"狂言惑圣听，匹夫摇国是。禁廷杂介胄之夫，京师无藩篱之托"②，讥刺皇帝身边的近臣佞幸，让钱宁和江彬等人看后感到刺目，十分愤怒，于是做出反击："使优人臧贤辈于帝前为蛮语刺讥一清"③。后来，钱宁又作为主谋唆使武学生朱大周上报杨一清的丑闻，皇帝态度倾向于钱宁等人，于是杨一清自己乞骸骨，告老还乡了。在这个事件中，臧贤处于钱宁的辅助地位，可以被钱宁驱使，能隐约看出二人在政治事件中的主从关

---

① 对钟鼓司与教坊司职能重合的分析主要见高志忠：《明代宫廷教坊司与钟鼓司演戏并用乐的"离合"——雅乐的失落与俗乐的盛行》，《交响》（西安音乐学院学报）2012 年第 1 期，第 53～56 页。

② 孙梦雷编纂，蒋廷锡校订：《钦定古今图书集成》总第 276 册《明伦汇编官常典》第 245 卷《公辅部名臣列传六十五》，中华书局民国二十三年（1934 年）版，第 39 页。

③ 孙梦雷编纂，蒋廷锡校订：《钦定古今图书集成》总第 276 册《明伦汇编官常典》第 245 卷《公辅部名臣列传六十五》，中华书局民国二十三年（1934 年）版，第 39 页。

系。二人所在的内侍集团弹劾文臣，其实也能反映内侍与文臣之间的摩擦和斗争。

又如，钱宁和臧贤都参与了宁王朱宸濠的叛乱。在宁王宸濠请复护卫，谋反的野心逐渐壮大的道路上，兵部尚书陆完就曾与钱宁、臧贤等人一并促成其事。宁王托陆完上疏为自己说话，又把交结、收买京中贵人的任务交付内侍集团。① 这一事中能看到内侍与文臣在某些具体事务上的合作关系。朱宸濠通过帮助臧贤犯罪充军的女婿司钺与臧贤交好，二人书信往来，乐人本来卑贱，不能有字，朱宸濠在信中称臧贤字"良之"，并通过臧贤与钱宁结交。朱宸濠把财物放在臧贤家中，请托臧贤和钱宁二人帮忙交结贿赂京中权贵。从正德十一年三月朱宸濠贿赂钱宁和臧贤的钱款数额也能看出钱、臧二人之间的关系。钱宁受银三万两，而臧贤仅受银一万两。② 二人在团体中的地位关系一目了然。包括宁王叛乱的事件后续，朱宸濠叛乱失败后，武宗怀疑钱宁和叛乱有关，钱宁就推臧贤出来顶罪，由于和皇帝的特殊关系，臧贤并没有被处死，只是被贬谪，充军戍边，钱宁派人在前往边境的途中杀死臧贤灭口。③ 从二人最后的结局也能看出来，被引荐的臧贤一直隶属于钱宁的势力集团，且在政治上与钱宁保持从属关系，与钱宁共进退，也可以被牺牲顶罪。

此外，刘瑾去世后留下的权力空间被几股内侍势力瓜分，宦官的几股势力仍然十分强盛。钱、臧二人虽也是皇帝近幸，属于内侍集团势力，亲近皇帝，但还比不上内侍集团的主要力量——宦官集团。钱、臧等的权力性质上与宦官相似，但也受宦官制约。值得注意的是，钱、臧二人在宁王叛乱事件中，结交了一支有力的援助势力，即

---

① 张廷玉：《明史》卷 187《陆完列传》，中华书局 1974 年版，第 4956 页。兵部尚书陆完手下曾有江彬、许泰等人，这些人后来得到皇帝宠爱，常在御前，也可看作"内侍"一类人物，《明史》同卷也说陆完仕途中多借力于这些昔日属下。

② 孙梦雷编纂，蒋廷锡校订：《钦定古今图书集成》总第 266 册《明伦汇编官常典宗藩部》第 107 卷《宗藩部纪事》，中华书局民国二十三年（1934 年）版，第 4 页。

③ 张廷玉：《明史》卷 307《钱宁列传》，中华书局 1974 年版，第 7890～7892 页。

以御马太监张忠为首的司礼太监张雄、东厂太监张锐组成的合称"三张"的宦官势力集团。这个宦官势力援军在宁王叛乱中独善其身，没有像钱宁、臧贤那样受到牵连。且观史书记载，张忠在对待宁王谋反的事件上，前后态度不一。陆完做兵部尚书后，张忠也成为受贿帮忙宁王的人之一。他之后又依附受宠的边将江彬。江彬和钱宁等人争宠御前，张忠就希望能斗倒钱宁、臧贤等人，于是在武宗面前借题发挥，指出钱宁、臧贤二人推荐藩王，用心不轨。皇帝似乎也早有怀疑，所以很快顺着张忠的话，下达了驱逐在京宁王府人的诏令。① 宁王此时已经做好了一些造反的前期准备工作，当时朝野上下都认为他们必定会起兵叛乱。又过了两年，朝臣上疏陈言宁王不同于受贿者所描述的贤能形象，犯过诸多过失，且心怀不轨，企图逆乱，提醒皇帝必须尽早处理宁王。皇帝派遣臣僚去传达约束宁王的旨意，派遣的臣子里面，驸马都尉崔元是裙带关系的近臣，太监赖义是内侍，惟都御史颜颐寿是"居官有清望"的外臣。② 宁王借此发难。张忠听说叛乱，劝皇帝亲征。在皇帝决定亲自讨伐宁王，又听到王阳明已经靖乱的消息后，张忠又提出让王阳明把宁王放了，让朱宸濠再作乱一次，让皇帝亲自前往制服宁王的主意。③

与皇帝亲近的宦官有揣测圣意的天然优势，能够机动灵活地制定固宠的策略，由此形成特殊的势力，是钱宁等人也要借重的。臧贤本人曾因为请求改变教坊司的牙牌形制，被礼部尚书傅珪阻挠，臧贤的手段只能是"日夜腾谤于诸阉间，冀去珪"④，对傅珪并没有造成太

---

① "时边将江彬新得幸，太监张忠附彬，欲倾宁、贤，乘间为帝言：'宁、贤盛称宁王，陛下以为何如?'帝曰：'荐文武百执事，可任使也。荐藩王何为者?'忠曰：'贤称宁王孝，讥陛下不孝耳。称宁王勤，讥陛下不勤耳。'帝曰：'然。'下诏逐王府人，毋留阙下。"（张廷玉：《明史》卷117《宁王权列传》附《宁王辰濠列传》，中华书局1974年版，第3594页。）

② 派遣臣僚名目见张廷玉：《明史》卷117《宁王权列传》附《宁王宸濠列传》，中华书局1974年版，第3595页。张廷玉：《明史》卷206《颜颐寿列传》，第5430页。

③ 张廷玉：《明史》卷304《张忠列传》，中华书局1974年版，第7795页。

④ 张廷玉：《明史》卷184《傅珪列传》，中华书局1974年版，第4885页。

大的影响。这个事件一方面反映出臧贤作为伶人政治手段和力量有限，另一方面反映出宦官势力的强大，像臧贤这样受宠的乐人想要对抗文臣，需要借助宦官的力量。而臧贤本身，能够以卑贱的乐人之身获得圣眷，也多赖当时炽盛的内侍的权势。臧贤政治上属钱宁能够快速在皇帝身边站稳地位，一方面是他能左右开弓，看起来勇武，符合皇上的喜好，另一方面也有赖于抚养他长大的宦官钱能，让钱宁更容易接近权力中心。

三、士人无赖与戏曲审美流行

自宋以来的俗文化勃兴，加上少数民族统治的影响，使得雅乐逐渐衰落，大众审美发生变化，沉湎于俗乐的明代士人群体，其士风也渐趋浇薄。士人的无赖，也就是指士人表现得品行恶劣。这方面最为震悚的记载是沈德符记万历朝的衍圣公孔尚忠，每次到了京师也令人持票到教坊召妓。持票人会说是"圣人孔爷叫唱"，且对所召妓女多有非礼虐待，以至于妓女们都贿赂持票人以保护自己不被召走。① 武宗朝的内侍集团，一开始就因为进献俗乐和鹰犬等触发了与文臣之间的冲突。引导武宗体会俗文化的魅力而得宠的"八虎"，即八名宦官，就包括刘瑾。

《明史》陈循等人列传中列举明代英宗到孝宗时期的部分首辅、阁臣，最后写道：

> 赞曰："《易》称内君子外小人，为泰；外君子内小人，为否。况端揆之寄，百僚具瞻者乎！陈循以下诸人，虽不为大奸慝，而居心刻忮，务逞己私。同己者比，异己者忌；比则相援，忌则相轧。至万安、刘吉要结近幸，蒙耻固位。犹幸同列多贤，相与弥缝匡救，而秽迹昭彰，小人之归，何可掩哉！"②

---

① 沈德符撰，杨万里校点：《万历野获编》，上海古籍出版社 2012 年版，第 568 页。

② 张廷玉：《明史》卷 168"赞曰"，中华书局 1974 年，第 4531～4532 页。

卷末评论直陈廷臣的结党营私，党同伐异，直斥当时的在位诸小人。

杨守随在韩文等大臣参劾"八虎"失败，反而被逐之后，愤而上疏：

> 陛下嗣位以来，左右迫臣，不能只承德意，尽取先朝良法而更张之，尽诬先朝硕辅而划汰之。天下嗷嗷，莫措手足，致古今罕见之灾，交集数月以内。陛下独不思其故乎？内臣刘瑾等八人，奸险佞巧，诬罔恣肆，人目为"八虎"，而瑾尤甚，日以荒纵导陛下……此数人者，方且窃揽威权，诈传诏旨；放逐大臣，刑诛台谏；邀阻封章，广纳货赂；传奉冗员，多至千百；招募武勇，收及孩童。紫绶金貂尽予爪牙之士，蟒衣玉带滥授心腹之人。附己者进官，忤意者褫职。内外臣僚但知畏瑾，不知畏陛下。向也二三大臣受遗夹辅，今则有潜交默附、漏泄事机者矣。向也南北群僚，矢心痛疾，今则有画策主文，依附时势者矣。①

杨守随在奏疏中痛斥正德元年朝堂上士人的风向，认为朝堂上出现了一批趋炎附势、结党营私的朝臣。朝堂风气变化，与上节所论内侍与文臣集团的合作与竞争有关。但与阉宦合作的士人层出不穷，这一定程度上折射了明代士风的渐趋浇薄。

编纂《明史》的大臣叹道："当正、嘉之际，士大夫刓方为圆，贬其素履，羔羊素丝之节浸以微矣。"②这一时期，虽也有能臣贤士，但在近幸当道的时局中，只要维持朝纲不坠，就能做能臣、贤臣，至于前人所称述的丧期不生子、丧期尽哀不处理公务之类德行，则难以向古人看齐。《万历野获编》记载正统、景泰年间的能臣金荣襄因为在丧期仍然处理政务而被弹劾，荣襄辩解认为朝政公务紧急，更加需要人去处理，而沈德符评价"当时士风忍薄，凡遇丧而不得夺者，谓为

---

① 张廷玉：《明史》卷186《杨守随列传》，中华书局1974年版，第4921~4922页。

② 张廷玉：《明史》卷201"赞曰"，中华书局1974年版，第5322页。

无能见弃，故衰经视事，习为故常"①。同书还记载了明太祖作《孝慈录》序时认为子嗣更为重要，所以在为父母服丧期间有孩子可以宽容看待，不视为不孝。②

沈德符感叹"国朝士风之敝，浸淫于正统，而糜溃于成化"③，士人受俗文化影响，受到俗务的召唤，对仪节取舍侧重实用，从明代帝王对于藉田礼的简化处理就可以看出来，相较古时，明人不重仪节的完美。整体看来，明代士人对于世俗享乐没有前代士人的抗拒。自太祖朝开始，军中和文士大夫召妓饮酒便屡禁不止。

这种世俗的精神，向着堕落的方向发展，便会造成所谓的"士人无赖"。所以会有士人"因其关节以进"，通过臧贤获得仕进之途。臧贤在领皇命奉祀泰山的路上，也极尽招摇："过州县，倨坐舆前，呵用礼部牌，官吏迎候，皆望尘拜。至济南三司，出城郊劳之，不知为伶官也。"④当时官员对于自己鄙视阶层的伶人如此恭敬，虽有礼部牌文在起作用，但"皆望尘拜"的做派实非良好士风的体现。

士人与流俗同流合污是一种时代现象，士林风气给臧贤等人营造了晋身的氛围。士人对俗乐的精神认同，使得朝堂上文臣对戏剧、杂戏态度有所松动。士人参与戏剧创作和演出，也对武宗皇帝有影响。正如王国维在《宋元戏曲史》开篇序言所论，一代有一代之文学，明代士人的情感承载物便是戏曲，明初继承元代戏剧的特点，以北方戏曲的雄浑气象为宗，但逐渐融入南方的腔调和特色，最后逐渐南北调和，到最后南曲大盛。明代文士家蓄伶人，且作家辈出。明代士人除了以伶人享乐外，还亲自参与创作，不少官员与伶人、与戏剧班子关系较为密切。民国时期学人吴梅所作《中国戏曲概论》中说：

---

① 沈德符撰，杨万里校点：《万历野获编》，上海古籍出版社 2012 年版，第 268 页。

② 沈德符撰，杨万里校点：《万历野获编》，上海古籍出版社 2012 年版，第 3 页。

③ 沈德符撰，杨万里校点：《万历野获编》，上海古籍出版社 2012 年版，第 453 页。

④ 《明武宗实录》卷 163，正德十三年六月，台湾"中央研究院"历史语言研究所 1967 年版，第 3127~3128 页。

有明承金元之余波，而寻常文字，尤易触忌讳。故有心之士，寓志于曲。则诚《琵琶》，曾见赏于太祖，亦足为风气之先导。虽南北异宜，时有枘凿，而久则同化，遂能以欧、晏、秦、柳之俊雅，与关、马、乔、郑之雄奇相调剂，扩而充之，乃成一代特殊之乐章，即为一代特殊之文学，当时作者虽多以实甫、则诚二家为宗，而制腔尚留本色，不尽藻饰词华，立意能关身世，不独铺张，故实以较北部之音，似有积薪之势焉。大抵开国之初，半沿元季余习，其后南剧日盛，家伶点拍，踵事增华，作家辈出，一洗古鲁兀剌之风，于是海内向风，遂得与古法部相骖靳。①

明代康海作戏剧《中山狼》可以算是官员创作戏剧的典型代表。何良俊《四友斋丛说》记康海年轻时即放荡不羁："对山小时即任诞不羁，其所娶尚夫人甚贤。对山每日游处狭斜中，与夫人大不相洽。"②晚年生辰，举办宴会，仍设妓乐于其间，能与小辈同乐：

> 余在南馆，尝问府公槐野曰："老先生曾与浒西相会否？"槐野言："吾为检讨时，因省觐至家，对山妻家在华州，适来探亲，吾造之。时值其生朝设客，随送一帖见召。吾至妻叔东侍御家，侍御问曰'明日对山设客，有汝否？'吾曰：'昨送至一请帖。'侍御曰：'明日对山之客有汝，则不当有我辈，有我辈则不当有汝，何忽如此？'沉吟久之。后对山遣人来致意，云：'明日家主要与老爹讲话，须侵晨即来。'吾依期而往，少间，设两席对坐。近午，对山起曰：'今日老夫贱降，客不可无公。然吾与令亲辈每燕，必有妓乐，不当以此累公。今诸公将至，不敢久留

---

① 吴梅撰，江巨荣导读：《顾曲麈谈——中国戏曲概论》，上海古籍出版社 2000 年版，第 151 页。

② 何良俊：《四友斋丛说》，上海古籍出版社 2012 年版，第 93 页。

矣。'吾辞出。侍御辈至，歌妓并进，酣饮达旦。"①

　　这一段是王维桢对何良俊回忆从前与康海交往的故事，浒西、对山皆指康海。康海是陕西武功出身的状元，因为与刘瑾是同乡，与刘瑾交往较密，且先后从刘瑾手中救下张敷华和李梦阳。后来刘瑾事败，康海因为与刘瑾的交集被与他有嫌隙的李东阳等阁老抓住把柄，最终削去官职，以平民身份任情放诞于戏剧间。《中山狼》是他根据马中锡《中山狼传》改编的戏剧，为有感而发。②

　　与康海同为"前七子"的王九思也有《沽酒游春》《中山狼》等著作存世。抗倭名将汪道昆有《远山戏》《高唐梦》《洛水悲》《五湖游》等剧作。《四友斋丛说》作者何良俊本人也爱好戏曲，虽未亲自创作，但提出了一套戏曲理论，《四友斋丛说》中有《曲论》一卷传世。

　　明代朝士与乐人的密切交往，体现了精英文化与大众文化的交流，反过来对于皇帝的喜好，对于宫廷好尚也会产生影响。明初本有皇室成员周宪王朱有燉醉心戏曲创作。皇帝生于深宫之中，成长中受朝臣和内侍影响较大，而这两方势力都为皇帝对戏乐发生兴趣形成影响。乐人臧贤能够受圣眷，并非历史的偶然。

四、结　语

　　臧贤在正德年间以伶人出身而为皇上近幸，竟至于操弄"文学词臣进退之权"，不仅仅是明武宗性情奇特、个人嗜好使然，在客观上，也是宫廷接受和喜爱俗乐、宦官势力上升的结果，同时也是朝士注重实用、寄情戏曲的时代风气使然。亲近皇帝的两派势力对皇帝的喜好也造成一定的影响。正德年间的客观环境，造成了臧贤等近幸的崛起。

---

　　① 何良俊：《四友斋丛说》，上海古籍出版社 2012 年版，第 93 页。
　　② 关于康海与《中山狼》背后的史事探讨，可见马美信、韩结根：《〈中山狼〉杂剧与康、李关系考辨》，《复旦学报》（社会科学版）1989 年第 1 期，第 17～25 页。

　　虽然时代风气给俗乐以充分的成长空间和地位上升的余地，但是当时的士大夫在雅俗之间仍维持言论上的坚守。臧贤等人仍不免为后人目为贱等，耻与之相提并论。例如，著名词人杨循吉的后世评价就与他晚年是否受臧贤推荐"面圣"有关。从王世贞《艺苑卮言》开始，就认为原礼部主事杨循吉曾在又老又病的时候得到臧贤的举荐，在武宗身旁，与伶人同列待遇，应诏作曲词。① 但在徐树丕的《识小录》中，则认为王世贞道听途说，听的是忌妒杨循吉受到皇上召见的人编造的说法，并且认为杨循吉晚年贫穷到不能糊口，靠典卖衣服才能穿戴得体去"面圣"，又怎么能与伶人一起招摇过市。②《识小录》并说杨循吉当年没能入庙受祭祀不是因为曾与伶人厮混，而是因为性格中的"颠"。③ 中伤别人可以用其人曾与伶人同列一语，甚至与伶人厮混可能导致德行有亏，不能入庙祀，这对于士大夫而言，是名节上的受损，然而士大夫却又享受乐户带来的声色之娱，由这一点对于伶人阶层的心态，亦可见当时的士大夫身处雅俗之间的矛盾。

（作者系武汉大学国学院硕士研究生）

---

　　① 王世贞撰，陆洁栋、周明初批注：《艺苑卮言》，凤凰出版社 2009 年版，第 91~92 页。

　　② 浙江大学李祥耀博士论文《杨循吉研究》第一章第三节《杨循吉侍御考》列举三种杨循吉受人推荐侍御的说法，分别是受臧贤推荐说、受徐霖推荐说以及武宗自拟征召说，李祥耀根据《明史纪事本末》记载武宗正德十四年六月臧贤已经因为协助宁王叛乱被贬谪戍边，并在途中被杀，认为正德十五年庚辰武宗南巡时臧贤不可能随侍在侧，故此否定受臧贤推荐说。详见李祥耀：《杨循吉研究》，浙江大学博士学位论文，2007 年，第 22~25 页。

　　③ 徐树丕：《识小录》(三)，孙毓修编：《涵芬楼秘笈》第 1 集，商务印书馆 1924 年版，第 24 页。

依水治民：老龙堤所见的
襄阳水利与社会

苏占旗

摘要： 襄樊濒临汉水，水利一直占据着重要的地位，作为保卫襄阳城的老龙堤自然是官府与民间力量的关注核心。围绕着修堤与治水，襄樊地方社会中的不同力量被统筹起来，从而使得官府与民众结成一个水利的共同体，他们共同参与襄阳的水利建设，却在其中扮演着不同的角色。同时在修堤与治堤的过程中，地方政府与民间力量彼此消长，正是因为这样才维持着地方社会的平衡。本文试图以老龙堤为切入点，梳理襄阳地方社会围绕老龙堤修堤治水的历史，进而揭示官民交互构建下的襄阳"水利区域社会"。

关键词： 老龙堤；水利区域社会；地方政府；民间力量

《(同治)襄阳县志》云："襄阳居楚蜀上游，其险足固，其土足食，东瞰吴越，西控川陕，南跨汉沔，北接京洛。水陆冲辏，转输无滞，与江陵势同唇齿。"①由此可见襄阳地理位置之重要，随着环境的变迁，汉水愈发成为襄阳的隐患，堤防便成为襄阳的"要务"。关于襄阳水利的研究，王绍良在《汉江下游明代水患与水利格局》一文中，论证了襄阳地方社会对于汉江水患处理，使得江汉平原形成了新的水

---

① 杨宗时修，崔淦纂，吴耀斗续修，李士彬续纂：《(同治)襄阳县志》卷1《地理·疆域》，《中国地方志集成·湖北府县志辑》第64册，江苏古籍出版社2001年版，第23页。

226

利格局。① 唐刚卯则主要从地水关系出发，论证了水利和屯田是农业开发的一大促因。② 鲁西奇、潘晟所著《汉水中下游河道变迁与堤防》一书，对历史时期汉水中下游河道变迁与堤防的形成作了细致的考证与复原，论述了汉水中下游河道变迁与堤防建设的时空特征及其制约因素。③

随着水利社会史研究的逐渐兴起，保留大量"社会"信息的水利碑，就成了研究"水"社会极其珍贵难得的一手资料，进而出现了许多研究成果。④ 也正是这样的研究，使得众多学者开始反思"水利共同体"理论，因而水利研究理论得以突破了"水利圈"，逐渐走向了关于水利区域社会的研究。⑤ 本文将以襄阳老龙堤为研究对象，在新的研究理论框架下对明清襄阳区域社会进行探究。

一、老龙堤的修筑时间

老龙堤是襄阳城护城堤，《襄樊市志》指出其是由襄阳城西北的

---

① 王绍良：《汉江下游明代水患与水利格局》，《农业考古》1990 年第 2 期，第 236~240 页。

② 唐刚卯：《论宋代襄阳屯田与长、木二渠的兴废》，"汉水文化暨武当文化国际学术讨论会"会议论文，丹江口，2004 年 6 月，第 194~208 页。

③ 鲁西奇、潘晟：《汉水中下游河道变迁与堤防》，武汉大学出版社 2004 年版，第 238~245 页。

④ 肖启荣运用碑刻材料及地方志，考察了明清时期汉水下游地方政府与地方社会在水利事务上的"互动"，进而探究了其地水利格局形成的原因（肖启荣：《明清时期汉水中下游的水利与社会》，复旦大学博士学位论文，2008 年）。徐琳琳以水利碑为切入点，还原了一个围绕着水这个中心，国家与地方、官方与民间有机互动的区域性的水利社会，并以此创造和推动着襄樊历史的发展（徐琳琳：《嘉庆至同治时期的襄樊水利社会研究——从水利碑刻切入》，湖北大学硕士学位论文，2011 年）。

⑤ 张俊峰认为学术界关于水利历史的研究正在走向整体史范畴，吸收众多科学的理论，实现了从水利共同体到水利社会的转变（张俊峰：《水利共同体研究：反思与超越》，《中国社会科学报》，2011 年 4 月 7 日，第 6 版）。管彦波立足于水利与国家、社会整合，指出了水利共同体理论的缺陷（管彦波：《理论与流派：社会史视野下的中国水利社会研究》，《创新》2016 年第 4 期，第 5~12 页）。

万山开始绕城北，直至城东的汉江堤防。《重修老龙堤记》碑文印证了这一说法。老龙堤全长 4.5 千米，坐落在古汉江的老河床上。① 老龙堤大体轮廓，在《（乾隆）襄阳府志》卷 15《水利》"老龙堤"有所提及：

> 本朝命分守安襄郧道兼理水利，督同知岁一查修。本堤自万山起至旧旺嘴、孔家埠口、宋家嘴、卧铁牛、碎石嘴、老龙庙、砚窪池、普陀庵、站铁牛、头工嘴、龙窝、二工嘴、大沙窝、禹王庙、观音堂、黑龙庙、牌路巷、丁家嘴、长坡埠口、象鼻嘴、大马头、铁桩、大北门、寡妇堤、二花楼、至长门外水角门、杨泗庙，计甃石堤一千八百五十四丈，长十里三分。②

作为襄阳重要的防洪工程，老龙堤经过多次的维修和增固，然而其始建时间却不详于典籍③。《湖北省襄樊市地名志》言老龙堤亦称"大堤"④，唐代诗人李白也以《大堤曲》描述过襄阳老龙堤一带的繁华，"汉江临襄阳，花开大堤暖。佳期大堤下，泪向南云满。春风复无情，吹我梦魂散。不见眼中人，天长音信断"⑤。可见唐代就有"大堤"的称谓，对于唐大堤的由来，《新唐书》记载："会汉水涨啮城郭，

---

① 李泽勋：《襄阳市汉江老龙堤基础防漏处理方案探讨》，《农村经济与科技》2012 年第 7 期，第 168～169 页。

② 陈锷纂修，乾隆《襄阳府志》点校整理工作委员会编：《襄阳府志》卷 15《水利》，湖北人民出版社 2009 年版，第 197～198 页。

③ 《襄樊市志》在"老龙堤"条下亦云："堤始建于何时，无从考证。"详见湖北省襄樊市地方志编纂委员会编著：《襄樊市志》，中国城市出版社 1994 年版，第 813 页。

④ 湖北省襄樊市地名领导小组编：《湖北省襄樊市地名志》，1983 年，第 126 页。《湖广通志》"襄阳县"下亦言："老龙堤在县西三里，即大堤也。"详见夏力恕、迈柱：《湖广通志》，《景印文渊阁四库全书》史部第 531 册，台湾"商务印书馆"1983 年版，第 693 页。

⑤ 陈诗编纂：《湖北旧闻录》第五期，湖北人民出版社 1999 年版，第 1253～1254 页。

柬之因垒为堤，以遏湍怒，阖境赖之。"①张柬之在修筑堤防时借用了先前的"垒"，"垒"字，②《说文》中言："垒，军壁也。"可见唐以前襄阳城周围的"垒"主要是出于军事防御的考量，而非隔离水患，唐朝发生这样的转变，大抵与中古时期汉水流域内环境的变迁有着莫大的关系。③ 正是由于"水患"的频发，唐武宗时"拜卢钧为节度，加筑堤六千步以障其暴。即唐人所称之大堤也"④。顾祖禹《读史方舆纪要》也云："背负汉水，东北一带皆缘城筑堤，以防溃决，谓之大堤。汉乐府有《大堤曲》谓此也。"⑤大堤的修建时间在不断地推前，顾炎武《天下郡国利病书》载："考襄阳古有大堤曲，是堤之设，自商周已然矣。"⑥大堤在商周时期已然存在这一说法，今已不可考。况且《大堤曲》与大堤之关系仍有不清，就算顾氏之言属实，《大堤曲》所描述之堤当是襄阳之"垒"而非襄阳之"堤"，即此记载实乃襄阳古城四周的夯土墙。

据以上材料，似乎均指向一个说法，那就是大堤是老龙堤的一个别名。换而言之，老龙堤只是大堤的一个部分。《湖广通志》对大堤做了详细的介绍，其言："按古大堤，西自万川，经檀溪、土门、白龙、东津渡，绕城北老龙堤，复至万山之麓，周围四十余里。"⑦据此

① 《新唐书》卷120《张柬之列传》，中华书局1975年版，第4323页。

② 陈锷纂修，乾隆《襄阳府志》点校整理工作委员会编：《襄阳府志》卷15《水利》，湖北人民出版社2009年版，第197页。

③ 王绍良统计史料中的"水患"，发现自汉朝至元朝汉水共有决堤34次，其中19次发生在襄阳，第一次汉水"水患"记录发生在唐穆宗时期。参见王绍良：《汉江下游明代水患与水利格局》，《农业考古》1990年第2期，第236页。

④ 陈锷纂修，乾隆《襄阳府志》点校整理工作委员会编：《襄阳府志》卷15《水利》，湖北人民出版社2009年版，第197页。

⑤ 顾祖禹等：《读史方舆纪要》卷79《湖广五》，中华书局2005年版，第3701页。

⑥ 顾炎武：《天下郡国利病书》，上海书店1985年版，第257页。《湖广通志》亦有相同的记载。见夏力恕、迈柱：《湖广通志》卷20《水利志》，《景印文渊阁四库全书》史部第531册，台湾"商务印书馆"1983年版，第692页。

⑦ 《湖广通志》卷20《水利志》，《景印文渊阁四库全书》史部第531册，台湾"商务印书馆"1983年版，第693页。

可知襄阳古时的大堤，是从万山开始绕城南到东津渡，再由东津渡绕城北到万山共四十里的环形堤。对比前引《(乾隆)襄阳府志》有关"老龙堤"的表述，不难得出老龙堤仅仅是沿江的一段。① 《(同治)襄阳县志》云老龙堤"自万山脚起至小北门越十里，非古大堤也"②。据此可知，大堤是"旧堤"，老龙堤则是后来"新堤"的名称，因此，大堤之设并非老龙堤修建的时间。

关于老龙堤的确切修建时间，《大清一统志》简言之为明万历时期巡道杨一魁所筑，③ 然《(乾隆)襄阳府志》有更加细致的书写：

> 嘉靖三十年，巡道陈旧《秩官志》载其记未著名。守道、雷贺度作东西二堤。其西曰老龙堤。起万山，沿汉筑之。东曰长门堤，自西城外土门绕城北筑至长门。皆弥补旧缺，汉水之于檀溪通得分杀，其暴如故也。迨万历三年，堤又大决，坏城郭。巡道杨一魁乃建议自万山下起，东至长门，合筑长堤，甃以石，高凡三丈，厚五丈，仍名曰老龙堤。④

《(乾隆)襄阳府志》言："万历四年，老龙石堤成，汉水始不得绕城以为民害。"⑤又同书卷9《坛庙》也有相似记载："城北初有二堤，

---

① 《大清一统志》也有相似记载，云："北自老龙堤至长门，皆沿城甃石，南自万山山麓至土门，皆仍古大堤。"详见穆彰阿、潘锡恩等纂：《大清一统志》卷348《襄阳府三》(第8册)，上海古籍出版社2008年版，第298页。

② 杨宗时修，崔淦纂，吴耀斗续修，李士彬续纂：《(同治)襄阳县志》卷2《建置志·堤防》，《中国地方志集成·湖北府县志辑》第64册，江苏古籍出版社2001年版，第103页。

③ 穆彰阿、潘锡恩等纂：《大清一统志》卷348《襄阳府三》(第8册)，上海古籍出版社2008年版，第298页。

④ 陈锷纂修，乾隆《襄阳府志》点校整理工作委员会编：《襄阳府志》卷15《水利》，湖北人民出版社2009年版，第197页。

⑤ 陈锷纂修，乾隆《襄阳府志》点校整理工作委员会编：《襄阳府志》卷5《古迹》，湖北人民出版社2009年版，第84页。

西为老龙堤，东为长门堤。至石堤成，始合为一，皆以老龙名堤焉。"①上述记载可以说明，老龙堤建于明嘉靖三十年，万历三年重修时将老龙堤与长门堤合并，仍名老龙。

二、老龙为"堤"考释

老龙堤之名，第一次出现在史志典籍中，是明嘉靖三十年。前引《（乾隆）襄阳府志》，襄阳城北作东西二堤，西曰老龙堤，东曰长门堤。长门堤起自西城至长门，故以此为名。老龙堤起自万山至小北门，何不言北门堤？关于"老龙堤"的命名，《（同治）襄阳县志》有如下记载：

> 老龙堤在城西，北临汉水。明万历间，始有之。相传修堤时，有老人取草为曲折之形以授之，云："如是，则固矣。"语讫，不见，人疑为老龙。堤成，故以为名堤。自万山脚起至小北门越十里，非古大堤也。②

此则记载当有众多的神话色彩，"修堤"一词说明了老龙堤并不是完全新筑的，也证实了老龙起自先前的"垒"。

在官方文书记载之外，襄阳民间尚有众多传说与老龙堤的命名相关。民间传说大体分为两个版本：

> 有一年夏天，连降数日暴雨，把河堤冲垮了几个口子。襄阳城的男女老少全部出动，奋力筑堤。可是，这一处筑好了，那一处又溃口了，眼看滔滔洪水就要将整个大堤冲垮，襄阳城将要遭

---

① 陈锷纂修，乾隆《襄阳府志》点校整理工作委员会编：《襄阳府志》卷9《坛庙》，湖北人民出版社2009年版，第131页。

② 杨宗时修，崔淯纂，吴耀斗续修，李士彬续纂：《（同治）襄阳县志》卷2《建置志·堤防》，《中国地方志集成·湖北府县志辑》第64册，江苏古籍出版社2001年版，第103页。

受灭顶之灾。就在万分紧要关头，一个穿草鞋的老人路过此地，急忙从草鞋上拆下一根草绳，向河边一抛，草绳在河水中犹如蛟龙一样打了几个滚，立马变成了一条坚固的长堤，挡住了滔滔河水。原来，那老人是东海的龙王，难怪有如此大的本事。后来，人们就把襄阳这一段的河堤称为老龙堤，并在河堤上修建了龙王庙，以此供奉造福人类的龙王。①

在此种"文化诉说"之外，尚存在另外一种"文化表述"：

> 镇河神往东走了一截，把手中的龙头拐棍往地下一横，嗬！那拐棍成了一条活跳跳的龙，摇头摆尾要往河里跳。镇河神不慌不忙，叫人拿来一根铁桩，往龙头上一钉，龙给钉住了，头也不动弹了！可尾巴还是乱摆。镇河神一只手捏住龙尾巴，一只手从草垛上扯了一把稻谷草，缠在龙尾巴上，拧起草要子来。说也蹊跷，稻谷草往龙身上一拧，都变成了龙身了。镇河神叫人们赶紧往龙身上壅土。就这样，镇河神拧着稻草往后退，百姓们跟着壅土，修堤。②

由此可见，两种民间传说的文字表述不同，其源头当是一致的，可以表述为：镇河神带领民众修筑老龙堤。将两种民间传说与官方记载相对照，亦可以发现三者之间的共性，那便是老龙堤不是民众自发组织构筑的。③ "老人""龙王"（亦有民间流传版本称"道人"）以及"镇河

---

① 《汉江流域民间传说：老龙堤》，襄阳政府网（http：//www.xf.gov.cn/zt/zxcs/hjbk/gs/201406/t20140603_ 468856. shtml），2014 年 6 月 3 日。这个版本与《（乾隆）襄阳府志》《（同治）襄阳县志》等官方地方志记载大体一致。

② 黄耕、张建勇收集整理：《老龙堤的传说》，古顺水主编：《古襄阳故事》，三秦出版社 2008 年版，第 112～113 页。

③ 对于民间无法自主修筑堤坝的原因，张建民通过研究，认为"水利建设具有的公共性与个体小农分散性之间的矛盾，是导致民间堤垸难以自主进行的重要原因"。张建民：《湖北通史·明清卷》，华中师范大学出版社 1999 年版，第 266 页。

神"的形象多有不同，但是它们发挥的作用却是一致的，那就是引领人们修筑老龙堤。至于是结草置绳，还是以龙为堤，这只是襄阳地方社会对于老龙堤之"老龙"的理解，官方书写不涉及信仰，而传说则更多是襄阳民间信仰的反映。

老龙堤之命名，多为地方文化的创造，而非当时之情形。老龙堤真正命名之缘由当是《襄樊市地名志》所讲的那样："由于它工程浩大，蜿蜒似老龙伏地而行，故称'老龙堤'，亦称'大堤'。"①老龙堤修筑后，对襄阳水利社会也有重要的影响，《重修樊城堤防碑》载："至明杨一魁增建老龙堤，直按万山，檀溪始涸。水进流，势益悍急，渐啮樊城南岞。"②

三、修堤所示的襄阳水利区域社会

汉水"水患"的频发是明清之际襄阳社会大修水利的重要因素。据统计，有明一代，史书中记载的汉水水患已达四十余次。③ 清人顾炎武在《天下郡国利病书》中描述了明代的"水患"之烈："明世宗嘉靖二十六年沙洋堤决，汉水直趋江陵龙湾市而下，分为支流者九，从此五州县荆州、江陵、监利、潜江、沔阳岁遭湮没。"④明清汉水水患十分严重，以致民国时期的水利学家李仪祉在研究汉江水灾后认为："治江必须治汉，汉不治则江不治。"⑤

襄阳位于汉水之畔，深受"水患"之罹害，堤防与襄阳城的安危息息相关，然而也要看到并不是所有的堤防都受到国家的重视。《林则徐文集》对于汉水堤防的情况做了描述：

①　湖北省襄樊市地名领导小组编：《湖北省襄樊市地名志》，1983年，第126页。

②　道光十年《三瑞亭记》，知府郑敦允重修樊城堤防碑，现藏于襄阳米公祠。

③　王绍良：《汉江下游明代水患与水利格局》，《农业考古》1990年第2期，第236页。

④　顾炎武：《天下郡国利病书》，上海书店1985年版，第343页。

⑤　宋希尚编著：《长江通考》，台湾"中华书局"1963年版，第345页。

盖滨汉各州县堤工，除襄阳老龙堤系属石工，尚属坚固外，其钟祥、荆门、京山、潜江、天门、汤阳、汉川等州县，南北两岸正堤土性多沙，易于冲刷，且工长计有十六万六千一百余丈，其旁出之支河各堤，尚不在此数之内。①

由此可见，清代政府在汉水两畔修筑绵延万丈的护河堤，以石筑堤也充分说明了老龙堤在汉水水利格局中的重要地位。地方政府以及襄阳地方社会对老龙堤的重视，不仅仅在于以石筑堤，还在于多次重修老龙堤，而且奏请修堤的官员都是身居高位的官员，并且多以湖广总督为首。② 从某种程度上说，修筑老龙堤是一种官方权力向民间社会的渗透，地方政府以此展现其对地方社会的控制力。

老龙堤保卫着襄阳的权力中心——襄阳城，因此老龙堤的修建及管理也都有官方权力的影子。康熙三十九年规定，守道的主要职责是督催府州县官员修筑堤防。安襄郧道守道驻襄阳，主要职责为兵备，设置之后即有兼理水利之责，负责安陆、襄阳二府的水利事宜，并负责兼管老龙堤。③ 老龙庙前所立的《重修老龙堤记》记载："雍正五年七月，余奉……为未雨之防。赴会城，初谒观察赵公，亦嘱兹堤为急务"，足见国家对于襄阳老龙堤的重视，地方官员也将修堤视作业绩的一种，故言"迄今事竣，或亦可告无罪于守土之责也"。④ 在老龙

① 《筹款生息防守襄堤折》，道光十八年闰四月十八日，《林则徐全集》第三册，海峡文艺出版社 2002 年版，第 22 页。

② 督率地方水利是地方官的重要职责，对于重要的水利工程设施，朝廷设置专官负责。详见张建民：《湖北通史·明清卷》，华中师范大学出版社 1999 年版，第 257 页。

③ 《襄阳府志》"老龙堤"条云："本朝命分守安襄郧道兼理水利，督同知岁一查修。"陈锷纂修，乾隆《襄阳府志》点校整理工作委员会编：《襄阳府志》卷 15《水利》，湖北人民出版社 2009 年版，第 197 页。在禹王庙碑文中也出现了"湖北布政使司分守安襄陨道兼理水利事务按察使"等字眼，细读碑文可以发现，老龙堤数次修筑多有政府官员参与。

④ 雍正五年《重修老龙堤记》，现立于老龙庙前，碑文多有残缺，其记见于《襄阳府志》卷 33《艺文志》，湖北人民出版社 2009 年版，第 457 页。

堤下的《禹王庙重修碑记》碑阴记"粮捕府家丁刘□贵""观音堂"等字眼，① 可见老龙堤的修建有"家丁"、宗教人士的参与。同治年间《重浚襄渠记》碑阴亦有记载："□□□以专责成也，渠分四段，由绅耆工，选勤慎晓事者十二人，每年以四人充当四段值年渠长、经理渠事。……如有违误或徇情舞弊，许首土及沿渠业户，并下次，值年渠长禀官究惩。"②值得注意的是，"家丁"属"粮捕府"，"绅耆工"是地方精英，他们身上或多或少地体现着国家权力，在修筑堤浚渠过程中，他们作为官方的"代言人"，指挥着"沿渠业户"等地方民众参与襄阳水利设施的修筑。

经费方面，瞿同祖论述州县官在公共工程中的行政职能时写道："按规定，任何大规模的修缮工程，必须先征得上级主管部门的同意，否则修缮工程的资金由州县官自筹。通常有两种方法来筹得经费：由州县官自己捐款，或者说服乡绅和富人集资。"③襄阳老龙堤多为官修，其修防经费源自官方：

> 湖北襄阳府老龙石堤，捍御襄河，保护郡城，最为紧要。前因南岸堤身屡被冲溃，估工修筑，本款不敷。借动司库各款，共银八万二千一百三十七两零。至今尚未归还。兹该督等查明堤河生息一款，本银十五万两，汉商每年应缴息银一万八千两，原备合省堤河之用。请拨出五万两本息，为老龙堤经费，历次借项得以逐渐归还。着照所请。准其拨银五万两，作为老龙石堤修葺之用。其前借商捐堤河息银一万五千六百五十一两，即于本款开销，毋庸归还。其余借动八款银六万六千四百八十五两零。均着照现定章程，按年扣还以清款项。该部知道。④

---

① 乾隆八年《禹王庙重修碑记》，位于襄河南岸老龙堤下。
② 同治二年《重浚襄渠记》，今碑立于襄阳王府。
③ 瞿同祖：《清代地方政府》，法律出版社2003年版，第262页。
④ 《清宣宗实录》卷101，道光六年七月下戊戌，中华书局1986年版，第647页。

"借动司库"说明老龙堤的修筑是"借帑兴工"的方式，虽然需要地方政府逐渐归还相关款项。除了官帑外，尚有"河息银"。乾隆九年，总督鄂弥达享在襄阳府库存军需银内拨款 5000 两，发襄阳府属各当铺生息，以一分五厘生息，每年可得息银 900 两。① 可见地方政府也借助襄阳民间力量，来共同完成老龙堤的修筑，但是官方的力量在其中仍然是起着主导作用的。②

然而，樊城堤防修筑，主要依靠的是民间力量。清道光年间，郑敦允守襄阳，改修樊城土堤，"绅者土著者商者贾者腰金而好义者争先恐后，乃召土工、木工、石工、金工，工既集，余不时诣工所与同事奖勤能，儆游惰，戒浮冒，严稽核"③。在樊城堤防的修筑过程中，官员并不是主导者，而仅仅是充当监督者和指导者的角色，商贾、土著才是修堤的主要力量，"自同治八年至十二年，所有堤工多系民赀民力，昔之土堤，今尽改为石堤矣"④。"河工厘金"修堤的做法，在同治年间已成定法，"历任郡守，皆据郑公所筹河工厘金一款，逐年增修"⑤。由此可见樊城堤防的修筑经费多以绅商捐款、河工厘金为主，这是与襄阳城有着巨大的不同的。商业的繁荣促使了樊城民间力量的壮大，掌握财富的商人、土著开始介入樊城水利事务的管理，在这一进程中，樊城的民间力量逐渐获得了一定的自主权。

可以说，清朝政府在人力组织及资金投入上，都对襄阳老龙堤表

---

① 黎世序等：《续行水金鉴》卷 153《章牍二》"乾隆九年湖广总督鄂弥达奏"，台湾文海出版社 1970 年版，第 83 页。

② 雷平在研究了清代襄阳的碑刻之后，认为在襄阳地方水利事务中官府承担着领导的职责，并将其延伸为官民共治的水利格局。详见雷平：《襄阳碑刻所见基层社会治理》，《湖北大学学报》（哲学社会科学版）2014 年第 1 期，第 89~90 页。

③ 道光十年《三瑞亭记》，石碑藏于襄阳米公祠。

④ 杨宗时修，崔淦纂，吴耀斗续修，李士彬续纂：《（同治）襄阳县志》卷 2《建置志·堤防》，《中国地方志集成·湖北府县志辑》第 64 册，江苏古籍出版社 2001 年版，第 106 页。

⑤ 杨宗时修，崔淦纂，吴耀斗续修，李士彬续纂：《（同治）襄阳县志》卷 2《建置志·堤防》，《中国地方志集成·湖北府县志辑》第 64 册，江苏古籍出版社 2001 年版，第 105 页。

现出了明显的重视。对比对岸樊城堤的修筑，这反映出了襄阳社会与樊城社会性质的不同，而这种不同源自社会中主导力量的不同。正像鲁西奇在论述樊城镇与襄阳城关系时讲到的，"商埠城郭的形成与发展构成了对治所城郭的挑战"①。笔者认为在一个城市内部也存在这种挑战，襄阳民间势力逐渐参与水利公共事务，无疑是对传统行政力量和官方政治力量的"稀释"，堤是如此，城内社会亦然。

四、结　语

综上，大堤是"旧堤"，很有可能是围绕襄阳古城的"垒"，后于唐代修筑成堤；老龙堤是"新堤"，为明嘉靖三十年地方官员所筑，明万历四年合并老龙、长门二堤，仍名老龙，后经多次重修不改其名。关于老龙堤的传说有很多，但这些都是襄阳地方社会的"文化诉说"，并非老龙堤的真实来源，老龙之名源自堤的形制，却蕴含了襄阳人民消除汉江"水患"的美好愿望。堤的修建和管理多为地方政府所主导，正应和了老龙堤传说之中的"老人""镇河神"形象，他们都是地方社会较权威的人士，指挥着襄阳人民筑堤防御"水患"，在筑堤之中官民社会开始进行"互动"。

（作者系武汉大学历史学院硕士研究生）

---

① 鲁西奇：《城墙内外：古代汉水流域城市形态与空间结构》，中华书局2011年版，第437页。

试析张怡《玉光剑气集》的
史料与史论价值

侯睿博

摘要：《玉光剑气集》是明遗民张怡所著的一本历史笔记。该书分三十一门，以记载人物言行为主，收录有明一代乃至明亡之后的诸多人物事迹，其间夹以作者自身见闻与议论。该书的重要史料来源是张怡及其友人的亲身经历与见闻，这部分史料由于鲜少记载于他书，又是作者的亲身经历，故而详尽真实，具有较高的史料价值。在史论方面，张怡具有强烈的"忠义"观念，同时又能够提出自己独到的政治见解，并秉持公正的论史态度，殊为可贵。对《玉光剑气集》的研究有助于发掘清代历史笔记的史学价值。

关键词：张怡；《玉光剑气集》；历史笔记；史学价值

一、绪　　论

笔记之体，名号众多，包罗广泛，历史笔记是其中不可忽视的一类。从史学史的角度来看，一方面，野史笔记的兴起是中国史学发展过程中的一种趋势和特点；另一方面，野史笔记对于开展史学史研究，诸如参订正史、考证史实、研究史家，等等，具有独特的价值。

清代的历史笔记，数量丰富，种类众多，学界的研究成果亦颇为丰富。学术专著方面，刘叶秋的《历代笔记概述》第一次系统地梳理了笔记这一文体的产生、发展与流变，并提出了新的分类方法，书中第七章《清代的笔记》着重介绍了清代的笔记情况。① 谢国桢《明清笔记谈丛》一书介绍了四十余种明清笔记，包括其作者、内容、版本、流传等情况，但其介绍的笔记数量偏少，难以反映清代历史笔记的总体面貌。② 张舜徽著有《清人笔记条辨》一书，在书中对清人笔记或是引申发明，或是考订驳正，具有较高的学术价值。③ 冯尔康在《清史史料学》一书中，从史料学的角度出发，肯定了清代笔记的史料价值，并进行了具体的阐述。④ 来新夏的《清人笔记随录》收入了二百余种清人笔记，另附《清人笔记中社会经济史料辑录》，史料十分丰富。⑤ 姚继荣写成《清代历史笔记论丛》一书，梳理了前人研究成果，理清了"历史笔记"的概念，并按时间顺序重点收录了一批清代历史笔记。⑥ 论文研究方面，学界相关论文以个案研究为主，如《梁章钜笔记小说浅谈——以〈浪迹丛谈 续谈 三谈〉为例》⑦《从归田到浪迹——梁章钜笔记〈归田琐记〉与〈浪迹丛谈〉评述》⑧《浅谈昭梿及〈啸亭杂录〉》⑨等。综合研究的论文较少，有代表性的是《清人笔记史学价值研究》⑩一文。

总体来看，学界对于清代历史笔记的研究不断深入，取得了较为丰硕的学术成果，但也依然存在不足与缺陷。一方面是系统研究的缺陷，笔记这种文体具有杂而散的特点，故而对其进行系统研究的难度

---

① 刘叶秋：《历代笔记概述》，北京出版社 2003 年版。

② 谢国桢：《明清笔记谈丛》，上海书店 2004 年版。

③ 张舜徽：《清人笔记条辨》，华中师范大学出版社 2004 年版。

④ 冯尔康：《清史史料学》，沈阳出版社 2004 年版。

⑤ 来新夏：《清人笔记随录》，中华书局 2005 年版。

⑥ 姚继荣：《清代历史笔记论丛》，民族出版社 2014 年版。

⑦ 蔡莹涓：《梁章钜笔记小说浅谈——以〈浪迹丛谈 续谈 三谈〉为例》，《厦门教育学院学报》2007 年第 3 期，第 23～24 页。

⑧ 欧阳少鸣：《从归田到浪迹——梁章钜笔记〈归田琐记〉与〈浪迹丛谈〉评述》，《学苑撷英》2010 年第 9 期，第 108～110 页。

⑨ 刘楠：《浅谈昭梿及〈啸亭杂录〉》，《丝绸之路》2011 年第 4 期，第 72～73 页。

⑩ 王若夏：《清人笔记史学价值研究》，延安大学硕士学位论文，2012 年。

较大。学界目前的系统研究成果多是集中于点校收录和整理分类方面,更进一步的梳理归纳、研究分析则显得相对不足。另一方面是个案研究的不足,相较于清代历史笔记的庞大数量,目前学界所关注和研究的笔记只占了较少的一部分。还有许多有价值的笔记由于种种缘故,处于一种无人问津的状态。张怡所著的《玉光剑气集》正是一本未被关注的清代历史笔记,故本文便着力于此,希望对其史料与史论价值做一探析。①

二、张怡与《玉光剑气集》

张怡,字瑶星(又作遥星),初名鹿征,江苏上元(今江苏省南京市)人。其父张可大,明崇祯初年任山东登莱总兵,崇祯四年(1631年),死于登州孔有德之叛,张怡遂荫官锦衣卫千户。崇祯十七年(1644年),李自成起义军攻陷北京,张怡被捕入狱。后张怡出狱归乡,隐居南京摄山,著书自娱,与方以智、方舟(方苞之父)、黄虞稷、周在浚(周亮工之子)等交游,五十余年不入城市,人称之为白云先生。康熙三十四年(1695年)以寿终,卒年八十有八。张怡一生著述颇丰,除《玉光剑气集》外,尚有《三礼合纂》《明末史事杂抄》《谀文随笔》《谀文续笔》《云乳续笔》以及《白云道者自述》等,多未刊印。

《玉光剑气集》在清代被列为禁毁书目,惟余稿本流传。今人魏连科考证,手稿《玉光剑气集》的最初收藏者为王秉恩、王文焘父子,而最终归于上海古旧书店收藏。② 后经由魏连科点校,编入中华书局《元明史料笔记丛刊》系列,分上、下两册,于 2006 年正式出版。③因魏连科先生点校整理之功,方可得见此书原貌,本文正是以中华书

---

① 徐小蛮有《新发现的清代禁书〈玉光剑气集〉》(《新华文摘》1980 年第 11期),陆国强有《关于张怡〈玉光剑气集〉手稿》(《文物》1981 年第 7 期),但只重点关注了其原始手稿的版本、字体等情况。

② 魏连科:《稿本〈玉光剑气集〉整理琐记》,《书品》2006 年第 5 期,第 10~14 页。

③ 张怡:《玉光剑气集》,中华书局 2006 年版。

局点校本为底本进行研究的。

在体例上，《玉光剑气集》沿袭《世说新语》体，分为三十一个门类，包括帝治、臣谟、法象、国是、敢谏、忠节、吏治、武功、识见、方正、清介、才能、理学(附勤学)、孝友、德量、义士、豪爽、高人、艺苑、著述、幼慧、技术、诗话、嘉言、俳谐、玄释、列女、征异、类物、杂记、惩诫。谢国桢先生在《江浙访书记》一书中则认为："(《玉光剑气集》)与其说仿《何氏语林》，倒不如说是效法何元朗的《四友斋丛说》。"①

在内容上，《玉光剑气集》以记载人物言行为主，收录有明一代乃至明亡之后的诸多人物事迹，其间夹以作者自身见闻与议论；涉及政治、军事、天文、地理、宗教、文学、建筑、数术等诸多领域，可谓是事无巨细，包罗详备。

三、《玉光剑气集》的史料与史论价值

(一) 史料价值

历史笔记的史学价值主要体现在文献与史料学的层面，一定程度上起到"补他书之阙，详他书之略，正他书之误"的作用。正如魏连科所言，《玉光剑气集》的史料来源，一方面采自记述明代史事的各体史书，尤其以明代笔记杂著为大宗，可以视为明代笔记杂著的集成。另一方面，则是张怡及其友人的亲身经历与见闻。② 这部分史料由于鲜少记载于他书，又是张怡的亲身经历，故而详尽真实，极富史料价值。笔者以为，《玉光剑气集》的史料价值主要在以下几个方面：

1. 关于张怡亲身见闻的记载

首先是关于"壬申登州之变"的记载，此事见于《玉光剑气集》卷

---

① 谢国桢：《江浙访书记》，生活·读书·新知三联书店 2008 年版，第 99页。

② 魏连科：《稿本〈玉光剑气集〉整理琐记》，《书品》2006 年第 5 期，第10~14 页。

6《忠节》：

> 壬申登州之变，镇守总兵官庄节张公可大死之。先是，山东
> 防抚孙公元化遣兵援大淩，中途叛，破新城、吴桥数县。时庄节
> 公已升南左府书金书，谢事出署矣，闻变，率兵堵剿。而孙抚为
> 间所愚，力主抚，将士皆愤。兵出被抑而还者数四。贼抵城下，
> 殊无受抚意，乃用兵。先以川营大炮居前列击之，贼已溃矣。乃
> 抚标兵出与贼合，从后反击，我兵出不意，遂溃，退而城守。孙
> 抚复违众，纳叛卒五百人，夜半，放炮喊杀，内外相应而城陷。
> 公以印付旗鼓吴振姬，以刃付家丁黄明光，杀其一妾，命弟可
> 度、子鹿征奉母太夫人匿民间。正衣冠，题壁，自缢太平楼
> 上。①

此事为张怡所亲历，故史料可信度极高。若与《明史》《清史稿》
等史籍中有关登州之变的记载相比较，可以发现其基本史实并无出
入，足可相互参证。而《玉光剑气集》所记则更为详尽，细节尤多，
为他书所未载，如"兵出被抑而还者数四""公以印付旗鼓吴振姬，以
刃付家丁黄明光"等。在本条之后，有张怡批语："先赜老人有《登变
纪略》一书，载之甚详。"可知《登变纪略》一书对"登州之变"记载详
尽，且为张怡所认同，这亦为我们搜寻更多有关"登州之变"的史料
提供了新的线索。遗憾的是，经笔者查阅，此书似已失传，无法得
见。

其次，是关于李自成起义军攻陷北京的记载：

> 皇亲魏公师贞，绐家人登楼，钥其户，曰："吾至外探一信
> 来。"因积薪楼下，扃户纵火。仆辈闻之，推户，不可启。见公
> 跏趺坐火中，虽烈焰四绕，颜色不变如平时，亦异人也。②
> 锦衣卫千户高公文彩，闻变，冠带拜阙，家中男妇二十余

---

① 张怡：《玉光剑气集》卷6《忠节》，中华书局2006年版，第261页。
② 张怡：《玉光剑气集》卷6《忠节》，中华书局2006年版，第292页。

口，尽命至厅事，以次悬至梁上。其长子某，欲走，公拉之还，曰："汝月食朝廷米，岁支布绢，而欲逃死耶。"手缢之，然后自尽。按：此二条之上原有张怡朱笔批语曰："魏、高二公，予被难，亲得之闻见，而世无传者，以非两榜耳。痛哉！"①

锦衣堂上刘公应捷，大将军渠子也，以善骑射受知于上。闻城破，自缢。而公体魁梧，绳断，再易之，再断，复易之，则贼已入室，执公去。公不屈，受两夹，不言不食，至足胫溃烂而死。按：此条上有张怡朱笔眉批曰："与予同被难一室，知之最真，而世无传者。"②

按张怡批语，魏师贞、高文彩、刘应捷三人之事，皆为其亲身闻见，故史料可信度极高。此三人之事皆不见于正史，独见于《玉光剑气集》。同时，这三条记载也为研究张怡生平，尤其是他被捕入狱的这段经历，提供了史料和线索。

2. 关于人物事迹、言论奏疏、诗文笔记等内容的记载

如前文所述，《玉光剑气集》可以视为明代笔记杂著的集成之作，故而有明一代大量的人物事迹、言论奏疏、诗文笔记等内容在此书中得以保存。这部分内容多为作者随手摘录，原文引述而来，很大程度上保留了史料原貌，加之作者撰述过程中的梳理、考辨与采选，因此具有较高的史料价值。试举两例：

在《玉光剑气集》卷3《法象》一节之下，张怡引述了王三原《漕河通志》的内容：

王三原《漕河通志》略云：元起朔漠，建都北平，漕渠不通江、淮。至元初，粮道自浙西涉江入淮，由黄河逆水至中滦，旱站，陆运至淇门，其难盖不可言。况运粟不多，不足供京邑之用。于是遂有海运之举，而风涛损失颇多。故又自任城开河，分

① 张怡：《玉光剑气集》卷6《忠节》，中华书局2006年版，第292页。
② 张怡：《玉光剑气集》卷6《忠节》，中华书局2006年版，第293页。

汶水西北，至须城之安民山，入清济故渎，通江淮漕，经东阿至利津河入海，由海道至直沽，接连至京……永乐间，北京初建，粮道由江入淮，由淮至黄河，水运至阳武，发河南、山西二省丁夫，陆运至卫辉上船，河水运至北京。亦不可谓不难。后济宁州同知潘叔正以州民往北迁运军需旱站艰苦，开凿会通河以省民力。河成，而司空宋礼方督工，建言从会通河漕运，而海运于是罢乎。当会通河漕运之初，又得平江伯整顿经理，以底于成，功不可泯也。①

王三原即王恕，字宗贯，号介庵，又号石渠，三原（今属陕西）人。明正统十三年（1448 年）进士，曾任扬州知府、江西布政使、河南巡抚、吏部尚书加太子太保等职。成化年间，王恕总督河道，著《漕河通志》十四卷，今已失传。弘治年间，工部郎中王琼在《漕河通志》的基础上著成《漕河图志》一书。《四库全书总目提要》云："先是，成化间三原王恕作《漕河通志》十四卷。弘治九年琼以工部郎中管理河道，乃因恕之书而增损之。"②王琼在《漕河图志》自序中也提道："成化间，吏部尚书三原王公为刑部左侍郎，总治河防，尝稽典籍、公牍，作漕河通志，兼纪古今漕渠、漕数之类。予近得其书而伏读之，窃叹其收录之博，用心之勤，而惜其书之不多见也。然予方奉命掌治漕河，不暇悉考前代漕运之法，又虑古今事杂，难于披览，辄不自料，因公旧书而增损之。"③由此可见，《漕河通志》正是《漕河图志》的直接史料来源，较之《漕河图志》更具一手史料价值。张怡在此节中，保留了大段《漕河通志》的原文，为研究明代的河道漕运、地理沿革等情况提供了宝贵史料。

在《玉光剑气集》卷 4《国是》一节下，张怡又引述了郝敬《天山

---

① 张怡：《玉光剑气集》卷 3《法象》，中华书局 2006 年版，第 123 页。

② 永瑢、纪昀等：《四库全书总目提要》，海南出版社 1999 年版，第 402 页。

③ 王琼：《漕河图志》，王云、李泉主编：《中国大运河历史文献集成》第 44 册，国家图书馆出版社 2014 年版，第 8 页。

评》的部分内容：

> 万历间郝楚望敬在户垣，尝疏谏加赋非策，辽左宜备，屡疏留中。天启中，辽城失守，王师屡北。敬作天山评有云："或谓：子昔请屯兵，今无兵可屯，奈何？公曰：辽左虽敝，而中国全力未损也。辽民失天，而普天莫非王民也，京省九边各卫所莫非王师也。事有变而易图，谋有豫而当先，仓卒而议，新法不可卒施……自今承袭，必加考选，兼贤及庶。如此，则勋贵之家，子孙兄弟，竞修世业，以求称职，数年之后，将材不可胜用矣。"
>
> 或曰：有兵无食，奈何？公曰：食必资粟。今主计者不议饷粟，而专议饷银，为有司者，不求实仓，专求实库。夫用兵之法，守则利屯种，战则利轻赍。轻赍则银便矣。有银随处籴买，然亦必有粟可籴而后银可用也。……故明主贱金玉而贵五谷，省刑薄敛，使万民乐业，力本勤农。数年之后，家给人足，仓廪日实，府库日充，则不足为也！①

　　郝敬，字仲舆，号楚望，京山（今湖北京山）人。万历十七年（1589年）中进士，晚明时期著名的经学家和思想家。据《明史·艺文志》和《四库全书总目提要》载，郝敬著有《小山草》十卷，被列入集部。又据《清代禁毁书目四种》所载："查《小山草》系明郝敬撰，卷四天山评内语有触碍，应将全篇禁毁。又卷九第十二页内亦有干碍语，应一并删毁。"②可知，《天山评》乃是郝敬所撰《小山草》中的一卷，且原书已被禁毁。一直以来，郝敬因其学术思想而得到学界的关注。上述两段史料涉及军国之策、屯兵足粮之法，对于研究郝敬的政治军事思想而言，显得尤为可贵。

　　除此之外，《玉光剑气集》中摘录的尚有倪元璐《辨党人疏》、章允儒《言路渐轻疏》、杨继盛手疏稿、李应昇《狱中与儿孙之书》、焦

---

① 张怡：《玉光剑气集》卷4《国是》，中华书局2006年版，第174页。

② 姚觐光：《清代禁毁书目四种》，商务印书馆1937年版，第19页。

漪园《卓忠贞祠碑》等。这些内容部分犹可考证出处，部分则独见于此书，篇幅所限，兹不一一赘述。

3. 关于天象灾异、宗教学术、疆域地理等内容的记载

《玉光剑气集》全书三十一门，涵盖范围甚广，除了大量的人物言行之外，还涉及天象灾异、宗教学术、疆域地理等内容，同样值得关注。如《玉光剑气集》卷1《帝治》一门下关于明代刻书藏书情况的记载："国初书板，惟国子监有之，外郡县尚未有，观宋潜溪《送东阳马生序》可知矣。宣德、正统间，版刻尚未广，今所在日增月盛，能刻正大古书以惠后学者少，所刻多无益，令人可厌。上官多以馈送往来，动辄百部，所费亦烦。近日一种无忌惮小人，作为淫词小说，梓工巧，惑人耳目，坏人心术，真可痛恨。昔元人刻书，必经中书省过，下所司，乃许刻印，此法甚善。"①记述了明代"版刻"的发展与兴起，以及伴随书籍大量印刷所出现的社会现象。又有"前代藏书之富，无逾本朝。永乐辛丑，北京大内新成，敕翰林院，凡南内文渊阁所贮一切书籍，各取一部送至北京，余悉封贮如故。时修撰陈循，如数取进，得一百柜。督舟十艘载进。至正统己巳，南内火灾，所藏尽化灰烬，岂非书之厄会也欤！"②对明代官方藏书情况也作了一简要记载。

《玉光剑气集》卷3《法象》中记载了明代北边防务与官职设置情况："北边有戎警，则设总制大臣或都御史，或尚书侍郎兼宪职，自巡抚以下，皆禀受节度。东路宣府、大同，一员；西路陕西、延绥、宁夏、甘肃，一员。盖黄河自金城出中国，经戎地西行，南入中国，在大同西界偏头、河曲，延绥东界府谷、神木之间。故西路有徼，则宣大游兵驻河东滨；东路有徼，则延、宁游兵驻河西滨。戎入套，则西路之徼，出套，则东路至徼。西路总制治固原，在延、庆、凉、兆之中；东路则往来于宣大。嘉靖中，改总制为总督。"③

① 张怡：《玉光剑气集》卷1《帝治》，中华书局2006年版，第45页。
② 张怡：《玉光剑气集》卷1《帝治》，中华书局2006年版，第46页。
③ 张怡：《玉光剑气集》卷3《法象》，中华书局2006年版，第137页。

《玉光剑气集》卷 13《理学》中，张怡自陈："姚江一滴，直接泗水，而未窥其藩者，以为与濂洛异流，斥之为禅，予每抱痛。"[①]同时转引神宗皇帝及蔡方炳之言，为阳明心学辩护，由此可见明人关于阳明心学的论争以及张怡本人的学术倾向。

《玉光剑气集》卷 22《技术》、卷 28《征异》中，多载星占测字、卜算幻术乃鬼神之事。

《玉光剑气集》卷 29《类物》中记载："历局汤若望有一日晷，云是鞑靼宝也。大可三寸而杀，色若玫瑰，透明无纤瑕。中有天然十二时辰字，而字与中土书异。中一针，随时而运，不由人力。全是造物生成，真属稀有。若望甚秘之，昼夜佩胸前，不轻示人。予得见之。"[②]若按时间推算，汤若望与张怡二人生活年代相仿，又按此条所记，张怡很可能与汤若望有着密切交往。

以上种种，仅为笔者随机列举，类似的记述尚有不少。总体来看，这部分内容略显分散，比重较小，但涵盖范围很广，对于研究明代社会生活、宗教科技以及张怡本人而言颇具参考价值。

(二) 史论价值

除了丰富的史料价值，《玉光剑气集》中的史论同样具有较高的史学价值。在这部分内容中，张怡褒贬史事、臧否人物，其是非标准、思想观点等也隐见其中，并体现出以下三个特点：

1. 强烈的"忠义"观念

上文提到，张怡之父张可大在"登州之变"中积极御敌，兵败后自杀殉国，可谓是尽忠报国，气节凛然。在张怡身上，这种"忠义"观表现得同样强烈，乃至于成为张怡评判历史人物和历史事件的标准。

张怡于《玉光剑气集》中特撰《忠节》一门，并在卷首小序中言道："舍生取义，杀身成仁，夫惟烈士，守定见真。虽汤镬在前而

---

① 张怡：《玉光剑气集》卷 13《理学》，中华书局 2006 年版，第 530 页。
② 张怡：《玉光剑气集》卷 29《类物》，中华书局 2006 年版，第 1017 页。

视若鼎茵，虽金紫可博而眇若蒸燐。盖其禀浩气于天地，凛大义于君臣。九死不避，百折弥伸，而又何羡乎八骀之贵，何爱乎七尺之身？吾独笑夫陵、律之辈，许、赵之伦，口诵典籍，迹列缙绅，而如茅斯靡，不磨亦磷。"①一扬一抑之间，其实也代表着张怡评史、论人的准则。

《玉光剑气集》卷1《帝治》中张怡批判朱棣残害忠义之举："文皇诛锄忠义，不遗余力，虽从来待敌国巨憝，未有若此者。"反之，对于忠义之士，张怡在书中着墨颇多。如卷5《敢谏》中，对于杨继盛的言论、手稿、奏疏等备录甚详，言语之间也多有赞誉；卷6《忠节》中，评价大礼议之争中忠直敢谏的群臣，认为"皆天地之正气也"。

2. 独到的政治见解

除了强烈的"忠义"观念，在评论史事的过程中，张怡也展现出了自己独到的政治见解，甚至提出了具体的政治主张。

关于明代设立的"市舶司"，张怡先是记叙了市舶司设立始末："市舶司，国初设于太仓，以近京，后移闽、浙。虽绝日本，而市舶不废，海上利之。夏公言当国，因宋素卿、宗设仇杀，遂罢市舶。"②而后指出取缔市舶司所造成的负面后果以及出现问题的环节："自后番货被奸商所笼，负至数千万，番乃主贵官以奢商，而贵官所负更甚。番人失利，乃为寇，贵官则以不御寇让有司。及出师，又设计以啗番人，于是番怒，日焚掠。一二不逞生儒阴翼之，而王五峰、毛海等，遂以华人据近岛，袭王者衣冠，假为番寇，海上无宁岁矣。朱公纨严禁之骤，不得法，为贵官所反陷。御史董威乃复请宽海禁。"③最后总结出症结所在："是浙倭之乱皆浙人自乱之也。"

关于明"巡监御史"一职，张怡先批判了此举的弊端："国初设巡

---

① 张怡：《玉光剑气集》卷6《忠节》，中华书局2006年版，第232页。
② 张怡：《玉光剑气集》卷4《国是》，中华书局2006年版，第154页。
③ 张怡：《玉光剑气集》卷4《国是》，中华书局2006年版，第14页。

监御史，专巡私监。正统后，兼巡河道，查盘清理，得纠治文武官吏，其权甚重。然御史以法治，而所与奉法者，在运使、提举等官，今专以授阘茸不职之人，是道之以污而求其洁也。且监官遍天下，而所在严分地之禁，如严敌国，如迹奸宄，所在设官，费以千万计，是禁之之过也。"①而后又具体地提出了自己的方略："治之莫若简事而省官，诚于诸产监设运司之地，简风宪忠臣一人，付便宜之权……国家得监利日饶，而不必峻制以扰之，灶丁得煎监自给，而不必更免差以优之。监可通卖，人无争夺，索举专利之币，不禁而自息，山、陕射利之民，不驱而渐归，边境渐实，边储渐充，冗官冗费，荡然一除，亦策之得也。"②并从方方面面论证了方略实施的可行性。

关于嘉靖年间"庚戌之变"，张怡认为："庚戌之事，主边兵者仇鸾，主京兵者丁汝夔也。逆鸾私盟俺答，贿赂避兵。汝夔选懦无为，骤闻边警，悉遣禁卒，仓皇就道，莫知适从，而敌骑已蹂内地矣。……更可笑者，汝夔出京兵以防边，仇鸾召边卒以实京。瘗罪酬功，国是全非，焦头曲突，人谋两误。"③同时，张怡也尖锐地指出世宗皇帝的为人："世宗所恶者直言，而不问其忠，所喜者杀戮，而不必其当。嵩本贿败将褫，鸾已家居失职，必欲强与将相之位，成其乱贼之名，身诛族灭，为世指笑。然则嵩、鸾亦无死道，所死者，世宗杀之也。"④

对于东厂的设立，张怡毫不留情地给予批判："祖宗之意，不过欲周知民间疾苦、吏治勤惰耳。然番役多至千名，中间岂无巨奸老滑藉以行私事者乎！后来遂专作威福，凌弱暴寡，以逞其私，为圣世秕政，良可恨也。"对于明代的皇庄以及王公贵族的庄田，则认为其"皆国储之蠹也"。

---

① 张怡：《玉光剑气集》卷4《国是》，中华书局2006年版，第155页。
② 张怡：《玉光剑气集》卷4《国是》，中华书局2006年版，第156页。
③ 张怡：《玉光剑气集》卷4《国是》，中华书局2006年版，第156页。
④ 张怡：《玉光剑气集》卷4《国是》，中华书局2006年版，第157页。

3. 公正的论史态度

值得肯定的是，张怡虽然有着强烈的"忠义"观念，但是在评论史事，褒贬人物之时，却往往秉持一种客观公正的态度，善于从正反两个方面进行评论。

《玉光剑气集》卷4《国是》中载："互市之举，起于宣大。此非王少保崇古在外担之，新郑在内主之，中外安得享数十年太平？新郑险诈恣横，然胆略实为盖世。而互市一段，实有功于国家。少保后以忤台省，纷言逐逐。然岂知其当日塞上舍身家担当之事？"①

新郑即高拱，张怡对高拱本人评价不高，但是对于高拱与王崇古二人合力促成"互市"一事，却给予了正面评价，应当说是较为公允的。同时，张怡也看到了实行互市之后出现的问题："互市既行，两镇军民官吏，咸藉以蒙安，功诚不小。但平成已久，武备渐弛。往时偏、老内外，多勇烈士，囊无金钱，则相率而捣巢偷马。……虏市，而此辈无所用，老者死，壮者散为商贾。卫尉材官舍甲胄，释弓矢，而以礼法逡巡。"最后，同样给出了较公正的论断："故曰'安不忘危'，此因循之过，非互市之失也。"②

《玉光剑气集》卷6《忠节》中，张怡收录了洪武年间太监云奇在胡惟庸谋反案中拼死护君之事，同时认为："云公之事载在各书，众口一词，无言出自涂公者。太平门外，内官神道，与徐、李诸公并赐，圣意可知。《实录》所载，但欲以此等大事，不当归之宦竖，欲为缙绅存体面耳，殊非大道为公之意，不足泥也。"③关于云奇之事真假暂且不论，这里则直接体现出了张怡公正的论史态度，即史书记载需秉持"大道为公之意"，否则便是"不足为泥"。

综上所述，张怡的史论有着强烈的"忠义"观念，同时又能够提出自己独到的政治见解，而非流于空疏；能秉持"大道为公"的论史态度，而不因循拘泥，这一点是难能可贵的。

---

① 张怡：《玉光剑气集》卷4《国是》，中华书局2006年版，第157页。
② 张怡：《玉光剑气集》卷4《国是》，中华书局2006年版，第158页。
③ 张怡：《玉光剑气集》卷6《忠节》，中华书局2006年版，第233页。

四、结　语

笔者以清代张怡所著的《玉光剑气集》作为研究对象，并着重探析了其史料价值与史论价值。《玉光剑气集》中既有张怡亲身经历的记载，又有关于人物事迹、言论奏疏、诗文笔记等内容的记载，还有关于天象灾异、宗教学术、疆域地理等内容的记载，这些记载保留了许多非常有价值的史料。从此书中，我们也可以了解到张怡在史论方面的鲜明特点，一是其强烈的"忠义"观念；二是其独到的政治见解；三是其公正的论史态度。

总的来说，《玉光剑气集》是一本极具研究价值的清代历史笔记。乔治忠先生提出："史学史研究有三大任务，一是清理史学遗产，二是阐明史学发展进程，三是揭示史学发展规律"，同时，"只有对史学遗产做出一定程度的清理，才能较好地阐述历史学的演进过程；对史学演进过程有了比较清晰的理解，才能探讨史学发展的规律"。[1]对于清代史学而言，数量丰富的历史笔记无疑是一笔宝贵的史学遗产，值得我们继承与研究。希望本文能够起到抛砖引玉的作用，引起更多学者对清代历史笔记的关注与重视。

（作者系武汉大学历史学院硕士研究生）

---

[1]　乔治忠：《谈谈中国史学史的要务及使命》，http://his.cssn.cn/lsx/sjls/201909/t20190912_ 4971274. shtml，2019 年 9 月 12 日，查阅时间：2020 年 9 月 20 日。

清代湖北民俗仪式及
娱乐活动资金问题试论

郑光辉

摘要：在清代长江中下游地区，基层社会的各种民俗仪式及娱乐，需要筹集大量的资金用以置办牲畜、果蔬、烛纸等必要物资，以及用以举办构成仪典主要部分的娱乐活动和集体餐饮活动。这个过程包括各种资金和物资的筹集，涉及诸多支出与结余，体现着中国古代民间的经济思想和消费思维，也反映出彼时物质文化水平与商品经济环境的发展。此外，民间自发组织的此类事务中，资金问题主要与普通百姓有关。农民、商人的城乡居民以各种方式共同出钱出物，供给着整个活动流程的巨大花销。这些有助于从经济侧面认识明清时期基层地区社会组织和社会秩序，以及与社会层级相匹配的经济发展水平。

关键词：明清；民俗仪式；娱乐活动；资金问题；商人

受明初统治者扩大祭祀范围政策的影响，基层社会中的民间信仰日益扩张，相关仪式和活动随之不断增加。此外，春节、元宵、端午、中秋等传统节日都伴随着不同程度的公众娱乐活动，颇为频繁；并且，在明初至嘉靖年间，统治者一直在放松民间对于祖先祭祀的规制，从而促进了家庙的出现和宗族祭祀活动的规模化、常态化①。这

---

① 援引自李文治：《明代宗族制的体现形式及其基层政权作用——论封建所有制是宗法宗族制发展变化的最终根源》，《中国经济史研究》1988 年第 1 期，第 59~63 页。

使基层社会日常生活中与此相关的、占据重要地位的各种仪典活动，在继承前代主题内容的基础上，规模不断扩大、举办次数增长、时间跨度延长、影响层面愈发深入。① 即使长江中下游各个地区在地理单元上相对封闭，其情形也亦然如此。而较大规模活动的开展需要强有力的组织、一定数量的工作人员与供应相对充足的物质基础。因此，本文拟从参与者的经济行为入手，探究清代湖北地区在各种民俗仪式及相关娱乐活动中对财物消耗的概况，以及为了维持这些消耗而必须进行的财物征集活动，以期由此出发，对该时期湖北地区社会经济发展状况的研究作一注脚。

一、举办民俗仪式及娱乐活动的财物耗费规模

本文所论述之民俗仪式及娱乐活动，指基层社会民众为信仰崇拜、追思先辈以及节日庆贺而聚集举办的相关仪式与较大规模的娱乐行为之总称。此类活动的举办需要一定的资金及物资支撑，以此来确保其效果和影响程度达到举办者们的期望。根据地理、经济水平和人文环境等条件，不同区域，以及同一区域的不同地方会耗费数量不等的资金与其他辅助性物资，以筹办不同规模的活动。并且，随着文化和风俗的演变，多出现铺张浪费的情境。

这里所探讨的不是具体到每一地方、每一项相关财物的使用状况，也并非统计学那样追求每个确定的数据，而是意在通过对这类活动所使用的财务状况的点点展现，来探究其在社会史层面上的历史表达及意义。

(一) 公共活动财物消耗概况

各地区用以敬神追远而举办的民俗仪式和娱乐活动各有不同，这里以作为普遍存在的民俗活动庙会为载体，一定程度地展现各地关于民俗活动的资金投入。庙会一般以迎神敬神仪式和娱乐为主要活动内

① 赵世瑜：《中国传统庙会中的狂欢精神》，《中国社会科学》1996 年第 1 期，第 183~196 页。

容，多采取演戏的方式。

明代浙江仁和县在这些活动之中，有士绅富豪"纠率一方富家子弟，各出己贷，妆饰各样抬阁及诸社伙，备极华丽"①。富家子弟出资，使各种活动用品、工具等"备极华丽"，体现出资金使用的无规则性及其消耗的力度。如果说仁和县的记载中没有直接说明活动使用财物数量的问题，那么广东海阳正月迎神活动中的"靡费以千万计"②，以及清代河南辉县"每会所费无算，而彼不惜也"③，则进一步说明了庙会财物消耗规模之巨。地方公共仪式性活动的举办依据一定的时间和契机，一般覆盖较大的区域。仅某一个乡村或者城镇活动的财物消耗，并没有呈现出"大规模"的特征。但区域城乡共同举办，则尤为引人注目。如在清代江苏六合县，"自城市以及乡村，各酿金具酒醴、鸡豚以祀土神。祀毕，群享祭余，乡邻欢聚，民为社会"④。城乡一体庆祝，各自准备资金和物品，其数量之多让人惊讶。除以宏观视角关注的过程之外，个人在活动中的微观经济行为，也突出了使用财物数量巨大的特点。即使如广西贫穷之地，看酬神戏的人也是"男以衣履相先，女以钗钏相耀，虽贫皆有六钏、三钗、金耳环之饰"⑤。

（二）清代湖北地区民俗仪式活动的大规模财物消耗

在明清关于祭祀、公共集会等国家行政命令基本落实到各区域，以及大的文化背景对人的礼仪行为进行规范的历史情形下，理解各地域举办民俗仪式及相关娱乐活动使用财物的规模及程度，对探索明清湖北地区民间此类活动消耗资金和物品的情况有直接帮助。

湖北相较于其他地区，此类民间活动中的资金和物品使用有很多

---

① 《（嘉靖）仁和县志》卷13《纪遗》，明嘉靖二十八年抄本，第37~38页。

② 《（光绪）海阳县志》卷7《舆地略》，清光绪二十六年刻本，第8页。

③ 丁世良、赵放主编：《中国地方志民俗资料汇编》（中南卷下），书目文献出版社1991年版，第78页。

④ 《（光绪）六合县志》卷8《附录》，清光绪六年修十年刻本，第2页。

⑤ 丁世良、赵放主编：《中国地方志民俗资料汇编》（中南卷下），书目文献出版社1991年版，第890页。

的相似之处，然使用数量较为巨大。在庙会之中，仅仅延请道士念经这一项的经费，就超出了一万金。① 往往以装饰华丽的大型器具，如抬（台）阁等为主，辅之以丰富多彩的人物服饰装扮。如江夏迎神庙会：

> 城市间有迎神会。为台阁数十，内藏铁干高丈许，必纤饰其外，使无迹，立小儿其上，扮演往事，曰"故事"，其他鼓棚、彩亭、跷行诸戏暨古玩仪卫导于前，侈极耀。观坐神于座舁之，富室少年盛饰，拥小盖立神后，曰"鲴盘"，群以为荣。酿金角胜，糜费不赀，亦见升平之盛。②

这种仪式性公共活动中使用物品数量之多，令人惊叹，各种器具、服装等装饰之华丽，备受瞩目。而这些的基础正是大量的资金和相关物料，上述材料中"糜费不赀"的直白记载，说明了对于财物的消耗程度。诸如此类的情景在湖北其他地方亦有佐证：

> 十月"立冬"后，上冢增土，始修筑塘堰。是月，树麦已毕，农工寝息。二十八日为"城隍诞辰"。征优演剧，香火满道，士女杂踏，糜费不赀。③

与迎神庙会类似，一些地方在其他岁时节日，如端午节、重阳节等，也会举办声势浩大的集体庆祝活动。虽然在一些形式和细节上存在差异，但其活动的目的与组织方式以及对财物的消耗却有诸多共同之处。在湖北崇阳，四月八日为"浴佛节"。此节日无论城乡，均举行盛大活动，规模甚大：

> 四月八日"浴佛"，旧称"龙华会"。城乡乃先备竞渡龙舟，

---

① 《记宾阳门东岳会》，《汉口中西报》，1908 年 4 月 30 日。
② 《（同治）江夏县志》卷 5《风俗》，清同治八年刻本，第 36 页。
③ 《（同治）郧西县志》卷 1《舆地》，清同治五年刻本，第 21 页。

彻夜打开头鼓，盖误以华为划也，可为一嚎。①

民俗仪式不仅包括由信仰崇拜而产生的迎神送神庙会，因年岁时间而进行的岁时节庆，还包括特定群体内部的集体活动，如宗族内举族祭祀等。在某些地方，宗族祭祀也与当地庙会、乡村祭社等活动融为一体。祭祀作为宗族凝聚人心、增强向心力的重要公共仪式，其动员人数、物资消耗等情况虽未必可与大范围的庙会等活动比肩，但也可称得上是举族之力。如湖北通山：

> 大族各建祖祠，置祭产，立祭会。清明、寒食间，合族老幼衣冠、舆马诣墓所，挂褚钱，杀牲备物以祭……招优演剧，以宴百数十席不等……②

与此同时，这些仪式及娱乐活动为普通民众带来了吃、穿、游乐、筹办戏剧等方式之外的群众性的游戏活动，诸如竞赛、斗鸡、斗蟋蟀等。这些游戏活动或多或少包含着博彩的性质，甚至涉及大规模资金的赌博，这亦增加了普通民众的财物消耗，谓之为"弊俗"。诚如《(光绪)续修江陵县志》载："七月'七夕'……乡镇少年斗蟋蟀，谓之'开圈'。起'处著'，迄'寒祥'，胜负动至千金，亦弊俗也。"③

各种民间公共活动的举办，都覆盖了一定的区域，吸纳了较多参与者。不同规模和不同层级的仪式性活动，所耗费的财物数量也有不同，但是大多被评价为"糜费甚巨"。这或许受记录者主观情感的影响，但确实有大量财物在这些活动中被使用乃至被虚耗。

二、普通民众与资金来源

资金和物资作为开展民俗仪式及娱乐活动的基础和先决条件之

---

① 《(同治)崇阳县志》卷1《疆域》，清同治五年活字本，第74页。
② 《(同治)通山县志》卷2《风俗》，清同治七年心田局活字本，第53页。
③ 《(光绪)续修江陵县志》卷21《风俗》，清光绪三年宾兴馆刻本，第7页。

一，必然有其来源和汇集的渠道。在长期的社会生活中，区域城乡居民内部也形成了或约定俗成、或典章规制的资金筹措渠道方式，并随着时间的推移，不断地完善，配合着集体活动的需要。

（一）以"社日"办会为主的城乡公共活动资金来源

在基层地区，普通平民关注自身的平安与土地收入，因此尤其重视土地神的祭祀，将之作为民俗活动的重要组成部分，在每年二三月间的"社日"，举办祭祀仪式和持续时间较长的娱乐活动。作为民间自发组织且作用于居民本身的公共仪式，其最直接的财物获取渠道就是区域居民本身。但是由于不同居民及其家庭的经济条件有所差异，尤其是地主、富商等人与普通百姓之间，能够提供的财物更是千差万别，因此需要分类探究。

公共仪式性活动资金的来源中，"众筹"这个词汇会经常性地出现。虽然各地或同一地区的城乡之间关于此处的记载表达不同，但均表达了类似的含义。尤其当这种公共活动涉及田土收成、衣食温饱的时候，这种含义就更是得到直观的显现。比如办"社"：

> （二月）"社日"，村农酿钱，建醮赛会，事竣察饮，谓之"饮福酒"。家家扶得醉人归，觉有皞峰景象。"秋社"亦然。①

除地方乡村村民会各自出钱以集资办"社"之外，城镇居民亦有此举。不过与乡村赛会聚饮有所不同，城镇地区多有以街坊为单位请戏班演戏的习惯：

> 二月"社日"，居民酿钱扮赛，街市各坊建醮演戏。每岁二月朔二日、八月朔二日皆然，即春祈秋报之意。②

在为办"社"而集资的过程中，财物的来源本质是城乡居民个人

---

① 《（光绪）沔阳州志》卷2《地舆》，清光绪二十年刻本，第39页。
② 《（乾隆）东湖县志》卷5《疆域》，清乾隆二十八年刻本，第8页。

及其家庭。然而在较大范围内开展公共活动，财物经过小范围的集合而聚拢至"主办方"或者"委托方"。此时的财物征集已然不基于个人，而是基于单位。在城镇，常见的单位为"街"或者"坊"；在乡村，则为"社"。

> 初二日，按方社醵金，祀灶神，曰"作土地会"，即春祈秋报意；秋平安清膜 每岁居民按方社醵金，延黄冠于寺观设坛扬幡，焚香诵经，三日至七日不等，谓之"平安清醮"。散日，以纸糊竹船于旷野焚之，曰"摄瘟"。偶值瘟蝗，亦延黄冠诵经，或张灯嬉以禳之。①

办"社"以祭"社神"，为祈风调雨顺、五谷丰登，这与每个人息息相关，因此集资办社理所当然，是为常态。只是面对不同的神灵时，这种仪式性活动所覆盖的范围不同，财物征集的范围也不同。湖北长阳的"社神生辰"，在农历二月三日，即开始做"文昌会"以庆祝文脉之传承。但不同于各乡村皆供"社神"，"文昌庙"并非各地皆有，于是"各乡有文昌庙者，俱各效钱行事，谓之'做文昌会'"②。

(二) 宗族内部集体活动资金来源

宗族祭祀作为特定群体内部的公共仪式性活动，虽然较为封闭，不像庙会那样具备开放性，但在宗族内部，却更加具有严肃性和强制性，要求宗族男性成员必须参加。这种强制性的另一个表现还在于，族谱上记名的家族男子，必须以个人或者家庭为单位为宗族祭祀等相关活动提供资金。如，在 15 世纪，由于一男子对迎神赛会不给予经济支持，所以宗谱、宗祠皆不容他存身，甚至遭到"割谱"，即将该人该家之部分从谱中取消。这也波及与他同样信仰天主教的宗族

---

① 《(道光)鹤峰州志续修》卷 6《风俗》，清同治六年刻本，第 4 页。

② 丁世良、赵放主编：《中国地方志民俗资料汇编》(中南卷下)，书目文献出版社 1991 年版，第 427 页。

成员。①

此外，对于较大的宗族来说，有的不只是由一姓组成，有的由一姓组成却因为时间久远而谱系庞大。面对这种复杂的状况，组织宗族祭祀相对麻烦，对于财物的筹措，也无法深入每个家庭或者个人。在这种现实条件下：

> 各姓祭祖，多于秋冬间行之。或五年，或十年，或二三十年，会集族众，按门分派猪羊，每至百余只。旗伞执事鲜妍拥道，锣鼓小乐随行，以多为贵，香案、古玩、器皿俱备。②

以"门"或者"房"为单位的征集。其本质仍然是宗族内部的集资行为。

当然，对于一个架构紧密、运作成熟的组织来说，宗族对于固定时间必须举办的祭祀活动，有着常态化的准备，并为此建立了相关的规章制度。这些包括祭祀的场地，比如墓地、祠堂等；包括参与人员的摸排，比如修缮族谱等；也包括所需财物的经济基础，比如族产中的祭田、祭林等。

以麻城詹氏一族为例。在"祖宗虽远，祭祀不可不诚"的基本理念指导下，各代各分支均谨慎对待并筹备大型的祭祀活动以"追远"，且大多数情况下，随着子孙繁衍、人丁兴旺，各分支均有祀产。但在复杂的基层社会中，例外的情况亦时常存在。其族谱中就详细记录了一个阖族祀产的特殊情况，这使得宗族在祭礼等民俗仪式方面财物开支的来源更加具象地呈现了出来：

> 我族自入籍以来，四传至公鼎、公鼐。鼎公子孙蕃衍，各有祀产。我祖鼎公生□公 、馨公……馨公生仕佐、体乡，居观音石河；乡公生本秩、本质、本主……惟本质公后六传至应曾公。子孟贵早天，立族侄錭，子尚志为孙；志生钟兴、友、洛。兴归

---

① 援引自方豪：《中网天主教史论丛》，商务印书馆1945年版，第38页。
② 《(同治)通城县志》卷6《风俗》，清同治六年活字本，第10页。

宗，复承锏祀；而友、洛皆无子。

息曾公产业渐已废尽，我胞伯（讳）应连公，懼洛等所遗祖墓数十冢，后渐无人祭扫，欲约鼎公后裔共买洛产以为祖费，而众多不允，惟詹家湾大行公后一分、我祖大谟后一分、并李家塝孟先尚礼，尚清、尚伍、尚拾及本人钟洛各一分，共计八分。人等捐资买洛等万家冲楼下棉地一所，并数处坟林杂树木柴草。洛等亦提约内钱四串八。祖迄今不过四越年，业已稍有余积，美哉始基之矣。倘由此而后，积羽沉舟，积钧折轴，重建祠宁，广置祀产，则鼎者，吾八分合祀之大宗也；□公、馨公吾八分分祀之小宗也。至于本质以下诸祖，虽属我房，而八分亦必春秋共祭，无失起祖之遗意。①

在其中一支经过发展，积累了一定的产业却无后人继承的情况下，为了不废弃产业，八房筹钱购买了无后人继承的族人的财产，包括棉地、坟林等，作为宗族祭祖费用的支撑来源。由此看来，祀产的来源，本质上仍然是家庭、族支等小群体，且最终来源于民众个人。

无论是敬神而举办的庙会，还是追远而发起的祭祀，抑或两者综合而进行的各种民俗仪式活动，其经济基础均为普通乡民个人及其家庭，财物以"众筹"的方式汇集，通过一定的渠道和管理机构应用于活动的开展。

三、商人在公共活动资金筹措中的角色

商人作为一个特定的群体，在传统礼教的社会环境中，地位相对较低，也无法发挥政治上的组织和主导作用。但是在突破常规政治性活动规则的民俗仪式及娱乐活动中，商人凭借强大的经济支持，在资金的筹措与管理等环节，扮演了重要角色。这包括两个方面，一是商人参与城乡居民组织、筹办的一般性敬神追远的仪式活动，这包括仪式、赛会以及娱乐活动等；二是商人作为主体来主导商业组织行会及

---

① 《（道光）詹氏宗谱》卷首上《八分祀产记》，第2页。

行业工会内部有关信仰崇拜的仪式性活动。

（一）商人参与其他城乡居民主办的公共活动时的行为

从各地的记载中，我们经常可见商人在地方公共事务中出钱出物的场景。作为公共仪式性活动的集资参与者之一，商人以其较为强大的经济基础，发挥了超出一般平民农户的作用。在一些时候，甚至是决定性的。如明成化末年，仁和县"其里有鲁姓者，素信机巧，好为美观，时值承平，地方富庶……乃纠率一方富家子弟，各出己费，妆饰各样抬阁，及诸社伙，备极华丽……"①

与强制性地摊派到个人不同，商人的出资行为，更多的类似于募捐。明清时期，这种情况在商人较为集中的汉口、汉阳等地多次出现。如19世纪末汉阳赛会活动中，"崇信神道者创为迎神驱疫之举，此唱彼和，捐款集资"②。并且商人参与公共活动财物募捐的热情比较高，如汉口新码头附近办会：

> 汉口神会向以新码头一带为多，桥口本居汉镇上游，虽市面凋零，集资不易，而其人皆存好胜之心，极意经营，捐诸肥皂石羔，并街市各业迎赛神会必不使他人胜我，迩来复集巨资将迎赛天符神。③

尽管生意不顺，收入惨淡，但是武汉的商人们却热衷于参与诸办会之类的公共活动的集资。不仅是捐款，还有很多商户捐出自己商铺出售的商品。具体原因此处不深究，但其展现出来的商人募捐的历史情境，着实引人注目。

为了与所在社区融合而参与赛会等公共活动的集资，和为了开展商人群体内部活动而进行的集资，这两者之间存在着一些差异。这种差异表现在提供财物种类与集资方式等方面。在社区为主导的公共活

---

① 《(嘉靖)仁和县志》卷13《记遗》，明嘉靖二十八年抄本，第37页。
② 《迎神驱疫》，《申报》，1885年9月29日。
③ 《不准赛会》，《申报》，1887年4月17日。

动中，商人以募捐的形式提供资金或者所需物品；但是在商人群体内部，在行会主导的情况下，商人则以自愿或者半强制的方式提供人力、物力、财力。

(二) 商人在其群体内部公共活动中的表现

商人群体内部的这种公共仪式性活动，起源于各行各业的信仰崇拜以及不同地方商人对于不同的神灵的信奉，而这又会推动商人汇聚于行业会馆或者同乡会馆，并以之为中心开展各种活动。因此会馆作为活动场地或者中心，发挥了空间的功能，甚至还带有庙宇的功能：如山陕会馆招僧住持供奉香火，每日长香神灯，务要敬谨供奉，殿宇香案每日打扫，且规定在每半年举行一次的祭祀之前，要按照礼仪将里里外外打扫干净，适时翻新法衣，购买、储存香烛及其物事。①

而会馆的建设和日常运作的开销，均由商人集资而成。其资金筹措方式有对同籍商人的抽厘和派捐、临时募捐、定期收取同籍商人会员费、经营同籍商人的绝产、对同籍商人的违规罚款等方式。② 如，湖北随州山陕会馆是由"蒋中和、谭财盛、宋三发等新兴布行积资建成"③；汉口山陕会馆曾因"发逆蹂躏汉皋，我山陕会馆凋敝难言"而筹资重建，"收布施三万四千有奇……共陆续捐厘银并息二十五万之谱……复收开光费四千七百余两"④等。

筹建以及维持会馆作为商人群体内部活动平台，是商人为公共仪式性活动进行集资的一种表现，多在同乡商人中出现。此外，在行会

① 《(光绪)汉口山陕会馆志·酌定条约》，王日根、薛鹏志主编：《中国会馆志资料集成》第 1 辑第 7 册，厦门大学出版社 2013 年版，第 391~394 页。

② 宋伦：《明清时期山陕会馆研究》，西北大学博士学位论文，2008 年，第 119~120 页。

③ 曾亚东：《厉山镇山陕会馆小考》，《随州文史资料》第四辑，1989 年，第 142 页。

④ 《(光绪)汉口山陕会馆志·重建西会馆筹收厘金、布施小引》，王日根、薛鹏志主编：《中国会馆志资料集成》第 1 辑第 7 册，厦门大学出版社 2013 年版，第 343 页。

组织开展同类活动时，商人参与集资还有其他方式。

清末笔记记载："各行工人恭庆祖师……一则可以说说公话，二则某同行藉此聚会一天。无论哪行，是日都要演戏酬神，并献云马钱银，以资庆祝，其一切费用，皆出自本行，或由大家集资，或由工码儿内坐扣，虽然所扣无几，集腋成裘。"①此处所载行业内部对于本行业祖师爷的祭祀以及开展演戏等活动，虽然明言为集资，但实际"一切费用，皆出自本行"，体现出一种强制摊派的味道。这在明清湖北地区的行会祭祀等公共仪式性活动中，亦有更多更明显的表现。

如《申报》记载的武昌汉阳的"筋业"行会，为了迎赛天符神，每年都由行会董事向各店铺抽取公费②；以及汉口的铜匠行会，每年办老君会、东岳会和关帝会的时候，都由选出来的会首向铜铺店铺主和铜匠收钱，分别为四百文和一百文③。这是强制性的收取，且不允许反抗，反抗者甚至会被暴力对待。有时候摊派收取的资金实在不足以应对活动支出，会首就不得不多付出一些钱财，以应对需要。

总之，商人作为特殊群体，在社区为主体、普通民众为主要参与者的祭祀与赛会等公共活动，以及同乡群体、行会组织的信仰崇拜与娱乐活动中，都扮演着出资者的角色。或自愿募捐，或被强制摊派，又或者以其他方式，他们在很多时候发挥着重要作用。

四、结　语

民俗仪式及娱乐活动，是区域内城乡居民内部自发组织、自由举办的，由平民参加且具有特定意义的仪式及娱乐行为。各种类型的活动体现了人们不同类型的情感寄托和对美好生活的向往；同时，这也是传统礼教规制下枯燥生活中为数不多可以狂欢的机会。基于此，人们愿意为之付出时间、精力与财物，哪怕"废时失业，田畴菜麦，蹂

---

① 逆旅过客：《都市丛谈》，北京古籍出版社1995年版，第190页。援引自赵世瑜：《狂欢与日常》，生活·读书·新知三联书店2002年版，第398页。

② 《筋业赛会》，《申报》，1886年6月14日。

③ 《铜匠苦况》，《申报》，1879年3月29日。

椟无遗"，"昨日取钱今取谷，春衣典却还卖犊"。

为此，社会需要从各方面，以各种渠道和方式，征集充足的财物以支撑活动的正常举办。在民间，面对着数量相对较大的潜在出资者，通过众筹来募集财物是最直接也是最有效的做法。当然，面对普通农民、地主士绅和商人等不同人群，集资路径是不同的。

一般而言，对于普通民众，主要采取以个人、家庭或者社为单位出资的方式，某些地方在征集的过程中会带有强制性，但民众大多会主动自愿地参与财物征集的过程。而商人作为特殊群体，在社区为主体、普通民众为主要参与者的祭祀与赛会等公共活动中，主要以资源捐赠的方式参与集资；但是在同乡群体以及行会组织的信仰崇拜与娱乐活动中，商人却多出现被强制摊派的情况。但无论如何，区域内部的城乡居民，都在为开展公共活动而集资的过程中，发挥着重要作用。

参与者的热情，前文所言国家对于民间信仰和崇拜行为的宽容以及社会文化的发展，推动了民俗仪式及相关公众娱乐活动的规模不断扩大、频次不断提高。伴随而来的是对金钱和物资的大量使用，以至于在各地的相关记载中，"糜费甚巨"成了高频词汇。而"糜费"的保证则依赖参与者，也就是广大平民的贡献。这形成了一套完成的社会交往逻辑，体现着基层民间社会的规则与活力。

（作者系武汉大学历史学院硕士研究生）

晚清至民国初年济南
城市布局与城市空间

刘翔宇

摘要：近代中国城市存在着新旧城市地域并立的现象。作为自开商埠城市，济南形成了商埠区与旧有城区的城市布局，并在两个地域内部产生了不同的城市空间。官府、文化阶层分别通过国家权力、文化权力塑造政治教化空间和文化空间，并抵制外来传教士进入旧有城区。以外来传教士为代表的外国势力在官府的控制下迅速在商埠区内发展，塑造了迥异于传统的近代城市景观与功能。济南各个地域在居民谋求生计、获取利益的活动下统一起来，实现了城市地域的整合。

关键词：近代城市；城市地域；城市空间；近代济南

一、问题的提出

城市是一种人类聚居的模式，具有非常复杂的结构，关于城市的研究一直以来也是非常重要的领域，对历史上城市形态的复原也属于研究的重要课题之一。在历史城市复原的研究中，除了文献记载、地图、考古资料等材料外，当下城市的形态同样也是复原城市历史形态的重要依据。这就引起了一个疑问：为什么在经历了近代的巨大变迁后，研究者仍可以利用当下的城市复原历史的城市？

解答这个疑问需要从近代城市的发展上寻找答案。在传统与外来各种势力的影响下，近代中国城市依托运河、铁路产生了商埠或租界区，自发型新城区，规划型新城区等新的城市地域。与此同时，老城区得到了一定程度的保留，因而可以成为复原历史城市的依据。

这种现象在近代上海、天津等口岸城市较为明显，并得到了深入的研究。通商口岸城市的新城区在经济发展、城市建设、对外交流、文化娱乐等诸多领域的发展水平都迅速超过了老城区，成为近代城市生活的核心。而相比之下，大部分城市在近代形成的新城区发展水平有限，并不能完全取代传统的老城区。

值得注意的是，除了约开商埠与租界之外，近代中国也出现了为数不少的自开商埠。其中一些自开商埠在新城区迅速发展的同时，老城区也没有立刻衰落。这些城市中，济南的发展具有一定的代表性。19 世纪末到 20 世纪初，为了应对德国人在山东的扩张，主政山东的袁世凯设计了一系列的新政。袁世凯离任后这些新政由他的继任者进一步实施，依靠胶济铁路与津浦铁路建立的济南商埠就在这一时期于济南旧城区之外建立了起来。

较早从城市史的角度对近代济南城市变迁展开叙述的是美国学者鲍德威，他于 20 世纪 70 年代曾著《中国城市变迁：1840—1949 年山东济南的政治与发展》一书。如书名所示，作者站在政治史的角度叙述近代济南城市变迁，按照政局变化将济南城市的发展划分为 19 世纪晚期、清末新政时期、民国初年、军阀统治时期、国民党统治十年、战争时期等六个阶段。[①] 这六个阶段中的前四个阶段既是旧有势力保持对老城区控制的时期，也是商埠区创立并得到初步发展的时期。正是在这一时期内，济南成为胶济铁路与津浦铁路的枢纽，并逐渐成为山东省内的次级商业中心和新兴工业城市，在现代化进程中取得了一定的成果。同时，城市作为传统政治中心的地位也未发生改变。

在这样两种迥然不同的城市定位下，新旧城市地域并立的现象在

---

① 鲍德威：《中国城市变迁：1840—1949 年山东济南的政治与发展》，张汉等译，北京大学出版社 2010 年版。

近代济南尤为凸显：东部城墙之内为旧有城区，城墙以外、圩子墙以内为自然扩张的旧城区，西部胶济线至经七路之间为允许各国商住的商埠区。除此之外，胶济线以北形成了面粉、纺织工厂聚集的新城区，商埠区以南也形成了带有一定规划的、以住宅为主的新城区。在这些城区的间隙之中还存在着自发形成的城市地域。

新旧城市地域主要是通过城市功能和景观来划定的，而这些功能、景观的形成与生活在城市中的各类群体有关。这些群体的活动会形成特定的城市空间，城市的功能、景观便附着在这些城市空间上。新、旧城市地域并立现象的产生与新的近代城市群体的出现密不可分。在近代济南，城市中的官员、受过教育的文化群体、外国人、本地普通居民等在商埠区、旧有城区内的生活导致了政教空间、文化空间、外来群体空间以及民众生计趋利空间的产生，从而影响了城市地域的景观与功能。不过，由于他们在这两个城市地域中并非严格地隔离，而是互相交锋、交流，这使得政教空间、文化空间、外来群体空间、民众的生计趋利空间形成了较为复杂的分布情况。

商埠区与城墙以内的旧有城区无疑是两个核心地域，这两个城市地域将是我们讨论近代济南城市布局与城市空间的重点。因此我们将从城市空间入手，讨论晚清以来济南城市布局与城市空间。

二、官府与政教空间

晚清以来济南旧有城区部分继承自明清历城县城。明清时期济南成为山东政治中心，大量官衙入驻城市，官员成为济南城市社会的主导群体，诸多官府集中在此，政治职能成为旧有城区最为重要的功能。城墙内的城市地域也围绕着官府、官吏以及政治职能形成了一系列独特的景观。

明末王象春《济南百咏》一书中的不少内容就反映了明代以来济南城市的政治景观。其中《官衙舆皂》一诗下说道："郡城游民骈集，专恃应役官衙户口。钱一入手，便酿酒叫呼，寻簪傍隙，赌博耗费。"①济南城内出现了"专恃应役官衙户口"的游民群体，反映了官衙林立对居民生计与城市社会结构的影响。

《试期》一诗说道："济城水居其半，官衙居其半。试子应试，凡三四千人，计仆从并亲友送场者则数万矣。寓所少，僦直甚费。然英俊云集，亦盛世景象。"②科举期间外地考生云集济南，大量外来人口的涌入导致济南城内租房价格大幅上升，这反映了科举制度对城市景观的塑造。

《西门道》一诗写道："古道朝京踏作河，寒泉无奈热肠何。东门一样垂官柳，只是西门送客多。"③出历城西门为进京官道，出东门则为向登青莱三府的官道。因此，一般官员晋升出西门。诗中所描述的东西门政治景观的差异是中央集权制度下京城与地方的关系在城市空间中的反映。

政治力量对城市空间的影响还体现在城内街道的命名上。《(乾隆)历城县志》记载城内大约有五十一街，其中有十九条待直接以政治机构或政治机构内部建筑命名，如按察司街、布政司街、厚载门街等。又有六条街以相对政治机构的位置为名，如西公廨街、院后街等。除此之外，还有一些街巷名称与官员住宅有关，如高都司巷、尹家巷等。④《(乾隆)历城县志》中提到城内五十一街的名称半数与官署相关，带有政治色彩的地理事物成为重要的城市地理标识。

国家机构在城市内部地理分布上具有较强的连续性同样反映了政治力量在城市内部长期存在而产生的影响。元明清三朝地方行政制度多有变化，济南城市在元明之间也经历了由府城升为省城的巨大变革。即便如此，城内的官署在地理分布上仍具有很强的延续性。如清巡抚署位于济南城中心，为明德王府缩减而来。德王府据有珍珠泉等

---

① 王象春：《济南百咏》，明万历四十四年（1616年）自刻本，第31页。
② 王象春：《济南百咏》，明万历四十四年（1616年）自刻本，第32页。
③ 王象春：《济南百咏》，明万历四十四年（1616年）自刻本，第18～19页。
④ 胡德琳修，李文藻等纂：《历城县志》卷3《地域考》，清乾隆三十八年（1773年）刻本，第9～11页。

泉池，元太宗年间元好问《济南行记》提到"珍珠泉今为张舍人园亭"，张舍人当指张荣，明德王府应据元代张荣旧园旧址改建而来。①

明清布政司署位于城西北部，曾为宋济南府治。《（嘉靖）山东通志》载："凝香斋，在布政司内。"②《齐乘》载："仁风厅，旧府治前衙也。其后静化堂、禹公堂、芙蓉堂、名士轩、竹斋、凝香斋、水香亭、采香亭、芍药厅，并见苏、曾诸公诗。"③

明清济南府治位于巡抚署以东，按察司位于府治以东，靠近东城墙。据危素《济南府治记》记载，明洪武初年改元代济南旧治为按察司，改开元寺为济南府治。④ 2003 年，济南县西巷出土了一处北宋砖筑地宫，有《开元寺修杂宝记》，又出土一尊弥勒像，须弥座下方发愿文有"大周万岁登封元年二月八日大云寺"字样，可见开元寺一带佛教遗迹至少可追溯至武周时期。⑤ 开元寺、大云寺虽为寺庙，但也具有一定的官方色彩，这一带存在国家相关设施的历史至少可追溯至唐代。

明清以来济南城内官署在地理分布上的延续性并没有随着近代政治制度的变化而彻底改变。民国建立之后，山东行政公署建于原抚署处，省议会、国税厅、岱北公署建于原贡院、布政司处，四十七旅署、警察厅、交涉公署等建于原济南府一带。审计处、盐运署则建于原按察司处。一些新的机构如审判厅，虽然未能占据城墙之内的空间，也设置在紧靠圩子墙的位置而非商埠区。官署在地理分布上的延续性体现了政治权力对特定城市空间的长期控制。

除了"政治"以外，"教化"也是政府的一项重要职责。这一职责

① 李修生主编：《全元文》卷 24，江苏古籍出版社 1999 年版，第 391 页。

② 陆钗等纂修：《山东通志》卷 21，明嘉靖十二年（1533 年）刻本，第 7 页。

③ 于钦撰，刘敦愿等校释：《齐乘》卷 5，中华书局 2012 年版，第 460～461 页。

④ 宋祖法修，叶承宗纂：《历城县志》卷 13，明崇祯十三年（1640 年）友声堂刻本，第 5～7 页。

⑤ 高继习：《济南市县西巷出土佛教地宫及几个相关问题研究》，山东大学硕士学位论文，2005 年，第 14～34 页。

在城内地理空间中共有两个基本的表现：一是具有纪念忠孝节义或历史事件功能的牌坊、祠庙、宫殿、亭馆等建筑；一是能够承担慈善、教育、宗教功能的寺庙、养济院、书院等设施。这些设施的共同点在于它们均为公共场所，它们的存在需要城市居民的支持。

在晚清以来的城市变化中，这些场所也以公共性为核心，在国家权力的影响下发生了一些变化。其中最明显的便是新式学堂对济南城内原有的祠庙、慈善机构等公共设施的占据。如警察学堂最初建于厚载门关帝庙，① 作为女学校的保姆养成所则在政府的支持下建立于原全节堂与育婴堂旧址，并有教养局南北二厂维持原有的慈善救济职能。②

一些具有政府背景的书院也在官员的参与下改为新式学堂。如雍正十一年建立的泺源书院被改为山东大学堂，后山东大学堂移至西关外杆石桥，改为山东高等学堂，原址新建师范学堂。位于东城根的景贤书院则在光绪二十七年废，由盐商组织、盐运司出款改为东运学堂。位于寿佛楼的济南书院先改为济南府中学堂，后中学堂移至原贡院处，原地改建历城高等小学堂。③

除了新式教育之外，警察制度作为新的城市管理制度，也依靠祠庙等公共设施在城市内部建立起来。《(民国)续修历城县志》记载，管辖城墙内的城内三区巡警署位于娘娘庙、督城隍庙、将军庙，管辖城墙与圩子墙之间的城外三区巡警署分别在南关三元宫、西关速报司庙、东关接官厅。近代新制度能够进入旧有城区的地理空间也反映了政府对旧有城区特定空间的控制。

在历史时期内，济南城市政治地位经历了从一般县到省城的变化。这种连续性变化说明国家的力量能够持续地对城市产生影响，从而使城市内部形成了稳定的政教空间。晚清以来这一空间没有发生根

---

① 毛承霖：《续修历城县志》卷1，民国十五年（1926年）铅印本，第6~8页。

② 叶春墀：《济南指南》，大东日报社1914年版，第36~37页。

③ 毛承霖：《续修历城县志》卷15《建置考三》，民国十五年（1926年）铅印本，第11~21页。

本性的变化，政教空间下的各种景观、功能仍保持了相对的稳定，这些景观、功能也成为老城区与新城区最大区别所在。

三、文化群体与文化空间

作为一省省会，济南城市内部聚集了相当数量的文人，这些文人包括县学、府学、书院中的教授、学生等。除此之外，政府机构官员及退休官员一般也具有较高的文化修养，他们也可以被认为是文化群体中的一员。这些文化群体通过解读文献、交游创作、娱乐活动等活动同样对城市空间产生了很大的影响。

《（乾隆）历城县志》的编纂者在"凡例"中提到对诗文的编排原则时说：

> 今仿陆氏《山东通志》，分隶各门，则山川古迹不待别检，可以具得其沿革废兴之详，及前人游览题咏之踪，而不徒为流连光景之助也已。①

将文人作品比附于地点之上反映了文人对历城的一种认识：历城县是一种历史的存在，也是一种文化的存在。县志通过追述沿革来建构历史，又通过比附文献典故来凸显文化。

城门名称的记载反映了这一现象。济南旧有四座城门，西为泺源门、东为齐川门、南为历山门、北为汇波门。清光绪末年又增开四座城门，其中西南为坤顺门，西北为乾健门，东北为艮吉门，东南为巽利门。后四座新建的城门明显地在比附后天八卦，前四座城门又各有典故：泺源门外为趵突泉，为《左传》中齐鲁相会的泺水之源；历山门原名舜田门，正对历山，《史记·五帝本纪》以历山为舜躬耕之处；宋曾巩曾修济南北水门、建汇波楼，济南北水门因此被称为"汇波门"；历城向东为春秋齐国故地，因此东门得名"齐

① 胡德琳修，李文藻等纂：《历城县志·凡例》，清乾隆三十八年（1773年）刻本，第3页。

川门"。

值得注意的是，乾健门、艮吉门、巽利门又被称为新西门、新北门和新东门。除此之外，泺源门、齐川门内又分别有西门大街、东门大街，可见现实中人们应当更习惯以方位称城门。这种差异体现了文人群体将地理景观、空间与文献典故相结合，赋予城市丰富的文化内涵的行为。

比附文献以丰富城市文化内涵并非是一种对现实的城市产生直接影响的行为。而文人、官员依泉、湖建立众多园、台、亭、桥，以此作为赏景交游的社会空间，这种行为则对城市产生了直接的影响。如清初王士禛在《游漪园记》写道："济南发地皆泉，而其奇犹在城西。温泉者，七十二泉之一也。出自西门，行阛阓间不百步，折而北，有清流贯乎通逵，汇为方塘。居人之汲者、浣者咸集焉。稍折而东，是为漪园。跨水为亭，为堂，为楼阁，为长廊，皆因水为胜。"①泉水作为居民水源的同时也成为园林景观的关键构成要素，文人趣味在城市空间中得到了体现。

除了构建园林，具有文人趣味的娱乐活动同样对城市产生了影响。晚清刘鹗《老残游记》中记载了当时济南城内的风貌。他借小说主人公之口描绘了明湖居听鼓书时所见：

> 园子里面已经坐的满满的了，只有中间七八张桌子还无人坐，桌子却都贴着"抚院定""学院定"等类红纸条儿。……到了十一点钟，只见门口轿子渐渐拥挤，许多官员都着了便衣，带着家人，陆续进来。②

大致同时代的《历下志游》记载不少集中在布政司、抚院一带的书铺、南纸铺以及著名酒楼，芙蓉街、后宰门一带则集中有砚镜、古

---

① 王士禛撰，宫晓卫等点校：《蚕尾续文集》卷 5，《王士禛全集》第 3 册《诗文集》，齐鲁书社 2007 年版，第 2052 页。

② 刘鹗著，陈翔鹤校，戴鸿森注：《老残游记》，人民文学出版社 1982 年版，第 18 页。

董等商铺。① 大明湖以南一带集中了府学、贡院、布政司等机构，并有诸多书院，这为大明湖一带的商业场所提供了客源。旧有城区内的这些商业区同样成为文化阶层主导的城市空间。

带有文化色彩的地名、园林、商业区等，构成了旧有城区内稳定的文化空间。与之相对应的，商埠区在这三个方面均不占优势。商埠区起于清末政府的规划，缺少历史文化内涵。同时，商埠区内没有泉、湖、溪等构成园林的自然要素。电影院、西餐厅等具有外来色彩的商业并没有对济南城市娱乐文化产生很大影响，除了商埠区经三纬八、纬九路的乐户消纳区成为娼妓业集中地带外，戏院、茶馆等传统的娱乐业商埠区也不占据优势，这也反映了商埠区在近代新式娱乐文化塑造方面的劣势。②

近代部分城市产生了以报纸、杂志谋生的城市文人，他们对城市文化的塑造具有非常大的影响。这一时期济南也出现了部分报馆，1914 年出版的《济南指南》记载的十二家报馆中，仅有大风日报馆位于商埠二马路，其余均在旧城区。③ 至 1927 年《济南快览》共列举了十一家报馆，其中七家报馆位于商埠区内，也仅有《平民日报》明确注明附有专载游戏文字的小报。④ 这在一定程度上反映了近代济南并没有产生足以改变城市文化的近代城市文人群体，无法对抗传统文人在历史中塑造的风景优美、历史悠久、富于文化气息的老城区形象。旧有城区在近代仍占据着文化优势，在文化景观与功能上区别于新城区。

四、教会势力与外来群体空间

随着芝罘、胶州的陆续开埠，外国势力逐步从沿海伸入济南，城

---

① 参见孙点：《历下志游》，王锡祺辑：《小方壶斋舆地丛钞》第 6 帙，清光绪十七年(1891 年)上海著易堂排印本，第 232~232 页。

② 参见叶春墀：《济南指南》，大东日报社 1914 年版，第 123~145 页。

③ 参见叶春墀：《济南指南》，大东日报社 1914 年版，第 145~147 页。

④ 周传铭著，黄承耀校阅：《济南快览》，世界书局 1927 年版，第 198~199 页。

内也开始出现了外国人主导的城市空间。率先进入济南城市的便是外国传教士。不过，在国家与文人对城市的强力控制下，由传教士主导的城市空间最初发展极为有限。1869 年德国人李希霍芬在日记中提到了他在济南访问的一座天主教堂，说：

> 他们的教会在几年前才重新回到这里。虽然这块地早在 1651 年就被赐给方济各会建教堂了。但是后来中国人又收了回去，一直被一位官员住着。在《中法条约》签订后才又被拿回来了，在此之前他们一直躲在一个偏僻的地方小心翼翼地传教。①

《（乾隆）历城县志》记载历城县内高都司巷有已被废的天主堂，②应当就是李希霍芬日记中所指的教堂。《（乾隆）历城县志》中提到的"废"，李希霍芬所说的"中国人收了回去"，应当是指雍正年间禁教活动对天主教的打击。直到《中法条约》签订后，这一教堂才被重建。天主教堂的被废与重建都体现了国家力量对城内空间的影响和控制。

方济各会的教堂在城市中具有一定的历史，这为它的再次进入提供了基础。然而一些建立新教堂的意图在近代的济南却遭遇了巨大挫折。《申报》记载的一次"公禀事件"就反映了当时济南城内官员与文人对传教士的看法：

> 上月十四日寓居济南府之西人来信言：济南地方有四人缮成公禀，具名签押者甚多，呈于郡尊内，称西人传教之非，欲请禁止云云。郡尊谕该四人曰："本府亦不愿西人在此传教，但中西和约本有准其入内传教之款，故不独济南一处，各处皆有传教之人。此地安得独禁？如教中人不法等事，尔等如见，有实据则可赴官呈控。"因谕四人退去，四人索还公禀，郡尊不许，言欲存

---

① 李希霍芬：《李希霍芬中国旅行日记》，李岩等译，商务印书馆 2016 年版，第 133 页。

② 胡德琳修，李文藻等纂：《历城县志》卷 18，清乾隆三十八年（1773 年）刻本，第 42 页。

案备查。①

1881 年，济南泺源书院的师生因反对美国北长老会济南布道站在城内中心地带建设教堂、医院而与之发生冲突。② 这次"公禀"事件发生在泺源书院与北长老会冲突事件的几个月内，可以看作冲突的余续。报纸中所谓的地方人士应当也与泺源书院有关。晚清一系列不平等条约签订后，清政府无法阻止外国传教士入华传教，国家的力量在处理外国教会的事务上受到极大的削弱。不过，济南地方人士激烈的反对以及地方官员反对传教的心态导致外国传教士并没有达成修建教堂的目的。

外国传教士进入旧有建成区的意图遭遇了挫折，但他们在城市参与建设学校、医院等具有公益性质的机构却在清末逐渐得到了认可。新式学堂的广泛设立表明了本地官员与传统文人对西式教育抱有较为宽容的态度，外国传教士也参与了这些新式学堂的建设，如山东高等学堂成立初期担任学堂总教习的赫士博士。③ 基督教会在山东设立了教会大学，分别在潍县、青州、济南设立文理学科、神学与教育学、医学，并在济南建有博物馆。济南的医学学科位于济南南关新街。民国初年，济南、青州、潍县三处学校在此合而为一，组建齐鲁大学。④

虽然教会势力通过新式学堂的建立得以介入城市空间，但这不代表他们能够轻易地进入旧有城区的核心地带。如齐鲁大学选址在济南南关一带，根据美国人盖洛在《中国十八省府》中的记载，有可能是因为这里存在闹鬼传闻，地价便宜且荒地面积较大，可见齐鲁大学处

① 《济南近事》，《申报》，光绪辛巳年十一月初九日，1881 年，瀚堂近代报刊数据库。

② 参见王妍红：《美国北长老会与晚清山东社会（1861—1911）》，华中师范大学博士学位论文，2014 年，第 38 页。

③ 中国社会科学院近代史研究所近代史资料编译室主编：《筹笔偶存》，知识产权出版社 2013 年版，第 639~641 页。

④ 盖洛：《中国十八省府》，沈弘等译，山东画报出版社 2008 年版，第 358 页。

在城市边缘。①

不过随着外国势力的不断扩张,国家和地方势力在清末已经无法完全阻止外国人进入济南城。在这种情况下,允许各国商人租住的商埠区便应运而生。商埠区可以说是地方官员在城市郊区为外来势力特意建立起来的具有隔离意味的空间。《济南商埠厘定租建章程》中规定,"各国洋商并华商于划定界内租地、杂居一切事权皆归中国自理,外人不得干预","其四址均竖立界石为凭,凡有约各国正经殷实商民均可在此界内照章租地,建造屋宇、栈房"。②

在制度的保障下,外国人得以进入特定的地域。德国、日本等国领事馆入驻商埠区,教会势力也在商埠区内迅速发展。在李希霍芬的日记中只提到了三名天主教的传教士,而根据 1924 年调查数据,在济南的天主教外国传教士有 26 人,中国传教士有 33 人,新教外国传教士 109 人,以传播新教为目的的医生、看妇等从业者有 504 人,以传播新教为目的的中国人则有 2572 人。③

教会势力的增长在地理空间上得到了体现。商埠区建设之初,即在近商埠几何中心处留有基督教会用地。《济南快览》记载这处教堂称:"四马路新建之五层礼拜堂,几为济南建筑全部之冠,两旁高插云表,可于十里外能远见之。"④基督教礼拜堂高耸于商埠区中心的景观显示出教会势力对特定城市空间的控制,这与教会势力在旧有城区的遭遇呈现出天壤之别。

由此可见,国家与文人在济南城内构建的城市空间具有排他性,在面对日益增长的外来势力时展现出很强的控制力。商埠区成为容纳外国人和外来事物的空间,铁路交通、银行、电气、邮政、电话、电

---

① 盖洛:《中国十八省府》,沈弘等译,山东画报出版社 2008 年版,第 362 页。

② 毛承霖:《续修历城县志》卷 13,民国十五年(1926 年)铅印本,第 7 页。

③ 周传铭著,黄承耀校阅:《济南快览》,世界书局 1927 年版,第 114~115 页。

④ 周传铭著,黄承耀校阅:《济南快览》,世界书局 1927 年版,第 115 页。

报等率先在商埠区内迅速发展，近代城市管理机构也多设置在商埠区内。政府利用空间的隔离，将旧有城区与商埠区在"中国的"与"外来的"这一意义上分离开来。

五、交通与生计、趋利空间

商埠区与旧有城区更大的差别体现在两者迥然不同的街道形态上。李希霍芬在日记中这样记载 19 世纪的济南城：

> 让人不解的是，这里的街道非常窄。……昨天我们来的时候，在路上经常要避让对面的人流车流。因为道路根本容不得双向通行，其中一方必须躲避等待对方过去。……街道铺着大石块，两边的房屋都很低矮，和大多数中国的城市一样。①

李希霍芬将青石板铺成的狭窄街道作为济南城市的一大特点。据记载，清末至民国初年，圩子墙及城墙内的青石路大部分只有 2 米到 3 米宽，普遍不超过 5 米。民国初年城内主要道路改为碎石路，宽度也仅为 7 米。② 与旧城区狭窄的青石路形成对比的是商埠内的碎石路。一马路至五马路宽度均在 10 米以上，靠近火车站的津浦车站马路甚至达到了 18 米宽，南北向的纬一路至纬八路也在 7 米左右。③

商埠区与旧城区在街道形态上的差异应当与城市形成过程的差异有关。《(民国)续修历城县志》记载旧有城区与商埠区之间的间隙空地转化为城市建成区时，提到"商民寻隙地增建庐舍，星罗棋布，俨

---

① 李希霍芬：《李希霍芬中国旅行日记》，李岩等译，商务印书馆 2016 年版，第 132 页。

② 济南市志编纂委员会编印：《济南市志资料》第四辑，1983 年，第 66~77 页。

③ 济南市志编纂委员会编印：《济南市志资料》第四辑，1983 年，第 75~77 页。

成市廛"①。除了正对城门的东、西、南门三座城门附近的大街可能受到"十字街"结构的影响外，历史时期济南旧城区街巷的形成过程恐怕与两个城市地域之间的间隙空地转化为建成区的过程类似，是在城市居民的活动中自发形成的，因而显得狭窄且缺少规划。

商埠区作为政府划定的区域，在建设过程中进行了人为的规划，形成了网格状的布局，商埠内以七条东西方向的道路为主干，辅之以十一条南北方向的马路。同时，在网格状布局的中心处设有公园。这一布局使土地呈现为规则的几何形状，清晰简单，有利于减少建设成本，便于进行土地交易，宽阔整洁的马路以及便利的基础设施也能提高土地价值。网格状布局成为榨取地租的最佳选择，因而常常被殖民城市采纳。②

济南商埠并不具有殖民性质，但《济南商埠租建章程》中"凡商埠以内各地，先由地方官酌中定价收买后转租""凡民间私相授受者概行作废"等规定表明，在进行城市建设、榨取地租等方面，济南商埠总局与具有殖民性质的租界具有一致性，这成为济南商埠网格状布局存在的理由。③

旧城区与商埠区街道形态的差异体现出在民众生活的影响下与政府的规划下城市空间的差异。前者具有无序性、自发性，而后者代表了秩序、控制。不过，城市街道最终要服务于城市居民的生计和生活，功能的一致性使得形态不同的街道无法被彻底割裂。并且，晚清以来济南所处的区域交通结构并没有发生根本性的变革，新城区的经济活动有一部分便是自旧城区沿街道扩散而来。这成为联系两种形态不同的街道的关键。

济南处在北京到江南的南北交通以及华北平原向东进入山东半岛的节点上，连接北京与江南的官道与大运河，以及进入山东半岛的官

---

① 毛承霖：《续修历城县志》卷4《地域考三》，民国十五年（1926年）铅印本，第3页。

② 林奇：《城市形态》，林庆怡等译，华夏出版社2001年版，第11~16页。

③ 参见毛承霖：《续修历城县志》卷13《建置考一》，民国十五年（1926年）铅印本，第7页。

道与大清河、小清河是济南区域交通的主干，相关的经济活动也与这些交通线紧密联系。

如明清时期济南通往北京的官道由西门出发，大致经过估衣市、藕市街、丁字街、筐市街、花店街、迎仙桥街至今馆驿街而向北，菜市、藕市、筐市等基本都处在这一路线上；由西门向南，过趵突泉而西的则为通向长清而南的大道，马市、柴市以及以药王庙为中心的药市，则在这一路线上发展起来；小清河水运在历史上也可直抵西关一带护城河，粮市、炭市等需要较大运量的交易市场也集中在了西关一带。① 与此同时，由西门向城内的西门大街以及与西门大街相连的布政司街、芙蓉街成为城内商业兴盛之地。

济南所处的区域交通结构使得城市的扩张以向西的交通为发展轴线。《(崇祯)历城县志》在记载瓮城情况时写道："瓮城原以贮军，势宜宽广。西城建庙踞三之一，余复列为市廛。"②可见在明代后期担负着军事功能的西门瓮城已经被居民的商业活动侵占。清咸同时期为应对捻军的威胁，济南城在原有城墙外的西、南、东三面再建圩子墙。③ 从圩子墙的修建来看，西圩子墙向外凸出更为明显。这也说明了城市向西发展的趋势。清末开始修建的胶济铁路与津浦铁路交汇于济南，实际上加强了济南原有的区域交通格局，再加上城市扩张的自然趋势，将商埠区划定在济南旧有城区以西也就顺理成章。

商埠区内规划产生的道路也与旧有城区的道路存在密不可分的联系。联系商埠与济南城的路线共有两条。一条为沿一马路向东到纬一路以东的馆驿街、迎仙桥街入永镇门，再经花店街、筐市街等进入西门大街；另一条为沿二马路向东过 1906 年新开的普利门，进入柴家巷，沿柴家巷、西关大街进入西门大街。前者基本为明清时期的官

---

① 宋祖法修，叶承宗纂：《历城县志》卷 3《建置志》上，明崇祯十三年 (1640 年) 友声堂刻本，第 25~26 页。

② 宋祖法修，叶承宗纂：《历城县志》卷 3，明崇祯十三年 (1640 年) 友声堂刻本，第 6 页。

③ 毛承霖：《续修历城县志》卷 3，民国十五年 (1926 年) 铅印本，第 4 页。

道,后者则通过新开城门与西关直接联系。

与旧有城区商业中心直接相连的一马路、二马路迅速成为商埠区最为繁盛的两条马路。《济南快览》中便提道:"除大马路及二马路之三、四、五纬路外,余皆商伙商人或机关眷属之住宅。"①胶济铁路济南站与津浦铁路济南站设在了商埠一马路以北,一部分依赖交通的商品贸易迅速地向商埠区一带扩散。如炭业"因需用宽敞且以便于下车之故,多在大马路、十王殿车站附近一带",粮栈亦"因求进出货物之便利计,亦以车站附近之大马路为多"。②

开埠以前在济南开办的早期工厂多集中在西关以北五龙潭一带的空地。随着胶济、津浦线的陆续通车以及商埠区的建设,近代工业在火车站一带逐渐聚集。如与粮食贸易密切相关的面粉工业在商埠区以北、靠近火车站的官扎营一带聚集,在此谋生的居民也逐渐增加。据《济南快览》记载,20世纪20年代济南市内工厂工人约有一万人。③在此基础上,至20世纪40年代铁路以北的城市郊区逐渐形成了面粉、纺织等工厂聚集的新城区。

虽然城市街道的形成与政府的控制、殖民主义以及文化因素有着密切关联,但街道的交通功能与城市内店铺、工厂等民众谋求生计、获取利益的空间密切相关。也正是由于这种空间的存在,使得在景观、功能上存在差别的不同城市地带能够紧密地联系在一起,构成功能统一的一个城市。

六、余论:"多区拼贴"布局与近代城市

研究近代中国城市布局变化的学者将这种新旧不同城市地域并立

---

① 周传铭著,黄承耀校阅:《济南快览》,世界书局1927年版,第103页。

② 周传铭著,黄承耀校阅:《济南快览》,世界书局1927年版,第208页。

③ 周传铭著,黄承耀校阅:《济南快览》,世界书局1927年版,第224页。

的现象总结为"多区拼贴"布局。① 在"多区拼贴"布局的观点中，不同的城市地域是在不同的势力影响和控制下形成的，对城市内诸种势力的划分是"多区拼贴"布局观点的核心。这些势力在长期的角逐过程中都没能占据主导，在斗争过程中达到了一种均势，因此城市的不同地域得以各自延续和发展。②

在近代的济南，"多区拼贴"结构的形成主要是官府、文人、外来者、城市居民这四种力量达成均势的结果。外来者与外来因素的进入是导致近代城市出现"多区拼贴"结构的根源。官府、文化阶层对城市的控制使外来因素很难进入建成区，仅有少量商铺出现在芙蓉街、西关等商业繁盛地区，外来传教士建立的教堂、学校等只能进入城市近郊。至商埠区确立，诸多外来因素迅速地发展起来，使得商埠区在景观上异于自然发展的旧有城区。

官府控制与文化阶层的塑造成为多区拼贴结构形成的重要原因。在政治地理格局与历史时期城市格局的影响下，旧有城区内形成了稳定的政教空间，表现出独特的政治景观。文人、士绅通过手中的文化权力塑造旧有城区的形象，影响城内的景观，为城市赋予文化，使旧有城区在文化上占据优势。又由于官员的态度与政策，外国势力以及外来的现代化因素被允许在商埠区内集中，商埠区成为处在城市文化边缘的、具有隔离外来者意味的空间，导致商埠区与旧有城区在形态与景观上产生了诸多差异。

当然，这种新与旧的并立并非全然分裂的，也是在这些势力的影响下，各个城市地域被统一在同一座城市之中。城市的本质是人类聚落，是居民生活、生产的场所，城市居民居住、谋求生计、获取利益的空间是最主要的城市空间。以住宅、商铺、工厂为代表的生计趋利空间通过交通设施将差异巨大的不同城市地域联系起来，使它们统一在一座城市之中。

---

① 庄林德、张军祥：《中国城市发展与建设史》，东南大学出版社 2002 年版，第 194 页。

② 黄亚平：《城市空间理论与空间分析》，东南大学出版社 2002 年版，第 187~188 页。

韦伯在《儒教与道教》中认为，中国城市是"行政管理的理性产物"，不存在"城市共同体"。① 这一观点随着中国城市史研究的深入逐渐被抛弃，但政府对城市的控制影响城市的发展却是事实。我们可以看到，无论是商埠区还是旧有城区，近代济南"多区拼贴"结构中的每一个城市地域都处在政府的控制之下，这也为城市诸地域的整合提供了一定的保证。

"多区拼贴"城市布局的说法对近代中国城市转变和发展进行了很好的概括。不过，也正是由于这一说法的概括性，它在解释每一个具体城市时存在问题。首先，"多区拼贴"的观点需要我们划分出城市中的诸多势力。部分研究者在探讨近代中国城市"多区拼贴"布局时，划分出了封建势力、殖民主义势力、资本主义势力等控制不同城市地域的势力，却没有对这些势力进行恰当的定义。当我们借助"多区拼贴"的观点对具体的某个城市进行分析时，很难判断某一势力包括了哪些成员。

与此同时，在"多区拼贴"的观点中，景观、功能各有不同的城市地域处在不同势力的控制之下，这表明某一势力控制下的城市地域内应当严格地排斥其他势力的存在。可事实是，即便在官衙林立的济南旧有城区之内，也出现了传教士、外国商铺等外来因素。特定势力控制某一城市地域的观点在面对具体的事例时可能存在问题。

导致这些问题产生的原因可能是在概括"多区拼贴"观点时我们似乎忽略了一个事实：在城市中生活的是一个个个体，城市的发展是由每一个个体推动的。划定"势力"在一定程度上是为了方便我们进行探讨，这种"方便"会牺牲现实中的个体的多样性，也容易使我们忽视生活在城市中的多数民众的作用。因此，与其模糊地划定势力，不如确定在城市生活中的人所扮演的角色。在对近代济南的分析中，我们探讨了官府、文化阶层、外国人、居民这四种角色在城市中控制的空间。居民无疑是城市生活的主角，居民的活动维系了城市的存在，也是城市发展的动力。官府、文化阶层、外国人则占有国家、文

---

① 韦伯：《儒教与道教》，王容芬译，商务印书馆1995年版，第57~64页。

化和殖民的权力，他们会引导城市发展的方向。每一种角色都会促使不同的城市空间的产生，从而影响相应城市地域的景观、功能。

近代中国城市"多区拼贴"的布局并不是多个单一势力控制的城市地域的机械组合，而是诸多权力相互博弈、共同作用的产物。这些权力由生活在城市中的各种角色所掌握，从而导致了各种城市空间的形成。不同的功能、景观附着在相应的空间之上，进而对承担这些空间的城市地域产生影响。而最终将这些不同的地域进行统一，则是城市作为人们生活的场所这一本质。

（作者系武汉大学历史学院硕士研究生）

民国初年的灵学思潮述论

贾依雪

摘要：灵学是一种中国本土迷信思想与西方宗教信仰相混合的产物，灵学家们为其披上一层研究学理的科学外衣，试图通过鬼神仙佛获得挽救社会的济世良方。而另一部分高举"民主与科学"旗帜的五四知识分子看透了灵学的迷信本质，对其进行了有力的声讨和批判。在这场迷信与科学、有神论与无神论之间的较量中，虽然最终获得胜利的必然是适应历史发展潮流的反灵学派，但灵学思潮仍是民国思想史中一个不可忽视的重要组成部分。

关键词：灵学；民国初年；知识分子；科学

20 世纪 80 年代，学界开始出现了关于民国初年灵学思潮问题的研究和讨论，早期的灵学研究大多将目光放置于五四时期知识分子对灵学的批判风潮上。① 此外，还有学者从哲学思想角度出发，将灵学视为绝对的封建迷信产物，对其进行批判。② 进入 21 世纪以后，一些学者开始摆脱这种立场，提出要客观的站在中立角度进行研究，为

① 吴光：《论〈新青年〉反对鬼神迷信的斗争》，《近代史研究》1981 年第 2 期，第 190~203 页；李延龄：《论五四时期无神论与灵学鬼神思想斗争的时代意义》，《长白学刊》2000 年第 4 期，第 89~91 页；陈方竞：《批灵学破鬼相：新文化倡导中的一场硬仗》，《学术研究》2013 年第 7 期，第 134~139 页。

② 于光远：《要灵学，还是要自然辩证法》，《自然辩证法通讯》1982 年第 1 期，第 8~15 页；程钢：《论陈独秀反"灵学"中的一元论思想及其渊源》，《清华大学学报》(哲学社会科学版)1989 年第 1 期，第 68~77 页。

灵学研究开辟了一种新的思路。① 郑国在《关于民初中国灵学问题研究的综述与展望》中总结道："学术界关于民初中国灵学的研究主要围绕中国近代史和伪科学批判两种路径展开，局限于批判，而直接以灵学为对象的研究成果，如民初中国灵学的特异性、灵学与科学的关系、灵学背后的历史人物及其精神世界等方面的探讨较为薄弱。"②此后学界对灵学问题的研究的确如他所展望，从灵学派视角出发，更多注重灵学本身，主要可以分为对灵学组织及其活动、灵学派知识分子思想、灵学起源及灵学在中国传播的社会历史背景的分析研究。③ 通过上述梳理可见，学界对灵学相关问题研究尚不充分，仍存在一些空白之处亟待填补。本文尝试对民国初年灵学思想在中国的传播进行全面的探究，通过梳理民国初年灵学思想在中国的两大传播阵地，分析这一时期灵学思潮形成泛滥之势的原因，尽可能从描写、分析的中立角度看待灵学，试图找出这一时期灵学思潮形成泛滥之势的原因。同时，着重分析对灵学持有截然对立态度的反灵学代表人物的具体观点，找出其对灵学进行批判的逻辑特点，以求对灵学思潮在中国的发

① 黄克武：《民国初年上海的灵学研究：以"上海灵学会"为例》，台湾《"中央研究院"近代史研究所集刊》第 55 期，2007 年，第 99~136 页。

② 郑国：《关于民初中国灵学问题研究的综述与展望》，《科学与无神论》2008 年第 6 期，第 48~52 页。

③ 李欣：《五四时期的灵学会：组织、理念与活动》，《自然辩证法研究》2008 年第 11 期，第 95~100 页；王宏超：《神界灵光：上海盛德坛之灵魂照相活动》，《上海文化》2016 年第 6 期，第 67~76 页；郑国：《"新颖之科学"：民初知识界对灵学的吸纳和传播——以〈东方杂志〉为例》，《福建论坛》（人文社会科学版）2009 年第 7 期，第 97~102 页；郑国：《比附、"弥补"与"拓展"：上海灵学会对科学的认知歪曲》，《中南民族大学学报》（人文社会科学版）2011 年第 3 期，第 177~180 页；胡学丞：《伍廷芳的通神学与灵学生涯》，《政大史粹》2012 年第 22 期，第 1~22 页；郑国：《近代中国知识分子的一种信仰世界——伍廷芳与灵学》，《民俗研究》2017 年第 3 期，第 108~112 页；张洪彬：《伍廷芳证道学研究》，《世界宗教研究》2018 年第 1 期，第 32~43 页；郑国：《民国前期迷信问题研究（1912—1928）》，山东师范大学硕士学位论文，2003 年；郑国：《变动社会下的信仰分化：上海灵学会成立缘由探析》，《西南民族大学学报》（人文社科版）2015 年第 5 期，第 227~232 页。

展过程有充分把握。

一、灵学在中国的传播及其内涵

在新文化运动时期，人人都在学习西方思想、谈论科学，但真正的科学却没有在中国得到普及，相反"在中国这个封建迷信、鬼神崇拜观念甚深的国度里，倒是很快成了西方神学移植的土壤"①。一个重要的表现就是西方唯心主义哲学与宗教相结合的"灵学"在中国知识界流行起来。西方灵学思潮传入中国有多种渠道，《东方杂志》早在1913年就曾登载过介绍灵学的译文，如杨锦森翻译的《论心理交通》②，十分详尽地描述了心灵学的一部分心理交通的概况。1918年《东方杂志》刊登了一篇心灵学会会员对其会成立36年来研究总结性的翻译文章——《心灵研究之进境》③。除报刊对欧美灵学的介绍和译著外，日本也是灵学传入中国的重要媒介。大约从19世纪70年代开始，日本学者开始研究"催眠术"（hypnotism）、"传气术"（mesmerism）等，并将psychical research译为"灵学"。东京帝大的井上圆了就曾组织"不可思议研究会"，并在1895年出版了《妖怪学讲义》，日本学者高桥五郎翻译了英国灵学会会长Oliver Lodge的灵学著作《死后之生存》，这些学者的研究影响到了当时留学日本的中国人，他们接受了"灵学"的译名，并将之传入中国。

灵学是近代中西文化交流的产物，它被当作西学中的先进内容，披上"科学"的外衣，在中国思想界掀起一股灵学热潮，但是国内灵学思想的内涵与西方的灵学大相径庭，因为灵学的传播者只是将舶来的灵学嫁接在本土固有的鬼神迷信之上，其内涵包括以下三点：

---

① 邹振环：《关于刘文典生平的一点补充——谈谈刘文典的进化论译著》，《安徽史学》1991年第4期，第62页。

② 杨锦森译：《论心理交通》（译一九一二年九月份北美洲报括根鲍斯医士John D. Quackenbos，M. D. 原著），《东方杂志》1913年第9卷第8号，第1~6页。

③ 罗罗译：《心灵研究之进境》，《东方杂志》1918年第15卷第9号，第79~86页。

第一，灵魂存在。西方灵学在其发展过程中始终处于被学界所怀疑的状态下，然而民国初年中国灵学思想的推崇者们似乎并没有对灵魂存在问题进行科学的论证，而是笃信其存在，正是因为如此，灵学变异成为西方灵学与中国传统迷信相融合的产物，背离了西方灵学中对科学理性探索的那一部分。陆费逵在《灵学丛志缘起》中说："夫人生之根本在灵魂，灵魂之归宿在身后……死后灵魂之归宿，即人生问题之解决。"①汪文溥在《灵学丛志序》中谈到"灵之时义"是"此分智愚而判善恶者，仅有生数十寒暑之所系，则昼之于夜须臾之说也"。他认为"灵"可以分智愚、判善恶，若使"灵"只存在于人生数十年中，实在过于短暂，故人身死后，灵魂仍然存在。②丁福保在《我理想中之鬼说》中对"鬼"进行了详尽的描写，他不仅认为灵魂存在，甚至认为灵魂是有形的，"人死为鬼，鬼有形质，虽非人目之所能见，而禽兽等则能见之也"。而人死后灵魂能否垂百世、亘万古，则取决于人生时的修行，鬼根据人"生前功德学问之深浅"，来断定人"死后或上升碧落或下入黄泉"，"人有最高之功德学问者，其灵魂如百炼精钢，其鬼亦有伟大之体力"，并且鬼的头上会放光，光之大小视其生前功德学问的深浅而定，鬼之"行动甚速，虽千万里，顷刻可至"。丁福保描绘了一个十分生动怪异的鬼神世界，这篇"鬼话"堪称民国前期鬼文化的集大成者。③

第二，鬼神救国。灵学家们认为灵学对于挽救社会危亡有重要意义，关于民国前期的社会状况，灵学会描述其"道德沦丧，学问衰颓，至今日而极矣"，灵学会会长俞复得出"鬼神之说不张，国家之命遂促"的结论。北京悟善社也同样认为当时的社会"世衰道微，人民生活日趋于穷困，于是强者掠夺以逞，弱者苟且以求，仁义无存，廉耻丧灭，大则酿刀兵之劫，小亦长偷薄之风"，"神道设教，自古

---

① 陆费逵：《灵学丛志缘起》，《灵学丛志》1918 年第 1 卷第 1 期，第 18 ~ 20 页。

② 汪文溥：《灵学丛志序》，《灵学丛志》1918 年第 1 卷第 1 期，第 1 ~ 4 页。

③ 丁福保：《我理想中之鬼说》，《灵学丛志》1918 年第 1 卷第 1 期，第 15 ~ 18 页。

为昭，圣人言鬼神之为德，其盛矣乎，为其能以教弼人也。夫人心陷溺，世道瀹夷，教之所不能施，法之所不能制，则惟有托于鬼神以挽回之"。① 可见，灵学派人士对"鬼神救国"深信不疑，认为灵学负有救亡图存的重要意义。

第三，研究学理。除了证明灵学鬼神信仰的合理性及重要性之外，灵学的另一个主题是致力学理研究，使灵学向科学靠拢，对自己的迷信之实加以辩护。上海灵学会将灵学视为一种科学学科，认为"盖凡百学科，其迹象易求者，其发达也亦易。反是则否，此属于精神之灵魂学，所以较属于躯壳之生理卫生等学，其发达为独迟也……"②陆费逵认为因印刷术不良、交通不便，使得乩坛叩问之学理研究不能公诸社会，受化者仅坛员十余友朋三五，故而成立学会，遵照盛德坛坛谕刊行《灵学丛志》，从而达到"以圣神仙佛发我聋聩者，转以发世人之聋聩，瀹我性灵者，转以瀹世人之性灵"的目的。③针对社会上"尚功利者笑其迂愚，逞学说者讥其迷信，派别家则疑其作用，经验家则谓为虚无"等批判，悟善社则先援引西方"近则鬼神之学，列为专科"来声明自身地位，还根据基督教在华传播"社会信之，国家信之，岂不以与人为善，世界一辙"的现象，反问"何独于提倡道德与人为善之神明，则又目笑存之，以焚香跪拜为不经，更何解于神甫牧师之祈祷，以问卜决疑为炫俗，则何尝有飞符召鬼之神奇"，他们认为灵学思想是"纯从正大处发挥、根本上着想，既未涉及怪诞，尤与世俗之所谓祷祀求福迥乎不类，此中固有千里毫厘之区"。④

灵学在中国的传播依赖的是上海灵学会和北京悟善社这两大阵地。此两者都创设了自己的乩坛，发行了自己的报刊，并且吸引了一

---

① 邓邦述：《灵学要志叙》，《灵学要志》1921年第1卷第4期，第8~11页。

② 华襄治：《灵学丛志发刊词》，《灵学丛志》1918年第1卷第1期，第20~21页。

③ 陆费逵：《灵学丛志缘起》，《灵学丛志》1918第1卷第1期，第18~20页。

④ 刘敦：《灵学要志刘序》，《灵学要志》第2卷第4期，第1~2页。

批有影响力的知识分子、军阀政要的参加，灵学思想依赖于此得以迅速扩散和发展。

（一）上海灵学会

1918 年年初，灵学会在上海成立，以"启瀹性灵、研究学理"为宗旨，以盛德坛为主体，并且每月刊行《灵学丛志》，刊载学术研究，宣扬灵学思想。上海灵学会最初建立时以陆费逵、余复等为带头人，实行会友和会员制。会友每年缴纳会费 3 元，《灵学丛志》按期为其寄上，会友可质问学理、剖析疑难，并由会员作出答复，而其中较为深奥者，则恭呈乩坛请诸圣贤仙佛答复。灵学会每月开一次例会商议方法，每月刊行丛志讲求学术，有时会开宣讲会宣传研究心得，有时还会临时出题征文悬赏佳作，平日里则回复质疑问难解释奥义，会员中如有著述论说则选录登载在《灵学丛志》中。《灵学丛志》是灵学会会刊，主要刊载各种文体的鬼神论文章、诗词，以及乩坛假托古代"圣贤""仙佛""名人""祖师"的灵魂所写的乩录，经人点校后刊载在丛志中，也有一些灵学会成员或政界、学界人士所写的有关"有鬼论""扶乩学说"以及"灵学"的文章，陆费逵认为《灵学丛志》的刊发，"必能于人生问题有所解决。古学复兴尚其次也，必能使人神之间声气相通。叩疑问难尚其次也，呜呼道德沦丧学问衰颓至今日而极矣，世之君子其亦有志于斯欤"[1]。

盛德坛以盛德为名，以"就正古哲、指津破迷"为旨，以"富有日新、昌明教化、研究学术、睿发性灵"为宗。除星期一休息外，平日扶鸾时间自酉时开始至戌时结束。每逢朔望，坛长、坛督即带领内外各职员到盛德坛行礼，礼毕后由坛长率领坛正及各员选择古来嘉言懿行，切实于彝伦日用之要者，宣讲数则，时有余暇，方研求学术。值得注意的是，在盛德坛坛则中细述了盛德坛包括宣讲、编纂、叩问、参观和学会诸科，其中编纂科明显带有将西方科学与中国传统学术相结合的特点，既包括中国传统的性理易数、佛谛玄义、心灵哲学等内

---

① 陆费逵：《灵学丛志缘起》，《灵学丛志》1918 年第 1 卷第 1 期，第 18~20 页。

容，又包括西方科学中的译述理化。①

从盛德坛所供奉的神位来看，灵学对圣贤仙佛的鬼神信仰，是一种十分混杂的多神信仰。"主坛者归孟圣矣乎。庄生长于道术，可为仙教之代表。墨卿善承天心，慈悲救世，可为佛耶二教之代表。以后各仙佛来降，须谨从主坛暨二代表之谕示。"②主坛二代表之下设四秉十六司，"分任编纂各种学术，研究精深学理"③，意为盛德坛不仅可以叩休咎、问疾病，亦能叩问学理研究人生问题，"诸圣神仙佛谕示盈帙，或阐至理，或明绝学，或诏未来，或判疑难。设部分司，以主其事。旁及西哲，宣研学理，绘祖师之法相，题杂志之颂词，于戏盛矣"④。其是否真有学理上的所得有待商榷，但寄托于圣神仙佛的鬼神信仰确是事实。

（二）北京悟善社

民国初年北京地区大大小小的乩坛繁多，如同善社等，但大多规模较小未进入大众视野。唯有1920年成立于北京的灵学组织悟善社，因北洋政要的参与以及《灵学要志》的发行而不断吸引信众加入，逐渐发展壮大。悟善社起源于河南的广善坛，由河南扶乩文人王锦蕖、连以增、郑景樵与京师张恩寿、周学仕、朱焕文等创立。悟善社成立之际正是中国社会思想新旧交替、政权更迭的大震荡时期，其所在的京畿地区军阀混战不休，人民生活困苦不堪，"夫人心陷溺世道沦夷，教之所不能施，法之所不能制，则惟有托于鬼神以挽回之"⑤。王树枏在《灵学要志叙》中说："悟善社者，神之托于人，以劝天下之

① 《盛德坛坛规》，《灵学丛志》1918年第1卷第1期，第154~161页。

② 《盛德坛成立记上》，《灵学丛志》1918年第1卷第1期，第26~39页。

③ 杨光熙：《盛德坛缘起》，《灵学丛志》1918年第1卷第1期，第21~23页。

④ 陆费逵：《灵学丛志缘起》，《灵学丛志》1918年第1卷第1期，第18~20页。

⑤ 邓邦述：《灵学要志叙》，《灵学要志》1921年第1卷第4期，第8~11页。

善，而为民请命者也。"①创立之初的悟善社更像是一个慈善救济团体，"所行者济世之方，所持者修身之要，且圣神仙佛所告戒，悉公于世，载诸要志，无夸无隐，又于社子课之功过，督之以善业"②。其中心口号是"借神道之糟粕，挽末流之颓靡"，"以神仙之妙用，补人事之不足"。

悟善社于 1920 年发行《灵学要志》，作为悟善社宣扬圣神仙佛乩笔劝世、兴教救济之书。其之所以也用"灵学"的称呼，是在追随上海灵学会的新潮，最初《灵学要志》刊行时被认为与上海盛德坛的《灵学丛志》有类似和重复之嫌，但悟善社解释说："《灵学丛志》考验鬼神之真理，阐究造化之玄妙，而《灵学要志》则以补救世道，挽回人心为要义。《灵学丛志》所以瀹人之性灵，而《灵学要志》所以规人之言行，二者实相辅不相悖也。"③有了灵学这一新潮名号，使其与普通的会道门等封建迷信团体区别开来，披上了一层"科学"的外衣。在《悟善社发行灵学要志简章》中有几项条款规定："凡来本社问事问病者，均由介绍人请其先购《灵学要志》一份，方能将所具之表呈坛叩求"，"本社社员均负有代销《灵学要志》之义务，每人至少须担任代销全卷五份，倘不能代销即请每年自捐刊费十元以资维持"。如此条款不仅增加了悟善社收入以维持自身运行以及《灵学要志》的刊发，同时也吸引了更多新社员的加入，加速了灵学思想传播。

二、灵学思潮泛滥之成因

民国初年社会上浓厚的迷信氛围为灵学思想的传播发展提供了土壤，动荡的社会现实使得国人对革命前景感到无助，一部分人士探索救亡之路无果，转而重视精神和宗教的作用，基督教、佛教、孔教都

①　王树枬：《灵学要志叙》，《灵学要志》1921 年第 1 卷第 3 期，第 8～9 页。

②　邓邦述：《灵学要志叙》，《灵学要志》1921 年第 1 卷第 4 期，第 8～11 页。

③　《灵学要志缘起》，《灵学要志》1920 年第 1 卷第 1 期，第 8～9 页。

在这一时期有不同程度的振兴趋势,人们又开始公开地谈论鬼神,灵学就是在这一背景下,被寄予了挽救社会现实的厚望,并且在社会精英阶层的带领和科学至上主义的推波助澜下,形成了泛滥之势。

(一)社会精英阶层的带头作用

欧美灵学思想传入中国后,获得了一大批知识分子的推崇,他们引用一些西方灵学研究者关于扶乩有科学依据的言论,增加扶乩的科学性、合理性。乩坛在这一时期成为灵学思想传播的载体,为灵学思想在中国的发展提供了信众基础,以往乩坛通常只用于叩问休咎、诗词酬唱、道德教化等,在灵学思想的加持下,它的功能也相较于之前发生了一些变化,开始突出乩坛研究学理的功能。中国近代史上著名的西学启蒙思想家,进化论的引进者严复也成为支持灵学的一份子,他认为将科学无法解释的现象称为"迷信"是错误的,拒绝将西方狭义的实证式的科学所发现的真理,视为唯一的解决内在、外在生活之关键,他在写给俞复的信中表示:

> 神秘一事,是自有人类未行解决问题。往者宗教兴盛,常俗视听,以为固然。然而诞妄迷信,亦与俱深,惑世诬民,遂为诟病。三百年科学肇开,事严左证;又知主观多妄,耳目难凭;由是历史所传都归神话。则推陷廓清之功,不可诬也。然而世间之大,现象之多,实有发生非科学公例所能作解者,何得以不合吾例,憪然遂指为虚?①

上海灵学会成立后,在上海《时报》接连刊登广告,大肆鼓吹盛德坛开张的盛况,极力宣传灵学会的宗旨,一时引起公众的极大注意,北洋政府大总统黎元洪甚至亲自为灵学会写了"暗室灵灯"的题词。北京悟善社在有了江朝宗的加入后,利用其在政界的影响力,拉拢了许多军阀政客、社会名流的加入,如前国务总理钱能训、前国史

---

① 严复:《与俞复书》,王栻主编:《严复集》第3册,中华书局1986年版,第725页。

编纂处邓邦述、国务总理段祺瑞等军政要人，在他们的支持下，悟善社经过不断改组，一度成为颇有影响力的新兴宗教团体。由此可见，灵学组织吸引了大量的士人、知识分子、官僚士绅以及军阀政要等社会精英阶层的加入，这部分人参与扶乩活动多半是出于维护世俗社会的秩序和对自身健康的需求。对于军阀政要来说，乩坛是他们维系地方秩序的重要手段。神灵的降谕对老百姓来说更加有说服力，民国初年政府权威得不到认可时，便借助于宗教的力量维护社会秩序。另外，社会精英阶层大多注重自身健康，而当时社会的医疗条件无法满足他们的一些需求，许多人便转而求助神灵。乩坛很重要的一个功能是可以问药求医，以神灵的名义赐予灵丹妙药，提供一些修炼方法。被吸引来的社会精英阶层包括很多商贾士绅，他们的加入为乩坛带来资金上的支持，提供组织技术和宗教知识上的资源，使乩坛发展成为宗教性质的结社。

由此可见，在知识分子、军阀政要等社会精英阶层的影响力和号召力作用下，乩坛结社迅速扩大，灵学思想也随之得以广泛传播。

(二) 科学至上主义的推波助澜

中国近代思想的变革，是在中西文化交流的时代大潮中进行的，"科学"对中国传统封建思想的冲击，以及传统封建思想对"科学"的回应，是促使近代中国思想转型的重要因素和条件。积极学习西方先进的科学理论和科学方法，正视西方科学的先进和中国传统思想的落后，是五四时期的中国知识界呼吁思想革命的主要武器。但是人们未曾想到崇尚科学竟渐渐发展成为一种"信仰"。胡适曾这样描述民国初年科学发展的状况："近三十年来，有一个名词在国内几乎做到了至上尊严的地位；无论懂与不懂的人，无论守旧和维新的人，都不敢公然对他表示轻视或戏侮的态度。那个名词就是'科学'。"[1]这种对科学的崇拜渐渐走向极端，上升为一种准宗教的价值信仰体系。加之民国初年对科学的理解不甚全面，人们开始认为无论何种学问，皆可以用科学的方法去研究，灵魂也被包括在内，一位笔名树中的学者在

---

① 胡适：《科学与人生观·序》，亚东图书馆1923年版。

一篇《扶乩的学理说明》中就试图从科学学理上研究扶乩，他通过总结井上圆了、古屋铁石以及近代东西心理学家、灵学家的研究结论，说明扶乩作为一种"自动书记术"有着物理学、生理学和心理学三方面的科学原理。① 灵学最初就这样被当作一种先进的西方科学传入，并且得以迅速传播。

中国传统社会中的迷信思想根深蒂固，这些迷信因素本应在科学浪潮的冲击下土崩瓦解，然而灵学的出现却给了它们一线生机。灵学思想以科学为外衣，自诩为"启瀹性灵、研究学理"的学术团体，掩盖住了其迷信本质，吸引了一大批在追求科学的道路上迷失自我的科学至上主义者。可以说，灵学思想之所以在这一时期得以泛滥，正是搭上了"科学"这辆顺风车。

三、反灵学派对灵学思潮的批判

以上海灵学会和北京悟善社为中心的两股新旧势力联合兴起的以"鬼神救国"为宗旨的灵学思潮，"带动了全国会道门的大猖獗，是继清末后党引导神拳'扶清灭洋'之后，第一次由文化人打出鬼神旗帜，将国家命运系于鬼神信仰的社会活动"②。灵学思潮兴起于五四时期"民主与科学"呼声最高之际，鬼神信仰与科学理性本就是完全对立的，即便灵学派为灵学披上"科学"的外衣，也难以避免遭到猛烈的抨击和批判。在灵学批判阵营中的几乎都是新文化运动的代表人物，为首的如鲁迅、陈大齐、陈独秀、刘文典等人，他们最先意识到批判灵学、反对鬼神迷信斗争对于反封建斗争的重要意义，力图扑灭旧制度旧思想留存于中国社会的最后火苗。从1918年开始，以《新青年》为主要阵地，掀起了灵学批判的热潮。

鲁迅作为五四运动的先锋队员，始终坚持"民主与科学"，尤其

---

① 树中：《扶乩的学理说明》，《道德杂志》1921年第1卷第1期，第117~120页。

② 杜继文：《让什么主宰中国命运：是鬼神信仰还是科学理性》，《马克思主义无神论研究》(第3辑·2013)，中国社会科学出版社2017年版。

反对迷信邪教学说，灵学也就自然成为他抨击的对象，他以"唐俟"为笔名发表过多篇杂文批判灵学思想。1918年他在《我之节烈观》①中将灵学思想列为当时"人心日下"的表现之一，他还在一篇随感录中分析了这些好鬼神之人对科学的看法：

> 现在有一班好讲鬼话的人，最恨科学。因为科学能教道理明白，能教人思路清楚，不许鬼混，所以自然而然的成了讲鬼话的人的对头。于是讲鬼话的人，便须想一个方法排除他。
>
> 其中最巧妙的是捣乱。先把科学东扯西拉，羼进鬼话，弄得是非不明，连科学也带了妖气……中国自所谓维新以来，何尝真有科学。现在儒道诸公，却径把历史上一味捣鬼不治人事的恶果，都移到科学身上，也不问什么叫道德，怎样是科学，只是信口开河，造谣生事，使国人格外惑乱，社会上罩满了妖气。②

"鬼话""妖气"足以表达鲁迅对于鬼神迷信的痛恨，但他更痛恨的是这些鬼神迷信攀葳科学，迷惑社会，让人觉得科学无用。他还直接对上海灵学会余复在《答吴稚晖书》中所说的"鬼神之说不张，国家之命遂促"这句话进行激烈反驳："据我看来，要救治这'几至国亡种灭'的中国……的方法……只有这鬼话的对头的科学！——不是皮毛的真正科学！"③激烈的话语表达出鲁迅呼吁人们学习真正的科学，远离鬼神迷信的迫切态度。

大多数对灵学进行批判的知识分子都是从科学唯物主义的立场出发的，陈独秀曾作一篇《有鬼论质疑》，他站在无鬼论的立场上向灵学派有鬼论者提出了八个疑问，如"吾人感觉所及之物，今日科学略可解释，倘云鬼之为物，玄妙非为物质所包，非感觉所及，非科学所

---

① 鲁迅：《我之节烈观》，《新青年》1918年第5卷第2期，第8页。

② 鲁迅：《随感录(三十三)》，《新青年》1918年第5卷第4期，第405~409页。

③ 鲁迅：《随感录(三十三)》，《新青年》1918年第5卷第4期，第405~409页。

能解，何以鬼之形使人见，鬼之声使人闻？"①等，从唯物主义的角度出发，对灵学主张的鬼之存在提出质疑。此外，不只是持无神论的知识分子对灵学提出批判，即便是基督教徒也对灵学思想将中国传统儒释道信仰与西方基督教、伊斯兰教等宗教信仰混杂一堂的行为提出否认和质疑。他们认为灵学这种多神信仰玷污了神圣的基督一神信仰，上海耶稣教会就曾公开表示过对灵学会的不满。上海灵学会曾筹备江浙两省祈祷大会，其通告云"恭奉孚诚常胜真君坛谕，合儒释耶回道五教举行癸亥江浙弭劫祈祷大会"，上海耶稣教会认为其不合耶稣教律法，并与灵学会进行沟通询问为何将耶教列入其中，得到的答复是"灵学会以和各教为宗旨，不独崇拜儒释道之诸神，亦欲崇拜耶稣教之上帝，信仰自由，可毋庸先与他人接洽"，上海耶稣会对此感到十分气愤，并且"恐远地同教见该灵学会之通告难免误会，因此不得不声明真相以分泾渭而保教义为幸"②。

陈大齐在《辟"灵学"》③一文中认为灵学在本质上是对古人言行的尊崇，灵学派自认为自己所信奉的是圣神仙佛，实则是对古代圣贤的尊崇，是中国人民的奴性作祟，"中国人之天性，喜为古人之奴隶，以能做奴隶为荣，而以脱离古人羁绊为耻，是故'非先王之法服不敢服，非先王之法言不敢道'"④。在陈大齐看来，鬼神信仰只当存在于"生民之初"，人类智力未进化完全，思辨能力未发达之时，那时的人们"所见所闻莫不信以为真，不能反省而考察之、分析而研究之"，因此迷信谬说可以大行其道。但是"时至今日，智力既进，科学研究法亦渐备，乃犹欲法愚妄之行，诩诩然以自建新学为得意，不知深思力索，求一合理之说明，不亦大可哀耶"。他通过研究西方的各种关于心理学的实验结果，断言"乩之动，扶者助之"，即所谓

① 陈独秀：《有鬼论质疑》，《新青年》1918 年第 4 卷第 5 期，第 408～409 页。

② 《上海耶稣教会不与闻灵学会：五教祈祷大会（合儒释道耶回）》，《兴华》1923 年第 20 卷第 36 期，第 30 页。

③ 陈大齐：《辟"灵学"》，《新青年》1918 年第 4 卷第 5 期，第 370～385 页。

④ 陈大齐：《辟"灵学"》，《新青年》1918 年第 4 卷第 5 期，第 382 页。

神仙写字，不过是扶乩者的一种无意识的肌肉运动，是受到心理暗示后的一种不自觉的行为，并非"圣贤仙佛"所为。陈大齐这篇驳斥灵学的文章在《新青年》上发表后，起到了非常大的影响，《新陇》杂志就曾转载这篇文章称："自从这篇文章发表后，京沪一带的鬼学神话的确很少见了，我们甘肃人无论智愚，几乎没有一个人不迷信，若果因这篇文章而打破一点，我们的希望也算达到一二分了。"①由此可见陈大齐对于灵学的批判是十分有力且有效的。

由于科学进化论思想的广泛传播，灵学会所鼓吹的"灵魂不灭"说、"人死为鬼"说、"因果报应"说、"神道设教"说日益失去市场，常常能在各种报刊上看到对灵学的不屑言论，"在这科学昌明的时代，居然有人大说其鬼话，非但嘴里说说罢了，还敢印成什么灵学丛志来骗人，这种东西，实在称他们是'人'还嫌罪过，因为他们只有三分人气，那七分早已变成鬼了"②。研究进化论的学者刘文典也曾与灵学思想展开了激烈斗争，他曾这样写道："正当那《灵学杂志》初出版，许多'白日见鬼'的人闹得乌烟瘴气的时候。我目睹那些人那个中风狂走的惨相，心里着实难受，就发愿要译几部通俗的科学书来救济他们，并且防止别人再去陷溺，至于我自己外国文的浅陋，科学知识的缺乏，译笔的拙劣，都顾不得了。"③

通过上文的梳理可以看出，灵学派和反灵学派有着两个共同点：第一，无论是灵学派代表还是反灵学派代表，大多是受过西方教育的知识分子及社会精英人士；第二，虽然手段和途径不同，他们都致力于科学学理的研究。笔者认为，以这两个共同点为前提，可以将灵学派与反灵学派的对立看作有神论与无神论之间、伪科学与真科学之间的一场较量。反灵学派对灵学派的批驳体现出这样一种逻辑特点：以陈独秀为代表的反灵学知识分子，在吸收了近代西方唯物主义无神论思想后，从无神论角度对君权神授、宗教神学、鬼神迷信展开全面批

---

① 《〈辟"灵学"〉转录新青年》，《新陇》1921年第2卷第1期，第45页。

② 游：《杂感：灵学丛志的笑话（转录实话报）》，《晨报副刊》，1922年9月16日，第3~4页。

③ 刘文典：《生命之不可思议》译序，商务印书馆1926年版。

驳；同时，以陈大齐、刘文典为代表的反灵学知识分子，则以理工学科意义上的真正科学为武器，以彼之道还施彼身，瓦解对披着伪科学外衣的灵学思想。灵学思想在这样切中要害的攻击下，几被连根拔起，很快便沉寂于全民言科学信科学的历史浪潮中，这场论战以无神论者的胜利而告终，《灵学丛志》于1920年停刊，1923年《灵学要志》也在出了两卷18期后停刊了。

四、小 结

陈旭麓曾从科学发展与社会现实两个方面总结了灵学泛滥的原因："从认识论来说，'科学公例'所不能解释的地方，总是神秘主义和不可知论得以滋生的土壤；从那个时候的社会现实来说，当人们因社会动荡及其所带来的精神痛苦而无法掌握自己的命运时，人们往往会向神灵世界祈求希望和慰藉。基于以上两点，灵学成为那个时候广有声势的社会意识。"①陈先生这段话高度概括出了民国初期灵学思潮泛滥的原因。民国初年的灵学思潮虽起源于西方灵学思想的传入，却与西方灵学的内涵逐渐背道而驰。灵学的泛滥与扶乩之术在民国初年的再度兴起相伴，以上海灵学会和北京悟善社为两大灵学传播的主阵地，他们强调人死后灵魂存在，自诩以"鬼神救国"，鼓吹研究学理，将中外儒释道耶等信仰融为一体，其主张的灵魂观念、因果报应、仙佛圣人等，无一不是中国历史悠久的传统迷信形式的再现。

面对民国初年社会现实的失序，整个社会的价值观念也出现失衡状态，有人认为应该复古，借助古代的经验来解决现实问题；有人认为应该革新，尤其是在近代西方思想的影响下，科学成为越来越多人追随和崇信的对象。人们采取种种方式策略，新旧两派都试图摸索出一条救亡图存的道路。灵学便是灵学家们在这种时代要求下捏造出的一种中国本土迷信思想与西方宗教信仰相混合的产物，灵学家们为其披上一层研究学理的科学的外衣，试图通过鬼神仙佛获得挽救社会的

---

① 陈旭麓：《近代中国社会的新陈代谢》，上海社会科学院出版社2006年版，第382页。

济世良方，殊不知"鬼神救国"只是中国古代迷信思想的遗骸，不仅无法实现救亡的梦想，甚至会使国民在其科学外衣的蒙蔽下变得更加愚昧。而另一部分高举"民主与科学"旗帜的知识分子们，他们看透了灵学的迷信本质，对其进行了有力的声讨和批判，对任何一点可能导致封建文化复辟的因素严防死守。总而言之，在民国初年发生的这场灵学派与反灵学派之间的斗争，是迷信与科学之间的一场较量，也是有神论与无神论之间的一场较量，最终获得胜利的必然是适应历史发展潮流的反灵学派，不过，灵学思潮作为民国思想史的重要组成部分，仍然不可忽视。

（作者系武汉大学历史学院硕士研究生）

晚清戊戌年前后的上海政局

——以蔡钧上海道台任免为切入点的考察

聂成威

摘要： 晚清戊戌年前后，蔡钧担任上海道台期间是上海近代发展史上的一个重要时期，其间上海历经法租界的扩张和吴淞口的开埠等重大事件。故而蔡钧也是上海近代史上一个重要的人物。他早年随使出访欧美，归国两年后，于光绪十二年(1886 年)任职于两江地区，此后十数年的洋务办理经历，使其积累了丰富的洋务经验。光绪二十三年(1897 年)，时任上海道台刘麒祥于任上病逝，得益于出色的洋务才干和两江总督刘坤一的赏识，蔡钧顺利接任上海道台一职。在沪期间，蔡钧因米禁之事迭遭参劾，致其开缺，但为各国领事所公电请留；其后蔡钧在租界扩展事宜上态度过于强硬，清政府迫于各国公使团压力将其免职。本文拟通过考察蔡钧于上海道台一职上的任免情事，探析这一时期上海政局的主要影响因素。

关键词： 蔡钧；上海政局；任免情事；影响因素

蔡钧是我国最早走出国门的外交官之一，他早年随使出访欧美，归国后又长期办理洋务，这些使其积累了丰富的洋务经验。得益于出色的洋务才干和地方督抚的赏识，蔡钧于 1897 年接任上海道台一职。蔡钧担任沪道的戊戌年前后，是上海近代发展史上的一个重要时期。其间上海历经第二次四明公所案、上海租界的扩张和吴淞自开商埠等重大事件，均由蔡钧主持办理。但以往学者关于蔡钧的研究，多集中在近代史上一些重大的事件当中，呈现出一种片段式的面貌。对蔡钧就任沪道时期的政事活动及任免情事涉及较少，其中亦不乏舛误之处。① 有鉴于此，本文拟根据相关史料，对蔡钧在上海道一职上的任免情事进行研究，厘清蔡钧其人的任职经历及其于上海道台上的任免内因，从而展现一个非典型性洋务官员所反映出的晚清上海政局中权力与观念的博弈。

一、蔡钧其人及其仕途履历

蔡钧（1850—1908 年），字和甫，号勉善，直隶大兴县人，原籍江西南安府上犹县。② 蔡钧早年"宦于粤中"，于光绪七年（1881 年）随郑藻如出使欧美，光绪十年（1884 年）回国。归国后先是随善庆赴京，在京中任职，因在京中多被参劾，向醇亲王奕譞请求调回南洋。③ 于光绪十二年（1886 年）委任于南洋，其后历任金陵洋务局总

---

① 葛夫平对蔡钧在第二次四明公所案中的政事态度和具体作为有较多的研究，但仍只是将其置身于这一事件之中，对其本人未有较多涉及。见葛夫平：《第二次四明公所案与上海法租界的扩界》，《历史研究》2017 年第 1 期，第 68～84 页。孔祥吉等则对蔡钧就任上海道一职和其卸任之际为日本公使所请留事有涉及，但因其史料未及全面，故结论有所舛误。见孔祥吉、村田雄二郎：《解读早期中日交涉的原始记载——中岛雄〈往复文书目录〉研究述略（下）》，《福建论坛》（人文社会科学版）2009 年第 5 期，第 95～101 页。《驻日公使蔡钧的釜底抽薪"妙计"》，孔祥吉：《惊雷十年梦未醒——档案中的晚清史事与人物》，广东人民出版社 2017 年版，第 364～365 页。熊月之和夏晓虹则对蔡钧以舞会宴会之举作为对外交涉之活动进行了研究。见熊月之：《异质文化交织下的上海都市生活》，上海辞书出版社 2008 年版，第 257～264 页；夏晓虹：《上海晚清片影》，上海古籍出版社 2009 年版，第 73～87 页。尤值得注意的是张晓川关于蔡钧之研究，作者通过相关的史料分析，对蔡钧的籍贯和生卒年进行了考证，并对其个人生平作了较为细致的刻画，基本厘清了蔡钧的整个人生历程。另外，其还根据蔡钧《外交辩难》中的记载探讨了蔡钧的外交策略。见蔡钧：《外交辩难》，张晓川整理，上海古籍出版社 2020 年版，前言第 1～33 页。
② 蔡钧：《外交辩难》，张晓川整理，上海古籍出版社 2020 年版，前言第 2～3 页。
③ 《次拟上邸帅书》，蔡钧：《时务摭言》卷三，光绪二十三年石印本，武汉大学图书馆藏，第 1 页。

办、常镇通海道、苏松太道、出使日本大臣等职。

孔祥吉在其相关研究中指出：蔡钧早年随使欧美，回国后先是在总理衙门任职，搜罗钱财，结交权贵。于光绪十二年二月十五日（1886年3月20日）被分发到江南差遣委用。数年之后，他通过行贿，得到了上海道这个重要职位。①

蔡钧于光绪二十三年九月初六（1897年10月1日）才正式接任上海道一职，距离其分发到江南差遣委用，相隔超过十年之久，显然并不是"数年之后，他通过行贿，得到了上海道这个重要职位"一语可以概括。

自光绪十年（1884年）归国后，当年三月，蔡钧"蒙两江总督曾（国荃）留于金陵，札派洋务制造防营支应三局差使"，受时任两江总督曾国荃赏识非常，夸赞其"练达老成，于国政得失利害之处，靡不晓明而畅彻"，并欣然为其《出使须知》《出洋琐记》二书作序，称前书为"使臣圭臬，凡出洋者，必不可少"②。但随后因洋务才识非凡，五月"复蒙善（庆）将军以津沽防务吃紧，咨调"赴京。入京后不久，即由醇亲王奕譞奏留于神机营差遣。适逢中法战事突起，蔡钧"正思稍竭所知，力图报称"，当即上呈《代呈奏疏》一封，历数中法所长所短，兼论法败我胜之道。其中虽有"法人平素骄逸，亟肆以疲之，劳苦太久，必生疾病""中国人才，愈用愈出，断无乏才之虑"等过于乐观的言辞，但奏疏中展论拿破仑、波旁、阿良党人于议院中之争锋相对，可谓洞悉法国政事时局；又论及法德之仇、英法夙怨，堪称熟知法国历史。③ 其后蔡钧又连上《敬呈管见四条》《再陈管见》《续陈管见》三封奏疏，历陈富国、强兵、洋务、交涉之法。④ 但颇为可惜的是，这些颇有前瞻性且兼具可行性的建议并没有得到重视。

蔡钧的上述奏疏虽没有得到采纳，但其所表现出的洋务才能却为

---

① 孔祥吉：《惊雷十年梦未醒——档案中的晚清史事与人物》，广东人民出版社2017年版，第364~365页。

② 曾国荃：《出使须知序》，蔡钧：《出洋琐记》，岳麓书社2016年版，第64页。

③ 《代呈奏疏》，蔡钧：《出洋琐记》，岳麓书社2016年版，第42~47页。

④ 蔡钧：《出洋琐记》，岳麓书社2016年版，第48~60页。

京中大臣所熟知。赴京后的次年，蔡钧因"洋务娴熟"经醇亲王奕譞和总理大臣奕劻保荐任同文馆帮提调，为总理各国事务衙门差遣委用。但据蔡钧自言，"第总署向无外员，钧又不工酬应，同人见忌"，是故，蔡钧便以"于洋务稍为熟悉情形，地既就近，亦较易抒区区报国之忧"的说辞向醇亲王奕譞和总理大臣奕劻奏请调回南洋。①

正如其所请，光绪十二年（1886 年），总署大臣奏陈，军机大臣奉旨，仍将蔡钧"发交南洋大臣两江总督曾国荃差遣委用，俾资历练"②。接旨后的蔡钧，随后不久便回到南京，继续在两江总督曾国荃手下办理洋务。有别于传统士人所走的科举正途，监生出身的蔡钧选择的为官途径是捐纳这一异途。其后两年，蔡钧先是报捐知府，后即加捐道员。光绪十五年（1889 年）年末，又得曾国荃奏请：

> 臣查蔡钧年强才裕，心精力果，矢志图报，有守有为。所至之地，每与洋人辩论，立言得体，实能消患于未萌。若留于江苏补用，于地方洋务均有裨益，恳将候选道蔡钧以道员分发江苏补用，俾南洋得收指臂之助。③

随后即奉朱批"着照所请"，蔡钧顺利地以候补道分发江苏补用。与此同时，蔡钧"精明干练，熟悉洋务"的特质亦多为其他地方疆臣所欣赏，如此前将其咨调入京的善庆在光绪十四年（1888 年）出任福州将军后也奏调蔡钧"来闽办理通商事务"。未几，善庆卒于任，其继任者希元亦上奏请求"嗣后闽省如有华洋交涉难结事件，容臣等电知两江总督仍饬该员赴闽办理，俾资襄助"。由此可见，蔡钧的对外交涉能力颇受重视。此后数年间，蔡钧奔波于苏、闽两省，交涉办理

---

① 《次拟上邸帅书》，蔡钧：《时务撮言》卷三，光绪二十三年石印本，武汉大学图书馆藏，第 1 页。

② 奕劻等：《奏请候补通判蔡钧发交南洋差委事》（光绪十二年二月十五日），第一历史档案馆藏军机处录副，档案号：03-5206-056。

③ 曾国荃：《奏为候选道员蔡钧谙习地方洋务请旨分发江苏补用事》（光绪十五年十一月二十六日），第一历史档案馆藏军机处录副，档案号：03-5256-046。

了诸多华洋纠纷。① 由于两省地方督抚之看重，即便略有微恙，蔡钧亦是匆忙奔赴两省之间。时人亦谓之"力疾从公，弗辞况瘁，真可谓王事贤劳矣"②。

光绪十六年（1890 年）年末，刘坤一复任两江总督。蔡钧早年在广东时即在刘坤一手下当差，刘坤一对其亦非常赏识，故这一变动对其影响颇大。光绪十九年（1893 年），刘坤一专折特保蔡钧，以"所委办理洋务人员，惟该道最为得力"，故而奏请"或备出使之选，或仍交军机处存记，遇有洋务省份道员缺出，请旨简放"。③该折奉朱批"着照所请"，是故次年正月蔡钧即被委任常镇通海道一职。④ 蔡钧于常镇通海道任上履职半年后，又回到南京当差。其后三年间，蔡钧任职于金陵洋务局，又陆续办理过一些洋务事宜和华洋纠纷。

华洋交涉之事素来为地方官员所头痛。蔡钧于出使归来后，于两江地区历办华洋交涉事，他认为以往使臣和地方官员"杜门不出，饱食安居，侈然自大"之行为态度是华洋交涉难办的内因，这难免使"外国人向疑中国人目空一切"，并"厌而恶之"。是故，蔡钧在办理对外交涉事件时，皆奉行"以情感之，以理喻之"的原则，并大多取得了使双方较为满意的结果。⑤ 除此之外，蔡钧在上呈的奏疏中，详述了上海这一"南北要冲、华洋枢纽"的重要性，并认为担任苏松太道一职的官员当有"折冲应变之才"，"非熟晓洋务、深谙西律、精明干练之人不足以当此任"。⑥ 其后，蔡钧在给两江总督刘坤一的上书

---

① 蔡钧：《外交辩难》，张晓川整理，上海古籍出版社 2020 年版，第 20～50 页。

② 《秣陵春语》，《申报》，1889 年 3 月 2 日，第 2 版。

③ 刘坤一：《奏为特保江苏候补道蔡钧办理洋务得力请录用等事》（光绪十九年五月二十四日），第一历史档案馆藏朱批奏折，档案号：04-01-12-0559-026。

④ 《光绪二十年二月十五日京报全录》，《申报》，1894 年 3 月 29 日，第 13～14 版。

⑤ 《为续陈管见再竭所知事》，蔡钧：《时务撮言》卷一，光绪二十三年石印本，武汉大学图书馆藏，第 10～12 页。

⑥ 《续陈管见》，蔡钧：《出洋琐记》，岳麓书社 2016 年版，第 59 页。

中，亦多次言及"上海为通商大埠，各国领事总领事之属麇聚于
此"①。办理洋务和中外交涉之关键就在于上海政局之稳定，而这
便需要才识兼备之人方足以胜任。这无疑在刘坤一处留下了深刻的
印象。

光绪二十三年（1897年）八月，苏松太道刘麒祥因病出缺，刘坤
一上奏：

> 查有江苏候补道蔡钧，才识明干，体用兼资，曾署常镇道
> 篆，措置裕如，中外翕服，历办要案，均能不激不随，动中窾
> 要，实为监司中不可多得之员，委署斯缺，洵属人地相宜。②

从此折不难看出，刘坤一对蔡钧颇为赏识，认为其在办理中外交
涉事件中，能使"中外翕服"，故为其奏请苏松太道一职。另外值得
注意的是，刘坤一在未得红谕之前，便已经委任蔡钧署理苏松太道一
缺，而苏松太道一职在清代属于简放一缺，即皇帝直接任命。九月十
四日，内阁正式下发红谕，着蔡钧接任苏松太道一职。③

在上海道台任上，蔡钧对内除却延续传统的民事管理外，还积极
建设马路、电灯公司和自来水厂等近代化项目；对外则更为积极主
动，以宴会和舞会等非常规形式来作为同各国公使和领事交往的日常
活动。直至两年后，因"对租借扩充事态强硬不协"，各国公使团对
清政府施加压力，蔡钧遂于光绪二十五年（1899年4月13日）被免
职。④

此后己亥建储、庚子事变接踵而至，中外冲突愈加频繁。蔡钧在

---

① 《上刘岘帅书》，蔡钧：《时务撮言》卷三，光绪二十三年石印本，武汉
大学图书馆藏，第15页。

② 《光绪二十三年十月初二日京报全录》，《申报》，1897年11月9日，
第9版。

③ 《光绪朝上谕档》第二十三册，广西师范大学出版社2008年版，第230
页。

④ 葛夫平：《第二次四明公所案与上海法租界的扩界》，《历史研究》2017
年第1期，第68~84页。

这一时期仍居留在沪，参与了东南互保之事及其他具体的对外交涉事件。① 光绪二十七年(1901年)，蔡钧又经刘坤一保奏，充任出使日本国大臣。② 在日期间，因发生成城学校入学风潮事件，蔡钧成为众矢之的，留日学生甚至上书呈送外务部，请求将蔡钧撤回国内。③ 故而未得期满即于光绪二十九年(1903年)归国。归国后，担任内阁侍读学士差，政事活动较少。光绪三十三年(1907年)，因遭张之洞弹劾，言其"排满革命风潮皆蔡钧使日本时，专与学界为难，不以劝学为事，以致酿成此祸"，因此被勒令回到江西原籍，交地方官严加管束。④ 次年即病逝。

纵观蔡钧的官宦生涯，洋务才识可谓其一生的登进之阶。监生出身的蔡钧，因"洋务娴熟"而为曾国荃、奕譞、刘坤一等京中高官和地方大员所赏识，以捐纳之异途而分发道员。恰逢此间中外冲突频繁，华洋纠纷不断，而蔡钧于两江任上约十年间历办中外交涉事件，"措置裕如，中外翕服"，这不仅让时任两江总督刘坤一对其愈加赏识，也为其日后顺利接任上海道台这一洋务要职奠定了基础。

二、1890—1899年上海道台的职能及其任职资格

为厘清蔡钧接任上海道之因由这一问题，首先需要考察的就是当时上海道这一官职所包含的职能和所需的任职资格。清代的第一个管理苏松地区的道台被任命于1645年，这距离本文所探讨的问题在时间上相去甚远，另外显而易见的是上海这个对外开放口岸自1842年以后的变化是极为剧烈的。是故本文选择了1890—1899年——蔡钧

---

① 蔡钧：《外交辩难》，张晓川整理，上海古籍出版社2020年版，第160~168页。

② 王彦威：《西巡大事记》第八卷，出版社不详，1933年铅印本，第452页。

③ 王希隐等编：《清季外交史料》第一百五十九卷，出版社不详，1932年影印本，第32页。

④ 《国内紧要新闻：张中堂痛诋蔡钧》，《大同报(上海)》1907年第8卷第7期，第31页。

卸任上海道之前约十年这一相对联系紧密的时期，来考察这一官职的
职能及其任职资格。

（一）上海道台的职能及其变化

上海道台是清政府官制中92个道台或分巡道台之一，它们构成
了清朝省和地方政府的第二级行政单位。上海道台具体的官衔应为苏
松太道台，或苏松太兵备道，此职位的其他称呼还有"江海道""江海
关道""沪道""海道"。其管辖的范围包括苏州府和松江府两个府，以
及太仓州一个直隶州，共计20个县。①

上海道台的职能自近代以来是不断变化的。上海于1842年被开
辟为通商口岸后，由于对外贸易的不断增加，中外交涉的事件亦愈来
愈多，上海道台日常政务之一是处理这一口岸的对外事务。19世纪
60年代，清政府在曾国藩、李鸿章等人的推动下开始了挽救自身的
自强运动，上海正是这一运动的一个中心地区，江南制造局、轮船招
商局等新的机构和企业陆续在上海建立，上海道台也成为这些近代化
项目的管理者。1870年，总理衙门确定了两种分巡道台，这就是常
规的分巡道台和海关道台（关道）。根据总理衙门所说，后者应履行
两种另外的职责，即对外贸易的海关管理和处理外交事务（关务及交
涉）。② 上海道台无疑属于后者。及至19世纪的最后十年，上海已成
为"通商大埠，各国领事总领事之属麇聚"之地，处理外交事务已成
为上海道台的一个重要职责。③

显然，由于上海地处华洋交涉中心的特殊地理位置，伴随着近代
化的不断加深，上海道台所承担的职能也有一个不断扩大的过程。然
就其具体而言，除了伴随着近代化而来的近代化项目和外交，上海道

---

① 梁元生：《上海道台研究》，陈同译，上海古籍出版社2003年版，第6、
15、19页。

② 梁元生：《上海道台研究》，陈同译，上海古籍出版社2003年版，第70
页。

③ 《上两江总督刘岘帅书》，蔡钧：《时务撮言》卷三，光绪二十三年石印
本，武汉大学图书馆藏，第11页。

台的职能仍然包括传统的民政、防务和财政（海关税收）。① 只不过在以上的职能当中，外交的重要性在 1890—1899 年这一时期更为凸显。

（二）上海道台的任职资格

有关上海道台的任职资格，并没有明文规定。但就上海道台所包含的繁重职能来看，它显然对担任此职的官员有着较高的要求。尤其 1890—1899 年这段时期，处理外交事务成为上海道台的一个重要职责，这种有别于传统的职能无疑对这一地区的官员提出了更高的要求。另外从以往担任此职的官员当中，也不难发现其中的某些共同点。以下从这一角度出发，对上海道台的任职资格试作探讨。

1. 出身和洋务经验

此处将这两项因素放在一起讨论是出于这一职位的职能变化所作的考虑。

1730—1890 年这一时期内，有科举背景的官员在上海道台一职上的比例呈现逐渐缩小之势。② 我们再将时间范围缩小到 1890—1899 年，这一时期共有 5 人担任过上海道台，其中仅有聂缉椝是附贡，吕海寰是举人出身，其他人都没有任何的科举背景。实际上，在聂缉椝之前的四任上海道台中，也仅仅只有一人是举人出身，另外三人同样没有任何的科举背景。

从上述情况中我们不难发现，科举背景对于担任上海道台这一职务的重要性在逐步弱化，及至 19 世纪最后十年，它甚至根本没有成为一个重要的影响因素。而相反地，洋务经验在这一时期对于担任上海道一职的重要性极大地增加了。

导致这一现象的背景因素是这一时期内发生了甲午中日战争、戊

---

① 《上海道台职能的扩大》，梁元生：《上海道台研究》，陈同译，上海古籍出版社 2003 年版，第 21 页。

② 梁元生：《上海道台研究》，陈同译，上海古籍出版社 2003 年版，第 24 页。

戊变法等重大事件，中外矛盾加剧，上海又地处中外交涉的中心地区。而另一个重要的因素则是两江地区的最高行政官员——刘坤一。他对上海的交涉事宜多次表示需要熟悉洋务的明干人员来办理。而最为清晰地可以看出刘坤一对于上海道台这一官员的遴选标准则见于其关于鲁伯阳的一封奏折，其折如是写道：

> 新授苏松太道鲁伯阳，于光绪十五年到省候补，阅历未深，一无表见。自奉旨补授是缺后，臣与之面商一切事宜，虽因未经到任，该处情形未能熟悉，而聆其言论，于地方吏治及各国条约，凤昔均未讲求，恐难期其得力。近日各国洋报又复议论纷如，所言即无足深信，而其为外人轻视已可概见，若令骤膺巨任，势必启外辱而滋事端。①

鲁伯阳是中央政府直接任命的苏松太道，但刘坤一在略加考量后便将其派往镇江署理常镇通海道一职，以作转圜，数日后因其能力不足便将其开缺送引。② 从中亦可以发现，刘坤一认为能够胜任上海道台一职至少要满足两个条件：历任已久，熟悉当地情形；讲求地方吏治和各国条约，即熟悉外务。刘坤一还认为倘若不具备这些条件，在对外交涉之际，一旦"稍失其宜，不特贻误事机，抑其有伤国体"③。

是故，他在遴选任职上海道台的官员时格外看中他们的洋务经验。聂缉椝在担任上海道台之前，历任江南机器制造总局会办、江南机器制造总局总办；刘麒祥，此前即随同曾纪泽出使过俄、法等国，回国后又在上海制造局任职，担任过江南制造局总办，洋务经验富足；吕海寰，亦是受李鸿藻赏识，于甲申年间便开始涉足外交事务，1894 年又担任常镇通海道。此后担任上海道台的蔡钧、李光久、曾

---

① 《察看鲁道伯阳暂署常镇通海道篆务片》，《刘坤一遗集》第二册，中华书局 1959 年版，第 795 页。

② 《复奎乐峰》，《刘坤一遗集》第五册，中华书局 1959 年版。第 2086 页。

③ 《察看鲁道伯阳暂署常镇通海道篆务片》，《刘坤一遗集》第二册，中华书局 1959 年版，第 795 页。

丙熙莫不如是。而上述的这些官员亦多为刘坤一所保举。

一如梁元生在其研究中所言：洋务职责是上海道台所办公务的一部分，但在19世纪晚期成为遴选和任命道台的重要因素。①

2. 行政经历

梁元生在其研究中发现，担任上海道台的官员大多曾在上海或周边地区有过任职经历。② 倘若将时间范围再集中到1890—1899年，我们可以发现，这一时间段的五位道台(聂缉椝、黄祖络、刘麒祥、吕海寰和蔡钧)均在上海或江苏省的其他地区担任过官职，其中聂缉椝、刘麒祥和蔡钧均在上海的洋务机构担任过官职。可以说，在上海或邻近地区的工作经历几乎是担任上海道台的先决条件之一。

此外，梁元生还对官员继任上海道台前的职位进行了研究，发现大多来自江苏的候补道员。③ 我们再将考量范围集中到1890—1899年的这五位上海道台中，可以发现在接任上海道台前，聂缉椝、黄祖络、刘麒祥、蔡钧是江苏候补道员，吕海寰是常镇通海道台。这与此前约五十年的情况基本相同。而且值得注意的是，这五人当中，黄祖络、蔡钧和吕海寰在继任上海道之前都担任过常镇通海道一职。以上情况表明担任上海道台的大多数官员都曾是在省衙门或在上海的官局中工作过的候补道台。

根据清代有关回避的法律规定，本地人是不允许在当地政府中任职的。因此，对于担任上海道台这一职位的官员来说，在上海或邻近地区的工作经历可以帮助他们在一定程度上熟悉当地的方言、风俗和文化，这也正是刘坤一因鲁伯阳"该处情形未能熟悉"，而不同意其担任上海道台一职的一个原因；而许多上海道台都曾担任过候补道台这一事实，显然是因这一职位的外交职能所决定的。这些候补官员经

---

① 梁元生：《上海道台研究》，陈同译，上海古籍出版社2003年版，第74页。

② 梁元生：《上海道台研究》，陈同译，上海古籍出版社2003年版，第25页。

③ 梁元生：《上海道台研究》，陈同译，上海古籍出版社2003年版，第25页。

常要处理各种地方事务和华洋纠纷，他们在这一过程中也就积累了更多的对外交涉经验。

（三）地方督抚的支持

地方督抚的支持与否显然不能算作上海道台的一个任职资格，但它却又在官员能否顺利担任这一职位的过程中扮演着一个非常重要的角色。如前所述，上海道台的上一级行政中心是两江总督控制下的南京总理衙门和江苏巡抚控制下的苏州巡抚衙门。但就实际而言，在1890—1899年，上海道台这一职位的任免，往往是两江总督刘坤一发挥着更大的影响力。

梁元生在其研究中指出，尽管在太平天国以后的时期里，中央政府在遴选中下级的地方官员时不得不考虑"保举"（地方督抚推荐）的方式，但并没有证据可以说明中央政府已失去了它任命官员的权力。① 上海道台属于冲繁难要之缺，在整个道台系统内部属于"最要"的那一类，这一职位的官员历来都是由皇帝直接派遣。但就1890—1899这一时期的实际情况而言，显然没有如此二元对立。中央政府依然拥有着上海道台的任命、批准和调动的权力，但刘坤一的支持与否显然也在很大程度上左右着这一职位的变动。这种状况的出现，一方面是因为太平天国之后地方督抚在下一级官员人事任免中的话语权有所提高，另一方面是因为对一个地方主政官员能力的考察是一个长期的过程。前文已经述及，在担任上海道台之前，这些官员往往在上海或者周边地区已有过较长时间的行政经历。因此，刘坤一毫无疑问要比中央更加熟悉他手下的官员。关于地方督抚在相当大程度上能左右上海道台这一职位的变动这个观点，下文将试举几例来加以论证。

在1890—1899年这一时期内的几任上海道台，几乎都曾为地方督抚所推荐或保举过。列举如下：

聂缉椝，光绪十六年（1890年）接任上海道台，为两江总督曾国

----

① 梁元生：《上海道台研究》，陈同译，上海古籍出版社2003年版，第10页。

荃所推荐。①

黄祖络，光绪二十年（1894 年）接任上海道台，为两江总督刘坤一所推荐。②

刘麒祥，光绪二十二年（1896 年）接任上海道台，曾为两江总督刘坤一所保举。③

蔡钧，光绪二十三年（1897 年）接任上海道台，为两江总督刘坤一所保举和推荐。④

李光久，光绪二十五年（1899 年）接任上海道台，曾为两江总督刘坤一所保举。⑤

在此期间，吕海寰于光绪二十四年（1898 年）由中央政府直接任命署理常镇通海道一职，两年后又署理上海道台一职。⑥ 除此之外，其余各人均在担任上海道台前为两江总督所保举过。另外，在此期间还有一个上文已经述及的小插曲，亦能说明一些情况。

光绪二十年（1894 年），中央政府任命鲁伯阳为新任苏松太道。刘坤一认为其"阅历未深，一无表见"，对上海地方"情形均未熟悉"，"于地方吏治及各国条约，夙昔均未讲求"，认为他无法胜任此职。于是，刘坤一上奏朝廷，述明原因后，将其调往镇江暂时署理常镇通海道一职。⑦ 未过几日，鲁伯阳便开缺回京了。⑧

鲁伯阳开缺一事固然是由于其个人能力的不足，但从其赴任到解

① 梁元生：《上海道台研究》，陈同译，上海古籍出版社 2003 年版，第 105 页。

② 《察看鲁道伯阳暂署常镇通海道篆务片》，《刘坤一遗集》第二册，中华书局 1959 年版，第 795 页。

③ 《保举堪胜关道人员折》，《刘坤一遗集》第二册，中华书局 1959 年版，第 738 页。

④ 《特保洋务道员折》，《刘坤一遗集》第二册，中华书局 1959 年版，第 967 页。

⑤ 《道员在营出力请予录用片》，《刘坤一遗集》第二册，中华书局 1959 年版，第 889 页。

⑥ 《光绪朝上谕档》第二十册，广西师范大学出版社 2008 年版，第 241 页。

⑦ 《察看鲁道伯阳暂署常镇通海道篆务片》，《刘坤一遗集》第二册，中华书局 1959 年版，第 795 页。

⑧ 《复奎乐峰》，《刘坤一遗集》第五册，中华书局 1959 年版，第 2086 页。

职的间隔时间之短，亦可看出刘坤一在这一职位上的话语权。①

上海地处华洋交涉的中心地区，自鸦片战争后，上海道台的职能便一直处在变化当中，这直接影响了这一洋务要职的遴选工作。就上述观之，1890—1899年，在上海或周边地区多年的任职和地方督抚的赏识与支持，是担任上海道台一职的重要基础。前者让任职官员得以熟悉当地的政治、文化、方言和风俗，而后者则更为直接地在这一决策中拥有相当的话语权。但更为重要的变化是，相比于此前颇为看重的科举出身，洋务经验俨然已成为遴选上海道台一职中最为重要的因素。这显然是与19世纪下半叶洋务派官员在两江地区所开展的自强运动关系密切，另外19世纪末期愈加频繁的中外冲突也促成了这一现状的产生。基于这一变化，富于洋务经验的蔡钧在对外交涉中亦表现出色，故其继任上海道台一职当为意料中事。

三、蔡钧接任上海道台之因由

前文已经详述，在19世纪最后十年，科举出身对于官员担任上海道台一职的影响已经十分微弱。所以尽管蔡钧是监生出身，但他仍能够顺利继任上海道台一职，这既与他在江苏地区任职多年，积累了丰厚的洋务经验相关，也还有他深得时任两江总督刘坤一赏识的原因。除此之外，上一任上海道台刘麒祥的病逝和在此期间陷于辕辕状态的信隆船务案也是其接任上海道台的现实因素。

上文已经提及，蔡钧于光绪十五年（1889年）以候补道身份分发江苏补用，此后历任洋务局总办、常镇通海道等职，并办理了诸多的中外交涉事件。在这超过十年办理华洋纠纷的过程中，他也积累了远超同时代其他传统政府官员的洋务和对外交涉经验。在他竞争上海道台这一职位的过程中，这些经验无疑为他带来了一些优势。蔡钧在江苏地区多年的任职经历使他得以熟悉当地的社会风俗和语言文化，但

① 刘坤一欲让鲁伯阳于四月二十四日署理常镇通海道一职，但在前者将具体情形上奏后，光绪帝于四月二十三日便已签发红谕着鲁伯阳开缺送部引见。见《光绪朝上谕档》第二十册，广西师范大学出版社2008年版，第241页。

更为重要的是在处理中外交涉事件时，他的洋务才能也逐渐为刘坤一所熟知。

光绪十九年（1893年），福州英国领事官费笠士致函蔡钧，声称任满归国，约其相见。恰逢此时刘坤一来沪，蔡钧本当迎接，但两事冲突，因此蔡钧上书刘坤一，述明缘由。他在上书中如是写道：

> 上海为通商大埠，各国领事总领事之属麇聚于此。向来南洋大臣大率阻其来见，以致声气暌隔，事故繁多，棘手之端不一而足。①

从中可以看出，蔡钧对于和各国领事的会面看得十分重要。他认为此前"南洋大臣大率阻其来见"导致了"声气暌隔，事故繁多"的局面，这也是外国人与中国为难的开端。因此，他认为与各国领事的会面事关重大，不能以寻常观之。对于如何改善这一局面，蔡钧在不久后的上书提出了他的建议：

> 按照谳局章程，于候补州县中挑选年富力强明白公事者数员，委派常川到局讨论公法、和约、律例，及往来文卷，以资学习……职道得以与各员悉心讲求，集思广议。②

蔡钧在这份上书当中颇有毛遂自荐的意味。他认为南洋地方的交涉争端如此之多，很大程度上是因为缺乏洋务人才。是故他请求按照谳局章程，让他为挑选来的候补官员讲解公法、和约、律例等，从而预防华洋争端的发生。

刘坤一早年任职两广总督时，便曾委派蔡钧前往香港同英方交涉，办理汲水门厘厂等六厂税务和私船闯关二事；及至复任两江总

---

① 《上两江总督刘岘帅书》，蔡钧：《时务撷言》卷三，光绪二十三年石印本，武汉大学图书馆藏，第11页。

② 《上刘岘帅书》，蔡钧：《时务撷言》卷三，光绪二十三年石印本，武汉大学图书馆藏，第15页。

督，蔡钧又在其手下办事多年。可以说，刘坤一对于蔡钧及其能力是相当熟悉的。因此，刘坤一其后两度保举蔡钧，在海关道记名备用。① 最终于光绪二十三年九月初二日致电清政府，保荐蔡钧接任上海道台一职。②

但值得注意的是，光绪帝于九月十四日才正式下发蔡钧补授苏松太道的红谕，而蔡钧至迟在九月一日便已经被刘坤一委派署理这一职务了。③ 出现这一现象，一方面是因为刘麒祥的突然病逝；另一方面是由于当时信隆租船一案的会审陷于聱轕的状态，刘坤一希望能尽快完结此事。

信隆租船一案源于甲午年间中日交战之际，台湾商务局将驾时、斯美等轮船交予金陵筹防局管理，旋又为支应局委员徐赓陛租赁给英商信隆洋行。其后金陵筹防局与信隆洋行双方纠缠不清，遂诉诸公堂。④

因为此案涉及中英双方，且官私纠缠，为避免事态扩大，刘坤一期望此事能够顺利解决，在光绪二十三年二月二十八日（1897年3月30日）致信时任上海道台刘麒祥，令他嘱托徐赓陛料理妥帖。⑤ 但事情未见好转，于是在五月底又派蔡钧前往上海办理此事，但未曾料想，双方争执不下，竟然连审三十六场，一直持续到八月中旬。蔡钧以为案可了结，遂下发堂谕，但英方对此结案堂谕颇不满意，因此这一案件并没有顺利结束。⑥

而恰在此时，刘麒祥病故。刘坤一以蔡钧"在沪料理租船之案"，且"办事稳练，体用兼资"，便委任其署理上海道台一职。这固然是有着刘坤一对蔡钧洋务才能的认可，另一方面也还在于刘坤一希望能

---

① 中国第一历史档案馆藏，光绪朝录副奏折档，胶卷号：05-5307-035。

② 中国第一历史档案馆藏，光绪朝电报档，综合电报档，胶卷号：015-0075。

③ 《光绪朝上谕档》第二十三册，广西师范大学出版社2008年版，第230页。

④ 《租船聱轕》，《申报》，1897年6月23日，第3版。

⑤ 《致刘康侯》，《刘坤一遗集》第五册，中华书局1959年版，第2189页。

⑥ 《不服断案》，《申报》，1897年10月9日，第3版。

够顺利了结信隆租船一案。倘若一旦换人办理此事，极有可能因为不熟悉具体情形而迁延日久，以致事态扩大。是故，在蔡钧正式署理上海道台一职后，刘坤一于是年十月二十二日和十一月二十二日两度致信蔡钧，"船案久持不结"，为免再生枝节，希望他"速图了结"此案。①

由此可见，办理信隆租船一案亦是蔡钧接任上海道台的一个重要因素。

此外，在信隆租船案一案当中值得注意的是，当时郑观应在参阅蔡钧对此案的判语后，于光绪二十三年八月十六日(1897年9月12日)给盛宣怀的信函中对蔡钧评价颇高，认为其"阅历深，交情广，熟悉中外情形"，建议盛宣怀设法将蔡钧留为己用。并在信中附呈了《时务扩言》《辩论记略》各一部，以使盛宣怀加深对蔡钧洋务才干之认识。② 此外，郑观应在刘麒祥去世后还准确预见了蔡钧继任上海道台一事。③

四、蔡钧沪道之职的开缺及其延宕

1899年4月13日，清政府在公使团的要求下，以"对租借事态强硬不协"的理由将蔡钧免职。而实际上，这已是蔡钧在沪道一职上的第二次开缺了。

光绪二十四年十月初七日(1898年11月20日)，清政府颁发上谕：江苏苏松太道蔡钧着开缺，所道员缺着李光久调补。④ 有关蔡钧

---

① 《致蔡和甫》，《刘坤一遗集》第五册，中华书局1959年版，第2536页。

② 《郑官应致盛宣怀函(光绪二十三年八月十六日)》，陈旭麓、顾廷龙、汪熙编：《盛宣怀档案资料(第8卷轮船招商局)》，上海人民出版社2016年版，第712~713页。该处《时务扩言》应为误写，当为《时务撽言》。

③ 《郑官应致盛宣怀函(光绪二十三年八月十六日)》，陈旭麓、顾廷龙、汪熙编：《盛宣怀档案资料(第8卷轮船招商局)》，上海人民出版社2016年版，第714页。

④ 《光绪朝上谕档》第二十四册，广西师范大学出版社2008年版，第525页。

此次开缺的原因，并没有留下直接的记载，但从后续事态的发展来看，并非是同英、美、法等国领事交涉租界事宜不恰的结果，而极有可能是因米禁之事而遭参劾所致。

戊戌春夏之交，上海及江浙等沿海地区发生严重米荒，致使米价腾贵。而恰逢其时，东邻日本叠遇天灾，也出现了米荒。御史曾宗彦据此认为上海地区的米价腾贵是蔡钧贩米出洋，售与日本，内米外漏所致，并于光绪二十四年九月十一日（1898 年 10 月 25 日）上奏弹劾蔡钧，称其"迭次偷贩华米出口，售与东洋，以牟重利，每次约以数十万石计"①。孔祥吉认为此种说法确为可信，并援引日本驻北京公使馆的书记官中岛雄的一份记录作为旁证，记录如下：

> 第二百二十一号，十一月二十九日（清历十月十六日）发信，
> 不收复信，
> 为函请俾蔡道仍留江海关原任事。

就该记录所表明，清政府于十月初七日（11 月 20 日）颁发了蔡钧于沪道开缺的谕令后，日公使馆于九日后向总理衙门发去了一个为蔡钧求情之照会。而中日两国于 1871 年建交以来，上海道屡次更迭，日本政府对于这样一个道员级别官员的任命，从未表示过任何赞成或反对的态度。孔祥吉据此认为，蔡钧与日方的关系必定非同寻常。②又结合前文所述曾宗彦之参劾，蔡钧贩米出洋一事似确凿无疑，而蔡钧开缺之因当也是为此事。

但结合其他史料来看，事实却并非如此。据刘坤一所称：

> 春间日本与俄、法三国先后请在上海购米，译署于日本、法国两处允其酌办，鄙意意在踌躇，而蔡道坚持不许。倘蔡道自行

---

① 孔祥吉、［日］村田雄二郎编著：《中岛雄其人与〈往复文信目录〉》，国家图书馆出版社 2009 年版，第 72 页。

② 孔祥吉、［日］村田雄二郎编著：《中岛雄其人与〈往复文信目录〉》，国家图书馆出版社 2009 年版，第 71 页。

贩米出洋，不能瞒该三国领事，势必反唇相稽，而皆默然者，何也？①

显然在刘坤一的记录下，蔡钧是持反对贩米出洋之立场的，甚至可以说是独力反对此事。因此，刘坤一"颇信蔡道似无此事者"。此外，据上海地方报纸《申报》记录，蔡钧在上海地方米缺价昂后的1898年6月，便发布谕令"米业人等，只准就地平价粜卖，不得私运出境"，并委托招商局在汉口购米运送至沪。② 但米价腾贵之状未得改善，故九月间御史曾宗彦、潘庆澜陆续就此上奏参劾蔡钧，这极有可能导致了蔡钧沪道之职的第一次开缺。

前文已述，在清政府于十月初七日（11月20日）下发了蔡钧于苏松太道职上开缺的谕令后，日本公使馆在九天后向总理衙门发出了请蔡钧仍留江海关道任事的照会。倘若日方不为蔡钧贩米于东洋事，那这一照会又是所为何事呢？实际上，请求蔡钧暂留于沪道任上的并非只有日方公使。在得知蔡钧开缺的消息后，美国驻上海总领事古德诺在谕令下发后的第三天（11月23日）便向刘坤一发送了电报，要求其通知总理衙门暂留蔡钧于上海道台职上任事，以便顺利进行上海英美公共租界地扩展事宜的商谈工作。其后，英国总领事也发送了同样内容的电报。英美领事作出这样的举动，显然是因为他们认为新任的上海道台很可能不熟悉租界扩展的事宜，而这会给这项工作的完成带来很大的挑战。随后，保留蔡钧于沪道任事的请求获得了总理衙门的批准。③ 这一事件在日后刘坤一奏请蔡钧卸任的电报中也得到了证实。④

日本方面极有可能因在上海租界事宜上与英美等国曾有过商讨，

---

① 《复德静帅》，《刘坤一遗集》第五册，中华书局1959年版，第2234页。

② 《道批照录》，《申报》，1898年6月29日，第2版。

③ The Retention of TSAI TAOTAI, *The North-China Herald and Supreme Court & Consular Gazette*（1870-1941），Dec. 5th，1898，p. 29.

④ 见《江督刘坤一致总署沪道蔡钧既奉旨开缺应催李光久速赴任电》，王希隐等编：《清季外交史料》第一百五十九卷，1932年影印本，第19页。

故在此事上保持了相同的步调。① 英美等国的照会使得蔡钧开缺的谕令并没有真正施行，蔡钧在沪道上的任职又延续了近五个月之久，但蔡钧在租界扩展事宜上的表现显然出乎了各国领事的意料，故公使团对清政府进行施压，最终清政府于 1899 年 4 月 13 日以"对租借事态强硬不协"的理由将蔡钧免职。而刘坤一显然是对这一结果不甚满意的。蔡钧在卸任之际，为上海地区后续事宜作规划上奏时，刘坤一与江苏巡抚德寿在批词中对其评价颇高，宪批如下：

> 谨按大兴蔡和甫观察任苏松太兵备道一年有奇，兴利除弊，内安外和，中国通权达变之人皆曰：各省大吏若尽得如观察者而任之，当无复有蠹国之祸。徒以处脂不润，未能给求养欲，遂致谤□繁兴，然蕙苡明珠，终无损伏波清节也。②

尽管刘坤一认为"蔡钧简授沪道，实属人地相宜"③，但在各国领事的施压之下，光绪二十五年二月初一（1899 年 3 月 12 日），刘坤一仍因"英美德各领事咸称不能与该道安商"而奏请将蔡钧开缺④。

综上可见，蔡钧在上海道台任上的去留几乎全然取决于在华各国领事的态度，在华各国势力俨然已成为这一时期上海政局的决定性因素。对此，蔡钧亦视其为各国领事公电挽留之事为"终身之辱"。⑤

---

① 李少军：《甲午战争后六年间长江流域通商口岸日租界设立问题述论》，《近代史研究》2016 年第 1 期，第 27 页。

② 《光绪政要：前任上海道蔡和甫观察钧规画久远请批准立案禀牍（附督抚宪批词各一通并跋）》，《万国公报》1899 年第 125 期，第 41~42 页。

③ 《复奎乐峰》，刘坤一：《刘坤一集》，陈代湘校点，岳麓书社 2018 年版，第 187~188 页。

④ 《江督刘坤一致总署沪道蔡钧既奉旨开缺应催李光久速赴任电》，王希隐等编：《清季外交史料》第一百五十九卷，1932 年影印本，第 19 页。

⑤ 蔡钧：《外交辩难》，张晓川整理，上海古籍出版社 2020 年版，第 157 页。

五、结　语

　　监生出身的蔡钧因熟于洋务而为两江总督刘坤一所赏识，在戊戌变法前后的上海政坛留下了浓墨重彩的一笔。在戊戌变法前后的两江地区，地方督抚相较于中央政府在更大程度上影响着地方道员级别官员的任命，其中通商总汇的上海地区更为不言而喻。蔡钧因在两江地区长久任事，熟悉地方情形，并讲求"地方吏治及各国条约"，深受两江总督刘坤一倚重，在后者的保荐下顺利接任了上海道台一职。在沪道任上，戊戌春夏之交的米荒，使蔡钧迭遭弹劾而致开缺，但英、美、德、日等各国领事出于上海租界扩展事宜的考虑，向两江总督刘坤一和总理衙门发出公电，请留蔡钧于沪道任事，直至该处租界事宜的商讨完成。但其后蔡钧在租界扩展事宜上态度强硬不协，致使清政府在各国公使团的施压之下将其免职。

　　在沪时期的蔡钧颇受刘坤一的赏识与支持，这是其顺利接任沪道一职的重要因素。但在西方加紧扩张的步伐之下，地方督抚对于上海政局的掌控愈加乏力。即便如蔡钧此类"熟悉万国公法，讲求吏治条约"的得力道员，在"国强，条约尚可背，公法亦可废"的时局之下，仍然无法抵挡西方列强及日本对中国上海地区主权的侵蚀，甚至蔡钧沪道一职上的去留亦完全掌控在各国列强的手中。

　　毫不讳言地说，戊戌变法前后的上海，地方督抚和中央政府对其掌控能力已日趋下降，而列强在华势力俨然已成为这一时期上海政局的主导性因素。

（作者系武汉大学历史学院硕士研究生）

民国民众的女性审美变迁
（1911—1937年）
——以民国时期月份牌女性形象画为考察对象

周　怡

摘要： 月份牌起于清末，兴于民国，消于抗日战争时期。月份牌作为特定时期的社会产物，印于其上的人物形象画可以反映当时的社会风貌。通过对民国时期的月份牌女性形象画的观察，可以看出民国时民众对女性的审美倾向大致经历了从纤细柔弱的病态美到丰腴圆润的健康美、从保守含蓄到开放自然的变化，审美标准也经历了由单一到多元的变化。同时也应注意到，月份牌本质仍是一种美术作品，由于创作者自身局限等因素，并非是对当时社会面貌的忠实反映。

关键词： 月份牌；民国；女性审美

"月份牌"是19世纪70年代前后产生于上海并风行全国的一种商业性绘画，因画面上附有年历和月历表而得名。初期月份牌有着相当丰富的题材，历史掌故、戏曲人物、民间传说、时装仕女、摩登生活等无所不包。一开始就与商业挂钩的月份牌，出于商业盈利的需要，通过美女形象与商品广告结合的方式来吸引眼球，并逐渐形成固定的模式，民国时期90%的月份牌都以美女为主题。由于民众的购买及商家的免费派发，加之年历使用周期长，月份牌得以广泛传播并具有深远的影响力。月份牌上的美女由名妓到影星到无名小卒乃至虚构的人物，姿色都无可挑剔，反映了国家审美时尚的顶端水平。月份牌上的女性形象既受社会审美的影响，又反过来影响着社会的女性审美，因而月份牌在研究民国民众对女性的审美方面具有典型意义。①

一、1911—1937 年月份牌女性形象变迁

在《申报》中检索"月份牌"一词，最早为 1875 年 1 月 30 日，那日报纸第 7 版有文字为"兹有新出英、法、美三国公司火轮船进口、出口日，月份牌出，每张大钱一百五十文"②，可知月份牌对于当时的民众来说并不是陌生的事物，否则不会登报寻买者。20 世纪初，在一些大城市如上海、香港等地的洋行和商号，为了扩大市场，推销产品，就利用中国传统年画搭配上产品广告印制成月份牌画，于年终岁尾随商品赠送客户。最初的月份牌题材广泛，风景名胜、历史掌故、戏曲人物、民间传说、时装仕女、摩登生活等无所不包，出于推销商品的有效性考虑，月份牌主题渐渐以美女形象为主导。月份牌在 19 世纪二三十年代迎来了鼎盛期，上海各公司行号为了推销商品、同业竞争而掀起了广告宣传战，这为月份牌画提供了流通的机会，美女月份牌制作甚至达到供不应求的地步。日本掀起侵略战争后，作为商品海报的"月份牌"在战乱中逐渐停顿下来直至消亡。③ 月份牌虽然仅仅存在了半个世纪，但因其丰富的图景浓缩着清末民初社会文化的面貌，因而成为历史文化的载体，而其中美女月份牌也不例外。美

---

① 针对月份牌的研究历来就有，而对于其上的女性形象画的关注也有不少。罗苏文在《女性与近代中国社会》(上海人民出版社 1996 年版)一书中介绍了月份牌美女的衣装、发型、形象气质等，罗苏文指出月份牌美女是在源于现实生活的基础上，对女性形象的概括和总结，同时带有虚幻和理想的成分。曾越《社会·身体·性别：近代中国女性图像身体的解放与禁锢》(广西师范大学出版社 2014 年版)通过研究 20 世纪前后出现的相关图像总结了近代女性人物身体形态转变，而月份牌就是其重要的史料来源。围绕月份牌美女与民国女性审美的更为细致的考察，就目前来看，大多是广告设计领域的研究，即用艺术的眼光来观察月份牌所折射出的民国女性审美风尚，在这方面的历史性叙述还较为少见。

② 《申报》，1875 年 1 月 30 日，第 7 版。

③ 卓伯棠：《早期商品海报的沿革》，吴昊、卓伯棠等编：《都会摩登：月份牌 1910s-1930s》，香港三联书店 1994 年版，第 7 页。

女月份牌在民国行销的二三十年间，随着社会风俗的变迁，也悄然发生着各种变化，而这些变化也体现出了民众女性审美观的变迁。

（一）1911年至20世纪20年代初期

处于转型阶段的民国初期社会，仍弥留着许多封建传统。清朝统治时期，女性着满族式服装（图一），特征为宽袍大袖。从月份牌上（图二、图三）可以看出民国初期时女性着装已经逐渐抛弃满族服饰而代之以上衣下裙或上衣下裤，上衣的袖子仅半肘，衣领有高有低，高者可达三四寸（图三），时称"元宝领"。裙装往往长至脚踝，裤装往往在膝盖以下，脚踝以上，裤装还可看到里面着的长袜，此时尼龙丝袜尚未出现，长袜多是棉质或麻质的。女性衣服布料的花纹很流行大花，如牡丹、海棠、菊、荷、梅、兰等，单色的裙子也很普遍，其中红色和黑色更常见，衣服主要呈现暗沉色调。虽然这一时期已经兴起放足运动，提倡"天足"，但月份牌图画上女性依然是小脚（图四、图五），在身体比例上很不协调。女性鞋子有布鞋和高跟鞋，布鞋颜色单一，往往是纯黑色或缀有花朵图案的浅色布鞋，而高跟鞋款式也比较简单，鞋跟也较矮。

图一① 　　　　图二②（1918年）　　　图三③（1915年）

①　孙彦贞：《清代女性服饰文化研究》，上海古籍出版社2008年版，第70页。

②　吴昊、卓伯棠等编：《都会摩登：月份牌1910s-1930s》，香港三联书店1994年版，第56页。

③　吴昊、卓伯棠等编：《都会摩登：月份牌1910s-1930s》，香港三联书店1994年版，第22页。

　　头发是女性美的另一个重点，月份牌上的女性基本都是黑色长发，较为普遍的是左右分并在脑后梳一个简单的髻（图六）。也有将额发分成两绺，并修剪成尖角，形如燕尾，时称"燕尾式"（见图一）；还有一种极短的刘海，在额前似有若无，时称"满天星"。极少见头发上有簪子之外的装饰物，女性发式不多，发型干净而利索。

图四①（1914 年）　　　　图五②（1920 年）　　　　图六③（1919 年）

　　这一时期月份牌上的女性，在身材上纤弱瘦小，由于有束胸习俗，女性胸部是平展的；在面部五官上，女子的脸较小而圆润，多鹅蛋脸，人物面上眼睛也小。另外，月份牌画上的女性多戴有玉饰、戒指等装饰物，也有戴手表、手环等。

　　实际上，这一时期月份牌上的女性表情都比较木然，缺乏个性与活力，背景多是家中亭台楼阁，或风景秀丽的山水。月份牌透露出此一时期社会对于女性的印象仍是囿于家中的，传统而保守的女性形象更容易被接纳，因而审美也带着道德约束。

---

　　①　吴昊、卓伯棠等编：《都会摩登：月份牌 1910s-1930s》，香港三联书店1994 年版，第 23 页。
　　②　吴昊、卓伯棠等编：《都会摩登：月份牌 1910s-1930s》，香港三联书店1994 年版，第 50 页。
　　③　吴昊、卓伯棠等编：《都会摩登：月份牌 1910s-1930s》，香港三联书店1994 年版，第 28 页。

（二）20 世纪 20 年代

进入 20 世纪 20 年代，月份牌上女性的衣装开始明显呈现出中西结合的趋势。女性多着马甲（图七），马甲有长短之分，短马甲仅可即腰，下着长裙，而长马甲可盖足，这也是现代旗袍的开端。① 衣领多能到脖子中部，倘没有领子，也多会用丝巾围着，衣服多是开口很大的半袖，有荷叶边的，也有绣着各色花纹的平袖，裙底则多是效仿西方的流苏边。裙子上的花纹更为丰富，且花色多样、鲜艳。从图画上看，女性露出来的腿部多着白色的长袜，也有露出小腿的。而且图画上也几乎不见穿布鞋的女子，都是穿尖头的高跟鞋，高跟鞋的花色款式也变得丰富起来，女性的脚也得到了"释放"，画上不再是被裹过的"小脚"。

女性多是将头发往后挽起来，前额留一小撮刘海的情况也较为普遍，这种刘海并不覆盖整个额头，而是集中在两个眉毛之间。也有在两耳处将头发束成球状（图八左），显得年轻。可以发现这一时期短发也时兴起来。画面上女性的身材仍偏瘦，但不再显得弱小。

相比前一时期的月份牌，20 世纪 20 年代月份牌上的女子姿容优雅、恬静，神态自然，从坐姿或站姿看也颇有些活泼和俏皮，她们嘴角带着浅笑，但仍然是不露齿，有些美女"手不释卷"（图八、图九）。在民国发展的 10 余年间，无论是商业还是文化，国家与西洋的联系都越来越紧密，这一时期的女性生活也逐渐接受越来越多西洋事物的影响，因而也出现了中西结合的审美观。总的来说，女性审美是较为一致的。

（三）20 世纪 30 年代

20 世纪 30 年代是月份牌发展的鼎盛时期，目前来看，这一时期的月份牌也是保留下来数量最多的。30 年代月份牌上的女性衣装可谓丰富多彩，形式多种多样，基本上已与西式服装风格融合。月份牌

---

① 吴昊、卓伯棠等编：《都会摩登：月份牌 1910s-1930s》，香港三联书店 1994 年版，第 27 页。

图七①（20年代中期）　　图八②（20年代中期）　　图九③（20年代末期）

画上最多的是经过改装的旗袍，旗袍的开衩越来越高（图十），有些旗袍也去掉了袖子，旗袍的花纹有格子、条纹、花朵等各式各样。除旗袍外，还有礼服、舞服、绒大衣、皮衣、女士西装等，甚至还有穿泳衣的（图十一）。女性们的衣着更加暴露，她们自信地展示着自己柔美的身材。长筒丝袜也从西洋流入中国并逐渐流行开来。

　　除此之外，发型也呈现着多种风格，卷发尤其多见，其中有短卷发或长卷发，有侧分、中分，也有齐耳或过耳的短发（图十二），有些有刘海，有些没有刘海。画面上的女性不再是片儿纸一样单薄，她们乳房突起，身材丰腴，脸型也更加圆润。女性的妆容多为柳叶眉，而且还有明显的双眼皮。另外，月份牌美女的面部神态也更加神采奕奕。

　　这一时期的月份牌与之前相比呈现出一些不同，比如此时月份牌上的摩登女性常和婴孩画在一起（图十三），月份牌上还出现了抽烟的女性（图十四）。月份牌的背景越来越丰富，有花园、游泳池、运动场、市井马路等，画面上人物活动也更丰富，有阅读的，也有在运

---

① 吴昊、卓伯棠等编：《都会摩登：月份牌 1910s-1930s》，香港三联书店1994年版，第61页。

② 吴昊、卓伯棠等编：《都会摩登：月份牌 1910s-1930s》，香港三联书店1994年版，第36页。

③ 吴昊、卓伯棠等编：《都会摩登：月份牌 1910s-1930s》，香港三联书店1994年版，第84页。

图十①(1934 年)　　　图十一②(30 年代末期)　　　图十二(1930 年)

动的，运动种类包括骑马、自行车、高尔夫(图十五)、游泳(图十一)等，此外还有参加舞会的。这些或许能从侧面反映出女性更加广泛参与社会活动，与时俱进，生活更加丰富多彩。

图十三③(30 年代末期)　　　图十四④(30 年代中期)　　　图十五⑤(30 年代中期)

① 　吴昊、卓伯棠等编：《都会摩登：月份牌 1910s-1930s》，香港三联书店 1994 年版，第 135 页。

② 　吴昊、卓伯棠等编：《都会摩登：月份牌 1910s-1930s》，香港三联书店 1994 年版，第 109 页。

③ 　吴昊、卓伯棠等编：《都会摩登：月份牌 1910s-1930s》，香港三联书店 1994 年版，第 150 页。

④ 　吴昊、卓伯棠等编：《都会摩登：月份牌 1910s-1930s》，香港三联书店 1994 年版，第 129 页。

⑤ 　吴昊、卓伯棠等编：《都会摩登：月份牌 1910s-1930s》，香港三联书店 1994 年版，第 112 页。

民国社会的进步使得女性能够广泛参与社会生活，女性的社会地位得到了很大的提升。清纯的女学生、摩登女郎、抱着孩子的贵妇人、衣着暴露的泳装美女、知书达理的文化女性，月份牌都接纳之，体现了社会对女性个性发展的包容性，挣脱了封建束缚的女性审美呈现出多元化的局面。

二、从月份牌看民国民众对女性审美的变化

虽然民国月份牌上的女性姿态、妆容不尽相同，但每一个时期都是时代特征的缩影。将她们进行纵向比较，或许可以看出民国时期的女性审美的变化。概括来说，民国女性审美的变迁大致有三个特点：一是从纤细柔弱的病态美到丰腴圆润的健康美；二是女性气质精神由保守含蓄到开放自然；三是审美标准由单一到多元。

（一）从纤细柔弱的病态美到丰腴圆润的健康美

民国前二十年月份牌上的女性多是小脚与平胸的，可见传统的"裹脚""束胸"习俗作为封建残留仍然支配着人们的审美意识。至 20 世纪 30 年代，月份牌上的女性自信地展示着自己丰满的胸脯，图画背景有游泳池和田径场，女性有骑自行车的，也有打高尔夫球的，画面上不再是纤弱瘦小甚至弱不禁风的女子，取而代之的是阳光、积极、健康的女性形象，社会从以瘦弱病态为美转变到以丰满健康为美。

从 20 世纪 20 年代末首倡摒弃以病态为美，至 20 世纪 30 年代兴起的"病态美"与"健康美"讨论，社会开始一致声讨旧社会残害女性的病态美。时人发文"……勿以为自己面貌美丽，而轻视男子，侮辱同性……病态美不算美，健康美方算美……"①报纸杂志也加大力度宣传让女性变得健康美的滋补品与保养品，例如有广告"怎样才能健康美……月月红为痛经灵药，女界宝是滋补圣品"②。

---

① 席与琳：《敬致女届同胞》，《申报》，1936 年 9 月 5 日，第 21 版。
② 《怎样才能健康美》，《申报》，1934 年 2 月 7 日，第 13 版。

这种转变既是新社会进步的需要，也受到西洋文化的影响。有识之士提倡"天足""天乳"运动，在外部世界的刺激下女子的自我意识纷纷觉醒，女界革命也随之兴起，女性对于自身审美有了更大的话语权。① 西洋文化的流入，让人们开始接触西洋的女性审美，并随之在国内提倡，如有人在介绍一部美国小说改编的电影时写道："从现代一直到将来，在实生活中与文学中，我们必须赞美尊重讴歌艺术化的男子、美女子，壮勇、活泼的、热烘烘的、有英雄的气概的青年男女，我们要铲除旧式的美的概念，我们要打倒那些以懦弱冷淡的白面书生及善病善哭的病态女子为中心的一切文学作品"，"我们看到西洋的小说时，看到西洋的影片时，觉得西洋的美男子美女子是何等地可爱，何等地雄壮，何等地热烈"。②

(二) 女性精神气质由保守含蓄到开放自然

从民国初期抛弃清朝的宽衣大袖开始，月份牌上女性的着装越来越修身，越来越能显示出身体完美的曲线。由于不断吸收西方服装因素，中西结合的旗袍应运而生，旗袍开叉越来越高，衣领越来越低，衣着越来越暴露，甚至直接袒胸露乳。衣服色调也由沉着暗淡到缤纷多彩。月份牌上女性的神态也由木然恬静变得神采奕奕而有活力，女性的个性在月份牌上得到十足的张扬，可见社会不再要求女性以保守内敛为美，开放、自然、摩登的女性才是新时代引领下的女性。

女性气质从传统到开放的转变，是女性的心灵与精神被给予了更多关注的体现。五四新文化运动举起民主与科学的大旗，民族民主革命的浪潮澎湃，人们大加鞭挞旧时代对于女性心灵的禁锢，旧礼教与旧道德的势力自此消沉，现代性的观念赋予了女性生命新的价值。妇女解放运动在此时也被提上日程，易卜生戏剧中的娜拉作为主动追求个体幸福的女性得到了中国社会的关注，1923 年 12 月 26 日鲁迅在

---

① 吴昊：《中国妇女服饰与身体革命 1911—1935》，东方出版中心 2008 年版，第 74 页。

② 《麦歇蒲开亚偶然》，《申报》，1927 年 6 月 24 日，第 18 版。

北京女子高等师范学校文艺会上的演讲《娜拉走后怎样》①更是为妇女解放运动提出了新的思考，一石激起千层浪，一时要求女性摆脱封建家庭禁锢并争取自己权利的呼声越来越高，在这激荡的环境中妇女的心灵也得到极大的洗礼。

（三）审美标准从单一到多元

从 20 世纪初到 30 年代，月份牌给人最直观的感受便是画面中女子们的妆饰打扮变得更为丰富：从简单的上衣下裙或上衣下裤，到貂皮大衣、西式洋装、旗袍、礼服，还有泳装等，衣服乃至鞋子的款式越来越多；发型从挽成髻的长发到烫染，以及利落的短发，发型变得多种多样；染指甲、修眉毛、珍珠项链、各类耳环、戒指，妆饰层出不穷。民国初期，月份牌上的美女多为大家闺秀，20 世纪二三十年代时既有歌星、影星、名妓，也有学生、新娘、贵妇人，美女的身份不再单一。此外，月份牌的背景从以家园为主变为广阔的生活图景，包括公园、海边、田径场、歌厅、舞厅以及市井之间等，原来囿于家园的女性开始广泛参与社会生活。可见社会对女性有着越来越强的包容性，无论贫富贵贱，女性的个体得到极大的尊重，"美丽"一词因而被赋予了更为多样的含义，女性审美从单一变得多元。

社会上的商业发展促使女性妆饰呈现多样性的特点，女性主体性增强从而参与审美过程，多元的女性审美是社会和女性合力铸就的。1917 年，国内最早经营女子时装的专业商店——鸿翔女装店在上海开业；1922 年，上海的百乐理发店以女子烫发为主要服务项目，此外，面向女性消费的化妆品、饰品专卖店在新时代如雨后春笋般出现在城市的大街小巷。② 商业竞争让女性的选择变得更广，"衣、饰、住、行，这些昔日兼有等级标识，不容半点愉悦的领域，逐渐淡化为代表消费者情趣，衡量其消费能力的通用尺度。劳动、消费的逐渐个

---

① 鲁迅：《娜拉走后怎样》，《鲁迅全集·卷一·坟》，人民文学出版社1981 年版，第 158~164 页。

② 罗苏文：《女性与近代中国社会》，上海人民出版社 1996 年版，第176~177 页。

体化，使女性兼有了审美主体、客体的双重身份，也使女性装饰转为彰显个性的手段"①。女性不再仅仅作为审美的客体，而是带着女性的眼光去选择自身的美丽。

三、月份牌的时代及阶级局限性

月份牌既反映了女性审美的变迁，也能反过来影响人们的着装品位，在某种程度上和女性时装杂志有些相像。法国作家法朗士曾设想说如果自己能选一本未来出版的书，那么他会选择女性时装杂志，因为"她们的想象力所告诉我的有关未来人类的知识将比所有哲学家、小说家、传教士或者科学家的还要多"②。月份牌的价值已经不仅仅在于它本来的目的，然而，它又不同于时装杂志。

首先，画师在进行月份牌的人物画创作时免不了进行艺术的加工与想象。例如，为了体现摩登感，有些画师就从欧美的人物册子上寻找灵感，把一些欧美的流行风物直接画在月份牌上，有时因为不熟悉外来事物而犯了常识性错误，如山上骑自行车，市井中打高尔夫球。其次，虽然大部分月份牌都是以女性为主题，几乎不见男性，但是月份牌的创作者却是清一色的男性。在清末民初有周慕桥、郑曼陀，之后有杭稺英、徐泳青、金梅生、谢之光、叶浅予、李慕白等，③ 这些有名的月份牌画师都是男性，月份牌上呈现的美女不可避免的是男性审美眼光下的产物。再次，月份牌本身是一种商业营销手段，美女和广告搭配在一起，图画上的美女起着吸引顾客眼球从而扩张销量的作用，出于此种考虑，画师在创作时自然是想把图画上的女子画得尽可能美，穿着也追求新颖奇异。因而，月份牌并非忠实地反映当时的社会面貌，月份牌上的女性形象与民国民众的女性审美之间也不能直接

① 罗苏文：《女性与近代中国社会》，上海人民出版社1996年版，第168页。

② 转引自汤嘉：《美人制造——民国女性身体之美的塑造》，华东师范大学硕士学位论文，2016年。

③ 卓伯棠：《早期商品海报的沿革》，吴昊、卓伯棠等编：《都会摩登：月份牌1910s-1930s》，香港三联书店1994年版，第7页。

画等号。

月份牌在反映女性审美时还有着阶级的局限。月份牌虽然受到商家的青睐，同时也方便了普通百姓的生活，但却是文化精英的世俗敌人。1932年鲁迅在一次演讲时说"……月份牌上的女性是病态的女性。月份牌除了技巧不纯熟之外，它的内容尤其卑劣"，并且他讽刺地说月份牌是"中国五千年文化的结晶"。[①] 在鲁迅的眼里，月份牌是肮脏而上不了台面的。杭鸣时回忆自己的父亲杭稚英时也说，父亲一直为不能进入民国上流社会而遗憾，他还提到，父亲曾被一西洋习画归来的画家指斥不配谈美术，他父亲也常因画月份牌而自觉身份卑微，[②] 而这也是大多数月份牌画师面临的困境。所以月份牌上的美女顾盼生姿，生活奢华富贵，但它却被挂在收入微薄的中下层百姓家里，它的创作者更是受着画界同行的鄙夷，这两者之间的差别与矛盾有些让人无奈。

四、结　语

清末民初出现了商业用途的月份牌，为了扩大广告的效用，人们逐渐摸索出通过在上面画美女来吸引公众目光的方式，这种风气在民国时达到了鼎盛，从此大部分月份牌上面都是各色美女。通过研究存世的月份牌上美女的姿容、妆饰等，我们可以窥见一个时期社会的流行时尚，在此基础上亦能总结出民国时女性审美的变迁。月份牌女性形象从纤细瘦弱、小脚平胸到丰腴圆润、天足天乳可以反映从病态美到健康美的审美观转变；着装越来越暴露甚至袒胸露乳，人物表情由木然到神采奕奕，西式因素越来越多等，这些都可以反映社会对女性气质精神的要求经历了从保守含蓄到开放自然的转变；女性妆饰物变得丰富多彩，月份牌上有各色身份的女性，背景图也有各种场景而不再囿于一方庭园，女性的主体性突出，这些说明审美标准的多元化。

---

① 鲁迅：《鲁迅论美术》，大众书店1948年版，第202页。
② 来自2010年7月13日中国中央电视台《人物》栏目《老上海广告人·杭稚英（上）》特别节目中杭鸣时的访谈回忆内容。

但是月份牌又不是对现实完全忠实的反映，作为美术作品必然经过画师的想象加工，而且清一色的男性画师在创作女性人物形象时不可避免地掺入自己男性的审美眼光。为了扩大商品的影响力，画师便有"美即是广告"的心理期待，因此在人物衣装打扮上力求新颖悦目。此外，月份牌画师在当时并不是被人尊敬的职业，月份牌在精英阶层看来是一种低俗文化，这些因素都会使月份牌在反映民国时期女性审美的准确性方面受到折损。

（作者系武汉大学历史学院硕士研究生）

"一战"与中国知识界的"公理"认知

朱钊沅

摘要：近代中国的"公理"观念始自 19 世纪后期，迨至民国初年，成为有绝对正当性的积极概念，在追求现代化、平等加入国际体系的进程中不断发挥作用。随着"一战"的爆发，原本国人惯认的西方"公理"遭到严峻挑战，"局外中立"的国际"公理"被践踏，围绕中日交涉所产生的"非公理"行为更使国人的"公理"观陷入困境。中美交往的深入、威尔逊主义的盛行一度使知识界以为又有了新的"公理"可以依仗，而巴黎和会却又让此种希望破灭。"公理"的两次崩溃不仅使国人抛弃对作为概念的"公理"名词的崇拜，更使得知识界全面反思中国的近代化取径，从而艰难探寻着新的出路。

关键词："一战"；公理；知识分子；局外中立；巴黎和会

1918 年 11 月，历时四年的世界大战告终，作为战胜国之一的中国举国欢腾。北京政府宣布全国放假三天，群众在天安门欢庆"公理战胜，正义获伸"①，上海举行了主题为"公理战胜强权"的大型庆祝，"灯彩之盛为从来所未有"②。一时间，"公理战胜强权"的欢呼声响彻全国，"几乎成了人人的口头禅"③。尤具标志意义的是，象征民族耻辱的克林德碑被政府改建为"公理战胜"碑。时人的感受正

---

① 《要闻·北京欢祝声中之杂讯》，《申报》，1918 年 11 月 18 日，第 6 版。
② 《公理战胜强权之大庆祝》，《民国日报》，1918 年 11 月 22 日，第 10 版。
③ 《发刊词》，《每周评论》，1918 年 12 月 22 日，第 1 版。

如蔡元培所说，"黑暗主义"已被抛弃，"光明""正义""平民主义"的时代来临了。①

协约国的胜局被赋以"公理战胜"的称誉，尽管这一充满期望的定义在巴黎和会毁坏殆尽，但在20世纪初，"公理"确已成为有明确指称的热门概念，其词义象征在重建和泛用中呈现复杂的面相。知识界对"公理"认知之演进，实际成为民国初年国人在国际化和体悟国际秩序过程中变动不居的见证。

晚清以来，中国经历从"天下"到"万国"的转变，作为"他者"的西方推动着重构中国人之"自我"。在这个"镜子的时代"里，② 中西交往愈深，在促使中国积极追求现代化之外，更衍生出对加入国际体系和确立时代本位的急迫理想。迨至民国初年，该愿望更趋现实，孙中山"使中国见重于国际社会，且将使世界渐趋于大同"③的宣告揭示了民国政府对于"世界"秩序的追求，而"有待拾外助者至多"④也表达了中国对加入这一潮流的决心。

"一战"爆发为中国了解和融入世界秩序提供了窗口，但国际战争带来的灾难亦出人意料，国人一度信服的以宪政、法治等为原则的现代化取径被"战后的欧洲很快放弃"⑤，知识界弥漫在彷徨和煎熬中。内政混乱与外交失败愈使国人正视危险环伺的世界，不断反思作为国际社会一员的国家命运。在民国初年的官员张一麐看来，"八国联军之后，一切内政无不牵及外交"⑥，该时期政治外交关联如此，

---

① 蔡元培：《黑暗与光明的消长》，《蔡元培全集》第3卷，浙江教育出版社1997年版，第457~461页。

② 葛兆光：《宅兹中国：重建有关"中国"的历史论述》，中华书局2011年版，第279页。

③ 孙中山：《临时大总统宣言书》，《孙中山全集》第2卷，中华书局1981年版，第2页。

④ 孙中山：《与巴黎〈巴黎日报〉记者的谈话》，《孙中山全集》第1卷，中华书局1981年版，第562页。

⑤ 约翰·基根：《一战史》，张质文译，北京大学出版社2018年版，第7页。

⑥ 张一麐：《古红梅阁笔记》，上海书店出版社1998年版，第56页。

实属空前，而民族主义、国际主义的浪潮，更将时代面相不断复杂化。围绕"一战"以来知识界对"公理"概念的运用和对"何为公理"的论述，可以管窥此期中国在现代化道路探索及自身国际地位认知上的转变。①

一、向往"公理"：话语建构与战前的道路选择

近代以来，中国受西潮冲击愈急，社会环境变动不居，士人亦在此背景下不断调适。作为概念的"公理"，虽最晚自春秋以来便见诸文献，② 其词义和指称在清季历史变局中却历经了全面转变。近代中西互融之初，"公理"便已获得指称西方科学中解释事物运动规律、公认的、无须证明理论的"数语"新义；伴随甲午战争、戊戌政变等事件，"公理"在知识界的建构下逐渐走出科学定理和传统思想的范畴，意义指称不断泛化，被赋予社会化和政治化的含义；③ 此后，它更成为各派树立正统和权威的工具，在新旧变迁的时代中快速传播演

---

① 有关"一战"与中国政治社会及思想变动关系的研究，除上文徐国琦、马建标等成果外，还有魏格林、朱嘉明主编《一战与中国：一战百年会议论文集》(东方出版社 2015 年版)、卫金桂《欧战与中国社会文化思潮变动研究》(香港拓文出版社 2003 年版)、郑师渠《欧战前后：国人的现代性反省》(北京师范大学出版社 2013 年版)、汪晖《文化与政治的变奏：一战和中国的"思想战"》(上海人民出版社 2014 年版)等。

② 例如《管子·形势解》"行天道，出公理，则远者自亲"等。关于清末"公理"概念的形成和演变，囿于篇幅，本文不作延展。

③ 康有为自称"在中国首创言公理"。他在 1885 年首次用"公理"来构建他的政治理论。甲午战争以后，康有为将其定义为有普适性、无须验证的社会政治命题，并有意把建构的"公理"作为其"三世说"的重要依据。其学说的广泛影响，使"公理"概念进一步传播。在《天演论》中，严复奉斯宾塞学说为"公理"。其推销进化论过程中，有意将颇具目的性的"天演"概念和以"公理"为基础的科学世界观联系，进一步表达其政治社会科学思想。梁启超早在 1896 年的著作《变法通议》中便已普遍使用"公理"一词。庚子事变后，维新派善用民意，梁启超的"公理"运用更广。在梁启超的修饰下，"公理"不论是在使用和指称上，都不断发生泛化。谭嗣同同样将"公理"视作"放之四海而皆准"的科学准则，并很自然地运用到社会政治领域。

进。至 20 世纪初，"公理"终于从"庙堂"走向"街头"，在十余年的"知识下渗"中，真正成为晚清社会的时髦词语。①

徐国琦将 1895 年至 1914 年称为"双轨进程对中国政治和思想文化的塑造"，"双轨"即指"深度国际化"及"内在化"。② 一方面，该时期的内外状况迫使中国主动或被动地与作为"公理"的国际体系发生关系；另一方面，中国也在不断尝试对外来力量内化改造，使之成为富国强兵的动力。该时期，国际典范英、法、德等以及近邻日本，成为社会普遍追求的"公理"代表——知识界不仅呼吁"采西法以辅我国家"，甚至要"一切制度，悉从泰西"，③ 清廷改革也注重"择西法之善者"④，就连普通民众也已知道要"效法日本步武泰西文明"了⑤。以西方建构的国际秩序和政治体制为"公理"权威几成公认，"公理"也正式以"天下"之"公理"转变为"世界"之"公理"。

民国肇建，中国政治体制发生根本转变，西方民主体制被寄予重建和复兴中国的厚望。过去"远法三代，近取泰西"的"采西学以不畔三代之宗旨"⑥迅速被"共和国体、民主政体、立宪政治、责任内阁、政党议员、人民之权利义务"⑦的全新国家立法取代。这不仅是变法

① 据《中国近现代思想史专业数据库》统计，自 1900 年开始，"公理"的使用次数出现了快速的上涨，并在 1904—1906 年达到高潮。参见金观涛、刘青峰：《观念史研究：中国现代重要政治术语的形成》，法律出版社 2011 年版，第 56 页。

② 徐国琦：《中国与大战：寻求新的国家认同与国际化》，四川人民出版社 2019 年版，第 20 页。

③ 《劝边僻广兴新学说》，《申报》，1900 年 4 月 2 日，第 1 版；易鼐：《中国宜以弱为强说》，《湘报》1898 年第 20 号，中华书局 1965 年版，第 77 页。

④ 《光绪宣统两朝上谕档》第二十七册，广西师范大学出版社 1996 年版，第 188 页。

⑤ 上海陈秋英女史寄京师卫生女学医院稿：《论女学》，天津《大公报》附张 1903 年 9 月 8 日，第 437 号。

⑥ 康有为：《请饬各省书院淫祠为学堂折(一八九八年七月三日后)》，汤志钧编：《康有为政论集》，中华书局 1981 年版，第 313 页；冯桂芬：《校邠庐抗议》，上海书店出版社 2002 年版，第 2 页。

⑦ 冯天瑜：《法政大学中国留学生与〈鄂州约法〉的制订》，《江汉大学学报》(社会科学版)2011 年第 5 期，第 45 页。

与革命、专制与民主的历史转型，更是知识界认知中"公理"内核从封建传统秩序到西式民族国家的转向。如果过去只是希望以"中体西用""用夷变夏"的方式改良中国，那在以西方政治逻辑下建立的民国，已是真正敞开胸怀，"择地球上最文明的政治法律来救中国"①，甚至希望对西方话语下的"公理"运用能"驾乎欧美之上"②。

新式外交的建立是民国迫切亲近世界体系、奉行"国际公理公法"的明证。首任总长陆征祥志在"整个接受西方国家的外交组织"，"组织一现代化的外交部"，③ 通过颁布《外交部官制》、改革驻外使领馆，快速建立新式外交模式。民国初年政府亦主动迎合世界，在因承前清旧约之上，又先后发起或加入了《各国禁烟公约》《陆军法规及惯例条约》等，表达出对迈向现代化、平等参与国际政治的热切希望。民国元年以来知识界的"国际公理"崇拜同样推动着教育制度变革。一方面，趋新的观念在新式教育中得到普及，重塑着国人的世界观念和现代化认识；另一方面，普遍的公共教育推动着新兴知识分子群体的壮大，更加快了市民社会与公众舆论的崛起，这为"一战"以来国内对世界"公理"的争论提供了环境。

事实上，新式外交的建构和市民社会、公众舆论的兴起，象征着民国初年社会上层与下层的双重转向。效法西方，虽是历史演变的一大潮流，但"公理"大兴的背后，正是时人在这一国际体系下对自身态势的明确。尽管这一时期，中国还在为西藏、外蒙、满蒙等问题与英、俄、日等国纠缠且屡屡受挫，知识界也不乏"有强权无公理"的感叹，④ 但更多的人则将这些挫折看作中国尚未全面认识国际秩序、亟待加入世界"公理"体系的表征。总之，西方崇拜是对中统衰落的必然回应，以西方为"公理"，学习、融入并最终成为"西方"，自然

① 孙中山：《在东京中国留学生欢迎大会的演说》，《孙中山全集》第 1 卷，中华书局 1981 年版，第 281~283 页。

② 孙中山：《三民主义·民权主义》，《孙中山全集》第 9 卷，中华书局 1986 年版，第 314 页。

③ 石源华：《中华民国外交史》，上海人民出版社 1994 年版，第 30 页；罗光：《陆征祥传》，香港真理学会 1949 年版，第 82 页。

④ 《黎副总统之征库热》，《申报》1913 年 1 月 9 日，第 6 版。

成为"一战"前的主流取向。

二、现实困境：局外中立与中日 外交中的"公理"质疑

"一战"的多元属性重塑了欧洲乃至世界情势，它在挑战欧人自身对文明的意识之外，也颠覆了国人半个多世纪的西方崇拜。当时的中国几无实力和机会直接参与"一战"战事，但在欧洲各国无暇东顾之时，恪守"局外中立"的中国不但未能居安自处，反而面临奉行"大陆政策"的日本更加激进的挑衅。

"一战"爆发，国内虽一时有过参战争论，但战事初期，大多还是期望以"局外中立"回避战争，① 并希望能"既有中立之名，复有中立之实"，以至"无偏无党，一惟公理"②，最大可能保全领土。作为热门概念的"局外中立"，在清季民初亦包含事实转向。日俄战争期间，清政府虽曾公布"局外中立条规"③，但因其时的国际法之书早已"陈腐不可引用"，且"未及战乱之国际公法"④，此期的局外中立，大抵只不过是陈旧的、仅属于自我语境的⑤。而"一战"语义下的"局

① 陈廷湘：《民众情绪变化与抗议二十一条运动》，《社会科学研究》2005年第4期，第135页。

② 知识界虽然意识到"一战"对中国的重要性，但事实上却很难对中国到底如何反应作出方案，由于信息的缺乏（尽管此时报纸业取得繁荣），他们很难判断到底哪一方能赢得战争，如梁启超个人就在短短一年中历经了从亲德到对德宣战的立场转变。而战争形势的不明朗确实地加深了知识界对于暂时回避战争的愿望。《德人之战事谈(三)(译华德日报)》，《申报》，1914年9月6日，第3版。

③ 朱寿朋：《光绪朝东华录》，中华书局1958年版，第5147页。

④ 吴振麟：《局外中立国法则》，战时国际法调查局1904年版，第1~2页。

⑤ 林学忠《从万国公法到公法外交》统计了1839—1911年的国际法学出版书籍状况，其中，直到日俄战争爆发以后，以"局外中立"为代表的战时国际法常识才被大量编译。如1904年金邦平辑译《局外公法》、王鸿年译《国际中立法则提纲》、吴振麟著《局外中立国法则》等。参见林学忠：《从万国公法到公法外交》，上海古籍出版社2019年版，第117~119页。

外中立"，已完全成为西方话语"公理"体系的一环。这既源于现代化的加速和国际法的普遍实践，更重要的是，民国初期中国在"一战"初期宣称"局外中立"以前，也曾积极参与海牙保和会等会议，签署《陆战时中立国及其人之权利义务条约》《海战时中立国之权利义务条约》①等公约，作出为世界认可、有完善准则、可以普遍施行的"政治选择"。

"一战"爆发后，中国即宣布依"国际公法大纲，恪守中立义务"②，同时颁布《局外中立条规》，设立中立机关，袁世凯亦欲"联合美大总统为调停战争之举"③。而此时德军却实施"施里芬计划"突袭卢森堡，先后占领作为中立国的低地国家的大量领土。④ 中国国内对欧陆中立国遭受的侵扰深感惶恐，并由此产生对自身命运的急迫关切，知识界集中表达了对"局外中立"这一受公法保护"公理"的担忧，社会亦有"中立条例虽经各国认可，而战争既起，公理消亡"⑤等议论。

若说欧洲战局只是给知识界以"公理倾倒"的震撼，那"大陆政策"下的日本则时刻挑战着中国"局外中立"的"公理"。在山东问题上，中国设想过直接从德国手中收回山东，亦曾寻求德、英、日、美等国意见，但都以失败告终。1914 年 8 月 23 日，日本对德宣战后，中国被动卷入"一战"。直至当年 11 月日本占领青岛及胶济铁路，中国始终尝试据"中立国"之"公理"对日交涉，曾先后寄希望于租界中立、限制战区等设想回避日本的威胁。学者指出，"如果各方行事皆

---

① 均为 1907 年海牙公约之内容，分别规定了陆战、海战中中立国及人民的权利、义务。

② 《公布局外中立条规（教令一百十二号）》，《东方杂志》1914 年第 3 号，第 21 页。

③ 《为欧战事拟上政府书（直隶巡按使公署股员胡为一稿）》，《申报》，1914 年 9 月 1 日，第 1 版。

④ 约翰·基根：《一战史》，张质文译，北京大学出版社 2018 年版，第 93 页。

⑤ 《为欧战事拟上政府书（续）》，《申报》，1914 年 9 月 3 日，第 1 版。

尊重国际法原则，中国的主权是应该得到保护的"①，当日本背弃象征"公理"的"国际公法"时，受困自身实力的中国却只得请求他国"确保日本在胶州问题上的诚信，保护中国免受日本侵略"②。

日本的攻势及列强的冷漠使知识界很快形成了一股反"公理"热潮，他们认为，秉受"国际公法"的中国政府在凭恃"强权"的日本面前毫无办法，过去以公正、平等为代表的西方"公理"的价值认知业已破灭了。知识界对西方的态度出现一次集体"分裂"（与国内民主体制的不断腐化一道），以至"在中国人心目中，'西方'不再是一个整体的'美好新世界'，而是良莠并存"③。知识界的"局外中立"和"公理"观念在这一时期发生了深刻转换，他们对曾被赋予"公理"权威的"局外中立"表达了普遍担忧，张君劢呼吁"故意之中立决非束手无策之中立，而养精蓄锐之中立"④，黎元洪亦认为"强食弱肉，天演公理，现在欧洲各国既以兵戈相会，不暇东顾，日本乘机强夺不足为怪，所恨者，我无自卫之力"⑤。过去笃信"国际公法"的民国政府，此期不得不有所调试，西方话语下曾经美好的"公理"愿望在强权现实面前遭到猛烈质疑，中国对西方掌控下的"公理"的推崇也经历着"从整体到分裂"的过程，并伴随日本侵扰的深入进一步模糊。⑥

论者指出："北京政府指望通过积极履约来避免战祸和维护利权。但是以日本为首的强权挑战，使其运用战争法公约的目标从一开

---

① 王建朗：《北京政府参战问题再考察》，《近代史研究》2005 年第 4 期，第 4 页。

② Jordan to Langley, September 4, 1914, PRO, FO350/12, pp. 81-82. 转引自约翰·基根：《一战史》，张质文译，北京大学出版社 2018 年版，第 124 页。

③ 罗志田：《西方的分裂：国际风云与五四前后中国思想的演变》，《中国社会科学》1999 年第 3 期，第 20 页。

④ 张君劢：《战时欧洲外交之新秘史》，《大中华杂志》1915 年第 1 卷第 7 期。

⑤ 《各方面对于中日交涉之近情》，《申报》，1915 年 2 月 17 日，第 6 版。

⑥ 来自日本的侵扰贯穿"一战"始终，在此之后，二十一条、"兰辛—石井协定"、对日西原借款等中日纷争持续触动国人脆弱的神经，不断威胁着本已动摇的西方"公理"话语权威。

始就陷入困境。"①山东问题贯穿"一战"始终，民国政府寻求解决中日争端的努力也随战事一直延续到巴黎和会，这实质是国人在去神话的西方"公理"下寻求自主解决的尝试。

三、偶像危机：战争进程下知识界的"公理"反思

民国初期中国知识界对"公理"内涵的认知是复杂的，这一认知既源于晚清以降中国"回归"国际秩序的渴望，又因缘于现代化道路选择上的社会达尔文原则，因而尽管战前曾有争论，但知识界仍普遍将西方话语中的"公理"奉为圭臬。"一战"的爆发全面震荡着国人尚新的"公理"认知，这不仅因为民国初期社会在面临"局外中立"和鲁案时的糟糕感受，更与作为"世界大战"的"一战"本身的属性及其在国内的传播密切相关。

亲历者认为，"一战""应当被不惜一切代价避免，它将不能解决任何事，它让城市几乎沦为废墟，生命的损失如此之大，甚至于人口都濒临灭绝"②。诚然，除了战局带来国内外处境变化外，战争本身的巨大损伤同样在国内引发巨大反响。③ 民国初期社会对西方这场战争保持时刻关注，李烈钧等组织欧事研究会，密切关注局势发展；④《欧洲风云》（1914）、《欧洲战纪》（1914）、《兵事杂志》（1914）、《欧洲战事汇报》（1914）等一批报道、研究"一战"的报纸杂志此期间推

---

① 尹新华：《战争法公约与民初北京政府的参战之路》，《安徽史学》2018年第 1 期，第 67 页。

② That war should be avoided at almost any cost, that war would solve nothing, that the whole of Europe and more besides would be reduced to ruin, and that the loss of life would be so large that whole populations would be decimated. Donald Christopher Smith, John Willian Cox, *Merely For the Record: The Memoirs of Donald Christopher Smith* 1894-1980, W. J. Cox, 1980.

③ 并非所有人都认为战争的爆发是违背"公理"的，时人也有信奉"物竞天择"之理论。参见寒竹：《拟编武装世界发刊辞》，《小说新报》1915 年第 3 号，第 7 页。

④ 李根源：《雪生年录》，文海出版社 1966 年版，第 65 页。

出；《申报》《东方杂志》《大中华杂志》等长时间、较大范围考察了"一战"的不同面相；孙中山、梁启超、陈独秀等知识界人士亦始终关注战事进程；此外，地方军阀也保持了相当关注，冯国璋、张勋等均尝试通过多渠道获取欧洲战况；① 作为大总统顾问的严复长期摘选英文原刊，译呈《居仁日览》，② "积年余，至数万言"，专供袁世凯阅读③。国内社会的关注，一方面使欧战信息在中国各阶层快速传播；另一方面，也将西方残酷与非人道的一面真切记录下来，加剧了国人"公理"认知的分裂。

1914 年 8 月 25 日，德军焚毁了素有盛名的鲁汶大学图书馆，引发巨大争议。《申报》《东方杂志》等接连谴责德军行径是"违背人道之暴举，实历史上所未有者也"④，痛惜"强权竟夺公理"，"廿纪之文明于斯尽矣"⑤。向来象征理性与文明的西方形象，此刻尽招致怀疑，作为"文明发达之国首推"的德国，竟能造成此"世界之浩劫"，"使世界进化退后百年"。⑥ 受害者必然对侵略者的罪恶行径加以反击，但协约国的应对也并非高尚，研究普遍认为法军在 1914 年率先使用毒剂，而至战争结束，因毒气战而死亡的人数竟达 130 万之多。⑦ 战争的爆发固然本是非人道、背"公理"的，但交战方在战争中所用诸手段也是评判战争背弃"公理"与否的又一依据。西方国家对毒气战的规模使用显然是对作为"公理"的"国际公法"的完全背弃——在 1899

---

① 蒋士立：《1917 年美日拉拢中国参战密报》，庄建平编：《近代史资料文库》第 2 卷，上海书店出版社 2009 年版，第 171~183 页；史华：《张勋藏札》，存萃学社编：《中国近代史资料丛编之三：1917 年丁巳清帝复史料汇辑》，台湾大东图书公司 1977 年版，第 58~80 页。

② 黄克武：《严复与〈居仁日览〉》，《台湾师大历史学报》2008 年第 39 期，第 57~74 页。

③ 罗耀九：《严复年谱新编》1915 年，鹭江出版社 2004 年版，第 347 页。

④ 《比国调查公会之报告》，《申报》，1914 年 10 月 24 日，第 10 版；《战事要电·其三(英人特约路透电)》，《申报》，1914 年 8 月 30 日，第 2 版。

⑤ 寒竹：《拟编武装世界发刊辞》，《小说新报》1915 年第 3 号，第 7 页。

⑥ 《不可回复之战争损失》，《协和报》1914 年第 5 期第 7 号，第 20 页。

⑦ 刘萌：《一战尾声：毒气战的高潮》，《文史天地》2019 年第 1 期，第 73 页。

年的海牙会议上，各国曾共同签署的《禁止使用专用于散布窒息性或有毒气体的投射物的宣言》在此时已毫无作用了。

在1914年第一次伊普尔战役后相当长时间里，堑壕战成为战争的主要形式，形如"人间炼狱"的西线战事引发世界关注。《申报》"死者、伤者堆积壕中，几与地平，而后队复践尸前进"①的文字描述震撼了国人。"一战"的演进推动中国社会对西方权威下的世界秩序进行反思，重审数十年来未曾动摇的现代化道路。过去所谓的"战时公法"，也早已"徒虚语耳"。梁启超对此颇为怅然："（中国）好像沙漠中失路的旅人，远远望见个大黑影，拼命往前赶，以为可以靠他向导，那知赶上几程，影子却不见了，因此无限恓惶失望。"②

国内外战局的变化使中国在"双轨"进程中处处碰壁，不得不重审此前被视为"公理"的西方范式，知识界也曾试图在"分裂"的西方中探寻可资仰赖的榜样，但无论是英法还是德国模式的推崇者，都无可避免地漏洞百出。失去"公理"信仰的国人在此阶段陷入迷茫，继而又反施于国内社会，动摇本来将获青睐的"新兴"文化。某种意义上，民国初期中国政治体制的两次颠覆，均可视作此彷徨期内上层社会逆"公理"性的自主"调适"。

西方话语下"公理"权威的遇挫在推动知识界重审现代化道路的同时，也激发国人本位意识的觉醒，个体与国家、民族的关系被进一步思考，带来了"唯有强权足自豪，兴邦雪耻属吾曹"③的自主情绪。这场"民族国家的战争"④中的爱国主义被大为推崇，而贯穿"一战"的中日政争，更成为推动民族主义情绪扩散的外部机能；知识界将目光进一步转向国内，逐渐建立起挑战西方秩序下"公理"权威、改造世界"公理"的自觉意识，推动着国人重审近代中国的现代化取径。

---

① 《加里波里大战之追纪》，《申报》，1915年10月5日，第3版。
② 严复：《何嗣五赴欧观战归，出其记念册子索题，为口号五绝句》，王栻主编：《严复集》第2册，中华书局1986年版，第403页；梁启超：《欧游心影录节录》，《饮冰室合集》专集第23册，中华书局1989年版，第12页。
③ 陈昌：《陈昌日记》，1916年5月1日，长沙市新民学会旧址纪念馆藏（1-1-10）。
④ 《欧战后思想变迁之演说》，《申报》，1914年11月11日，第6版。

四、重构"公理"：中国参战与 国际秩序中的主动行为

透过西方社会这个巨大的"他者"，中国的外交选择也随知识界认知的变化而转移。1914年8月，袁世凯曾向朱尔典提议由中英联合收复青岛，但遭朱尔典果断拒绝；① 中国在1915年再次表达参战愿望，但仍因日本反对而告搁置。此时即使中国迫切希望通过"一战"实现诉求，协约诸国却始终未将中国视作国际"公理"秩序中的正常一员。随着战事深入，知识界愈发认识到，尽管中国不断尝试融入国际舞台，但各国在相互战事与对华外交上的种种，充分暴露出理想"公理"的脆弱一面，因而不断摧残着国人对于这一体系的信心。

重审"公理"是一个不断调适的过程，中国在逐渐背弃原有"公理"理想的同时，也在探索能够以为依托的新的"公理"体系。战争中期，素能"维持公理之善"且"对华感情甚好"②的美国成为知识界向往的"新秩序"代言人，顾维钧认为美国"对中国有一种感情上的兴趣和理想上的目标"③，面对与欧、日的外交矛盾，国人一方面希望美国能带领中国走出困境，另一方面则更期待能成为以美国为领袖的战后国际新秩序的主角之一。

中国虽未放弃收复青岛的努力，但两次遇挫后能在1917年再次提出参战，美国的影响应是关键。1917年2月3日，美国对德断交，并动员中国加入战局。北京政府在此刻响应参战，不仅是为了解决迁延日久的山东问题，亦是希望通过对"违反国际公理"的德国的宣战，融入以美国为领袖的全新"公理"秩序，并在未来成为其中的主角。芮恩施曾暗示北京，他将希望"找到一种使大战局势符合公平对待中

---

① 徐国琦：《中国与大战：寻求新的国家认同与国际化》，四川人民出版社2019年版，第100页。

② 伍廷芳：《美洲》，《小说新报》1915年第1期第1号，第4页；《美国之工务与华工问题》，《申报》，1915年9月1日，第3版。

③ 中国社会科学院近代史研究所译：《顾维钧回忆录》第5分册，中华书局1989年版，第426页。

国的办法"，并且相信中国会"得到列强关于巩固中国主权、防止仅需发展特权和势力范围的声明"。① 此后，外交部更宣称德国"违反公法，侵害我国权利"，并强调政府行为是"为外交开一新纪元，跻于国际平等之列"。② 尽管参战问题成为此后数年军阀混战的伏笔，但就北京高层而言，当时确已形成了对德宣战的共识，不仅内阁"对于抗议无异词，对于绝交大致无问题"，总统府中"一般趋势，都在协约国"，③ 参众两院在议决参战事宜时，也都能高票通过。在北京政府对德宣战后不久，南方非常国会亦宣称"以全国一致之力，不分畛域对德作战，以明吾人反对德国武力支配世界之意"，随即对德宣战④。在当时，无论是政府还是知识界，大多都对美国这一"公理"新代言人趋之若鹜——欧洲各国的强权行为，几让国人对过去所谓国际"公理"彻底失望。尽管国人过去大多对协约国抱以同情，但直到美国加入战局，这种同情才真正转化为对协约国获胜的信心和对未来的全新"公理"秩序的期待——毕竟在这一秩序下，中国或许可以成为过去未曾设想过的、能在国际社会取得更大作为的"公理"构建者。⑤

"威尔逊主义"的到来为变动不居的国内社会找到了新的法宝，不仅为知识界的"公理"认知赋予全新内涵，在国人看来，它甚至为中国加入国际体系、实现现代化提供了一条唾手可得的"捷径"。在

---

① 芮恩施：《一个美国外交官使华记》，文化艺术出版社 2010 年版，第 254、255 页。

② 《冯国璋拟中德绝交始末及其利害意见书稿（1917 年 3 月 18 日）》，《中华民国史档案资料汇编：政治》，江苏古籍出版社 1991 年版，第 1170 页。

③ 张国淦：《北洋从政实录》，杜春和编：《张国淦文集》，燕山出版社 2000 年版，第 160~164 页。

④ 《外电》，《申报》，1917 年 9 月 14 日，第 3 版。

⑤ 中国参战后，确实争取积极、全面参与国际事务（相关论文有 Segesser and Daniel Marc, Why(not only) China Matters in A Global History of the World War I, *The Impact of World War One on China's Modern History*, Wien, 03. -05. 07. 2014 等）。概言之，此时期的中国，既希望作为战胜国，在战后和平会议中获取理想的权益，又期待能够凭借这样世界主义的政府行为，成为在战后国际秩序及"公理"体系中受到承认的一员。

以欧洲为领袖的世界体系濒临崩溃时，威尔逊主义迅速填补了世界范围的信仰空窗，威尔逊宣扬的"救世"理论及世界化的互动模式恰好满足了多数国人的战后新秩序设想。《申报》称赞威尔逊的演说"为保障公理之新宣言，为统辖人类之新福音"①；陈独秀、蔡元培、林长民、汪大燮等人，亦都是胡适口中"宣传威尔逊主义最出力的人"②。论者指出："在五四运动前，威尔逊主义已经成为……政治家和舆论领袖发起国内和平运动的理论支撑。"③

根据金观涛等人研究，"公理""公例"等名词的使用频次在美中参战后大量增加，并在 1919 年前后达到高潮，④ 这与此时期"公理战胜强权"话语成为潮流的认识亦可相互印证。在"威尔逊主义"的浪潮下，新的世界"公理"变得清晰，塑造为"公理"权威的"他者"美国与作为"自我"的中国加入战局成为一个集合，在使中国知识界逐渐明朗"公理"认知的同时，亦不断增强对进入新体系的期待；而德奥顺理成章地成为邪恶轴心和"强权"权威。战争最终被塑造为一场"公理与强权之战、人道与暴力之战、专制与民治之战"，此时中国业已成为"维持世界之公理"的要角。⑤ 在此前提下，战事结束后的"公理战胜强权"自然成为群体的意识，并最终导向全民的狂欢。

五、权威不再：和会败局与"公理"概念的消亡

人们对巴黎和会充满信心，他们不仅相信中国将取得作为战胜国理应获得的一切权益，更憧憬着中国成为威尔逊的世界体系中平等、重要的一员。尽管俄国革命的新理论多少启发了知识分子对现代化取

---

① 《伦敦电》，《申报》，1917 年 4 月 6 日，第 2 版。

② 陈独秀：《〈每周评论〉发刊词》，《每周评论》1918 年第 1 号；胡适：《纪念"五四"》，《独立评论》1935 年第 149 号，第 7 页。

③ 马建标：《塑造救世主："一战"后期"威尔逊主义"在中国的传播》，《学术月刊》2017 年第 6 期，第 170~171 页。

④ 金观涛、刘青峰：《观念史研究：中国现代重要政治术语的形成》，法律出版社 2011 年版，第 64 页。

⑤ 《南京之欧战协济会》，《申报》，1918 年 11 月 13 日，第 6 版。

径的思考，但毫无疑问的是，"一战"以后相当一段时间内，威尔逊主义都是中国多数人眼中的"绝对公理"，威尔逊本人亦是国人在巴黎和会上的最大仰仗。孙中山认为和会"诚为此后吾国在世界地位进退强弱之一关键"①，而威尔逊"提倡正义公理"，其理论"实为解决国际国内间一切兵争之根据"②；李大钊亦认为和会上的中国问题"必担于威尔逊君之双肩也"③。

北京政府对参与和谈的谋划由来已久。④ 徐世昌就任大总统后，政府将和谈视作"最有重要关系而为世界所注目者"⑤，罕见地与南方共组代表团出席和会。代表团的和会诉求能否实现，不仅涉及问题本身，更是中国破除藩篱、实现现代化、平等加入国际新"公理"秩序的根本前提。中国对威尔逊建立国际联盟、"创建世界新秩序"的主张反响热烈，时人宣称"四万万国民愿致大同实现之祝辞；并为联盟会中竭尽诚信履行义务之一份子"⑥。中国的积极行动不仅揭示了对建立现代化国家，实现平等外交的自觉努力，更寄托着对和会各国能在"公理"之下探讨中国问题的无限期望。

正是因为国人对巴黎和会的结果满怀信心和期待，当和会的情形不断传入国内时，才会酝酿成巨大危机。不仅代表团在名额分配上遇挫，对于山东问题这一最大诉求，中国也几乎没拿回任何权益。在陆征祥看来，和会对待中国"绝似近年独裁国家审判反动分子……无论

① 孙中山：《复恩克阿穆尔函》，《孙中山全集》第 1 卷，中华书局 1981 年版，第 15 页。

② 孙中山：《复蔡元培函》，《孙中山全集》第 4 卷，中华书局 1985 年版，第 519、520 页。

③ 李大钊：《威尔逊与平和》，中国李大钊研究会编注：《李大钊文集》上册，人民出版社 1984 年版，第 285 页。

④ 《发驻巴西刘公使电》(1914 年 11 月 18 日)，《外交档案》，台湾"中研院"近代史研究所档案馆藏，03-37-001-01-001。转引自罗毅、金光耀：《北京政府筹备参加欧战和会研究》，《一战与中国：一战百年会议论文集》，东方出版社 2015 年版，第 42 页。

⑤ 贺培新辑：《徐世昌年谱》1918 年，《近代史资料》总 70 号，中国社会科学出版社 1988 年版，第 31 页。

⑥ 吴品今：《国际现状破毁论》，《改造》1921 年第 4 卷第 1 期，第 11 页。

怎样争辩，判官们都充耳不闻"①，更令国人惊诧的是，一向被奉为"救世主"的威尔逊似乎轻松出卖了中国——为了实现他的"国际联盟"理想，他默许和会承认了日本在山东的权利。

梁启超率先将消息传回国内，并致电国民外交协会，呼吁中方不签字。② 人们怒斥和会"只讲强权不讲公理"③，任教湖南的谢觉哉无奈"公理不敌强权，由来久矣"，南方的汪精卫也发出了"天下无公理，强权即公理"的感慨④。这一集体的失望既是对和会未能公正处置山东问题的回应，更是对此前深信不疑的、以威尔逊主义为代表的国际"新公理"信仰的崩塌。和会的失败使中国知识界清楚，中国仍未寻到适当的现代化道路、仍处在原有地位不等的强权世界、仍未被国际社会接纳并视为平等的一员。⑤ 芮恩施认为："从美国参战时起，大家都有一种得到胜利的信心……现在这个希望完全破灭了。"⑥中国在巴黎和会后几乎完全抛弃威尔逊主义，这种过去被奉为圭臬的"公理"也不再得到推崇。

鸦片战争后中统衰落，国人对西方求"公理"、以西方为"公理"的过程历经几十年，迨至民国初期，几已形成的"公理"认知却在欧战与巴黎和会中遭到两次颠覆，作为"公理"典范的西方国家形象也趋于瓦解。尽管此期国人不断调适，试图找出实现现代化、平等融入国际体系的合理取径，但时至五四，一切似乎又回到了起点。正如罗志田所说："和会的结果不但是五四学生运动的直接造因，更影响了

---

① 罗光：《陆征祥传》，香港真理学会1949年版，第112页。

② 《山东竟如是断送耶——梁任公早来警电》，《晨报》，1919年5月2日，第2版。

③ 《山东问题与国民觉悟》，《每周评论》1919年第23号。

④ 谢觉哉：《谢觉哉日记》（1919年5月14日），人民出版社1984年版，第15页；汪精卫：《中国对于万国同盟之希望》，《太平洋》1919年第2卷第2期，第2页。

⑤ 《专电一》，《申报》，1919年7月4日，第3版。

⑥ 芮恩施：《一个美国外交官使华记》，文化艺术出版社2010年版，第277页。

中国士人选择'学习榜样'的长程转移。"①学人之所以称五四为"人的觉醒",亦因缘于"公理"真空的中国知识界正急迫地寻找能够实现国家进步的理论依托。"主义大兴"是这一时期的基本特征,在此"西方分裂"的无"公理"的时代,时人竞相引"主义"为新的"公理",试图为所宣扬的现代化取径赋予话语的权威,推动其成为民族、文化复兴的解决方案。

尽管代表西方权威的"公理"话语陷入低潮,知识界对"个体"存在的西方理论仍相当推崇。时人指出,此时的"中国总逃不出'模仿的工作'。例如张君劢不过想做中国的柏格森,胡适不过想做中国的杜威,陈独秀不过想做中国的马克思"②。五四运动后,社会主义逐渐占据20世纪20年代的思潮主流,在北京大学1923年的"民意测评"中,甚至有近六成民众声称服膺社会主义。③或许就此前的理解而言,此时,来自苏俄的社会主义已成了全新的"公理",而事实上,在当时的国内社会,却罕有人将社会主义与"公理"对等——历经两次"公理"信仰崩塌的国人对"公理"作为概念本身的效力都已出现质疑,正如梁启超所言:"宇宙间是否有绝对的真理,我们越发研究,越发怀疑。"④概言之,此时的"公理"已不再有包山包海的能力,国人的现代化取径和探求世界"公理"的理想愈加多元,此种意识上的转捩,最终将社会导向一个"全新的阶段"。

---

① 罗志田:《西方的分裂:国际风云与五四前后中国思想的演变》,《中国社会科学》1999年第3期,第23页。

② 伍启元:《中国新文化运动概观》,现代书局1934年版,第179页。

③ 调查者特别指出,此处的"社会主义"并非有明确的指称,它涵盖了"无政府主义""工团主义""马克思主义"等理论。除社会主义共获291票外,三民主义153票,民主主义68票,联省自治40票,其他主义各有数票或十数票。数据引自朱务善:《本校二十五周年纪念日之"民意测量"》,《北京大学日刊》1924年第1411号。

④ 梁启超:《评非宗教同盟》,《饮冰室合集》文集第38册,中华书局1989年版,第22页。

六、结语："公理"认知与中国的"双轨"取径

自鸦片战争以来，近代中国在作为"他者"的西方的影响下，长时间处在被动冲击与主动调适的过程中。正是如此，中国得以一以贯之地将实现自身现代化和平等回归世界秩序作为目标，"公理"认知的变化既影响着中国"双轨"进程中的不同取径，又根源于"深度国际化"及"内在化"这一前提要求。没有什么比世界大战的爆发更能推动内外环境的巨变，曾经的"公理"权威随着战争的进程不断重塑着国人对于世界秩序的认知，而战争下国内政治的纷繁变迁更威胁着本就脆弱的现代化道路。无论是英、法、德、日还是后来居上的美国，都未能最终成为中国知识界眼中的"公理"权威，反而一次次让国人在信仰崩塌，作为概念的"公理"也最终失去了其短暂建构出的话语力量。

战后知识界对于"公理"的抛弃也标志着与原有"双轨"取径的诀别，其行为的根本前提即是国人对原有西方话语的全面反省。而20世纪20年代凭借"主义"回归的西方学说之所以能重获知识界青睐，也是因为其中"主义"大多本身是对"一战"乃至工业革命以来的西方制度的反省。在以"反省"为核心的现代化探索道路中，国人自然怀疑作为"公理"的"通用之则"是否存在，亦对参与构建国际"公理"秩序暂时失去了兴趣。

"一战"战胜后国内的"空前绝后之盛况"如南柯一梦，"公理战胜强权"的万民之声也很快浸微浸消。尽管"公理"权威在崩溃中走向消亡，但无论是战争中社会舆论的繁荣和影响外交行为的公众活动的兴起，还是对新式外交和平等原则的不断追求，都确确实实地推动着中国朝着近代化和国际化的轨迹向前，鼓舞国人接续探寻全新的"双轨"道路。

（作者系武汉大学历史学院硕士研究生）

中华人民共和国成立初期
山东妇女干校的培训工作研究

许涵睿

摘要：中华人民共和国成立初期，为保障新《婚姻法》在基层的实施和妇女参与劳动生产的权利，山东省妇联建立了山东省妇女干校，以期达到在短时间内培训基层妇女干部的目的。山东省妇女干校在妇女干部的训练过程中产生了一套成熟的培养模式，形成了思想教育、识字教育、专业知识教育、实践教育、水平测试相结合的闭环。但这一培养模式也存在缺陷，由于主客观条件的限制，妇女干部往往难以平衡传统观念中家庭妇女、国家提倡的社会劳动者和妇女工作者三种角色带来的责任。

关键词：妇女干部培训；山东省妇女干校；妇女教育

1950 年 9 月，邓颖超在全国民主妇联第一届第三次执委会上做报告，指出要"有计划、有系统地进行妇女工作干部的文化的、政治的、业务的教育，特别是训练基层妇女工作干部。为此，各地妇联应在可能的条件下举办各种训练班，就地培养县以下的妇女工作干部，县以上的干部由省、大行政区及全国民主妇联分别训练"①。之所以要加强对妇女干部的训练培养，是出于当时的现实需求。首先是 1950 年新《婚姻法》颁布，需要众多妇女干部协助各级政府的司法机

---

① 邓颖超：《关于城市妇女工作的几个问题的报告》，《中华全国民主妇女联合会第三次执委扩大会议重要报告与决议》，1950 年，第 21 页。

关贯彻执行《婚姻法》，并提出相关的修正意见，因此就要求各地妇联干部首先要深入学习、熟悉婚姻法。① 虽然 1950 年之后山东进行了大规模的《婚姻法》普及教育工作，但早婚、包办买卖婚姻、不能离婚、寡妇不能再嫁的现象还相当普遍，甚至有干涉妇女婚姻自由酿成的人命案件，1950 年全省妇女自杀案件达 700 多起。② 因此要求更多的妇女干部参与新《婚姻法》的宣传，保障其顺利推行。其次是由于城市妇女大量参与生产，需要政府、企业、工会和合作社进行配合，解决其在儿童保育、妇幼卫生方面遇到的困难，这也需要一批受过保育教育的妇女干部参与。③

在这些因素的影响下，全国民主妇联妇女干部学校在 1950 年正式招收学员，开办了第一期妇女干部业务训练班(即"政策班")、保育人员训练班、文化班、会计班、打字班等，学习时长约为 9 个月。作为全国民主妇联妇女干部学校在山东的分校，山东省妇女干校为提高全省在职区级干部和县妇联委员的政策、业务、思想水平，在济南新街劝业场附近开办了妇女训练班。在学员招收方面，山东省妇女干校招收的学员以区县妇委会主任、妇委委员为主，年龄在 18 岁以上，40 岁以下，同时也包括一些暂时没有委任具体工作或因携带小孩不能正式工作的妇女干部。山东省妇女干校后于 1961 年 2 月停办。1952—1962 年共举办培训班 13 期，培训妇女干部 2570 人。1979 年 11 月，经中共山东省委批准恢复重建。④

山东省妇女干校是新中国妇女干部训练的一个缩影，其干部培训模式来自中共多年的妇女工作经验，是中共妇女干部培训的典型方

---

① 蔡畅：《全国民主妇联一年来的工作概况及今冬明春的主要工作任务》，《中国妇女运动文献资料汇编》(第二册 1949—1983)，中国妇女出版社 1988 版，第 66 页。

② 《全省开展〈婚姻法〉宣传活动》，《中共山东编年史》第七卷，山东人民出版社 2015 年版，第 56 页。

③ 蔡畅：《关于女工工作的几个问题》，《中国妇女运动文献资料汇编》(第二册 1949—1983)，中国妇女出版社 1988 版，第 34 页。

④ 胡升秀、刘培英主编：《中华女子学院——山东分院》，山东新华印刷厂 2002 年版，第 25 页。

式，可以借助其了解中共的妇女解放政策。此外，新中国成立初期各地的基层妇女干部在文化水平、思维方式和生活水平上差异相对较小，在山东地区妇女干部培训中浮现的问题与其他地区存在共通性。

前人对新中国成立后妇女干部培训的研究较少，分析其原因，应该与材料的缺乏有一定关系。比如在报刊方面，对照《中国近现代妇女报刊通览》《中国近现代女性期刊汇编》可以发现，《妇女工作》《妇运简况》《新中国妇女》《山东妇女》《现代妇女》等比较知名的妇女刊物，主要内容是介绍妇女工作经验和保育知识，宣传妇女工作经验和时事政策，与妇女干校直接相关的内容较少。因此在史料运用方面，本文主要运用了山东省档案馆馆藏的山东省妇女干校档案。同时参考其校史《中国妇女管理干部学院山东分院大事记》，妇联编纂的《中国妇女运动文献资料汇编》（第二册 1949—1983）、《中国妇女运动重要文献》、《中国妇女运动历史资料》、《山东妇女运动文献》、《山东妇女运动历史大事记》、《山东妇运资料选》等。山东省的省志和组织史料，如《中共中央文件选集》《山东省志·妇女团体志》《山东党史资料文库》，也可为研究提供背景材料。

本文通过研究 1950—1954 年间山东妇女干校前五期的训练情况，尝试分析设置山东省妇女干校的原因，总结培训妇女干部的方式和基本步骤，并探究此种培训模式存在的缺陷与不足。

一、山东省妇女干校的建立

中共对妇女干部的训练，最早开始于 1922 年的上海平民女学。在 1921 年，陈独秀和李达商议在上海创办一所平民女校，以培养妇女运动人才，开展相关工作。① 在国民革命时期，中共开办了第一个妇女运动讲习所——广州妇女讲习所。② 国民革命失败后，各地的苏

① 田景昆、郑晓燕主编：《中国近现代妇女报刊通览》，海洋出版社 1990 年版，第 41 页。
② 《广州妇女讲习所和妇女运动人员训练所》，全国妇联妇运历史研究室编：《妇运史研究资料》1982 年第 4 期，第 15 页。

区为补充干部队伍的不足，也十分重视干部的教育问题。在妇女干部的训练方面，主要是通过妇运会进行组织，在各个苏区开办了众多妇女干部的训练机构，如茶陵女子职业学校、中共湘赣省委妇女干部训练班、永新县赤色女子职业学校等。① 抗日战争时期，为动员妇女坚持抗战，中共的妇女干部训练基本延续了之前的政策和模式，训练机构分散在各个革命根据地，根据当地情况进行训练，如闽西妇女干部训练班、闽浙赣妇女干部训练班、皖西苏区妇女干部训练班等。② 在这一时期，还产生一所专门培养女干部的大学，即延安女子大学。

在山东地区，中共于抗战时期就在各革命根据地针对妇女开办了夜校、识字班，以提高妇女的教育水平，并从中选拔妇女干部投入基层工作。解放前夕，济南人民自卫总队妇女组发动全省的妇女支队，针对全省的青壮年妇女干部进行了编队训练，培训的内容包括精神讲话、家政、救护、时事、公民、军事常识等，培训完成后分派到学校、区坊、工厂，承担妇女组在各地的工作。③ 1948年9月20日至10月6日中共中央在西柏坡召开妇女工作会议，会议总结了解放区的妇女工作经验，讨论了解放区农村妇女工作的方针任务、组织形式和女干部的培养；在此基础之上，12月20日中央发出《中国共产党中央委员会关于目前解放区农村妇女工作的决定》(四八决定)，强调"必须大胆培养，放手使用和提拔大批地党与非党的女干部，到各种工作岗位上去，并加强各级妇女组织的干部"④。1949年4月，中华全国民主妇女联合会成立，为保障妇女工作的有序开展和妇幼保健事业的进步，联合会开始筹办培养各类妇女干部的学校，新中国妇女职业学校就是在这样的背景下诞生的。

---

① 董纯才：《中国革命根据地教育史》(第一卷)，教育科学出版社1991年版。

② 皇甫束玉、宋荐戈、龚守静：《中共革命根据地教育纪事》，教育科学出版社1989年版。

③ 褚介三：《本省妇训概况》，《山东妇女》1946年第1期，第11~12页。

④ 《中国共产党中央委员会关于目前解放区农村妇女工作的决定》，《中国妇女运动文献资料汇编》(第一册1918—1949)，中国妇女出版社1987年版，第468页。

山东省妇女干校在组织上，仿照中华全国民主妇女联合会妇女干部学校，设校长、副校长各一人，下设教务处、秘书处。教务处设教育科、组织科，各科设科长一至二人，科员、办事员二至五人。教育科负责确定教育计划，编订教材，组织学员有步骤地进行学习，负责总结教育方法与学习经验，组织解答学习中的疑难问题，保证学习计划的执行。组织科则负责学员往来登记、统计，管理学员鉴定材料，编班编队和人员配备，掌握学员思想情况，维护组织纪律。秘书处设秘书科、总务科，协助校长分掌教学领导与思想领导以及行政生活事宜，领导学员组织生活管理委员会。学员视总人数具体情况进行编队，每队设队长、队副、指导员三人；队下分班，每班十至十二人，设正、副班长。队长负责掌握学员的学习情况，队副负责行政，指导员负责党的工作。① 班内以专区和省辖市为单位进行编组，四个地区的学员编成一组。每组民主选举正、副组长二人，领导小组的学习。20 世纪五六十年代山东省妇女干校培训情况见表一。

表一　　　　　　　山东省妇女干校培训情况概览

时间	培训中心内容	学员人数
1952—1954 年	党的中心工作与政治运动，农业生产政策与生产知识，妇女解放运动与妇女工作方针	829 人
1953 年 10 月—1954 年 1 月	保育知识	137 人
1955—1958 年	中共过渡时期总路线	1175 人
1959 年 10 月—1960 年 1 月	中共八届八中全会决议和省委扩大会议精神	250 人
1960 年	公社化运动及"三反五反"运动知识	128 人

数据来源：《山东省民主妇女联合会干部学校开办以来的工作总结报告》，山东省档案馆藏，全宗号：A005，目录号：01，案卷号：0193。

---

① 《妇女干部学校第一期教育计划》，山东省档案馆藏，全宗号：A005，目录号：01，案卷号：0187。

在教师方面。学校的专任教师很少，政治课没有专任的教职员，因此每期的政治课都是从其他机构借调教师。如宣传方面的课程请山东分局宣传部理论教育处，农业生产政策请山东分局农委，妇女工作的业务请省妇联，婚姻法请法院，文化课则请教育厅工农教育处派教师。本校的工作人员仅负责一小部分妇女工作业务课。① 这种外借教师的做法导致很多学员在学习时没有教案，或无法在课下进行回顾和复习，这一问题在当时的学校工作报告中也常被提及。②

二、妇女干部的训练过程

山东省妇女干校对妇女干部的训练，主要包括四个过程，即思想教育—识字教育—文化政治课和专业课程学习—水平测试，采取授课、小组讨论、自学和实践相结合的方式进行。学员在入校时进行分班考试，根据文化水平的不同分为三个层次，分别进行学习。分班之后开始进行思想教育和动员。由于学员从入校到正式开课期间思想比较浮躁，为了保证教学的顺利开展，干校需要进行思想动员，教师和学生对学习的动机、要求和态度进行座谈，讨论后再分析批判，确定日后努力的方向。之后教师传达教育计划，宣布各种学习制度，然后再次进行座谈，结合个人实际情况讨论如何为完成教育计划而努力。并在此思想基础上发动制定学习公约，进一步启发学员学习的热情与积极性。思想教育的第三步是宣布总支计划，成立党团组织，制订党、团支部计划，发动党员团员以实际行动保证教学任务的完成，使思想动员工作深入。同时在之后的教学活动中，根据学员每一时期的表现，提出党团小组的活动内容，开展批评与自我批评，及时克服妨

① 《省妇联干校一年来工作总结》，山东省档案馆藏，全宗号：A005，目录号：01，案卷号：0193。

② 《山东省民主妇女联合会干部学校开办以来的工作总结报告》，山东省档案馆藏，全宗号：A005，目录号：01，案卷号：0193。

碍学习的思想。①

在课程学习的过程中也要加强思想教育。干校在每一个单元开始之前，都要进行思想动员，说明这一单元学习的目的、要求及其重要性。并且建立每两周一次的党团课制度，批判学员现存的不正确的思想和态度，帮助其树立是非观念。

在入学的思想教育结束后，要为学员讲授速成识字法，以便文化课的进行。根据文化水平的不同，编甲、乙、丙三班授课。认识1500字以上的编入甲班，认识900~1500字的编入乙班，900字以下的编入丙班，根据水平不同各班提出不同的要求，丙班和乙班主要学习速成识字法，以华北人民出版社的干部速成识字班课本为教材，在原有识字基础上提高到2300个字。甲班则可以略过速成识字法的学习，直接学习文化课。

在教学要求上，丙班要求学会注音符号、拼音、查字典，学会2300个生字，学习写字要领，练习写字。乙班要求学会注音符号、拼音、查字典，学会2300个生字，再加上写字写作。乙班识字基础比丙班高，因此学习中要求速度比丙班快，抽出一定时间学习写字要领，练习写字写作。甲班要求在后面文化课的学习中，掌握注音符号、拼音和查字典的方法，有计划地组织阅读，通过阅读将原来认识1700字左右的学员提高到认识2300字的水平；除此之外也要学习算数、地理、国文，算数学会加、减、乘、除、百分比，地理课以机关学校职工业余课本为教材，主要了解中国的基本地理知识，国文则要求掌握标点符号，同时练习写作。② 根据识字班的课后总结来看，这种学习方法有效地提高了学员的识字水平。③ 表二为某一期训练班入校时学员的识字情况。到训练班结束，这些学员都达到了掌握2000

---

① 《山东省民主妇女联合会干部学校开办以来的工作总结报告》，山东省档案馆藏，全宗号：A005，目录号：01，案卷号：0193。

② 《山东省民主妇女联合会干部学校第三期教育计划》，山东省档案馆藏，全宗号：A005，目录号：01，案卷号：0193。

③ 《速成识字班工作总结》，山东省档案馆藏，全宗号：A005，目录号：01，案卷号：0187。

字以上的水平。

表二 训练班学员识字情况表

原识字数	人数
250~500 字	5
500~1000 字	25
1000~1500 字	41
1500~2000 字	33
2000 字以上	41

资料来源：《速成识字班工作总结》，山东省档案馆藏，全宗号：1，目录号：193，案卷号：4。

正式的课程安排包括文化政治课和职业技术课两类。文化政治课包括进一步的识字教学和政治理论教学，根据学员的学历及参加工作后的学习情况进行测验，以现有水平编级学习，划分为初级、中级和高级三个层次。职业技术课分为保育科、卫生科、会计科三个专业科目，学员根据工作需要和个人志愿编入各科学习。保育科主要培养与训练保育干部，如托儿所所长或幼稚园主任及指导员，以便各地区开展保育工作，创办幼稚园与托儿所等；卫生科主要培养与训练助产护士，并且教授小儿斑疹等常见幼儿疾病的治疗与防范以及医务常识等；会计科的学习内容是珠算、点票子、画码字、初步记账，以培养记账员或会计。

政治学习的内容多是根据当时党的中心工作与运动而确定的，如第一、二期主要是进行共产主义与共产党的教育，第三期则是根据山东分局宣传部制订的干部理论学习计划，以政治常识为主。业务政策课每一期的内容也不同，例如第一期主要课程是农业政策及农业知识（常见的庄稼病虫害的防止法）、妇女解放运动的基本知识、妇女工作的方针任务、妇女代表会议、妇女宣传工作、妇女福利工作等。第二期因当时贯彻《婚姻法》运动即将开始，所以又着重学习了《婚姻法》。第三期业务政策课讲了五个历史文件，包括《关心群众生活，注意工作方法》《总结妇女工作的几个基本认识》《中共中央关于各抗日根据地目前妇女工作的决定》《中共中央关于目前解放区农村妇女工作的决定》《中国妇女运动方针实践及其发展》。第四期增加了选举法及其有关文件的学习。第五期则添加了党在过渡时期总路线、四中全会决议和互助合作社政策的内容。①

文化政治课的教学过程则分为三个部分。一是课程学习部分，在课前进行预习，在课后进行复习（复习座谈讲课的内容，整理笔记）。教师需要根据课程要求和授课的中心内容提出讨论问题，与班长、小组长共同研究，总结讨论的结果和讨论需要达到的目的、要求，以便小组长能更好地与组员进行讨论。小组讨论后教师根据学生总结的问题进行答疑。二是每一阶段的学习完成之后，要进行文化、政治理论和业务学习测验，并公布测验成绩，激励学生学习。三是在学习之外，根据学生所学科目的不同，对学生进行一定课时的实践教育；课外带学生参观工厂、古代文物保管委员会、抗美援朝展览会、国庆节展览会等，使学员对政治理论的学习了解和体会更加深刻。② 职业技术课采用边教边做的办法进行教学，即一面学习理论，一面学习技术。训练的最后一步是水平测试。文化政治课按月进行测验，依据成绩评定升级或留级。

总而言之，在教学方法上，妇女干部训练要注意依照妇女学员的文化水平进行教育；学到的文化知识要适应实际工作的需要，不能死板地学习书本知识；要能引导妇女干部独立思考问题；注重妇女干部训练中组织的重要性，运用分组讨论研究、分组自我批评的方式提高训练的效率。在教学内容上，主要教授施政纲领，妇女工作之必要性，时事政治，社会现状，以及专业知识（如保育、会计、妇女工作组织等）。中共山东妇女干校的培训方式，在教学方法和内容上都吸取了前人的经验，形成了比较成熟的培训模式。

① 《省妇联干校第五期教育计划》，山东省档案馆藏，全宗号：A005，目录号：01，案卷号：0193。

② 《妇女干部学校第一期教育计划》，山东省档案馆藏，全宗号：A005，目录号：01，案卷号：0187。

三、妇女干部训练中的问题

由于主客观条件的限制，妇女干部在训练和工作的过程中容易出现种种问题。首先是学员本身文化水平普遍较低。在第一期训练班的总结中提道："文化水平程度最高的是高小程度与相当高小程度的，人数为廿八人。初小程度与相当初小程度的占绝大多数，粗识文字的识一千个字以下的卅人……错别字很多，不能正确表达自身想法……政治理论水平比较低，对共产主义与共产党的基本知识，参加过整党学习或党校的多少知道一点，有些是通过听说知道一点，有的完全不了解……业务政策水平也不高，都是多年的妇女工作干部，没有一个能完整的答出，什么是妇女工作这个问题。"①

在后面几次的训练班总结中，对学生情况的评价也基本相同，初小水平的占绝大多数，"因为妇女工作干部绝大多数没有进过正式学校，所以很少会写工作计划与工作报告的，且错别字满篇……因为在农村分散的环境下工作，学习较差，所以一般的政治常识比较缺乏，即有少数干部有一般的政治常识，但也很不透彻……不了解什么是妇女工作范围，不了解什么是妇女工作的方针任务"②。

其次是妇女干校的条件较差，教师也没有相应的干部训练教材。教师上课大多是自己编写教材，辅以时事材料和文件，"干校自己也有没编写过教材的经验，讲课人也很少辨析教材的，有的是采用了现有的文件和材料，有的是自己写个讲授提纲讲的，这些提纲学后都收回来了，有些未印发给学员"③。这种情况也影响了学员的学习效果，"我们是以中共中央宣传部关于党在过渡时期总路线学习和宣传提纲为主要教材。这一文件，内容较深，句子较长，实际学习起来，学员

---

① 《山东民主妇女联合会第一期总结》，山东省档案馆藏，全宗号：A005，目录号：01，案卷号：0187。

② 《山东省民主妇女联合会干部学校开办以来的工作总结报告》，山东省档案馆藏，全宗号：A005，目录号：01，案卷号：0193。

③ 《山东省民主妇女联合会干部学校开办以来的工作总结报告》，山东省档案馆藏，全宗号：A005，目录号：01，案卷号：0193。

很难懂。再加上授课人没有讲稿，学员又记不全笔记。所以在学习过程中，从领导到学员都觉得非常吃力，结果费力不少，还没有完全达到我们教学计划的要求"，使学生没能达到既定的学习目标。①

　　同时负责教学的教师，在理论水平上也不能满足妇女干部训练的需要，"对整个学期的课程事先学习不足，对妇女工作又很生疏，因此，在领导学员学习时，表现得非常吃力，遇到问题显得被动忙乱，不能做到很好的解决……这不仅使学员感到不能完全满意，而且教学质量的提高也受到了一定的限制"②。由于客观条件的限制，在妇女工作业务教学方面没有成系统的理论和实际经验，学校负责教学的教师可能也并未从事过妇女工作，对妇女工作业务知识与实际工作经验比较缺乏，所以对妇女工作的一些深层次问题，可能无法深入浅出地教授给学生。

　　另外妇女干部学员也经常受到来自家庭方面的压力。很多参加学习的妇女学员都已有子女或处于怀孕状况，在学习的同时兼顾子女就成为影响学习的重要因素，"刚到校时思念家庭、孩子、丈夫，思想不安心。快结业时，就打谱给孩子丈夫买什么东西带回去，回去后如何看孩子丈夫等，思想不够集中，情绪容易松劲"③。另外妇女干部的学习情绪容易受到人际关系的影响，"与同志们的关系的好坏、病、婚姻问题、丈夫孩子等，都会使她的学习受到影响"④，不利于妇女训练工作的开展。

　　还有很多妇女干部参加训练并不是出于工作的需要，而是有其他原因，因此在学习过程中积极性不足。例如有的想脱离妇女工作，"妇女工作别人瞧不起不光荣，妇女干部提拔慢，妇女难发动，工作

① 《山东省民主妇女联合会干部学校 第五期教学工作总结报告》，山东省档案馆藏，全宗号：A005，目录号：01，案卷号：0193。
② 《山东省民主妇女联合会干部学校 第五期教学工作总结报告》，山东省档案馆藏，全宗号：A005，目录号：01，案卷号：0193。
③ 《山东省民主妇女联合会干部学校 第五期教学工作总结报告》，山东省档案馆藏，全宗号：A005，目录号：01，案卷号：0193。
④ 《山东省民主妇女联合会干部学校开办以来的工作总结报告》，山东省档案馆藏，全宗号：A005，目录号：01，案卷号：0193。

不出成绩……认为自己做妇女工作屈才"①。还有学员是因为自身患有妇科病，参加训练可以住在济南，方便到大医院看病。② 学习动机不纯也是妇女干部训练的一大阻碍。

四、妇女干部的困境

以上这些问题虽然出现在山东妇女干校的培训中，但根源却在妇女干部的工作中。比如对妇女工作没有信心，认为妇女工作不重要，做妇女工作没有前途，"从主观愿望和幻想出发，如脱离现实的幻想妇女解放，希望中国妇女能马上像苏联的妇女一样，结果不能满足主观愿望就悲观失望，认为妇女解放没有前途"③，"有的同志觉得几年来老是做老一套的工作，到底未被提拔，对组织不满，工作历史较短的同志怕精简和缩编，终日惦念着是否能被精简的问题"④。前人也对如何解决妇女干部培训所遇到的问题做出过讨论，例如潘光旦曾形容劳动妇女，"她对服务的意志绝不因婚姻而减色，一种信誓旦旦的态度与辞气，在这种场合上应为婚姻关系而发的，她们却为社会服务而发，令人肃然起敬……不过，一个很大的'不过'，在这种论点之下，社会与文化虽有时多少占了一些便宜……即有一方占便宜，有另一方面要吃亏，这另一方是谁呢？不是别的，就是女子自己。女子吃的亏是从三个方面来的，一可以说是力不从心……女子所吃的第二种亏是由于情绪生活受忽略而来的……至于独身、迟婚、不生育或生育过重种种现象的发生，使性的生活以及母爱的倾向不能有适当的发

① 《山东民主妇女联合会第一期总结》，山东省档案馆藏，全宗号：A005，目录号：01，案卷号：0187。

② 《山东民主妇女联合会第一期总结》，山东省档案馆藏，全宗号：A005，目录号：01，案卷号：0187。

③ 《关于纠正妇女干部思想偏差的几个问题》，山东省档案馆藏，全宗号：G024，目录号：01，案卷号：0507。

④ 《关于纠正妇女干部思想偏差的几个问题》，山东省档案馆藏，全宗号：G024，目录号：01，案卷号：0507。

展与满足，转而影响到一般生活的健康，便是女子所吃的第三种亏"，也从侧面反映了妇女干部问题来由，即妇女干部要承担来自传统观念中家庭妇女和现代观念中社会劳动者、国家干部两种责任，这两种责任往往使其难以兼顾。①

山东省委曾在报告中提及妇女干部的困局，"许多合作社百分之八九十的妇女劳力参加了生产劳动，发挥了她们的作用。但不少地点的合作社对妇女劳力未作到合理使用，作用也没有充分发挥。同时对妇女的生理特点与特殊困难照顾不够，缺乏男女平等、同工同酬、合理劳动、安全生产等思想教育。因此，在生产中经常发生男社员排斥、讽刺女社员，使女社员从事过重的劳动；也有的妇女社员为了争口气或只顾多挣工分，而不顾体力的现象，以及加上托儿组织办的不好，以致造成许多妇女、儿童的严重伤亡事故"，同时要求各地重视男女同工同酬，开办托儿所等机构减轻妇女负担。② 总结报告中提到的妇女问题，主要有两点，一是妇女干部在工作中受到歧视，二是妇女干部忙于工作而造成了对家庭责任的疏忽。这两类问题在当时并不鲜见。例如在工作中，组织上往往更愿意使用男性干部而非妇女干部，"本来有些事情女的可以胜任，但他都愿使用男的，甚至可以使用比女的能力还低的男人。就是男女同等能力的也不使用女的。对女干部往往只看见他的缺点，不去分析她们的优点"③。也没有注重对于妇女干部的培养，对女干部的具体帮助少，尤其对工农出身的女干部的帮助更少。一般的女干部政治待遇较低，往往不能与男干部得到同样的学习机会，"八十一个女干部是农村妇女干部，他们需要提高，组织说他们的能力弱，但他们开办的学校训练班的条件很差，结果一个也进不去，这怎样能培养他们呢？有些领带者，对女干部的缺

---

① 潘光旦：《妇女问题的一个总答复》，《新妇女》1948年第21期，第9~10页。

② 山东省委：《山东省委关于组织妇女参加农、副业生产，保护妇女儿童健康的指示（摘要）》，1956年7月20日。

③ 《中央妇工会议上关于妇女干部问题的专题发言（部分）》，山东省档案馆藏，全宗号：G031，目录号：01，案卷号：2197。

点不及时给予批评和教育，可是他却采取背后议论，也未有一个人和她谈过话"①。

除此之外，妇女干部在家庭方面出现问题而影响工作。首当其冲的就是妇女干部的婚姻问题，没有结婚的干部担心参加工作会影响结婚和社会评价，进而产生焦虑情绪。已婚妇女干部因为工作原因，经常接触到其他异性，也往往会因此被怀疑在生活作风上有问题。丁玲在《三八节有感》中就曾提道："女同志的结婚永远使人注意，而不会使人满意的。她们不能同一个男同志比较接近，更不能同几个都接近。她们被画家们讽刺'一个科长也嫁了么?'人们也说'延安只有骑马的首长，没有艺术家的首长，艺术家在延安是找不到漂亮的情人的'。然而她们也在某种场合聆听着这样的训词：'他妈的，瞧不起我们老干部，说是土包子，要不是我们土包子，你想来延安吃小米!'但女人总是要结婚的。不结婚更有罪恶，她将更多的被作为制造谣言的对象，永远被污蔑。不是骑马的就是穿草鞋的，不是艺术家就是总务科长。"②

这种怀疑也并非没有根据，有些妇女干部确实在两性关系上存在种种问题，乃至于妇联针对此事向中央做出过汇报，"有些干部为了达到个人生活腐化放荡的目的，不惜破坏党的组织原则和国家人事制度，将他们的玩弄对象任意地安插在国家机关和人民团体中，或拉入党内、团内来……有些干部由生活腐化，堕落为贪污盗窃分子，甚至陷害同志，虐待杀害妇女和子女"③，刘少奇也专门做出了批复："重视人民群众的检举控告，特别是当事人的控告，对压制批评，打击报复者，应严予处理……有领导地组织舆论，利用党刊、报纸、杂

---

① 《中央妇工会议上关于妇女干部问题的专题发言(部分)》，山东省档案馆藏，全宗号：G031，目录号：01，案卷号：2197。

② 《中国现代文学百家　丁玲》，华夏出版社1997年版，第352页。

③ 中共中央党史和文献研究院、中央档案馆编：《建国以来刘少奇文稿》第8册，中央文献出版社2018年版，第36页。

志、电影、戏剧、小说等宣传工具或在会议上揭发这类坏事情。"①

虽然中共对妇女干部的各种思想问题都提出了解决方案，但这些方法究竟能否真正帮助妇女干部处理生活中的种种困难，在材料中并不能看到反馈。但在 20 世纪 60 年代一位妇女干部的来信中，我们仍能看到妇女干部对婚姻、育儿，对女干部在工作中受到歧视这些问题的抱怨。② 可见这些问题并没有得到很好的解决。如何同时平衡家庭角色和社会身份，依然是妇女干部工作中一个悬而未决的问题。

五、结　　论

综上所述，山东省妇女干校在 1950—1954 年期间，以教师教学、学生自我学习和实践学习相结合的方法，建立了思想教育、识字教育、文化政治课和专业课程学习、水平测试这样一套比较成熟的妇女干部培养模式，对区县的众多妇女干部进行了系统训练，提升了其业务能力和文化水平，为 20 世纪 50 年代新《婚姻法》的推行和合作化运动提供了众多妇女干部。但其中也存在着学校条件差，妇女干部学员文化水平较低，以及妇女干部在工作中产生的种种思想压力等问题。这些问题来自妇女在家庭和社会工作中不同身份之间的矛盾，在当时未能得到良好的解决。

（作者系武汉大学历史学院研究生）

---

① 刘少奇：《对全国妇联党组〈关于少数干部在两性关系上腐化堕落、违法乱纪的情况向中央的报告〉的批语和修改》，中共中央党史和文献研究院、中央档案馆编：《建国以来刘少奇文稿》第 8 册，中央文献出版社 2008 年版，第 35页。

② 参见《我不愿做妇女工作是有实际困难》，山东省档案馆藏，全宗号：A005，目录号：01，案卷号：0157。

老朽与有智慧

——古希腊老年观浅探

李琪琪

摘要： 在全球新冠疫情快速蔓延的背景下，部分西方国家对老年人采取的放弃治疗与群体免疫等做法备受关注。古代希腊作为西方文明的发源地，它所秉持的老年观与现代西方老年观之间或许存在某种关联。一方面，古希腊人认为衰老与死亡是相伴随的，人到了老年会因衰弱从而失去价值，所以大多数老年人得不到尊重与关爱；另一方面，出于对智慧与理性的渴求，他们又认为老年人阅历丰富，可以帮助年轻人思考和行动，从而对部分老年人持尊敬态度。

关键词： 古希腊；老年人；老朽；理性

长久以来，西方国家热衷于用"人权"国家来标榜自身，并以"人权卫士"作为幌子干涉其他国家内政。2020 年新冠疫情蔓延以来，各个国家都面临着医疗物资的严重紧缺。部分西方国家在新冠疫情防控阶段采取了放弃治疗老年人、"群体免疫"的做法，暴露了他们所宣扬的人权的虚伪性。① 比如英国由于缺乏防护装备，护工也被感染，有的医院建议病重老人放弃治疗；英国多地养老院及诊所向患病老年

---

① 王敬东：《英政府首席科学顾问：需要 60%民众感染新冠病毒来获得群体免疫》，央视网，2020 年 3 月 14 日，http：//news. cctv. com/2020/03/14/ARTIfzGrjkBL1iqqtgA4ZDVo200314. shtml，访问时间：2020 年 9 月 13 日。

人发放"放弃急救同意书"，以此来保证防护资源的有效利用。① 在一些国家，明确提出了老年人与年轻人生命不对等的观点，美国《每日连线》新闻网主编本·夏皮罗在一个访谈节目中宣称，"81 岁的人死于新冠肺炎和 30 岁的人死于新冠肺炎不是一个概念"②。甚至早在 3 月份，西班牙的老年人就遭遇了新冠感染与被社会抛弃的双重威胁，一位西班牙医生曾讲述马德里医院的抗疫情况："在马德里，65 岁以上的人正在被摘掉呼吸机，关闭它，然后让他们死去。因为没有呼吸机给所有人，只能给那些更年轻的人。"③这种对人民尤以老年人为主的弱势群体生命安全的不负责，与他们所秉持的人权至上原则背道而驰，这也使得西方的人权保障深受质疑。

相较而言，中国则先后采取了一系列积极防疫措施，在尊重每个人的生命权的基础上，关注疫情之下老年人的身体健康和心理健康。对老年人的关爱可以说是中华源远流长的历史传统文化中的重要精神内核，这与中国社会自古以来所提倡的社会和谐和孝道文化互为表里。但在这种公共危机的极端情况下，现代西方社会对待老年人生命权的轻视，无疑暴露出了西方社会所持有的"老年无用论"的理念。由此引发思考：西方现代社会这种对待老年人的观念是不是西方文明一仍旧贯的产物？所以从现代西方文明的源头即古希腊文明入手，研究古希腊老年观的形成背景和文化根源，有非常重要的现实意义。

目前，对古希腊的价值观念研究主要集中在荣誉观、正义观等方面，国内外学者对于古代希腊的老年观并未有专门的研究。国内对于

---

① 马烨：《缺口罩少护工 英国养老院成疫情重灾区》，央视网，2020 年 04 月 28 日，http://news.cctv.com/2020/04/28/ARTIdcdQIphPbMiN1qL21Bme200428. shtml，访问时间：2020 年 9 月 13 日。

② 张信凤、刘洁妍：《中国人权研究会文章：新冠肺炎疫情凸显"美式人权"危机》，人民网，2020 年 6 月 11 日，http://world.people.com.cn/n1/2020/0611/c1002-31743440.html，访问时间：2020 年 9 月 13 日。

③ 林涛：《西班牙首都一养老院多名老年人被遗弃》，央视网，2020 年 03 月 26 日，http://news.cctv.com/2020/03/26/ARTII8TDzxLct37YkIoKz78d200326. shtml，访问时间：2020 年 9 月 13 日。

古希腊相关伦理道德方面的研究，很少涉及古希腊的老年人。① 有学者从《荷马史诗》和《阿里斯托芬喜剧》这些文学作品入手分析老年形象，探讨古希腊老年人的生活状态。② 国外有学者对文艺复兴之前的老年人进行了相关研究，指出在原始条件的限制下，人们尊重那些社会经历丰富的老年人。③ Robert Garland《古希腊人的生活方式：从出生到老年》第六章主要介绍了古希腊老年人，包括医疗水平、文学形象、政治权威、社会尊重程度、死亡等方面的相关情况。④ Eva M. Thury 和 Chris Gilleard 从古典文献文学作品入手，分析比较了古代希腊对待年轻人和老年人的文化划分。⑤ 雅各布·布克哈特提出古代希腊人有浓重的悲观主义以及对现实和未来的双重绝望，使得他们认为英年早逝是最好的归宿。因为随着年龄的增长，各种痛苦会慢慢将人包围，而青年是人类一生中最宝贵的时光，他们在青年结束后死去是幸福的。⑥ 另外，布克哈特列举了古希腊作家们对于青年的赞美和老年的悲叹，只有年轻人才能享受快乐，老年人的存在则是对生活的辱没，这种对年轻人和老年人截然相反的态度反映了古希腊社会对老年

① 张博颖、陈菊：《西方公民观与公民道德观的历史演变——从古希腊罗马时期至 17、18 世纪》，《伦理学研究》2004 年第 6 期，第 88～94 页；朱琦：《古希腊的教化——从荷马到亚里士多德》，西南交通大学出版社 2014 年版。

② 赵山花：《谈〈荷马史诗〉中的古希腊老年英雄涅斯托尔》，《时代文学》2012 年第 10 期，第 200～201 页；赵山花：《古希腊剧作家阿里斯托芬笔下的老人生存状态解读》，《戏剧之家》2018 年第 14 期，第 10～12 页。

③ Georges Minois, *History of Old Age：From Antiquity to the Renaissance*, Trans. By Sarah Tenison , Chicago：University of Chicago Press, 1987, pp. 7-8, 133-134.

④ Robert Garland, *The Greek Way of Life ：from Conception to Old Age*, London：Duckworth, 1990, pp. 242-287.

⑤ Eva M. Thury, A Study of Words Relating to Youth and Old Age in the Plays of Euripides and Its Special Implications for Euripides' "Suppliant Women", *Computers and the Humanities*, 1988（4）, pp. 293-306；Chris Gilleard, Old Age in Ancient Greece：Narratives of desire, narratives of disgust, *Journal of Aging Studies*, 2007（1）, pp. 81-92.

⑥ 雅各布·布克哈特：《希腊人和希腊文明》，王大庆译，上海人民出版社 2012 年版，第 149～166 页。

人的普遍看法。尽管上述研究对古希腊的老年观进行了一定程度上的梳理，但并未对其产生背景和原因进行系统的分析。

总之，对古希腊社会老年观的探究，了解古希腊老年人的生活状态和当时的老年观，可以补充学界有关此项研究的内容，对理解现代西方价值观念的文化根源有一定帮助。同时，对西方老年观追本溯源，本文希冀能在研究古希腊老年观的基础上，引发人们对现代西方社会老年观的思考。

一、"老朽"：古希腊社会的普遍观念

古希腊社会中，成年男性作为社会发展的主要驱动力，一直活跃在公众舞台的中央。老年人、妇女、儿童大多处于社会的边缘地位，他们也很少受到社会关注，对于城邦的影响力也微乎其微。尤其是古希腊社会的大多数老年人已经淡出了城邦的公共生活甚至家庭生活，因为他们已经在青壮年之时将自己的人生可用价值贡献给了城邦。在社会生活中，"人们认为衰老是一种纯然的不幸，他们极端蔑视老年人"，在家庭生活中，老年人也不再是家庭事务的主导。①

除了少数能力出色的老年人可以在城邦生活中发挥作用外，其他老年人的社会效能已经被消耗殆尽，逐渐退至社会生活的边缘地带，亚里士多德甚至表示"从严格意义上看老年人和儿童都不能算作公民"②。因此在古希腊社会中，形成了一种"老年无用论"的普遍观念，不论是政治家、哲学家、诗人，或者年轻人、老年人，他们普遍认为，人至老年身体机能大不如前，同时思考的能力也会下降，而且老年人的性格会变得糟糕，不能再帮助引导城邦繁荣发展。

事实上，老年人被视为社会的次要成员，因为他们不再像青年人那样积极地为社会作出贡献，"美丽又英勇的青年和丑陋而悲惨的老

---

① 欧里庇得斯：《欧里庇得斯悲剧五种》，罗念生译，上海人民出版社2015年版，第75页。

② 亚里士多德：《政治学》，吴寿彭译，商务印书馆1995年版，第110页。

年之间形成明显的对立"①。年轻人们认为老年人的身体机能已经衰退且难以掌控城邦政治的正确发展方向。同时,年轻人们渴望获得更多的政治权力来实现自己的野心和抱负,他们非常痛恨永不放手的长者,因为年长者会使他们没有机会投身政治活动,更不容许他们在公众面前亮相。因此他们需要逐渐将老年人推出政治舞台来争取自己的位置,城邦也会"经常根据需要罢黜老成之士,让位给渴求名位和权力的年轻人"②。

在古代希腊的经济生活中,生产力水平比较低下,人们的需求仍然停留在对物质文明的满足中。农业文明是古希腊物质生活的基础,小国寡民以及有限的可种植面积使得古希腊人更加重视青壮年劳动力。在这种社会状况下,趋渐衰颓的老年人不再是社会的关注对象,他们所能进行的劳作、家庭事务、公众事务都会转移到强有力的青壮年手中。在《伊利亚特》和《奥德赛》中出现了三位重要的老年角色,分别是在希腊联军中担任长老会议领导角色的涅斯托尔,特洛伊城的国王普里阿摩斯以及在田间的奥德修斯的父亲拉埃耳忒斯。③ 这三位老人中,拉埃耳忒斯由于年老且失去勇力只能穿梭在自己的葡萄园地中,依靠奴隶的照料来生活,这也是古希腊大部分老年人的生活状况。

同样,在古希腊的城邦社会,年轻人的作战能力被认为是城邦发展必不可缺的条件,"他们在面对土地被蹂躏时,也表现出了比其他人更强烈的战意",而与年老相伴随的是行动力的衰退以及斗志的衰竭,这也是古希腊老年人不受重视的因素之一。④ "城邦主要的军事

---

① Chris Gilleard, Old Age in Ancient Greece: Narratives of Desire, Narratives of Disgust, *Journal of Ageing Studies*, 2007(1), p. 91.

② 普鲁塔克:《道德论丛·花甲老人是否应该忙于公事》,席代岳译,吉林出版集团有限责任公司 2015 年版,第 1447~1454 页。

③ Homer, *The Iliad*, Trans. By Murray, A T, London: Cambridge, MA, Harvard University Press, 1924; Homer, *The Odyssey*, Trans. By Murray, A T, London: Cambridge, MA, Harvard University Press, 1919.

④ 修昔底德:《伯罗奔尼撒战争史》,何元国译,中国社会科学出版社 2017 年版,第 105 页。

力量即重装步兵实际上是农民，农忙时节他们必须耕种自己的土地，作战的主要目的也是破坏敌人土地的收成"，在军事活动中能为战争提供最大的热情与强大的战斗力也是年轻人，老年人身体机能的衰退已经使他们拿不动武器。① 因此古希腊的老年人由于年老导致效能的衰退，会逐渐被排斥在家庭与军事的边缘区域，只能为年轻人的决策和行动提供有限的参考意见。

在生命权的问题上，古希腊人也认为老年人的死亡无关紧要。他们认为人活到一定的年龄就可以了，人在老年时即使受到微弱的惊吓也会引起急速的死亡，因此衰老者的死亡是无痛苦的。② 伯里克利在葬礼演说中安慰那些战争中英勇牺牲的年轻人的父母，"至于你们当中已过盛年的人，你们大半辈子吉星高照，余年不多，就算是赚了吧！"③在《阿尔刻提斯》中，阿波罗劝死神把死亡抛到那些快要老死的人身上，赫拉克勒斯表示如果死去的人是阿德墨托斯的父亲，"他倒已享了高寿"，死亡是理所当然的。④ 老年人的生命也不能与年轻人的生命相提并论，阿德墨托斯因为父母不愿为自己献出生命而感到困惑与生气，他认为父母已经到了"至死"的年龄，享受到了人生的乐趣，没有理由不去挽救儿子的生命。⑤

在古希腊悲喜剧作品中，塑造了许多不同的老人形象，他们的行为处世以及周围人对待他们的态度都间接反映了古希腊老年人的真实情况。一方面，这些戏剧在必要的情节描写中肯定了老年人相较年轻人有更多的处世经验，能够在很多事情上提供建议并予以引导。但另

---

① 黄洋：《古代希腊政治与社会初探》，北京大学出版社 2014 年版，第 35 页。

② 亚里士多德：《论呼吸》，苗力田编：《亚里士多德全集》第三卷，秦典华译，中国人民大学出版社 1990 年版，第 226 页。

③ 修昔底德：《伯罗奔尼撒战争史》，何元国译，中国社会科学出版社 2017 年版，第 118 页。

④ Euripides, *Cyclops Alcestis Medea*, Trans. By David Kovacs, Harvard University Press, 1994, pp. 204-206.

⑤ Euripides, *Cyclops Alcestis Medea*, Trans. By David Kovacs, Harvard University Press, 1994, pp. 218-220.

一方面，老年人更多地以被人唾弃，遭受社会抛弃的生存形象出现。戏剧作家们多将老年妇女描写为酒鬼、叛徒、坑蒙拐骗的小商贩、长舌妇等负面形象，反映了希腊老年妇女的社会形象和生存处境。同样，在对老年男性的描写中，以老年父亲与年轻儿子的矛盾描写居多，老年男性应该因为年老和劳动力的丧失为年轻人们让出主导地位。① 阿里斯托芬在《骑士》中塑造了脾气粗暴、急性子又容易轻信谗言蛊骗的小老头德谟斯，以及《云》中好行骗来逃避还债的斯瑞希阿得斯。②

在此背景下，古代希腊社会形成了独特的老年文化，社会也对老年人充满偏见。老年人被默认为性格孤僻，脾气恶劣，不宜结交。在古希腊人看来，老年是非常可悲的人生阶段，当一个人的青年时代远去之后，所有的苦痛也就开始找上门来，嫉妒、对峙、冲突、战斗、流血，最后，衰老早等在那里，把他包围。③ 老年人甚至不能赤身进入体育场进行锻炼，因为这被认为是体态健美的青壮年人的特权。青年时代是人一生中最美好的时代，如果能够在青年结束后结束生命就可以避免老年所带来的消极影响。在古希腊的公民社会，实用与功利是推动社会向前发展的主要动力，斯巴达规定城邦公民超过六十岁才可以从军队中退役，甚至在他们辞去职务后，也被认为"不能无所事事而要立即去其他地方完成斯巴达委派给他们的任务"，以保证他们为城邦军事奉献出最强大的力量。④ 但实际上在古希腊"很多人主张公众人物到了壮年之后，必须退休坐在家里饱食终日无所事事，不应

---

① Giulietta Fiore, Decay and Reverence: Conceptions of Old Age in Ancient Greece and China, *The McGill Journal of Classical Studies*, 2015(13), p. 78.

② Aristophanes, *Acharnians · Knights*, Trans. By Jeffrey Henderson, Harvard University Press, 1998, p. 234. Aristophanes, *Clouds Wasps Peace*, Trans. By Jeffrey Henderson, Harvard University Press, 1998, p. 184.

③ Sophocles, *Oedipus at Colonus*, Trans. By E. F. Watling, New York: Penguin Books, 1974, p. 545.

④ Herodotus, *The Persian Wars*, Trans. By A. D. Godley, Harvard University Press, p. 80.

该有任何值得一提的行动，就好像铁器因生锈而腐蚀最后遭到毁弃"①。

苏格拉底在谈论民主城邦时提到，自由是民主城邦拥有的最好的事物，但追求极度自由会让年轻人在公共生活中对长者出言不逊，而长者害怕被年轻人当做坏脾气的老年人变得畏畏缩缩。② 哲学家、历史学家与戏剧家们也更倾向将老年人归为无用之类，古希腊大部分老年人的性情和行为都不受人待见。亚里士多德关于如何对待老人的建议是"切莫交好老人"，因为老年人的社交总是带有功利性的，他们疑心重重，满腹牢骚，而且缺乏机智风趣，不爱与他人开玩笑。③ 这种老年文化的形成不仅是古希腊人对老年阶段的悲叹，也是社会对老年人群体的偏见，这种偏见使得绝大多数的老年人都处于一种被蔑视的社会环境中。

在古代西方，也存在一些对老年人的生存状况的反思，他们认为尊重老年人是符合社会规范的行为，老年人享有与年轻人同样的生命权，人也并不会因为年老而变得无用。如古代斯巴达规定年轻人遇见老年人要礼让，当老年人走近时，他们要从座位上站起。④ 阿里斯托芬在《云》中提出年轻人应该知道孝敬父母，看见尊长前来便起身让座……不要在口头上忤逆自己的父亲，不要叫他作老腐朽。⑤ 亚里士多德也提出了自己理想的年轻人与老年人相处之道，赞同老年人在社会生活上应该被给予照顾。

在《阿尔刻提斯》中，斐瑞斯在与阿德墨托斯争论时就反驳了老

---

① 普鲁塔克：《道德论丛·花甲老人是否应该忙于公事》，席代岳译，吉林出版集团有限责任公司 2015 年版，第 1434 页。

② Plato, *The Republic*, Trans. By Desmond Lee, London：Penguin Classics, 2003, p. 266.

③ 亚里士多德：《修辞术》，苗力田编：《亚里士多德全集》第九卷，颜一译，中国人民大学出版社 1990 年版，第 402~450 页。

④ Herodotus, The *Persian Wars*, Trans. By A. D. Godley, Harvard University Press, p. 362.

⑤ Aristophanes, *Clouds Wasps Peace*, Trans. By Jeffrey Henderson, Harvard University Press, 1998, p. 146.

年人的生命不能和年轻人生命相提并论的观点，提出老年人的生命也应该得到尊重，不能因为年老就放弃：

阿德墨托斯："如果你为自己的儿子死了，你倒算做了这光荣的事情；但是，无论如何，你这残余的生命是很短促的啊！凡是人类所该当享受的幸福，你都享受过了……"

斐瑞斯："孩子……我只是生你，可没有替你死的义务，因为我并没有见到过这样的祖传习惯，或是希腊的法律：当父亲的应该替儿子去死……你自己高兴看见阳光，你以为当父亲的就不高兴看见阳光吗……如果你爱惜自己的性命，人家也会爱惜。"①

普鲁塔克认为老年人应该利用充分的社会经验，参与适宜的社会活动锻炼自己的身体与思维能力。② 古罗马作家西塞罗就如何看待老年的问题展开论述，反驳人们讨厌和惧怕老年人的心理。③ 他认为应该摒弃对老年人的懒惰、邋遢、健忘等刻板印象，深思熟虑的能力以及好学的品格才是老年人所具备的。

可见，尽管在当时生产力的约束以及特殊的文化背景下，古希腊社会上形成了普遍的老而无用的价值观念，使得老年人的生存条件不容乐观，但上述这些论述试图挑战或改变社会上对于老年人的刻板印象，反映了这些人对于当时老年观的思考与质疑。

二、"智慧的引导者"：古希腊特殊的尊老观

古代希腊社会一定程度上也有尊老的观念，但这只是针对部分有智慧的老年人而言的。一些老年人被看作"智慧的引导者"。他们作

---

① Euripides, *Cyclops Alcestis Medea*, Trans. By David Kovacs, Harvard University Press, 1994, pp. 220-224.

② 普鲁塔克：《道德论丛·安慰拙荆》，席代岳译，吉林出版集团有限责任公司 2015 年版，第 1355 页。

③ Cicero, *On Old Age on Friendship on Divination*, *Trans.* By W. A. Falconer, Harvard University Press, 1923, pp. 8-154.

为城邦生活的一部分，在某些领域仍然在社会生活中发挥着重要作用。古希腊社会对理性与智慧的追求，推动了古希腊科学、哲学、史学等多个学科的发展。早在希罗多德撰述《历史》时就强调要对记载的资料进行观察、判断与探索，柏拉图、亚里士多德等人在思辨理性和逻辑证明的基础上进一步发展了古希腊哲学与科学。城邦公民需要培养的品质，与城邦自身相适应的美德被称为优秀的，而理性与智慧在城邦的政治实践中尤为重要。[①] 伯里克利面对拉刻代蒙人对阿提卡土地的劫掠，坚信自己关于不出城作战的考虑是完全正确的，也不召集公民大会和其他任何军事方面的会议。他担心城邦公民们一旦集会，就会被愤怒而不是理智所左右，从而铸成大错。[②]

在追求理性和智慧的推动下，古希腊的年轻公民们对老年人形成了一种矛盾的态度。一方面，城邦的年轻人们渴望在政治舞台上大展身手，他们痛恨老年人阻碍自己投身政坛，在公众面前亮相；但另一方面，为了维护城邦的稳定和繁荣，他们又不得不听取有经验的老者的意见，因为"年轻人在从政时更多的是依靠野心和冲动，而老年人凭借的是智慧"[③]。

在苏格拉底等人看来，理智可以为灵魂提供导向作用，控制人的欲望和激情从而更好地生活。智慧是构建理想城邦的必备要素，因此要推崇有智慧的、有知识的人。亚里士多德认为理性是对灵魂强有力的武装。出于现实需要，人们不愿意选择一个年轻人作为头领，而是去选择一位明智的老年人，因为年轻人不能像他们期望的那样谨慎行事。[④] 哲学家们认为老年人在经历长时间的生活之后，"理智会随着年龄的增长变得成熟"，从而更好地指导年轻人从事社会活动，为没

① 雅各布·布克哈特：《希腊人和希腊文明》，王大庆译，上海人民出版社 2012 年版，第 116 页。

② 修昔底德：《伯罗奔尼撒战争史》，何元国译，中国社会科学出版社 2017 年版，第 105 页。

③ 普鲁塔克：《道德论丛·花甲老人是否应该忙于公事》，席代岳译，吉林出版集团有限责任公司 2015 年版，第 1441~1454 页。

④ 亚里士多德：《论题篇》，苗力田编：《亚里士多德全集》第一卷，徐开来译，中国人民大学出版社 1990 年版，第 40 页。

有经验的年轻人们提供帮助。① 出于对城邦发展的考虑，政治家们会制定规则，使得具有智慧的老年人能够在政治决策上为缺乏经验的年轻人提供指导，从而使城邦更加强大。因为这些老年人通常是有了一定的经历之后才产生的理智，他们应该居于城邦的统治阶层。②

同时，拥有丰富的从政经验的老年人被认为是指导城邦健康发展的最有力的催化剂，他们是理性和智慧的代名词，能用自己的经历为初入政坛的年轻人提供正确的方向建议。因为老年人相较其他人有着丰富的生活经验和可供参考的阅历，城邦公民或者年轻的从政者在作重大决策产生困惑时都会请教有智慧的老年人，以期为自己或者为城邦谋求正确的发展方向。理想城邦中的好法官一定是一个老年人，因为老年人在经历生活之后才能明晰正义与不正义之间的差别，从而裁决不正义的行为。③ 在《理想国》中，苏格拉底说自己喜欢与上了年纪的人交流，因为人应当向那些有着丰富生活经历的人咨询，他们走过的路可以为后人提供借鉴，人可以向他们询问过往的经验。④ 雅典使团在想要得到拉刻代蒙人的大会上反驳其他城邦对自己的控诉时会表明他们的城邦实力多么强大，同时告诫"年纪大的拉刻代蒙人不要忘了自己的阅历，告诉年轻人他们所没有经历的事情"⑤。

《伊利亚特》中的老年英雄涅斯托尔在希腊联军中扮演了重要的角色，尽管他年逾古稀，但希腊士兵和首领都对他很是尊重，因为他在年轻时获得了丰富的作战经验和技巧，能够在特洛伊战争中为希腊

---

① 亚里士多德：《问题集》，苗力田编：《亚里士多德全集》第六卷，徐开来译，中国人民大学出版社 1990 年版，第 508 页。

② 亚里士多德：《问题集》，苗力田编：《亚里士多德全集》第六卷，徐开来译，中国人民大学出版社 1990 年版，第 508 页。

③ Plato, *The Republic*, Trans. By Desmond Lee, London：Penguin Classics, 2003, p. 104.

④ Plato, *The Republic*, Trans. By Desmond Lee, London：Penguin Classics, 2003, p. 17.

⑤ 修昔底德：《伯罗奔尼撒战争史》，何元国译，中国社会科学出版社 2017 年版，第 46 页。

联军提供有效的作战建议。① 荷马时代，古希腊的政治舞台上就已经有议事会的存在，"德高望重的老人组成顾问会议，设置的地点在尼斯特高耸的座舰"②。在荷马描述的议事会中，最年长的人有最先发言的机会，他们的职责就是向首领进谏。③ 在早期斯巴达，吕库古改革时曾扩充议事会的名额，提出由善于领导的 60 岁以上的"平等人"组成长老会议事机构，并且负责提出议案商讨城邦事务，给予人民大会合理可行的提议。④ 在雅典，战神山议事会的成员们也都是由一群有着丰富经验的老年人组成。因为在古希腊人看来，尽管年轻人有更多的活力和勇气，但这些因素往往会造就年轻人冲动鲁莽的性格。而老年人在城邦生活中的作用，就在于用他们的睿智与理性指导、训练和鼓励那些缺乏经验的年轻人从政，从而使年轻人具备政治家的风范和素养，最重要的是使城邦成为智慧与理性的受益者。

除此之外，年轻人的教育是古希腊城邦社会的头等大事，在古希腊哲人的著作中，分别从年轻人的学习内容、求学对象、学习心态等多个方面的教育展开了论述。⑤ 年轻人作为城邦发展的主力军，他们的身体素质与文化素养与城邦的兴衰息息相关，而年长者在年轻人的教育中扮演了重要角色。在一定程度上，拥有智慧与理性的老年人承担着指导教育年轻人的责任，也会因此受到人们尤其是年轻人的尊敬。在斯巴达，年长者可以随时询问年轻人前往何处或者要做何事，如果回答的理由非常牵强或者试图隐瞒，长者可以给予惩戒。若年轻

---

① Homer, *The Iliad*, Trans. By Murray, A T, London: Cambridge, MA, Harvard University Press, 1924.

② Homer, *The Iliad*, Trans. By Murray, A T, London: Cambridge, MA, Harvard University Press, 1924. p. 3.

③ M. I. Finley, *The World of Odysseus*, Penguin Books, 1979, p. 82.

④ N. G. L. 哈蒙德：《希腊史——迄至公元前 322 年》，朱龙华译，商务印书馆 2017 年版，第 154 页。

⑤ 参考柏拉图：《柏拉图全集》(《拉凯斯篇》《吕西斯篇》《欧绪弗洛篇》《理想国》等)，王晓朝译，人民出版社 2015 年版；普鲁塔克：《道德论丛》(《子女的教育》《年轻人何以应该学诗》等)，席代岳译，吉林出版集团有限责任公司 2015 年版。

人当着长者的面做了错事，长者督导不周，同样会受到大家的责备。①

在家庭中，长者要言传身教，为年轻人树立榜样，引导年轻人学习体育、军事、艺术，不能对年轻人的教育不闻不问，也不能采取过激的方式教育年轻人。教导年轻人的长者们也要对自己拥有的知识充满信心，并且能够毫不犹豫地指出年轻人追求的东西是有益的还是有害的，以此来提升年轻人的理性判断能力。在城邦生活中，有智慧的老年人是年轻人追捧的对象，他们多以哲学家的身份和对话的形式引导年轻人学习知识，苏格拉底认为教育的任务不在注入，而在于对雅典青年进行启发式教育，使他们能够亲身学习。② 因此为了不断强大，城邦以对理性和经验的追求，以及让年轻公民接受良好的指导和教育为出发点，形成了对有智慧的老年人的推崇与尊敬的价值取向。

三、结　语

在历史资料记载中，中国古代敬老的"老"不仅局限于德高望重的老年人，而是泛指到达一定年龄的人，"老吾老，以及人之老，幼吾幼，以及人之幼"，教导人们在敬老时也应该关心那些与自己没有血缘关系的老年人。③ 在古代中国，历代统治者遵行敬老爱老的价值观念并将其付诸治国之政中。刘邦曾下诏"举民年五十以上，有修行，能帅众为善……以十月赐酒肉"，奖励老年人稳定社会的效用。④ 汉文帝认为向老年人发放粮食，保障老年人的衣食，可以作为"天下子孙孝养其亲"的榜样。⑤ 而且在先秦诸子的经典著作中，大多会提

① 普鲁塔克：《道德论丛·斯巴达的古代习惯》，席代岳译，吉林出版集团有限责任公司2015年版，第562页。

② 吴晓群：《希腊思想与文化》，上海社会科学院出版社2009年版，第159页。

③ 朱熹：《四书章句集注·孟子·梁惠王上》，中华书局2011年版，第195页。

④ 《汉书》卷1上《高帝纪》，中华书局1960年版，第33~34页。

⑤ 《汉书》卷4《文帝纪》，中华书局1960年版，第113页。

到养老的问题以及对尊老观的倡导，提倡应"是以老而无妻子者，有所侍养以终其寿"①。

这为我国以儒家思想为核心的道德伦理体系的形成奠定了基础，正是由于道德伦理的制约，中国古代形成了"孝"文化以及对"敬老"的推崇。除此之外，中国的伦理体系有着浓厚的宗法色彩，强调等级服从，在道德规范上表现为由"孝""忠"的观念发展为以"三纲五常"为核心的封建道德。② 敬老可以说是建立在血缘家族关系基础上的，亲疏、等级、尊卑的宗法关系的体现，在很大程度上维护了中国古代社会的发展秩序和人伦关系的和谐，促进了家国同构。③ 历代统治者把以这些文化为核心形成的道德规范与治国相结合，德与政相辅相成，逐渐成为中国传统道德文化的行为准则并一直延续至今。

而古代希腊的公民社会更加注重对公民效用的培养，"一个公民只要有才能就会受到关注；他轮流参与公共事务，这是城邦对他的才能的重用，也只有我们雅典人，才认为不参与公共事务的人不是闲适之人，而是无用之人"④。因此在古代希腊社会，只有极少数有智慧的老年人能够得到尊敬，更多的老年人则退居社会和家庭的边缘，被纳入无用的范围中。由于老年人价值的流失以及身体的衰颓，社会上甚至对老年阶段极度悲观，人们认为青年是人一生中最有价值的阶段，而老年是丑恶的、令人厌弃的阶段。

古希腊文化作为现代西方文明发展的源头，古代老年观对当今西方人对待老年人的态度产生了何种影响无法确切判断。但在疫情防控阶段，一些国家重视年轻人、轻视老年人生命的做法引起了人们的质疑与反思，归根结底是对老年人实用价值的极端轻视。与当今疫情下

① 《墨子》，方勇评注，商务印书馆 2018 年版，第 148 页。
② 唐凯麟、蔡铭础、刘庆泽等：《伦理学纲要》，湖南人民出版社 1986 年版，第 399 页。
③ 秦英君：《东西方道德的转型与比较》，首都师范大学出版社 2002 年版，第 17 页。
④ 修昔底德：《伯罗奔尼撒战争史》，何元国译，中国社会科学出版社 2017 年版，第 113 页。

西方所采取的对待老年人的态度相联系，那么古希腊与现代西方的老年观之间当有一定的关联。从这种联系来看，古希腊老年人的相关问题研究很有必要。

（作者系武汉大学历史学院硕士研究生）

试析 1066—1290 年英国社会
各群体的血祭诽谤态度

胡宇晨

摘要： 1066—1290 年英国发生的血祭诽谤事件是在多重社会群体的共同作用下爆发的一系列针对犹太人杀害基督徒的虚假指控。不同社会群体在其中扮演了不同的角色。其中，英国教会对这一事件起到了推波助澜的作用，王室对犹太族群的态度先后经历了由保护到中立乃至最终抛弃的转折性变化，而英国普通民众的盲从盲信以及保持沉默的犹太改宗者亦加剧了事态的恶化。血祭诽谤在多方面势力的错综影响下，一度被推向反犹主义历史的高潮。

关键词： 中世纪；英国；血祭诽谤；反犹主义；犹太人

一、前　言

犹太人自诺曼征服便进入了英国，威廉一世将犹太人从里昂带到了伦敦。"截至 1194 年保存犹太人借据的箱子即约柜的数量表明，他们定居在 27 个英国城市。"①然而随着犹太人事业的扩张和在英国影响力的不断增强，他们作为一种异教徒和外来群体，受到了来自英国社会的排斥。血祭诽谤是中世纪英国历史上重要的反犹事件。当时的

---

① S. H. Rigby, *English Society in the Later Middle Ages*：*Class*，*Status and Gender*，London：Macmillan Press，1995，pp. 284-285.

教会以及普通民众，指控犹太人在逾越节①前夕杀害基督教小孩以从事宗教活动。② 这一在反犹主义驱使下爆发的血祭指控曾经一度引起在英聚居的犹太人的极大恐惧。

一般认为中世纪英国可考证的首例血祭诽谤案件发生在英格兰的诺里奇市（Norwich），受害者为 12 岁的威廉（William）。③ 12—13 世纪随着教会势力和影响力的不断增强，英国的"反犹主义"意识逐步深入人心，对犹太人的血祭指控也随之增加。④ 这些血祭诽谤事件的不断发生，加剧了民众对犹太人的排斥和恐惧。在他们看来，犹太人甚至是没有人性的撒旦帮手。反犹主义不断高涨，直至 1290 年爱德华一世驱逐犹太人，犹太人在英国领土上的活动从此中断。

然而，这一指控却无法在社会现实中得到真实佐证。希伯来圣经中便有关于犹太人与血的规定。⑤ 在犹太人心中，希伯来圣经不仅仅是一种宗教经文，更是一种对日常行为的规范律令。因此不难得出结

---

① 犹太人最重要的朝圣节日。源于圣经《出埃及记》，以纪念先祖由埃及为奴之家被解救出来，节日一般为 7 天，在此期间，禁止出售和食用发酵食品，食物以无酵饼和其他具有特别象征意义的为主。

② 历史学者徐新指出："所谓的血祭诽谤实际上是一项专门针对犹太人发出的指控，它以谎言的方式诬告犹太人出于宗教目的，特别是为了获得进行逾越节和其他犹太礼仪所必需的血水，秘密谋杀非犹太人，尤其是以基督教男童为谋杀对象。"徐新：《反犹主义解析》，上海三联书店 1996 年版，第 91 页。

③ 复活节的前一天，人们在普索伍德（Thorpe Wood）发现了 12 岁男孩威廉的尸体。几周后，在教区主教会议上，男孩的叔叔，牧师戈德·温特（Gold Winter）公开指责犹太人谋杀了他的侄子。

④ 据记载，从 1066—1290 年摩玛发生了多次针对犹太人的血祭诽谤事件，其中可证实发生在林肯郡、诺里奇、伦敦等地区便有七起之多。1168 年，人们将男孩哈罗德（Harold）的失踪归因于犹太人的诡计。1181 年，在伯里圣埃德蒙兹（Bury Edmunds），小男孩罗伯特（Robert）因类似的事情被尊为殉道者。此外，影响较大当属 1255 年夏天发生在林肯郡（Lincoln）的小休案。一名叫做休（Hugh）的孩子的失踪引起了社会的极大关注，因为有人表示曾经看到休在失踪前和几名犹太儿童在一起玩耍，这使人们不自觉将其与之前发生的一系列血祭诽谤事件相联系。

⑤ 详见《利未记》3：17，耶和华曾对以色列人说，在你们一切的住处，脂油和血，都不可吃，这要成为你们世世代代永远的定例。

论，一名虔诚的犹太人是不可能食用血液的，更不会在宗教仪式中从事与血液相关的活动。那么，在中世纪的英国为何会出现针对犹太人的血祭诽谤宗教案件？

海外学界有关英国中世纪血祭诽谤事件的研究较为丰富，特别是对相关原因的考察。最早可追溯到 12 世纪蒙茅斯的教士托马斯（Thomas of Monmouth）所著《诺维奇威廉的生平及其神迹》（*The Life and Miracles of St. William of Norwich*），① 其中对 1144 年诺里奇威廉案的详细记录为后世开创了研究的先端并提供了丰富的史料。19 世纪末 20 世纪初，随着对反犹主义的反思，以英国作为主要的研究阵地，学界掀起了对血祭诽谤事件研究的高潮，论著层出不穷。1991年阿兰·邓迪思（Alan Dundes）出版论文集《血祭诽谤传说——反犹太民间文学案例集》（*The Blood Libel Legend*, *A Casebook in Anti-Semitic Folklore*），② 主要从民俗学和心理学的角度对血祭诽谤事件进行了充分的研究，即血祭诽谤实际上是中世纪的一种邪恶的民间传说，这种"指控"是虚假的，但是囿于宗教和政治影响，人们将基督徒失踪案和犹太蔑视谋杀基督的民间传说相结合，将所谓的圣徒神迹和基督教神话相结合，进一步加剧了血祭诽谤的传播。其后赫尔曼·L. 斯特拉克（Hermann L. Strack）重新分析和思考了血祭诽谤事件，其著作《犹太人与牲人祭——人之血与犹太仪式》（*The Jew and Human Sacrifice*：*Human Blood and Jewish Ritual*）③对在复活节期间所谓使用基督徒血液的宗教仪式进行记录和研究，致力于谴责这一毫无理性的控告，作者指出这种指控是伴随着人们对犹太人的宗教偏见和迷信而存在的。汉娜·约翰逊（Hannah R. Johnson）在 2012 年出版的《血祭诽谤：犹太历史中的宗教谋杀指控》（*Blood Libel*：*The Ritual Murder*

---

① 托马斯该书在 19 世纪被重新进行整理编辑，正式出版。Augustus Jessopp and Montague Rhodes James, *The Life and Miracles of St. William of Norwich by Thomas of Monmouth*, Cambridge：Cambridge University Press, 1896.

② Alan Dundes, *The Blood Libel Legend*, *A Casebook in Anti-Semitic Folklore*, Madison：The University of Wisconsin Press, 1991.

③ Hermann L. Strack, *The Jew and Human Sacrifice*：*Human Blood and Jewish Ritual*, London：Forgotten Books Press, 2009.

Accusation at the Limit of Jewish History)①不仅仅对血祭诽谤的原因进行了全面性分析，更立足于现实社会，将中世纪的血祭诽谤和现今的反犹现象相结合，拓展了中世纪英国血祭诽谤案件的深度和广度，即中世纪的血祭诽谤是基督徒基于种族和宗教排斥下产生的一种"犹太恐惧症"。

相比之下，国内的研究总体来说起步较晚。最初涉及的是徐新在2015 年出版的《反犹主义：历史与现状》②一书，从教会、民众和国家当政者角度出发进行考察，认为是教会的宗教利益取向以及长久以来存在的迷信思想推动了血祭诽谤的发展，在这背后其实主要的当政者是反对该指控并且保护犹太人的，但尽管如此，也还是很难阻止诽谤的进一步发展。中国人民大学莫玉梅在其博士学位论文《1066—1290 年中世纪英国犹太人研究》③中的第三章第二节将血祭诽谤和反犹主义相结合进一步进行论述，认为血祭诽谤是建立在反犹主义上的虚假指控。关于血祭诽谤事件的专题型论文，国内目前可知的是南京大学王烨的硕士学位论文《中世纪英国血祭诽谤现象研究》，该文认为是宗教分歧、社会隔阂以及身份归属等种种原因造成了民众对犹太人的误解以及诽谤事件的进一步膨胀。④

上述论著对血祭诽谤的分析主要是从经济、政治和宗教等方面出发，大多将血祭诽谤的错误归罪于教会的宗教偏见，而忽视了教会、王室等群体看待血祭诽谤问题的复杂性以及民众、犹太改宗者对血祭诽谤事件的推动作用，从而导致分析较为单一以及研究群体较为局限等问题。因此，本文重点在于探讨当时反犹的社会环境下，不同社会群体是出于怎样的原因以及他们是如何将英国血祭诽谤事件推向高潮

① Hannah R. Johnson, *Blood Libel*: *The Ritual Murder Accusation at the Limit of Jewish History*, Michigan: The University of Michigan Press, 2012.

② 徐新：《反犹主义：历史与现状》，人民出版社 2015 年版。其中专门有一个章节就血祭诽谤事件进行分析。

③ 莫玉梅：《1066—1290 年中世纪英国犹太人研究》，中国人民大学博士学位论文，2009 年。

④ 王烨：《中世纪英国血祭诽谤现象研究》，南京大学硕士学位论文，2015 年。

的。通过考察参与诽谤事件的社会群体，特别是民众在其中的作用，以期更好地展现出历史背景下的"庶民的历史"①。

二、英国教会的主导作用

在血祭诽谤事件的研究中，学者往往会把罪责归因于教会的宗教打击。不过教会内部对于犹太人的态度也十分复杂，不同态度的教会人士对血祭诽谤事件的推动作用更是不尽相同。②

在血祭诽谤事件的整体发展中，地方教会应负有最主要的责任，他们也是整个事件推波助澜的主体力量。中世纪英国犹太人和教会有着密切的金钱往来。就林肯郡来看，该地方教会曾经向犹太人艾伦（Alan）借贷以修建彼得格勒大教堂和修道院。③ 为此，当地教会欠下了犹太人一大笔借款。在 1255 年林肯郡小休案发生后，世俗法官还未做出有关小休意外死亡原因的判断，此时林肯郡的主教却断然宣称是犹太人出于宗教原因杀死了小休，并将小休封为圣徒迎回教堂。教会这么急切断言犹太人的罪过，是因为他们可以借此抹去和犹太人的经济账款，从而避免还款。④

1181 年圣罗伯特案件发生时，伯里圣埃德蒙修道院陷入和犹太社区的债务深渊，这主要是由于院长的赤字管理导致的。仪式谋杀指控是在修道院院长和他的继任者参孙（Samson）执政期间提出的，目的就是获取犹太人的资金以解决当时的财政问题，包括 1190 年对当

---

① "庶民的历史"主张摒弃传统的精英话语权，属于后殖民史学范畴。

② 罗马教廷关于这种对犹太人的指控是持怀疑态度的，1272 年教皇格里高利十世甚至颁布教令，表明基督徒对犹太人的指控是错误的，并且斥责了血祭诽谤的现象。但此部分内容不甚涉及中世纪英国本土血祭诽谤的发展，因而在正文中不过多赘述。

③ 塞西尔·罗斯：《简明犹太民族史》，黄福武、王丽丽译，山东大学出版社 2004 年版，第 243 页。

④ Alan Dundes, *The Blood Libel Legend*, *A Casebook in Anti-Semitic Folklore*, Madison：The University of Wisconsin Press, 1991, p. 51.

地犹太人的驱逐,他们占有了犹太人的可移动财产、房屋和土地。①

11—13 世纪时,在中世纪英国王权不断强化的过程中,地方教会也在和王权进行着斗争,因而出现了一种不同于欧洲大陆的政治宗教现象——普遍存在的地方教会和英格兰封建王权成为两股相互牵制的力量。② 同时这种斗争状态也影响了地方教会对待当地犹太人的公正态度。在 1144 年诺里奇威廉案中,诺里奇主教埃弗拉德(Everard)坚持召集犹太人出席宗教法庭三次,犹太人受到了极大的打击,并向司法官约翰(John)求助。约翰保护犹太人以免他们出现在宗教会议上,随后通过他的仆人向主教发出通知,声明他(即主教)与犹太人没有任何关系,在国王缺席的情况下,犹太人不应该对基督徒的这些声明作出任何回应。③ 但主教却和教会学者通知约翰,他不应该保护犹太人免受上帝的惩罚,并且应向犹太人发出判决通知:既然犹太人对上帝和基督徒的法律有明显的愤怒,那么应该通过严格的教会正义进行审判。教会这样的做法激怒了约翰,他将犹太人保护在城堡之中,直到他们的安全得到皇家法令的明确保证。④

事实上,在第一次宗教会议结束后,教会对约翰表明,要对犹太人进行强制判决。尽管犹太人受到了约翰郡长的政治保护,但是圣潘克拉斯的院长艾马(Aimar, Prior of St Pancras)以及其他宗教学者一致

---

① Lisa Lampert, The Once and Future Jew: The Croxton Play of the Sacrament, Little Robert of Bury and Historical Memory, *Jewish History*, 2001, 15 (3), p. 238.

② 英格兰王权大力扶持地方教会的发展,教会因而成为王权坚定的政治盟友和支持者。同时英格兰王权却试图削弱地方教会的宗教势力而教会则试图不断发展世俗权力,两者关系此消彼长。

③ Augustus Jessopp and Montague Rhodes James, *The Life and Miracles of St. William of Norwich by Thomas of Monmouth*, Cambridge: Cambridge University Press, 1896, pp. 143-147. 按照中世纪英国国家法律规定,教会和犹太人没有直接的政治联系,犹太人受国王行政管辖权管制,同时在发生争议时,犹太人在没有国王命令时,是不用对宗教控诉做出回应的。

④ John M. McCulloh, Jewish Ritual Murder, William of Norwich, Thomas of Monmouth, and the Early Dissemination of the Myth, *Speculum*, 1997, 72 (3), p. 735.

认为基督教的法律受到了侮辱，应该立即以严格的手段来进行辩护，教会通知约翰，告知他不应该保护犹太人，否则他们将一同被消灭。① 很明显，在这次审判中，神职人员和主教试图让犹太人在主教会议开始之前回应指控，他们将宗教的权威横架在国王行政权之上显然是对王权的蔑视，不顾国王敕令而对宗教"正义"坚决维护，证明这场战斗不仅仅是在犹太人和诺里奇的基督徒之间，更是王权和教权之间的权威争夺。

同时在中世纪的英国，教士对血祭诽谤事件的发展也起到了十分重要的作用。其中最为著名的是来自蒙茅斯的托马斯修士。在对威廉案件的好奇驱使之下，他于 1150 年左右来到诺里奇市，了解被尊为殉道的圣徒威廉的神迹，并在 12 世纪后期于诺维奇修道院内完成圣威廉传记。② 该书自问世以来便迅速传播，首先是在英格兰，然后是法国及其他地方，引起了民众对犹太人的极大愤怒。它的传播产生了两种影响：其一，威廉事件被广为人知；其二，越来越多被谋杀的儿童被认定为仪式犯罪的受害者，而这对犹太人更具威胁性。同时蒙茅斯的托马斯作为涉及仪式谋杀指控案件详细叙述的第一作者，被视为基督教犹太人关系史上的关键人物。

加文·朗缪尔在 1984 年发表的文章中，对托马斯在血祭诽谤案件发展中的角色进行了明确的定义。他将托马斯称为"仪式谋杀的探测器"③。这意味着朗缪尔不仅将其视为记录者，更将托马斯看作一位发明者：诺里奇的威廉是被犹太人钉在十字架上的。朗缪尔表示："就我们来说，托马斯创造了这一指控。他直到 1149 年才获得了他的故事的所有元素，并且在 1150 年写了第一册，我们肯定的是犹太人

---

① Augustus Jessopp and Montague Rhodes James, *The Life and Miracles of St. William of Norwich by Thomas of Monmouth*, Cambridge：Cambridge University Press, 1896, p. 164.

② 托马斯将他的传记分为 7 个部分，在前两个章节中他详细介绍了威廉谋杀案以及大量的相关证据，证明犹太人犯下了杀死威廉的死罪，后 5 个章节描述威廉死后发生的神迹以表明将其视为圣徒的决定是正确的。

③ Gavin I. Langmuir, Thomas of Monmouth：Detector of Ritual Murder, *Speculum*, 1984, 59(4), p. 11.

通过钉十字架谋杀基督徒的幻想，是由托马斯的蒙茅斯大约于 1150 年创造的。"①事实上，无论托马斯叙写的圣威廉传是否合理，以及托马斯出于何种目的，② 其都真实地推动了血祭诽谤在中世纪英国的发展，增强了其中的可信度。

同时在案件进展中推动血祭诽谤发展的，还需要提到诺维奇的第一任主教赫伯特·洛因加（Herbert Losinga）。赫伯特在圣枝主日③的布道中表达了对犹太人的负面看法。他提到了犹太人对耶稣的恶意以及他们的背信弃义，并强调"基督若在犹太人面前谦卑，那么他就有可能被犹太人钉在十字架上"。在 12 世纪早期的社会背景下，这位主教的声明清楚地表明了宗教对犹太人的仇恨与排斥，同时也解释了为什么神职人员和民众会支持对犹太人的宗教指控。④

不难发现，教会对血祭诽谤事件的推动作用以及原因各有不同。当地教会出于政治和经济的原因，一方面为了逃脱与犹太借贷者的债务关系；另一方面是为了在和王权争夺中刻意强调宗教权威，挑战王室司法权而对"涉案"犹太人多加管制。同时个体宗教人士则出于宗教意识的原因对血祭诽谤进行了深入的宣传与包装。

三、英国王室态度的转变

英国封建王室对于血祭诽谤的态度也是十分复杂的，而这种态度

---

① Gavin I. Langmuir, Thomas of Monmouth: Detector of Ritual Murder, *Speculum*, 1984, 59(4), p. 24.

② 关于托马斯记录 1144 年英国威廉案的目的，或许是站在一个宗教相异的立场上；或许是因为一种无法言说的经济利益，如果托马斯说服人们相信实际发生过这件事，威廉这个男孩就可以被称为圣人，一群朝圣者就会想要去参拜他的神社并留下祭品，而同时托马斯本人也将获得收入和声望。

③ Palm Sunday，复活节前的星期天，基督教纪念耶稣返回耶路撒冷的重要节日。

④ John M. McCulloh, Jewish Ritual Murder, William of Norwich, Thomas of Monmouth, and the Early Dissemination of the Myth, *Speculum*, 1997, 72 (3), p. 738.

的转变受到了当时的政治、经济以及宗教等多重因素的影响。

中世纪的英格兰实际上是一个受外国统治的国家。诺曼底的威廉公爵在 11 世纪便已入侵苏格兰，到了 12 世纪中期，统治方得以确立。在犹太人居住的大约两百年间（即 1066—1290 年），英国国内频繁发生封建战争，① 庞大的行政开支以及民众低廉的赋税使得王室难以支撑巨额的经济供给。而在诺曼征服后，伴随着威廉一世一同到达英国土地上的犹太人，对当时王室的经济发展起到重要作用：犹太人通过多种方式，如塔利税（tallage）②、罚金以及财产继承税等多种形式为英国王室提供经济支持。就二者的关系来说，犹太人是依附于王室的。③ 鉴于这种依附性关系，早期英国王室与犹太人休戚相关，王室需要保护当地的犹太人以便能够获得犹太人稳定的经济支持。诺曼王朝时期的斯蒂芬与其表妹玛蒂尔达在 19 年的王位争夺战中，其经济来源主要就是犹太人，这就决定了斯蒂芬王对犹太人的保护和照顾。④ 在中世纪早期，犹太人的经济财富是上升的，因为犹太人在国际商业中发挥着重要的作用，尽管他们由于职业和宗教受到排斥和恐吓，但是犹太人被世俗的国王和贵族所保护。⑤ 英国国王对犹太人的保护体现在通过颁布一系列特许状来保证犹太人在英国的政治和宗教

---

① 国内多次发生叛乱和权力斗争，对威尔士的征服和试图吞并苏格兰以及对中东的十字军东征。

② 该税缘起于 1159 年，亨利二世在镇压图卢兹反叛时，为筹措军费而开征。之后，该税成为一种一无定额，二无定时的任意税，尤其对犹太人征收得最高。

③ 尽管这种依赖性关系实际上是犹太人沦为英国王室的所有物。在理查一世统治期间，犹太人一直被看作"皇家奶牛"。亨利三世曾经表示：凡是不愿为国王效劳的犹太人都不允许留在英格兰。犹太人应该从出生的第一天开始就服务于王室。同时亨利三世在位期间曾经将依附于他的犹太人典押于其兄摄政王查理以换取一笔急需的款项。

④ Kevin T. Streit, The Expansion of the English Jewish Community in the Reign of King Stephen, *A Quarterly Journal Concerned with British Studies*, 1993, 25(2), pp. 187-188.

⑤ Gerson D. Cohen and Shelomo D. Goitein, *The Jews in the Middle Ages*, Princeton：Princeton University Press, 1996, p. 87.

信仰权利。威廉二世、亨利一世、斯蒂芬、亨利二世、理查德一世和约翰都一直在庇护着一个稳定扩展的犹太社区。

因此，在中世纪早期，英国王室实际上是反对血祭诽谤的，并且也在努力地处理这种谣言。在威廉案中，犹太人在司法官的保护下躲进皇家城堡避难，斯蒂芬派遣将士将犹太社团保护起来，使得他们免受伤害。① 理查一世认为血祭诽谤这种行为体现出的是一种反犹太的情感，而这种控告冒犯了君主对犹太人的行政管理权，是对皇室特权的直接挑战，因为这些犹太人都受到国王的保护。因此理查重申了他的司法责任：1190 年 3 月，在给每个郡的治安官致信中，确认了犹太人受保护的地位。在公告中他表示："所有的习俗和自由都应像亨利国王（我们的父亲）一样，我们要通过章程，向英格兰和诺曼底的犹太人证实，即他们可以自由和光荣地居住在我们的土地上，我们命令你们去捍卫和保护他们。"②在约克，与血祭诽谤事件有关的 80 名社会大亨和市民被传讯。在之后的 30 年内，该镇再次成为英格兰最重要和最繁荣的犹太社区之一。③

然而，这种"公正"的态度也易受到政治形势和宗教偏见的影响。当时英国王室和教皇实际上处在一个相互竞争的状态。罗马教廷和王室开展了对于权力的激烈争夺，力量此消彼长，但同时英国王室在教廷权威和封建传统的双重束缚下显得畏手畏脚。④ 常处于落败境地的王室会选择臣服于教会势力，接受教会对世俗地区的政治和司法管辖，以期迎合教会，而这种关系也对处理犹太人血祭诽谤事件起到了重要影响，从而推动了反犹浪潮的发展。失地王约翰便是一个典型的

---

① Cecil Roth, *A History of the Jews in England*, Oxford：Oxford at the Clarendon Press, 1964, pp. 8-16.

② Cecil Roth, *A History of the Jews in England*, Oxford：Oxford at the Clarendon Press, 1964, pp. 44-46.

③ Karen Barkey and Ira Katznelson, States, Regimes, and Decisions：Why Jews were Expelled from Medieval England and France, *Theory and Society*, 2011, 40 (5), p. 487.

④ 蔺志强：《约翰献土：中古英国王权与罗马教廷关系管窥》，《暨南学报》2017 年第 8 期，第 2 页。

例子：约翰在位期间，王室对犹太人的态度发生了很大变化。约翰一生主要就是在与罗马教廷进行抗争。① 在继位之初，约翰对犹太人的态度较为友好。在 1199 年颁布了新的犹太人自由宪章，重申了犹太人在英格兰境内可以享有自由旅行，拥有财产，签订契约以及免收过路费和关税的权利。② 犹太人再次生活在一个与英格兰人体面共存的氛围中。1201 年 4 月 10 日颁布《英国犹太人宪章》，其中也规定：在基督徒和犹太人之间的案件审判中，双方都应该有两名证人，一名犹太人，一名基督徒，如果基督徒要起诉犹太人，犹太人需一同陪审，同时犹太人也可以申请令状。③ 这个法令的颁布保护了犹太人平等的司法权利，同时也避免了在审判中基督徒对犹太人的过度指控。在约翰王执政前期基本没有发生较为重大的反犹主义运动和血祭诽谤事件。但 1212 年在与教皇的斗争失败之后，约翰王被迫成为屈服于罗马教皇的"封臣"。约翰为这次斗争付出的代价是将英格兰奉献给罗马教廷并承诺每年为教会纳税。这就意味着罗马教廷可以干预英国内部的政治和法律事务。至此，约翰王在教会和大金额纳税的双重影响下，逐渐增强了对犹太人的经济剥夺，并一改往日对犹太人的宽容态度。这种态度转变使得最后一层对犹太人的政治保护也被突破，更加恶化了犹太人在英国的处境。这种情况持续到亨利三世执政时期。在血祭诽谤发生之后，犹太人的发声不再受到重视，犹太人的司法自治权被取消，教会直接干预案件的审理。到了亨利三世时期，在罗马教廷的压迫下，犹太人的行政权被完全废除，这就意味着犹太人在案件的审理中必须完全听从当地法庭和教会。1255 年林肯郡小休案发生后，亨利三世亲临林肯郡，下令逮捕涉事犹太人并将审理的权力交由林肯郡教会。这就意味着在这次案件中国王已经接受且支持教会对于

---

① 主要是从 1205 年之后，约翰王和罗马教廷就坎特伯雷大主教的任命问题爆发了长期的斗争。

② Karen Barkey and Ira Katznelson, States, Regimes, and Decisions: Why Jews were Expelled from Medieval England and France, *Theory and Society*, 2011, 40 (5), p. 487.

③ Joseph Jacobs, *The Jews of Angevin England*, *Documents and Records*, Carolina: Nabu Press, p. 212.

世俗案件的干涉。"这是欧洲历史上首次由在位君王认可的血祭谋杀案件，使得血祭谋杀指控更加深入人心，犹太人在基督徒眼中的形象更加恶劣。"①英国国王亨利三世在这个案件中起到了至关重要的作用。他曾经参与案件的审理过程，并对教会主审采取了默许的态度。

因此，我们不难得出结论，在中世纪前期的英国，出于经济等物质性原因，历代统治者对犹太人都持有一个较为宽容的态度；但是在中后期，伴随基督教权势的扩大以及罗马教廷的政治宗教干涉，英国国王开始支持毫无根据的血祭诽谤以体现其坚定的政治和宗教立场。

四、英国普通民众的参与

在中世纪的英国，民众的生活受到生产方式的影响，基本都被限制在庄园里。同时，犹太人有专门的犹太社团，居民和犹太人的接触范围和程度有限，普通的英国民众和犹太人的冲突其实较小，因而在探讨犹太人和英国普通民众的关系时，需要认识到在受到生存环境限制的影响下，民众对犹太人知之甚少，基本没有先入为主的偏见。②

民众对待犹太人的态度受到了教职人员以及王室的双重影响，导致他们对血祭诽谤这样的反犹说法盲目相信。但也正是这种盲目相信，使得血祭诽谤进一步发展。在当时基督教会的影响下，民众将犹太人视为一种异类，一种不同于自身的外来群体。在两个完全不同的社会群体相遇时，往往会产生极大的不信任和怀疑感。这就使得在相关事件发生时，一方会将罪责推给并不熟悉的另一个社会群体。而教会一直坚信的血祭之说，为这种不信任感找寻了一个适当的发泄口。对于大多数民众而言，犹太人是中世纪英国的新元素：犹太人的社区中心是当地教堂和城市的大教堂，他们参加自己的犹太教会，不去参与基督教年度结束的仪式；同时他们也组建了自己的民族社区。例

---

① 莫玉梅：《1066—1290 年中世纪英国犹太人研究》，中国人民大学博士学位论文，2009 年，第 141 页。

② 朱晓：《11—13 世纪英国犹太社团研究》，河南大学硕士学位论文，2011 年，第 31 页。

如，他们将逝者送到伦敦埋葬在犹太人的墓地中；他们享受到其他公民无法获得的法律保护；他们继续在一个越来越受英语主导的环境中讲法语；他们总是疏远与自己秩序不相同的社群，对英国人的同化毫无兴趣。① 这些差异容易使他成为被怨恨的目标。正如威廉案中的记载，威廉的母亲在没有亲眼看到儿子的遗体，而仅仅知道威廉是被一种特殊的方式杀害的情况下，就敢于确信这是犹太人所犯下的罪恶，在她的谩骂和指责中，该郡的人们纷纷感召，同声疾呼：所有的犹太人都应该被消灭，就因为他们是基督教的宿敌，是外来的怪物。② 戈德温在主教埃弗拉德面前对犹太人进行谴责："这一谋杀事件是对公社基督教社区乃至整个基督教社区的一种不满，是由一个少数民族对多数群体的仇恨造成的。"③

13 世纪在布里斯托尔(Bristol)还流传着这样一个故事：一个名叫亚当(Adam)的孩子被骗到犹太人塞缪尔(Samuel)的家里被杀害。当事者塞缪尔表示他是为了侮辱耶稣和圣母玛利亚，才将小基督徒亚当钉死在了十字架上。该文稿现存于大英图书馆，小册子中包含三个文本：拉丁、英语还有法语，讲述方式通俗易懂且价格低廉。④ 作为一个被编造出来的故事，从内容上讲具有明确的血祭诽谤色彩，从传播上看它成为 13 世纪后期人们的通俗读本，因此可以体现出当时人们对血祭诽谤的深信不疑以及对犹太人来自内心深处的排斥。

同时，我们并不能忽略英国民众和犹太人之间存在一定程度上的

---

① Karen Barkey and Ira Katznelson, States, Regimes, and Decisions: Why Jews were Expelled from Medieval England and France, *Theory and Society*, 2011, 40 (5), p. 482.

② Augustus Jessopp and Montague Rhodes James, *The Life and Miracles of St. William of Norwich by Thomas of Monmouth*, Cambridge: Cambridge University Press, 1896, p. 160.

③ Jeffery J. Cohen, The Flow of Blood in Medieval Norwich, *Speculum*, 2004, 79(1), p. 30.

④ Robert C. Stacey, "Adam of Bristol" and Tale of Ritual Crucifixion in Medieval England, in Janet Burton and Philipp Schofield (eds.), *Thirteenth Century England XI: Proceedings of the Gregynog Conference*, New York: Boydell Press, 2007, p. 6.

经济纠纷。犹太人被描绘成是能够买得起精美衣服的富有放债人，在血祭诽谤事件中，许多民众更多是希望将一个家庭的悲剧变成意外的经济收入，希望可以获得赔偿至少是贿赂，因而参与事件发展，指责犹太人的犯罪行为。格里高利十世（Gregory Ⅹ）曾经在公布的谕令中对相关情况作了如下声明："因为基督徒失去孩子的事情，犹太人被指控秘密杀害他们的孩子并用他们的心脏和血液作为祭品。有时候是这种情况，这些孩子的父母偷偷地隐藏他们自己的孩子，以便他们可以伤害犹太人，从而从犹太人那里榨取一定数量的钱，并缓解他们的困境。"①在威廉案辩词中提到的控告者西蒙（Simon）曾经向被控告的犹太人借了许多钱，"那个被骑士西门告死了的犹太人，在他活着的时候，除了西门以外，还有许多人欠他债：有的欠得少，有的欠得多"②。根据当时的情况，如果债主去世则契约失效，以西蒙为代表的民众渴望通过犹太人的死亡而摆脱掉自己的债务。

从上述分析不难得出这样的结论，即英国普通民众对犹太人的态度受到了三方面因素的共同影响，一是在教会和王室的宗教宣传下他们开始对犹太人持有一种宗教上的不认同感，从而会选择相信上层阶级所宣称的血祭诽谤事实；二是在社会归属感的带动下对犹太人产生了一种族群排斥和恐惧；三是经济利益和纠纷的因素，血祭诽谤事件迅速在民众间传播开来并获得了大众的支持，而这时民众的盲目相信为犹太人带来了无法想象的沉重灾难。

五、英国犹太群体与改宗者的沉默

中世纪的犹太人往往会因为生活和宗教安全的考虑而自发地聚居，形成犹太社团。在古老的犹太律法中，有一条规定：当犹太人被

---

① Marvin Perry and Frederick M. Schweitzer, *Antisemitism: Myth and Hate from Antiquity to the Present*, London: Palgrave Press, 2002, p. 51.

② Augustus Jessopp and Montague Rhodes James, *The Life and Miracles of St. William of Norwich by Thomas of Monmouth*, Cambridge: Cambridge University Press, 1896, p. 222.

扣押为人质时，其他犹太人需要想尽一切办法去拯救他们的同胞。① 但事实上，受到当时法律和教会的制约，在血祭诽谤事件面前，英国的犹太人和犹太社团处于被动局面，因而并没有对血祭诽谤中涉案的犹太人进行有效的救援。

在诺维奇威廉案中，犹太人拒绝接受当地主教的要求参加审判集会，他们没有正面为自己进行辩护而是选择在诺曼城堡避难，并自信地等待王家法令的到来，以确保自身安全。② 在林肯郡小休案发生后，涉案犹太人数量高达91人。在19名犹太人被判处死刑后，其余72人寻求犹太社团的援助，但此时犹太社团也只是向方济各教会寻求帮助，并通过他们的祷告，祈求上帝来拯救那些无辜的犹太人。

可以看出，在血祭诽谤事件发生后，犹太社团主要是在精神上谴责这种恶意的谣言，但未采取实际行动。他们将拯救同胞命运的希望寄托在教会和上帝身上。他们并没有像圣经要求的那样帮助受难的犹太人，而是在残酷的现实面前袖手旁观。他们在等待外界救援的情况下放弃了积极有效的自救。在一定程度上，犹太人自身也纵容了血祭诽谤事件的继续发生。

犹太改宗者是介于犹太教信仰者和基督教民众之间的一个社会边缘群体。在中世纪，罗马天主教热衷于"教化"异教徒，传播基督教信仰。尤其是在第四次拉特兰宗教会议上，教皇英诺森三世指出要广泛传播基督教，更是将教化异教徒，增加教会信徒作为教会的主要目标。③ 在这样的宗教支持下，英国也推动了教化异教徒的进程。④ 伴随着教化活动的不断发展，改宗者的数量在不断增加。而他们也在血祭诽谤事件的进程中起到了推波助澜的关键作用。当时犹太改宗者改宗的原因大多是出于穷困，因此在他们接受来自基督教徒的帮助时，

---

① 详见《申命记》14：27~26：19。

② Jeffery J. Cohen, The Flow of Blood in Medieval Norwich, *Speculum*, 2004, 79(1)，p. 31.

③ Michael Adler, *The Jews in Medieval England*, London：Jewish historical Society of England Press, 1939, p. 20.

④ 在1221年多明我会便在牛津地区建立了一所改宗教区，并将其命名为"圣爱德华"。

往往会顺应基督教会的意愿支持教会所做的一系列事情，以表示自己改宗意愿的坚定。在血祭诽谤事件中，改宗者宣称犹太人有一定的血祭传统。而这种"承认"更是证实了犹太人在逾越节前夕杀害基督教男孩以进行宗教活动传言的"真实性"。

值得关注的是托马斯所记载的关于一位名叫西奥博尔德①的犹太改宗者证词的报告。西奥博尔德曾经向托马斯透露犹太人认为他们每年需要牺牲一名基督徒，否则永远不会回到他们古老的家园。为了执行这一要求，他们的拉比和领导人每年在纳博讷会面，以确定该年选定基督徒的城市。在 1144 年，诺维奇成为选定之城，该王国的所有犹太社区也都同意了这一行为。② 西奥博尔德的证词从犹太人的角度承认了血祭诽谤的"真实性"，势必将反犹主义推向高潮。

与此类似，林肯案中列克星顿（Lexington）的约翰（John）作为案件审判员，他在审判一名叫科宾（Copin）③的犹太人时说："可怜的男人，你不知道什么的结局在等着你吗？英格兰的黄金不会拯救你。虽然你不配，但我会告诉你，你如何能够拯救你的生命和肢体免受毁灭。你需要把在这件事上所做的一切都供述给我。"科宾认为他找到了逃脱的方法，便顺应回答说："我的主，约翰，如果你愿意用行动回报我的话，我会向你展示奇妙的东西。"之后科宾坦白道："基督徒所说的是真的，几乎每年犹太人都会伤害一个男孩来侮辱耶稣。"就在科宾的一面之词之下，审查官宣布调查结束，相关的 91 名犹太人被关进了伦敦塔，其中 19 名被绞死。④

从西奥博尔德的证言开始乃至林肯案中的科宾，他们的谎言对犹太人造成了极大的冲击和伤害。自第二次十字军东征开始，有关改宗

---

① 以前曾经是剑桥犹太人，据说听到上帝通过威廉所行的神迹而皈依基督教成为僧侣。

② Alan Dundes, *The Blood Libel Legend*, *A Casebook in Anti-Semitic Folklore*, Madison：The University of Wisconsin Press, 1991, p. 47.

③ 该犹太人在审讯中得到了审讯官约翰的保护，并表示愿意皈依基督教，但最终在国王的要求下，他被处以死刑。

④ Alan Dundes, *The Blood Libel Legend*, *A Casebook in Anti-Semitic Folklore*, Madison：The University of Wisconsin Press, 1991, pp. 46-47.

者证词的血祭诽谤书籍相继出版，其影响力迅速在整个欧洲扩展，激起了人们对犹太人宗教愤怒的热潮，犹太人在东征途中成为无辜的殉道者。

六、结　语

中世纪在英国盛行的针对犹太人的血祭诽谤是历史综合因素作用下产生的结果，是一个社会群体对另外一个社会群体排挤的结果。血祭诽谤是对犹太人的假性指控，也是单方面产生的罪恶假象，不同的社会群体都在其中发挥了重要作用。在犹太人漫长历史的进程中，并没有人会承认此事，除了在酷刑下获取的犹太人的"忏悔"以及改宗者西奥博尔德的"告密"之外，没有其他的证据可以证明这个谋杀习俗的真实存在性。

就英国本土群体来说，推动血祭诽谤事件发展的主要群体是在宗教上占有支配地位的天主教会及其神职人员，囿于经济因素和宗教信仰上的极大差异，教会对犹太人进行了大力的打压，可以说他们是推动血祭诽谤事件发展的主力军。而王室对于该事件的干涉则受到现实和政治因素的影响，一方面在需要犹太人时会对他们有一定程度的保护，但另一方面受到教会影响又会赞同对犹太人的指控和迫害。因此社会上层人士对犹太人的态度实际上处在波动状态中。同时在中世纪的英国，王室和教会处于竞争状态。这种争夺权势的情形也影响到对犹太人的态度，因此犹太人在一定程度上成为王室和教会争夺权势的牺牲品。而英国普通民众事实上对犹太人并无极大仇恨，他们作为一种"听命者"，对犹太人的态度主要是跟随宗教和世俗掌权者态度的变化而改变的，但这种模糊的民众反犹情绪也确实在犹太人遭受指控的时候成为支持天主教会的重要社会力量。

就犹太人而言，犹太社团因种种经济和政治原因而放弃对血祭诽谤事件涉案人员的救援，他们隐忍的"默许"态度使得事件的发展越来越难以控制。同时犹太改宗者作为一个边缘群体，对血祭诽谤事件的整体发展起到了推波助澜的作用，正是他们的一面之词成为教会坚持血祭诽谤"真实性"的最有利证词。因此，不能仅仅认为是教会的宗教打压或是犹太人的自我封闭，导致中世纪反犹主义代表作——血祭诽谤事件的发生和发展。

对血祭诽谤参与的社会群体的再研究可以帮助我们认识到这一点，即任何事件的发生并非一蹴而就，其背后往往都有着复杂的社会关系，历史的发展是复杂的，非线性的，同时其后涉及的群体也必然因为种种原因对历史的发展起到了不同的作用和影响。

血祭诽谤事件主要集中在中世纪时期，但在历史的长河中并没有消退。在 1887 年到 1891 年间，欧洲便有 22 例相关的起诉。20 世纪随着德国纳粹集团的不断发展，反犹主义再次达到高峰，1919 年芝加哥科恩(H. Kohn) 案①就是在反犹主义推动下出现的血祭诽谤控诉。直至今日血祭诽谤及其影响还深深根植在现实生活之中。对中世纪英国血祭诽谤参与群体的再研究或许能够帮助我们了解这种偏见是如何一步步塑造反犹记忆的，而这种记忆又如何在新的环境中被赋予新的色彩和元素。

(作者系武汉大学历史学院硕士研究生)

---

① 1919 年 7 月发生在芝加哥的血祭诽谤事件。据当地报道，南部一名犹太商人科恩出于宗教仪式的目的谋杀了一名波兰小男孩。

特殊身份：路易十四的
合法私生子与王朝国家

唐文一

摘要： 立足于王朝国家的角度，路易十四的合法私生子愈发受到历史学者的关注。在路易十四的长期培养下，其首席情妇所生的私生子取得合法地位，并克服传统阻力，站到了贵族群体的高位。更有甚者，突破性地获得了王位继承权，一度跻身更为核心的政治圈层。他们在军队和婚姻领域发挥独特的政治作用，凸显国王权威，增强家族的凝聚力，稳固了王朝的统治基础。合法私生子的特殊身份促使路易十四将他们的政治追求化作王朝稳定存续的积极助力，达成了自我实现同家族利益的有机整合。这种做法体现了路易十四的多重身份，也映射出王国高层私人情感生活同公共政治事务的模糊边界，更是路易十四时代君主权力至上的又一例证。

关键词： 近代早期；法国；路易十四；合法私生子；王朝国家

"出于另一原因，假如把宫廷看作一套监视下纪律严明的等级序列，齐整地环绕在国王周围，是有误导性的。即便仅仅因为国王终有一天会死去，每个人都不得不就未来作一番打算，政治也总会出现在宫廷当中。"基于埃马纽埃尔·勒华拉杜里（Emmanuel Le Roy Ladurie）对圣西蒙公爵（Duc de Saint-Simon）回忆录的分析，威廉·贝克（William Beik）如此解读路易十四统治末期的法国宫廷政治，"（在1709年前后的凡尔赛）每个政治集团的基础，不是某种政治纲领，而是成员的个人关系。其间涵盖了个体竞争、家庭关系、宗教倾向、社会地位、职业关系，乃至个人友谊"①。近半个世纪以来，随着"社会合作论"取代传统的"国家中心论"成为法国绝对君主制研究的主流观点，② 不少学者开始像贝克一般重新审视法兰西王国的权力架构。盖伊·罗兰兹（Guy Rowlands）在其著作《路易十四治下的王朝国家与军队：1661—1701 年的王室军役和私人利益》中谈到，17 世纪法兰西的主导者们并未全然以"绝对君主"的思维来看待问题，他们眼中的世界似乎更具王朝式统治（dynasticism）的色彩。③ 借此，罗兰兹引入了"王朝国家"（Dynastic State）这一概念。约翰·A. 林恩（John A. Lynn）将此处的"王朝"（dynasty）阐释为："一种关乎家族过去与现在的感知，通过谋略提升其地位，财富和权力以博取更光明前景的渴望。"④这种价值取向驱动着路易十四治下的臣民，也促使他把维护乃至提高波旁王室的地位，管控和约束臣民的私人利益纳入自己的关切。在罗兰兹看来，这居于国王个人统治的核心。⑤ 着眼家族世代，重视个体互动，"王朝国家"为我们跳出国家中心主义建构的整体性叙事提供了一个可供参考的视角。

历史学家斯图尔特·卡罗尔（Stuart Carroll）断言："在任何王朝国家内，家庭和婚姻都将主宰政治格局。高层政治围绕关于性的问题

① William Beik, *A Social and Cultural History of Early Modern France*, New York: Cambridge University Press, 2009, p. 334.

② 详见张弛:《法国绝对君主制研究路径及其转向》,《历史研究》2018 年第 4 期, 第 145～166 页。

③ Guy Rowlands, *The Dynastic State and the Army under Louis XIV: Royal Service and Private Interest*, 1661-1701, New York: Cambridge University Press, 2002, p. 9.

④ John A. Lynn, Reviewed Work(s): The Dynastic State and the Army under Louis XIV: Royal Service and Private Interest, 1661-1701 by Guy Rowlands and Sir John Elliott, *The Journal of Modern History*, 2005, 77(1), p. 189.

⑤ Guy Rowlands, *The Dynastic State and the Army under Louis XIV: Royal Service and Private Interest*, 1661-1701, New York: Cambridge University Press, 2002, p. 337.

展开。"①立足于王朝国家的角度，路易十四子女的政治影响自然有必要得到更进一步的发掘。除了嫡传血脉，国王的合法私生子同样获得了西方学者的关注。其中最具代表性的当数曼恩公爵（Duc du Maine）与图卢兹伯爵（Comte de Toulouse）。罗兰兹回顾了二人在军队和贵族行列中的晋升过程，指出这同路易十四的支持密不可分，反映了后者王朝主义先于一切的政治信念。② 林恩所著《"伟大世纪"的巨人：1610—1715 年的法国军队》则提及曼恩公爵与其子嗣自 1694 年起直至 1755 年为止对于炮兵总监一职的长期把持，强调尽管历经变迁该职务的实权不比以往，但持有者与国王的同盟又使之不致被过早废除。③ 朱利安·斯旺（Julian Swann）敏锐地觉察到路易十四的遗嘱里有关强化私生子权力的内容，并试图将其与国王对摄政王奥尔良公爵（Duc d'Orléans）的限制联系起来。④

至于路易十四合法私生子女自身的婚姻概况，伏尔泰的《路易十四时代》⑤，让-弗朗索瓦·索尔农（Jean-François Solnon）的《法兰西的宫廷》⑥，以及众多传记性作品中均有介绍⑦。但以上作品或是囿于

---

① Stuart Carroll, *Blood and Violence in Early Modern France*, New York：Oxford University Press, 2006, p. 252.

② Guy Rowlands, *The Dynastic State and the Army under Louis XIV：Royal Service and Private Interest*, 1661-1701, New York：Cambridge University Press, 2002, p. 349.

③ John A. Lynn, *Giant of the Grand Siècle：The French Army*, 1610-1715, New York：Cambridge University Press, 1997, p. 100.

④ William Doyle ed., *Old Regime France*, 1648-1788, New York：Oxford University Press, 2001, p. 196.

⑤ 伏尔泰：《路易十四时代》，吴模信译，商务印书馆 1982 年版。

⑥ Jean-François Solnon, *La Cour de France*, Paris：Fayard, 1987.

⑦ 参见 Ève de Castro, *Les bâtards du soleil*, Paris：éditions Orban, 1987；Antonia Fraser, *Love and Louis XIV：The Women in the Life of the Sun King*, New York：Nan A. Talese, 2006；Claude Dufresne, *les Orléans*, Paris：Criterion, 1991；Christine Pevitt, *Philippe, Duc d' Orléans：Regent of France*, London：Weidenfeld & Nicolson, 1997；Léonce de Piépape, *Histoire des princes de Condé au XVIIIe siècle：Les trois premiers descendants du Grand Condé*, Paris：Plon-Nourrit, 1911.

主题范围，或是受体裁局限，大多叙述分散且缺乏政治层面的针对性剖析，尚存整合探究的空间。

较为遗憾的是，国内学界对于路易十四私生子的专题研究还十分薄弱。郭华榕在《法国的路易十四研究》一文提道："在那些年代，王族之间的互相联姻，君主与大臣甚至贵族私生子女乃是普通与常见之事，并且往往具有不可低估的政治意义。"①王权、私生子与国家的关系仍有待更深入的考察。

不难看出，路易十四的私生子，尤其是合法私生子的确在其统治时期扮演着非比寻常的政治角色。对此，笔者认为有几个问题值得思索：合法私生子在路易十四朝的整体情况如何？他们影响力的源泉是什么？在政治格局中又发挥着怎样的作用？这一切同路易十四的王朝国家又有何具体关联？本文拟结合已有研究成果及相关的文献资料，一探路易十四时期国王合法私生子的历史细节，尝试透过事件背后的政治意涵与权力博弈，在王朝国家视域下解读国王合法私生子的特殊性及其影响。

一、镀上金色：路易十四对合法私生子的支持

在近代早期的法兰西，私生子并不是什么新鲜话题，尤以王室和贵族为最。波旁王朝的开创者亨利四世（1589—1610 年在位）就是有名的"花花公子"。据称其情妇仅确定姓名者就达五十四人之多，与之诞下的私生子更是不可计数。② 路易十四与他的祖父相似。奥提斯·费勒斯（Otis Fellows）写道："历史学家和路易十四本人都不能确切地说，他到底生了多少私生子。"③但路易与首席情妇，拉瓦利埃女公爵（Duchesse de La Vallière）和蒙特斯潘侯爵夫人（Marquise de

---

① 郭华榕：《法国的路易十四研究》，《史学月刊》2005 年第 12 期，第 101 页。

② 居伊·肖锡南-诺加雷：《女人的世界：法国国王身边女人们的日常生活》，邵济源、赵克非译，文化艺术出版社 2002 年版，第 118 页。

③ Otis Fellows, The Facets of Illegitimacy in the French Enlightenment, *Diderot Studies*, 1981(20), p. 80.

Montespan)的私生子数目却是有迹可循的：据《路易十四时代》的记载，路易国王承认的私生子，除了两名死于摇篮的婴儿，共有八人存活并取得了合法地位，他们之中又有五人留有子女，① 而这与上述国王情人的私生子合法化状况明显吻合②。即是说，伏尔泰所记录的八人正是两名首席情妇的私生子。在路易十四的一众私生子女中，为何偏偏是他们引起了特别的关注？这既缘于他们母亲的身份，又缘于他们拥有一个相当显眼的注脚——合法化。合法化显示出一种区别和升格：拥有匹配的贵族身份，方便同其他贵族交际来往，很大程度上开启了他们政治生涯的种种可能，这是其他私生子无法企及的。这些合法私生子女不仅包括了日后征战四方的曼恩公爵、图卢兹伯爵，也包括孔蒂亲王夫人玛丽·安妮·德·波旁(Marie Anne de Bourbon)，孔代亲王夫人路易丝·弗朗索瓦丝·德·波旁(Louise Françoise de Bourbon)，奥尔良公爵夫人弗朗索瓦丝·玛丽·德·波旁(Françoise Marie de Bourbon)，称得上是声名煊赫。如若抛却合法化的前提，则很难想象他们能够攀上这样的高位。

在合法化的基础之上，路易十四对其合法私生子女进行了长期性的培植。国王的私生子女布卢瓦小姐(Mademoiselle de Blois)③和图卢兹伯爵早在婴孩阶段就被他们的生父特地托付给亲信重臣，子承父业的战争部长卢福瓦侯爵(Marquis de Louvois)安排抚养。到1684年为止，这项秘密委托总共延续了七年。其间，卢福瓦侯爵还参与协调了为他们的兄弟曼恩公爵购置土地的事宜。1682年，曼恩公爵从路易十三王弟的女儿"大郡主"(la Grande Mademoiselle)安妮·玛丽·路易丝·德·奥尔良(Anne Marie Louise d'Orléans)手中买下了富庶的东布(Dombes)公国。④ 此举既是一种财产经营的手段，也是政治投资。

---

① 伏尔泰：《路易十四时代》，吴模信译，商务印书馆1982年版，第418页。

② 参见居伊·肖锡南-诺加雷：《女人的世界：法国国王身边女人们的日常生活》，邵济源、赵克非译，文化艺术出版社2002年版，第122页。

③ 即奥尔良公爵夫人弗朗索瓦丝·玛丽·德·波旁的婚前称号。

④ Guy Rowlands, *The Dynastic State and the Army under Louis XIV：Royal Service and Private Interest*, 1661-1701, New York：Cambridge University Press, 2002, pp. 57, 344.

一方面，东布公国具备一定的自主权，其所有者可以从领地上获得各种捐税或其他封建收益，也能够挑选恰当的时机出售，以备不时之需。另一方面，能以东布亲王(Prince des Dombes)的身份自居，而非只是最初的合法私生子，标志着当时年仅12岁的曼恩公爵步入了更高的贵族层级。路易十四总是尽力确保他的合法私生子在其他领域的利益，不单是财富，也包含与他们贵族头衔相称的职务。1669年，路易为2岁的私生子维芒杜瓦伯爵(Comte de Vermandois)专门设立了法兰西海军大元帅(le Grand amiral de France)的职位。15年后，当维芒杜瓦伯爵病逝，6岁的图卢兹伯爵接替了他的位置。曼恩公爵出生后第四年，便被授予瑞士和格里松士兵上将(Colonel-General of the Swiss and Grisons)军职，而直到1701年他才正式行使这一职权。①

合法化后再悉心培养的做法并非路易十四一朝的专利。亨利四世曾经正式将他的八个私生子合法化。第一代旺多姆公爵塞萨尔·德·旺多姆(César de Vendôme)就是其中之一，平日备受亨利四世宠爱。②1610年4月15日，他甚至受到亨利四世的特许，要擢升到血族亲王(princes du sang)以下、外邦亲王(princes étrangers)之上的位置。如此一来，塞萨尔不论是在巴黎高等法院(le Parlement de Paris)，宫廷中，抑或是合法婚姻造就的王室血脉断绝之际，都会享有特殊的优先权。但因亨利四世不久后被刺身亡，这一特许并未在高等法院得到注册，从而成为旺多姆公爵一系未尝的夙愿。到路易十四统治时期，塞萨尔·德·旺多姆之孙已是第三代旺多姆公爵。路易十四意识到，第三代旺多姆公爵可以成为自己政治布局的一枚棋子：其一，同为国王合法私生子，旺多姆公爵家族领受的特许为满足曼恩公爵和图卢兹伯爵的政治诉求开创了一个可循的先例；其二，增强旺多姆公爵的政治

---

① Guy Rowlands, *The Dynastic State and the Army under Louis XIV*: *Royal Service and Private Interest*, 1661-1701, New York: Cambridge University Press, 2002, pp. 343-344.

② 居伊·肖锡南-诺加雷：《女人的世界：法国国王身边女人们的日常生活》，邵济源、赵克非译，文化艺术出版社2002年版，第118页。

势力可以用于试探时人对提升国王私生子地位的态度，为曼恩公爵和图卢兹伯爵二人提供掩护。因而，路易十四决定利用这一契机，他于1694年5月先是提议重新注册1610年的特许状，让现任旺多姆公爵获得其曾祖父被应许的地位。随后又立即着手将类似的专利颁布给自己的私生子曼恩公爵和图卢兹伯爵，使他们处于旺多姆公爵与血族亲王之间的"中间层级"（rang intermédiaire）。同年6月，当旺多姆公爵的新地位终于获得巴黎高等法院正式承认时，路易十四的两个私生子却早已捷足先登位居其上。耐人寻味的是，当时旺多姆公爵的军事资历比初出茅庐的两人深厚许多，使得法王多次委托他的上级专门就其能力作出秘密报告。① 路易十四围绕第三代旺多姆公爵展开的一系列政治运作表明，真正让路易十四的合法私生子不同以往的是，他们在贵族序列里的跃升。其高度已经超越过往的国王合法私生子，到达了一个新的水平。

路易十四达成了他的意图，但这还远非他计划的终点。1714年，就在他去世前一年，仅存的两位男性合法私生子——曼恩公爵和图卢兹伯爵竟一道被写入了王位继承的名单，令朝野哗然。在那时，私生子对王位的继承是难以让人接受的，以至于人们对国王的行径普遍感到愤慨。② 最为强烈的反弹是在路易十四去世后。1717年7月，摄政的奥尔良公爵推翻前任国王的遗嘱，将曼恩公爵和图卢兹伯爵排斥出顺位继承人之列。次年，他们被剥夺王室身份，降低到世卿贵族一级（the level of peers）。曼恩公爵还因为同西班牙大使切拉马雷（Cellamare）密谋反对奥尔良公爵，和妻子一起被投入了巴士底狱。③但依旧不容否认的是，在有生之年内，路易国王力排众议，给予了合

---

① Guy Rowlands, *The Dynastic State and the Army under Louis XIV: Royal Service and Private Interest*, 1661-1701, New York: Cambridge University Press, 2002, p. 308.

② William Doyle ed., *Old Regime France*, 1648-1788, New York: Oxford University Press, 2001, pp. 191-192.

③ William Doyle ed., *Old Regime France*, 1648-1788, New York: Oxford University Press, 2001, p. 197.

法私生子们空前接近王座的机会。① 无论最终是否有权承继大统，国家最高权力向其开放都已是一种殊荣，显著地提升了国王合法私生子的政治上限。

在路易十四的推动下，他与首席情妇的许多私生子披上合法的外衣，越过传统观念的藩篱，站到了贵族群体的高处。更有甚者，跻身王位继承人之列，跨入了更为核心的政治圈子。"太阳王"的光辉为他那些阴影中的子女们镀上了象征尊荣的金色。他的时代无疑是国王合法私生子的黄金年代。

二、铸剑与织网：国王合法私生子的政治作用

"尽管路易十四掌控着整个政府，但真正的权力结构牵涉到一系列的关系网。它们将宫廷人物、家族王朝和政府职位勾连起来，并与各省的官员和贵族联系在一起。"②威廉·贝克刻画出了此时法兰西王国内部权力运行的重要特征。在王朝国家的背景下，借助此种权力架构，王权的触角得以透过国王合法私生子向社会进一步延伸，而后者的政治作用也在军队和婚姻两个领域凸显出来。

战争毫无疑问是路易十四时代的一大主题。"太阳王"统治的岁月里，"王后遗产战争"（The War of Devolution）、法荷战争（The Franco-Dutch War）、奥格斯堡同盟战争（The War of League of Augsburg）、西班牙王位继承战争（The War of the Spanish Succession）四场大战贯穿始终，彰显了他光耀波旁，扩展王朝版图的政治野心。同时，战争赋予了法兰西旧贵族古老的军事天职——贵族荣誉的历史渊源之一。③ 军队作为战争的行为主体，承载且统合了双方的诸多愿

---

① 参见 Paul Watrin, *La tradition monarchique dans l'ancien droit public français*, Paris：Arthur Savaète, n. d. , p. 122；Jacques Roujon, *Louis XIV*（2 Vols. ）, Vol. 1, Paris：Éditions du Livre Moderne, 1943, p. 19.

② William Beik, *A Social and Cultural History of Early Modern France*, New York：Cambridge University Press, 2009, p. 334.

③ Robert A. Nye, *Masculinity and Male Codes of Honor in Modern France*, New York：Oxford University Press, 1993, p. 17.

景，是一个兼蓄政治、经济、文化、社会等元素的复杂机构。路易十四的合法私生子加强军队纪律，缓和军中一些紧张态势，促成了国王与军队将领间的利益交换。他们的活动为整合多方资源，铸造一柄更加锋利的法兰西宝剑作出了贡献，也有利于从军队触及的各个层面巩固波旁王朝的统治基础。除此之外，国王合法私生子的恩惠还使诸如皮埃蒙特(Piémont)步兵队长维莱拉(Villeras)一类的低阶军官有机会到宫廷中充任下级官员。① 实际上拉近了他们同国王的距离，扩大了王室在军队中的影响力。

曼恩公爵与图卢兹伯爵都是优秀的军队管理者。1690年，不到20岁的曼恩公爵出任佛兰德尔(Flandre)地区法军中的骑兵指挥官(commandant)。此后两年，曼恩公爵又领受了相同的任命。根据卢福瓦侯爵的叙述，他极为成功地建立起了对麾下骑兵军团的纪律控制。图卢兹伯爵在1695年之后始终积极参与海军事务，出色的能力使其稳固地保有海军大元帅一职，甚至在奥尔良公爵摄政时期仍旧深受信赖，一度把控了法国海军发展的走向。② 曼恩公爵还是一位世故的协调者。他深谙同路易十四打交道的诀窍，曾用卡蒂纳元帅(Maréchal de Catinat)为例教导他的儿子"不要在任何特定的时刻为某人的意见(即便他确实是对的)而与国王争论不休，试着把这些争论推迟到另一天再谈"。经由曼恩公爵的亲自交涉，路易十四放弃了开设特例免除奥弗涅伯爵(Comte d'Auvergne)对其管辖权的打算。鉴于此前奥弗涅伯爵坚决拒绝路易十四父子购买其骑兵上将(Colonel-General of the cavalry)职位的要求，这种做法显然有助于改善二者间的关系，避免军队内的矛盾升级。佛兰德尔地区的法军统帅于米埃尔(Humières)曾经通过中间人曼恩公爵向路易十四表达了晋封公爵的诉

---

① Guy Rowlands, *The Dynastic State and the Army under Louis XIV: Royal Service and Private Interest*, 1661-1701, New York: Cambridge University Press, 2002, p. 225.

② 参见 William Doyle ed., *Old Regime France*, 1648-1788, New York: Oxford University Press, 2001, p. 197; Guy Rowlands, *The Dynastic State and the Army under Louis XIV: Royal Service and Private Interest*, 1661-1701, New York: Cambridge University Press, 2002, pp. 343-344.

求，最终以继续履职为代价实现了他的愿望。① 可见，曼恩公爵的沟通技巧推进了法王与军队高层的协作。

不同于现代认知中侧重两个个体缘于自由意志的结合，近代早期法国贵族的婚姻呈现出高度政治化的趋势。无论是旷日经久的协商讨论，措辞严谨的正式契约，还是源自国王的强制命令，都属于一门贵族亲事的常见元素。结婚往往意味着新人背后的两个大家庭（extended families）缔结同盟，分享部分政治权益或财富，共担由此产生的各类风险。考虑到该点，服务于家族福祉的审慎策略占据了上风，个人偏好则只能退居次席。未经家族许可，贵族男女几乎不可能结为夫妇。② 社会地位越高，婚姻的政治色彩就越发浓厚，在王室层面尤为如此。③ 图卢兹伯爵向业已没落的吉斯家族（House of Guise）的旁系成员，阿马尼亚克小姐（Mademoiselle d'Armagnac）夏洛特·德·洛林（Charlotte de Lorraine）的求婚就遭到了父亲的断然拒绝，④最后只好作罢。路易十四对合法私生子的婚姻有着另外的布局。如同前文所叙，他的三个合法私生女分别嫁入了堪称最有权势的波旁支系家庭。孔代亲王（Prince de Condé）和孔蒂亲王（Prince de Conti）历代与王室嫡系过从甚密，立下过不少战功。即使因福隆德运动（la Fronde）有过些许波折，但他们长年累月积攒下的人脉和军事力量依旧颇为可观。奥尔良公爵腓力二世（Philippe II）更是承袭了其父，路易十四王弟腓力一世（Philippe I）的军事天才与衣钵。能够担任路易

① Guy Rowlands, *The Dynastic State and the Army under Louis XIV: Royal Service and Private Interest*, 1661-1701, New York: Cambridge University Press, 2002, pp. 297, 326, 344-345.

② William Beik, *A Social and Cultural History of Early Modern France*, New York: Cambridge University Press, 2009, p. 225.

③ 参见居伊·肖锡南-诺加雷:《女人的世界：法国国王身边女人们的日常生活》，邵济源、赵克非译，文化艺术出版社 2002 年版，第 35～36 页。

④ Roger Portalis, Bernard de Requeleyne, Baron de Longepierre (1659-1721), in Société des amis de la Bibliothèque nationale et des grandes bibliothèques de France (ed.), *Bulletin du bibliophile et du bibliothécaire*, Paris: Librairie Giraud-Badin, 1903, p. 598.

十五的摄政王充分表明了他崇高的威望。路易十四的儿子曼恩公爵则是在 1692 年 3 月迎娶了"大孔代"（le Grand Condé）的孙女路易丝·贝内迪克特·德·波旁（Louise Bénédicte de Bourbon）为妻。① 总的来看，除图卢兹伯爵在国王的有生之年未能成婚外，路易其余适龄的合法私生子均同王室旁支的显贵人物构筑了婚姻关系。

就算是国王的合法后代，私生子的出身也会招致根深蒂固的偏见，并在他们的婚姻中形成阻力。弗朗索瓦丝·玛丽的婆婆，巴拉丁的伊丽莎白·夏洛特（Elizabeth Charlotte of the Palatinate）就反对儿子同前者的婚事。当路易十四向这位夫人鞠躬致意时，厌恶私生子的她选择不予理会以示抗议。② 为了消解类似的阻碍，路易十四开出了不菲的报价。他将一笔价值约 200 万利弗尔（livre）的嫁妆赠给奥尔良公爵一家。③ 大贵族们接纳国王的合法私生子女不纯粹是物质利益上的考量，毕竟他们享受着优渥的生活条件。像大孔代之子，亨利·儒勒·德·波旁（Henri Jules de Bourbon）应允儿子与南特小姐（Mademoiselle de Nantes）④订立婚约一般，有时他们更在意"迁就国王和培养同国家关系的家族传统"，纵使这样做肯定有辱身份。⑤ 姻亲的连线以路易十四为中心交错汇集，编织出一张致密的网，把波旁家族的主干和主要分支包络其中。路易国王的合法私生子正是网上数个关键的节点。他们的婚姻增强了波旁家族的内生凝聚力，也透过夫妻双方婚后地位差的缩小突出了国王权威的相对优势。

---

① Léonce de Piépape, *Histoire des princes de Condé au XVIIIe siècle: Les trois premiers descendants du Grand Condé*, Vol. 1, Paris: Plon-Nourrit, 1911, p. 121.

② Antonia Fraser, *Love and Louis XIV: The Women in the Life of the Sun King*, New York: Nan A. Talese, 2006, pp. 282, 284.

③ Christine Pevitt, *Philippe, Duc d'Orléans: Regent of France*, London: Weidenfeld & Nicolson, 1997, p. 41.

④ 即孔代亲王夫人路易丝·弗朗索瓦丝·德·波旁的婚前称号。

⑤ William Beik, *A Social and Cultural History of Early Modern France*, New York: Cambridge University Press, 2009, pp. 91-92.

三、特殊身份：路易的合法私生子与王朝国家

"新的道德风气把过去品德败坏的行为归为了违背宗教准则的罪孽，并要求对第七诫作出更为严格的解释：淫欲不再是一种容易被免除的过失，私生子出身愈发地被视作耻辱。"[1]卡罗尔告诉我们，路易十四时代的道德语境已然发生了深刻的变化，致使私生子的声誉跌入了低谷。日常生活中，他们与乞丐、恶棍、流浪汉一同成为贬抑他人的侮辱性词汇。[2] 这种现象清楚地预示着十分器重合法私生子的路易十四将会承担相当的道德风险。为何他甘愿冒险也要培育合法私生子的政治势力？如果借助王朝国家的理论去理解，这个疑问或许会得到更好的回答。

路易十四既是王朝的统治者，又是王室家庭的家长。他亲手缔造了一个强盛的法兰西，也有责任将这笔遗产平稳地交付给其子孙后裔。不幸的是，路易国王和王后玛丽·泰蕾兹（Marie-Thérèse）生育的三男三女唯有"大太子"（le Grand Dauphin）路易幸存下来。1711 年，"大太子"走到了生命的尽头，而他的长子"小太子"（le Petit Dauphin）路易与年纪较长的孙子路易分别于 1712 年相继离世，[3] 为国王权力的交接罩上了一层阴霾。那个年代，人们普遍意识到死者在他们世界中广泛地存在，因而展现出对后代的深切关照。[4] 可想而知，行将就木的路易十四面对着多么巨大的继承压力。他深知表面服从的奥尔良公爵父子具有潜在威胁，为此路易否决了弟弟占有布卢瓦

---

① Stuart Carroll, *Blood and Violence in Early Modern France*, New York: Oxford University Press, 2006, p. 35.

② William Beik, *A Social and Cultural History of Early Modern France*, New York: Cambridge University Press, 2009, p. 272.

③ William Doyle ed. , *Old Regime France*, 1648-1788, New York: Oxford University Press, 2001, p 191.

④ Guy Rowlands, *The Dynastic State and the Army under Louis XIV: Royal Service and Private Interest*, 1661-1701, New York: Cambridge University Press, 2002, p. 14.

伯爵爵位、香波城堡（château de Chambord）以及朗格多克（Languedoc）总督职位的请求，① 还起草秘密遗嘱规制腓力二世的摄政大权。② 尽管如此，直系继承人的稀缺依然改变了王位继承的大局。1713年，伴随《乌得勒支和约》（the Treaty of Utrecht）的签订，路易十四的次孙，西班牙国王腓力五世（Philip V of Spain）声明放弃对法兰西王位的继承权。③ 加上次年最后一位王孙贝里公爵（Duc de Berry）的去世，到路易十四临终之际，留下一幅不祥的图景：一侧是年幼懵懂的新王路易十五，另一侧是羽翼丰满的摄政公爵，局势平衡已经被打破，王权面临旁落的危机，王朝的不稳定因素在悄然增加。"家庭单位，不管如何扩展，都认为它的未来需要创造和努力，而不是简单地依赖传统习俗和天意。"④ 娜塔莉·泽蒙·戴维斯（Natalie Zemon Davis）道出了彼时家庭相较于中世纪早期的不同特点。因此，一家之主路易十四不会无动于衷。赐予曼恩公爵和图卢兹伯爵后继者资格，安排合法私生子女同波旁王室的重要支属完婚，恰是他主动干预的真实写照。身为路易十四的后嗣，合法私生子比奥尔良公爵更加值得信任，法律承认与年岁积累又为他们带来了优厚的政治资本。其中某些条件是路易十五还无法企及的，譬如适婚年龄和从政经验。这一特殊身份让他们收获了路易十四的青睐，成为维系家族与王朝稳定的关键纽带。

除开王国的承继，子女的意愿本身也是路易十四应当思虑的部分。路易的合法私生子并非任由他操纵的提线木偶。他们是贵族政治生活的参与者和形塑者，对荣誉、地位、财富的渴望必然会造就其主观的政治理想及目标。奥尔良公爵夫人弗朗索瓦丝·玛丽就格外看重

---

① Nancy Nichols Barker, *Brother to the Sun King*: *Philippe*, *Duke of Orléans*, Baltimore: Johns Hopkins University Press, 1989, pp. 68-70.

② William Doyle ed., *Old Regime France*, 1648-1788, New York: Oxford University Press, 2001, p. 196.

③ William Doyle ed., *Old Regime France*, 1648-1788, New York: Oxford University Press, 2001, p. 198.

④ Natalie Zemon Davis, Ghosts, Kin, and Progeny: Some Features of Family Life in Early Modern France, *Daedalus*, 1977, 106(2), p. 88.

自身的王室血统，为她的波旁先祖感到自豪，以致有人开玩笑说：
"即便坐在马桶（chaise percée）上的时候，她也会牢记自己是法兰西
的女儿。"①当知悉未婚夫沙特尔公爵（Duc de Chartres）的身份时，她
表示："我不在乎他是不是爱我，只在乎他娶了我。"②一语道出了其
鲜明的择偶标准：比起一份真挚的爱情，她更乐意见到新郎身后的显
赫家世，成就一段政治婚姻。曼恩公爵则致力于保存既得利益，同时
伺机成为王位继承人的一员。回忆录表明，1712 年 6 月 30 日，西班
牙王位继承战争结束前夕，他向曼特农夫人（Mme de Maintenon）袒露
了心声。曼恩公爵留意到，英国女王在议会演说中宣布同法国停战的
初步条件时，谈及："法国王位的继承权必须被宣布：在现任王太子
与其子孙去世后，首先归属贝里公爵和他的子孙，其次归属奥尔良公
爵和他的子孙，再依次归属波旁家族的其余部分。"他特意指出"没有
必要提名奥尔良公爵，因为贝里公爵在太子殿下之后被提名已经相当
明确地排除了上级继承"，希望曼特农夫人采取行动劝说国王，避免
"详细指定所有继承人"的情形再度出现。曼恩公爵声称此举不过是
寻求一种含糊其辞的说法维持现状，使合法私生子们不被排除出王位
继承之列，免于"被不必要地贬低"，而"不会对他人造成任何伤
害"。③ 但事实上，他对奥尔良公爵的敌意显露无遗。毋须赘言，路
易十四显然满足了他们的大部分需求。作为孩子的生父，这是路易应
尽的职责。

在近代早期的法国，家族内部代际和同胞间的纷争十分普遍，经
常引发复仇性质的暴力行为，影响家族的整体团结。尤其是婚姻，很
可能破坏有着较大范围亲属关系的族群原有的和谐，这也是不同亲属
群体之间长期不和的一大来源。作为财产转移的主要手段，婚姻导致

---

① Antonia Fraser, *Love and Louis XIV*: *The Women in the Life of the Sun King*,
New York: Nan A. Talese, 2006, p. 279.

② Claude Dufresne, *les Orléans*, Paris: Criterion, 1991, p. 78.

③ A. de Boislisle ed., Trois mémoires: du Duc du Maine, *Annuaire-Bulletin
de la Société de l'histoire de France*, 1895, 32(2): pp. 245-247.

围绕遗产和头衔继承权的争端占据了家族纠纷的主流。① 一旦财产达到整个国家的规模，这种冲突的严重性就会攀升到相应的高度。路易直面的正是这样一道难题。当嫡系血脉趋于凋敝，国王合法私生子的特殊身份便得以凸显。他们是路易十四一系延续的另一种可能，但私生子的特质又使他们天然地受国王与道德氛围掣肘，难以形成奥尔良公爵一般的威胁。

路易十四赋以部分私生子合法地位，引导他们追寻利益的同时有序地为国家服务，发挥其独特效用。在此过程中，他将合法私生子的政治追求化作了王朝稳定存续的积极助力，达成了自我实现同家族利益的有机整合。像卡罗尔所论述的，路易十四选取了"一种微妙的平衡手段"，即"供给所有孩子所需，又保持长子遗产继承的完整性"。② 在王朝国家的视野下，这种做法体现了路易十四国王、家长、父亲三重身份的叠合，也映射出此时王国高层私人情感生活同公共政治事务的模糊边界。王权的行使有机会裹挟法律游走在道德的边缘，对贵族共有的传统秩序进行触探，最终在敏感的财产继承实利问题上取得进展，是路易十四时代君主权力至上的又一例证。

（作者系武汉大学历史学院硕士研究生）

---

① Stuart Carroll, *Blood and Violence in Early Modern France*, New York：Oxford University Press，2006，p. 30.

② Stuart Carroll, *Blood and Violence in Early Modern France*, New York：Oxford University Press，2006，p. 30.

国家构建与民主政治的悖论

——以"一战"期间美国公共信息委员会的国内宣传为例

邱杰坤

摘要：1917 年，美国加入第一次世界大战，但美国民众对此意见不一。因此威尔逊政府设立公共信息委员会（Committee on Public Information）管理舆论，在思想方面动员美国人自发支持战争。该机构在战争期间迅速扩张，代表国家力量管控舆论并开展大规模宣传活动以塑造民意。该机构促使民众自发支持美国在海外"保卫及传播民主"的政治目标，为美国政府赢得战争作出了贡献。同时，这也是美国政府首次设置专门机构来影响和塑造民意，是 19 世纪末以来美国国家构建进程的重要表现，也对美国的民主政治运作产生了深远影响。

关键词：第一次世界大战；美国；公共信息委员会；宣传；民主政治

19 世纪末 20 世纪初是美国国家构建①的重要时期，美国社会在工业化过程中愈发多元和复杂，要依靠社会自行应对国内社会问题和

---

① 国家构建指构建保证国家赖以生存和发展的内外部环境的过程，具体内容包括：保护领土安全和主权统一完整，在统治范围内建立有效的政治和法律秩序、建立有效的资源汲取和分配机制，为公民提供基本的权利和福利等。见杜华：《国家构建理论与美国政治史研究的新趋势》，《史学理论研究》2015 年第 1 期。

外部威胁已极为困难，因此国家权力必须进入社会的各个方面，主动动员社会力量解决国内外问题，维护国家利益。1917 年 4 月，美国正式加入第一次世界大战。然而长久以来的孤立主义和两年半多的中立让民众缺乏积极性。因此威尔逊总统于 1917 年 4 月 13 日签发第 2594 号行政命令①，设立公共信息委员会。该机构在战争期间展开了广泛且深入的宣传活动，在精神上动员广大民众支持美国在海外"捍卫并传播民主"的战争，美国为应对世界大战所带来的挑战使国家构建的进程深入民众思想领域，却也不可避免地与美国社会传统的民主理念发生冲突。

公共信息委员会最开始只是负责官方信息发布的半官方机构，但很快就膨胀为运用各种手段影响和塑造民意，促使国家权力向民众思想领域渗透的庞大机构。它不仅在战后遭到美国社会的批评，也成为许多国外学者的研究对象。其研究成果可分为两大方向：一是具体研究公共信息委员会的宣传活动及其对美国社会的影响；② 二是从宏观角度探讨美国战时国家权力干预社会舆论所造成的影响，并主要集中

---

① 全文为"我特此设立公共信息委员会，由国务卿、陆军部长、海军部长和一名文职人员组成，负责委员会的行政领导。我任命乔治·克里尔先生为本委员会的文职主席。国务卿、陆军部长和海军部长各有权派遣一名或多名军官参加委员会的工作"。Woodrow Wilson, Executive Order 2594, https：//www. presidency. ucsb. edu/node/275417, 2019. 3. 22.

② 包括 James R. Mock, Cedric Larson, *Words that Won the War*：*The Story of the Committee on Public Information*, 1917-1919, Princeton：Princeton University Press, 1939. Stephen Vaughn, *Holding Fast the Inner Lines*：*Democracy*, *Nationalism*, *and the Committee on Public Information*, Chapel Hill：The University of North Carolina Press, 1977. Marouf A. Hasian Jr., Freedom of Expression and Propaganda During World War Ⅰ：Understanding George Creel and America's Committee on Public Information, *Free Speech Yearbook*, Volume 36 Issue 1, 1998, pp. 48-60. Alan Axelrod, *Selling the Great War*：*The Making of American Propaganda*, New York：Palgrave Macmillan, 2009. Celia Malone Kingsbury, *For Home and Country*：*World War I Propaganda on the Home Front*, Lincoln：University of Nebraska Press, 2010 等。

在对公民自由的影响上①。国内学术界对这一时期的美国国家构建的讨论主要集中在联邦政府的扩张、国家职能扩大、对经济的干预等方面。近年来也有国内学者探讨公共信息委员会的对内宣传活动，但较少关注这一时期美国国家权力向民众思想领域的扩张。② 本文将考察公共信息委员会在"一战"期间的宣传策略和宣传活动，讨论这一时期美国政府如何塑造民意，从而实现其政治目标，以及国家权力是如何通过宣传来推广威尔逊的话语体系并且让民众信以为真，进而讨论美国民主政治运作发生的转变。

一、"民主"地管控舆论

美国将言论自由、媒体自由作为其民主政治的核心价值，因此任何直接限制媒体和表达自由的行为势必会遭到强烈反对。但战争期间维护国家安全和社会凝聚力的需要让美国政府不能不管控舆论。而公共信息委员会就以"民主"的方式引导舆论朝有利于美国政府的方向发展，从而维护社会凝聚力。

(一)《官方公报》与信息垄断下的公开

威尔逊于 1917 年 4 月 28 日签发第 2604 号行政命令，让政府在战时接管码头、电缆、电报站等设施，从源头控制外部信息传入美国的渠道。③ 参战后，美国媒体和民众对战争相关消息的需求非常迫切，但陆军部和海军部的主要精力集中在军队建设上，不擅长在保护

---

① 包括 James R. Mock, *Censorship*, 1917, Princeton: Princeton University Press, 1941. O. A. Hilton, Public Opinion and Civil Liberties in Wartime, 1917-1919, *The Southwestern Social Science Quarterly*, 1947, 28(3), pp. 201-224. 爱德华·L. 伯内斯:《宣传》，胡百精、董晨宇译，中国传媒大学出版社 2014 年版。

② 仇海萍:《公共信息委员会与言论自由——美国在一战中的言论自由》，华东师范大学硕士学位论文，2007 年。钟美纷:《一战时期美国的新闻宣传与战争动员》，湖南师范大学硕士学位论文，2009 年。

③ Woodrow Wilson, *Executive Order* 2604, https://www.presidency.ucsb.edu/node/275432, 2019. 3. 22.

军事机密的前提下向民众公开信息。于是管理美国官方信息发布的任务实际上就由公共信息委员会及其主席乔治·克里尔(George Creel)承担。

由于政府垄断信息渠道,媒体只能采访各政府部门或官员以获取信息。记者出身的克里尔深谙此时各媒体急需获取"权威信息"的快捷平台以占据先发优势。于是公共信息委员会在成立后不久就设立新闻部,其职责是"协调和控制政府作战部门发布的每日军事行动新闻"①。它向陆军部、海军部等政府部门派出专业记者并及时编辑汇总各部门发布的消息,为驻华盛顿的各大媒体的记者提供了便捷的信息渠道。而政府对通信设施的管控让美国媒体难以独自从欧洲获取信息,导致媒体往往直接采用公共信息委员会提供的信息。公共信息委员会还设立"乡村编辑"把官方战争新闻摘要汇编起来,以拼版的形式寄给地方周报,使得排版和写作变得轻而易举。尽管没有法律规定地方周报必须采用,但有12000多份总是渴望大新闻的周报直接采用,让每周有约6000篇专栏被分发出去。② 这就让它可以根据政府要求从源头上编辑、修改甚至是压制对美国及其盟友不利的消息。克里尔就骄傲地宣称"委员会派遣一批又一批记者和作家前往美国军舰停泊的约克镇。报纸上没有一个字是关于地点或数字的,但是日报和期刊上登载了许多专栏,告诉美国人我们的海军多么无敌。……同样的制度也适用于兵营、造船厂和军工厂,因此,正面新闻如洪水般涌来,淹没了负面新闻和破坏性新闻"③。它借助其垄断地位有效地让自称"独立自主"的媒体在军事机密上集体沉默,而大量的正面报道则可以加强民众信心,争取对国家的支持。但完全垄断信息必然会招致媒体的怀疑和公众的不满,尤其是在美国这个自建国以来就有强烈的反强权思想,以及将言论和媒体自由视作其民主制度核心的国家。

---

① *Complete Report of the Chairman of the Committee on Public Information*, 1917: 1918: 1919, Washington D. C.: Government Printing Office, 1920, p. 11-12.

② Alan Axelrod, *Selling the Great War: The Making of American Propaganda*, New York: Palgrave Macmillan, 2009, pp. 108.

③ George Creel, *How We Advertised America*, New York and London: Harpers & Brothers Publishers, 1920, p. 77.

因此，公共信息委员会也借助与各个政府部门的密切关系，以"官方权威"的身份向美国民众公布各种与战争相关的信息。

1917 年 5 月，公共信息委员会开始编辑出版《官方公报》。克里尔称："(《官方公报》)刊登了迄今为止我国海外陆海军部队以及在美国的营地和军营中每次伤亡的所有记录、每个因英勇行为被俘或在战场上受伤的人的姓名、潘兴将军发表的每份公报、每份国家文件、公告、行政命令以及自本届政府加入战争以来总统发表的所有声明、公告和讲话。各大常设政府部门负责人发布的每个命令、宣告和规章也都印刷了出来。"①以伤亡报告为例，它每隔几天就会公布美国士兵伤亡情况，其内容也非常详实，不仅有姓名，还包括军阶、伤亡时间、联系人姓名、家庭地址，甚至还有伤亡原因。这些信息的发布也相当及时，例如 1918 年 1 月 4 日的伤亡报告②都在 1917 年 12 月 28 日到 1918 年 1 月 1 日之间，这些信息从欧洲战场到美国民众手上只花了半星期，考虑到一个世纪前的条件再加上战争环境的限制，可见公共信息委员会高效地收集和整理政府各部门的信息并向全社会公开。

由于政府的大力支持和民众对信息的需求，《官方公报》的发行量相当巨大，在美国社会的覆盖面也相当广。据统计，《官方公报》在开办之初的日发行量就达到 60000 份，之后逐步增加，在 1918 年稳定在 100000 份左右。③ 再加上其他媒体也转载《官方公报》的信息，因此，公共信息委员会发布的消息在美国社会的覆盖面实际上超出了这些数字所展示的程度。不过《官方公报》所刊登的内容以官方新闻、政府文件、规章制度等内容为主，语言较为枯燥，阅读体验不算良好。再加上当时美国社会依然有大量不识字或是知识水平不高的人，光靠《官方公报》无法全方面动员民众支持战争。

---

① *Complete Report of the Chairman of the Committee on Public Information*, 1917；1918；1919, Washington D. C.：Government Printing Office, 1920, p.64.

② Casualties Reported among Oversea Forces, *Official Bulletin*, Jan 4th 1918.

③ *Complete Report of the Chairman of the Committee on Public Information*, 1917；1918；1919, Washington D. C.：Government Printing Office, 1920, p.67.

(二)"四分钟人"运动

公共信息委员会除了以文字形式公布信息外，还组织"四分钟人"(Four Minute Men)运动以提高覆盖率。"四分钟人"运动是指派一名演讲员在电影院、剧院、教堂等公共场合对民众就国家事务展开四分钟以内的脱稿演讲。这个名字借用自独立战争时期被称为"一分钟人"的民兵，他们在不超过四分钟的时间内发表一次内容丰富和有说服力的演讲，这正好是专业放映师在放映故事长片时换胶卷所需的时间。① 这一运动有着以下几个特点。

1. 规模大，覆盖范围广

"四分钟人"运动的规模相当庞大，据战后的保守统计，共任用75000 名演讲员，"举行 755190 次演讲，受众达 314454514 人次"。考虑到一些报告的不完整和缺失，公共信息委员会在报告中认为"在本组织成立的 18 个月期间，估计有 4 亿人次听取总计 100 万场演讲"②。

而它的覆盖范围也相当广，公共信息委员会要求"在每一个有电影观众的城市和社区都设立'四分钟人'地方分支机构"。截至 1918年 4 月 23 日，"四分钟人"的管理机构不仅遍布美国当时的每一个州，甚至在阿拉斯加、波多黎各、运河区以及夏威夷等领地也有办公室。③

2. 调动民间积极性，深入基层社区

"四分钟人"的创意来自一位名为唐纳德·瑞尔森的民间人士。

---

① Alan Axelrod, *Selling the Great War*: *The Making of American Propaganda*, New York: Palgrave Macmillan, 2009, p. 114.

② *Complete Report of the Chairman of the Committee on Public Information*, 1917: 1918: 1919, Washington D. C.: Government Printing Office, 1920, pp. 22, 29, 30.

③ *Four Minute Men Bulletin* No. 7A, 1918, p. 8.

克里尔在肯定该想法之后直接任命他从事"四分钟人"的组织和管理。① 而"四分钟人"往往来自基层,凭一腔爱国热情加入"四分钟人"运动,又与当地民众关系密切,使得他们的演讲更容易得到基层民众的认可。演讲内容主要是与战争相关的消息并鼓励民众以实际行动支持政府,不过具体表达则由演讲员根据当时的主题自行创作,往往更加口语化和通俗易懂。这种方式显然比《官方公报》上乏味的官方消息更能让文化水平不高的民众接受。而"四分钟人"往往采用脱稿演讲,再加上富有煽动性的语言,更容易调动民众积极性。以下是一篇"四分钟人"范例演讲。②

> 女士们先生们:
>
> 我刚刚得到消息,我们中间有一个德国间谍——他正在监视我们。
>
> ……
>
> 好吧,我希望这些间谍能够直接得到他们想要的信息,让波茨坦知道美国正在向独裁者给出答案:
>
> 为在这里制造背叛,在墨西哥的未遂背叛③,各地的背叛——10亿。
>
> 为被杀害的美国妇女和儿童——超过10亿。
>
> 为(德国)背信弃义和承诺谋杀更多的美国人——数十亿,数十亿。
>
> 为全世界自由战斗,我们的份额是——数十亿、数十亿、数不清的数十亿。

这篇演讲首先用耸人听闻的手法警告人们德国间谍就在身边,之

---

① 见 George Creel, *How We Advertised America*, New York and London: Harpers & Brothers Publishers, 1920, p. 84.

② *Four Minute Men Bulletin* No. 17, 1918, p. 11.

③ 指齐默尔曼电报事件。1917年1月16日,德国外交秘书阿瑟·齐默尔曼向驻墨西哥大使发出加密电报,意图拉拢墨西哥和日本攻击美国。

后又激发对德国人的敌意，并将美国发行的"自由债券"塑造成对抗专制且邪恶的德国，捍卫全世界自由的有力武器。最后又用强烈的谴责和排比句鼓动人们用金钱支持战争。而"四分钟人"的主要目的之一就是鼓励民众购买"自由债券"以支持政府。这篇演讲稿以短句为主，使用的词汇也不复杂，其口语化和大众化的表达方式充分渲染了德国的潜在威胁，从而煽动民众。

3. 对"四分钟人"的管控

虽然"四分钟人"在演讲时可发挥主观能动性，但他们能在电影院等公共场合演讲还是因为有公共信息委员会所代表的国家权力支持。例如在电影院演讲时，屏幕上就会展示以下文字，强调演讲得到官方授权。①

四分钟人

(演讲者的名字)

将会就一件国家大事进行四分钟的演讲。

他有华盛顿特区公共信息委员会主席乔治·克里尔的授权。

在组织上，公共信息委员会规定"每个州都有一个'四分钟人'州主席，他与州国防委员会、公共安全委员会、商会或其他公认的公共机构合作。州主席由主任任命。在组织工作的每个城市或社区，都有一名由州主席任命的'四分钟人'地方主席，这些任命由华盛顿的主任批准"。从对地方组织的规定可以看出，"四分钟人"的组织有着一套完整的层级体系，自上而下分别是联邦级、州级、县级以及地方级。位于华盛顿的全国主任负责管理各地方的下级组织，对各地的人事任免有着很大的权力。② 演讲员虽然可以在具体的演讲内容上发挥一定的主观能动性，但还是受到自上而下的监管。

---

① *Complete Report of the Chairman of the Committee on Public Information*, 1917；1918；1919, Washington D. C.：Government Printing Office, 1920, p. 22.

② *Four Minute Men Bulletin* No. 7A, 1918, pp. 3-5.

公共信息委员会还出版《"四分钟人"公报》，规定在某段时间内应当围绕什么主题作演讲。而这些主题与美国政府在战争不同阶段的需求紧密相连。在战争初期主要是阐明美国与德国作战的理由以及煽动对德国的敌对情绪，之后又转向鼓励人们购买美国的战争债券和节约粮食，在后方为战争胜利作贡献，停战后则是宣扬美国政府对战后世界秩序的规划。

除了规定不同时间段的演讲主题外，《"四分钟人"公报》还给各个演讲员提供指导。例如告诫演讲员"睁大你的眼睛。每天阅读所有的报纸，找到新的口号，新的措辞，或新的想法来代替你演讲中的一些东西"[1]。在前几页大多会根据演讲主题和收到的反馈给出相应的指导，有的还会刊登一些听众们经常提出的疑问并给出参考答案。给演讲员规定主题并提供指导意见，为他们提供了便利，但也加强了管控，使其统一口径，从而更好地为政府的目标服务。

（三）"自愿"审查

公共信息委员会在战争之初宣扬"自愿"审查，不直接控制和干涉媒体。克里尔认为媒体要靠"爱国心"和"荣誉"来防止发布的消息为敌人利用。但来自军政部门的巨大压力让它不可能实现全面的信息公开。因此，它很快就以政府的名义对媒体发出"要求"，列举哪些"可能透露"、"暗示"美国军事活动的信息不应发布。尽管克里尔声称："这些要求是向新闻界提出的，除了作战的必要之外，没有更大的权威。执行它们是新闻界自己的事。对于绝大多数报纸无私地、爱国地坚持自愿审查，政府表示感谢和高度赞赏"，"没有法律支持这些要求，遵守它们完全基于荣誉和爱国主义"。[2] 但"可能透露""暗示"这些模糊的词汇赋予公共信息委员会相当大的解释权，而"经公共信息委员会授权的除外"可以发布也表明公共信息委员会将自己视

---

① *Four Minute Men Bulletin* No. 1, 1917, p. 2.

② *Complete Report of the Chairman of the Committee on Public Information*, 1917; 1918; 1919, Washington D. C.: Government Printing Office, 1920, pp. 11-12.

作了理所当然的新闻审查机构，有权决定哪些信息可以公开。

之后公共信息委员会又发布"初步声明"，其中就有"战争期间美国期刊出版条例"。这一"条例"将新闻分为"危险的、有疑问的和常规的"三类，每一类有不同的处理方式。《纽约时报》就将其称为"审查员克里尔给报纸的规定"①。公共信息委员会实际上既是审查标准的制定人又是执行人。被它定为"危险的"信息不可发布，"有疑问的"信息要得到明确批准，并建议"常规的"信息在发布前提交检查，在通过后要盖上"公共信息委员会通过"或"经公共信息委员会核准"的公章。虽然这些规定未经过国会批准，严格来说不具有法律效力，但实际上已经被作为有强制力量的规定来执行。1917 年 8 月 4 日，《旧金山观察家报》发表了一篇名为"为什么 U 型潜艇不能击沉我们的运兵船？"的专题报道，其中包括了描绘水雷如何布置及爆炸，英国雷场的位置以及盟军护航队如何组织的图表。8 月 16 日，克里尔发电报给《旧金山观察家报》的编辑，要求："请立即电汇您在何处保管这些资料和照片，以及以何种权限发布这些法律绝对禁止的信息。"②这份电报的措辞相当强硬，可见克里尔以审查者身份自居，命令媒体服从自身意志，将"自愿"原则置之脑后。

由于公共信息委员会有政府的大力支持，新闻编辑和记者们也不得不遵从这些规定。例如 1917 年 9 月 20 日的《纽约时报》刊登了一篇名为"波士顿报纸印刷被禁止的消息——反复违反自愿审查制度将导致军事当局采取行动"的报道。一位名为约翰斯顿的将军说："为了保护我们士兵的生命，经国防委员会批准的公共信息委员会的规则所约束的媒体界应当以绝对保密所有军队行动为荣。"③军方公开以其强

① Censor Creel Gives Out Rules for Newspapers, *The New York Times*, May 28th, New York, 1917.

② George Creel, telegram to editor, *San Francisco Examiner*, 转引自 James R Mock, Cedric Larson, *Words that Won the War: The Story of the Committee on Public Information*, 1917-1919, Princeton: Princeton University Press, 1939, p.86.

③ Boston Paper Prints Prohibited Matter, Repeated Violations of Voluntary Censorship will Cause Military Authorities to Act, *The New York Times*, New York, September 20th, 1917.

制力量支持公共信息委员会为媒体界订立的规则表明"自愿"审查并非真正的自愿，如果媒体违背审查要求，甚至会引来军方干预。威尔逊政府很快也予以更有力的支持，让它有能力对媒体造成威慑。

1917 年 10 月 12 日，威尔逊总统签发第 2729A 号行政命令，设立由陆军部长、海军部长、邮政部长、战时贸易委员会代表和公共信息委员会主席组成的"审查委员会"，授权其"对美国和任何外国之间不定时的、或由任何船只运载的、或在美国任何港口、地点或领土接触并从任何外国运往或来自任何国家的邮件、电缆、无线电或其他传输方式的通信进行审查"①。克里尔虽宣称坚持"自愿审查"原则，但实际上他是美国战时审查体制的核心成员。在"审查委员会"中，陆军部和海军部控制了进出美国的港口、电缆、无线电等信息渠道；战时贸易委员会则有权采取任何措施使一家不合作的报纸停业，包括切断纸的运输；邮政部则有权拒绝投递被认为是"不适当"的报刊、书籍和宣传册。通过与这些部门的联合行动，公共信息委员会实际上可以间接控制美国媒体所发布的消息。

公共信息委员会利用与政府各部门的密切联系收集和整理与战争相关的信息，并以"官方渠道"的身份通过《官方公报》以及其他材料高效且及时地发布"权威"信息，在很大程度上满足了当时美国媒体和民众对信息的需求。坚持信息公开的态度以及相应的努力无疑是建立在对民主的承认之上的，也符合民主社会对政府信息公开的要求。"四分钟人"充分发动了民间力量，让民众参与宣传工作，而美国民众也能以一种更为简单直接的方式了解各种信息，促使民众充分了解美国的战争目标，激发对战争的支持。

但公共信息委员会的"信息公开"实际上是建立在美国国家权力在战争期间对信息来源的垄断之上的。它也借助这种垄断在源头上控制和阻断对美国及其盟友不利的消息，在美国社会掌握话语权，让媒体和普通民众几乎只能单方面接受它所发布的信息。军事保密以及维

---

① Woodrow Wilson, *Executive Order 2729A*, https：//www. presidency. ucsb. edu/documents/executive-order-2729a-vesting-power-and-authority-designated-officers-and-making-rules-and，2019. 4. 7.

持社会凝聚力的现实需要让它不可能公开所有信息，而是刻意选择对美国有利的部分。"四分钟人"虽然可以发挥一定的主观能动性，但本质上还是国家意志的传声筒。克里尔对"自愿"审查引以为傲，但通过与各政府部门合作，公共信息委员会即使没有国会授权也能惩罚不服从其规定的媒体，这对媒体形成了无形的威慑，使其在战时与政府保持一致。

二、对"他者"的塑造

美国这个移民国家的多个族群之间存在着多重身份认同差异和矛盾，不利于构建统一的国家认同感。因此，关于"他者"的构建对建立美国国家身份认同尤为关键，特别是在内外政策发生重大变化之时，美国政府往往会首先塑造出一个与美国价值截然对立的"他者"来激发民众的爱国意识和对美国价值的认同，从而争取民众支持。

与非裔和拉丁裔相比，同属白人的德裔美国人不会受到种族歧视。在"一战"前，德裔美国人在美国建立了以德语为核心的族群文化并得到认同。在印第安纳州，自 1869 年就有法律要求公立学校提供德语课程；1891 年，州最高法院确定公立学校提供德语课程的合法性。① 1913 年，伊利诺伊州麦克林郡的美国人和德裔移民共庆"德国日"，并举行了盛大的游行和宴会。② 可见德裔美国人在美国社会有着较高的地位。

但"一战"期间，威尔逊利用总统的地位和高超的修辞技巧建立起一套全新的有关美国国家身份和国际形象的话语体系，要求美国突破建国以来的"孤立主义"，在世界范围内捍卫并传播美式民主自由，

---

① "一战"前印第安纳州公立学校德语教育的情况，参见 Frances H. Ellis, Historical Account of German Instruction in the Public Schools of Indianapolis 1869-1919 I, II, *Indiana Magazine of History*, 1954, 50(2~3), pp. 119-138, 251-276.

② Tina Stewart Brakebill, From "German Days" to "100 Percent Americanism": McLean County, Illinois 1913-1918: German Americans, World War One, and One Community's Reaction, *Journal of the Illinois State Historical Society*, 2002, 95(2), pp. 153-155.

为美国加入"一战"正名。① 而为了让民众接受这套话语体系，公共信息委员会印发了大量宣传册，采取多种策略来塑造德国的"他者"形象。据统计，在"一战"期间它在美国国内发行的各种宣传材料的数量达到了 61626352 份。② 这些宣传材料通过将美国与"他者"截然对立，将德国和德国人树立为全社会的靶子，煽动爱国热情，从而激发起对美国"自由卫士"形象的认同和对德国的仇恨，促使人们自发支持对外战争。

(一) 塑造"残暴的德国"

这些宣传材料通过生动的叙事策略和贴近民众的语言来让没有见过战场的人更直接地感受到德国的"暴行"，具体可分为三类。

1. 个案式

这种手法主要通过列举德国士兵在战争期间烧毁房屋、掠夺城镇、残害平民等具体"暴行"来让人直观地了解到德国军队在战场和占领区的所作所为，从而激发起人们的同情心和仇恨心理。

发行量为 725345 份的《美国为何与德国打仗》③中描述了德国军队在战争期间的"暴行"，"一个德国士兵从他的自行车上摔下来让枪走火后，他宣称遭到了枪击，于是村庄里所有居民都在自己家里被活活烧死。虚弱的比利时老牧师被迫走在德国人的行军队伍前面做肉盾，让比利时人开火时可能会先打死这些牧师。婴儿被刺刀刺死"④。这些故事中的"受害者"往往由老人、妇女、儿童等弱势群体担任，

---

① 威尔逊的话语体系的内容及其分析，参见王立新：《我们是谁？威尔逊、一战与美国国家身份的重塑》，《历史研究》2009 年第 6 期，第 127~151 页。

② *Complete Report of the Chairman of the Committee on Public Information*, 1917；1918；1919, Washington D. C.：Government Printing Office, 1920, p. 16.

③ 各主要宣传材料的发行量数据参见 *Complete Report of the Chairman of the Committee on Public Information*, 1917；1918；1919, Washington D. C.：Government Printing Office, 1920, pp. 15-18.

④ John S. p. Tatlock, *Why America fights Germany*, Washington, D. C.：Committee on Public Information, 1918, p. 5.

并且这些文字也着重突出他们的"无辜"与"弱小",残害这些"弱者"的德国士兵则以残暴、滥杀无辜的形象出现。这些故事里的"弱者"越无助便越能突出德国士兵的残暴无情和德国军队公然藐视《日内瓦公约》等国际条约的无耻,从而有效地激发人们对德国的仇恨情绪。

这些故事实际上相当模糊,没有出现具体的时间地点,也没有可信的出处,但却有着比较生动完整的情节。其目的在于宣扬德国的"暴行",激发人们的仇德情绪,而非促使人们考证。这种模糊化的处理又暗示这些"暴行"并非个案,而是德国军队的普遍做法。

2. 情景式

这种策略是个案式策略的自然延伸,它主要通过假设德国军队入侵美国后可能发生的各种情景来减少民众在心理上与战争的距离感,利用各种耸人听闻的想象来引发人们的恐惧,进一步激发人们的敌对情绪。《美国为何与德国打仗》就假设了美国不到欧洲作战,放任德国入侵美国的情形。①

> 他们经过莱克伍德,一个新泽西州中央铁路的车站。首先要求给军官红酒,给士兵啤酒。然而他们愤怒地发现这个美国城镇里根本没有足够的酒,于是就掠夺并烧毁了邮局、大多数旅馆和店铺。接着向居民们索要1000000美元。一个衰弱的老女人试图藏起她在书桌抽屉里的20美元,就被抓出来吊死,而这只是为了节省子弹。……一些士兵喝醉了,其中一个人的枪意外走火,有人大喊有居民向部队开火,然后这里就变成了人间地狱。抢劫、谋杀和暴行肆虐。

当时许多美国人认为辽阔的大西洋足以保护美国而对战争漠不关心。但这些文字列出具体地名并生动地讲述可能发生的情景,试图消

---

① John S. p. Tatlock, *Why America fights Germany*, Washington, D.C.: Committee on Public Information, 1918, p. 10.

除大西洋带来的安全感，拉近战争与日常生活的距离，表明大西洋也无法阻挡德国的侵略野心。如果民众继续对战争抱冷漠态度，当德国入侵美国时将会犯下与在欧洲同样甚至是更为严重的罪行，而这次的受害者就将是美国人。这种耸人听闻而又生动的假想又凸显了德国人的野蛮，并且将受害者换成了美国人，让民众实实在在地感受到战争威胁。这种德国入侵的情景虽是虚构，没有相应的出处和证据来证明其可能性或合理性，但它丰富的想象和细致的情节足以有效地引发人们的恐惧，从而证明美国到欧洲远征德国的正当性。

3. 当事者式

相比于前两者的模糊不清和虚构，这种策略运用由当事人书写、有明确出处的材料，从而大幅提升了说服力。发行近 160 万份的《德国战争行径》的第一部分《平民的遭遇》①就由大量德国士兵的日记、军队命令和德国政府文件组成②。而德国士兵日记就以当事者的视角记录了大量详细信息，甚至精确到在某月某日在某个村庄发生什么、烧毁什么房屋、杀死多少平民。这些由当事者写下且充满细节的故事显然比统计数字或寥寥数语更具生动性和震撼力。而军方命令和文件中对占领区的镇压和掠夺直观地展现了德国军队有多残忍。一些士兵日记中对上级命令屠杀平民的不满或忏悔也从侧面反映了德国政府的反人道，从而激发起民众对"被侵略"的协约国的同情以及对"侵略者"德国的仇恨，为把战争罪行的根源归结到德国政府及其体制上作铺垫。第二部分《德国对占领区的处置》③则主要采用了许多具体的统计数据、德国在占领地区发布的法令以及比利时和美国外交代表对

① Dana C. Munro, George C. Sellery, August C. Krey (ed.), *German War Practices Part I Treatment of Civilians*, Washington, D. C.: Committee on Public Information, 1917.

② 文中声称这些材料引自美国驻德使馆或摘录自德国的出版物，私人书信和日记则转引自他人著作。

③ Dana C. Munro, George C. Sellery, August C. Krey (ed.), *German War Practices Part II German Treatment of Conquered Territory*, Washington, D. C.: Committee on Public Information, 1918.

这些地区的观察报告，从而揭示德国在占领区肆意掠夺和系统性的剥削压迫，对当地造成严重破坏，给人民带来巨大痛苦。相当有力且有理有据地证明了德国的残暴性，暗示如果美国不到欧洲打败德国，就可能在未来面临同样的遭遇。

但值得注意的是，许多由德文、法文写成的材料都是以英文的形式出现在民众面前，这也就意味着它们必然要经过翻译。负责翻译的正好就是公共信息委员会，从而在源头上编辑和筛选有关德国战争行径的材料。美国民众中通晓德语的人并不多，原文也未公布，再加上美国政府严格管控海外信息，要想查证这些材料的真实性可以说是困难重重。

叙事手法以其生动形象的语言确实可以激发起民众的同情心，煽动对德国敌人的仇恨，但也存在着不严谨，经不起细致考察的问题。因此公共信息委员会还借助知识精英或看似中立的媒体来增强说服力以便更好地向民众推行它所试图塑造的德国形象。它让知识精英们参与宣传工作以便利用他们的专业知识为它的宣传话语赋予光环，减少普通民众对宣传话语的怀疑。因此，它发行的许多宣传册都由知名学府的教授编写，例如《美国为何与德国打仗》是由斯坦福大学教授约翰·塔特洛克（John S. p. Tatlock）所著，《德国战争行径》由普林斯顿大学、威斯康星大学和明尼苏达大学的学者编辑，而伊利诺伊大学、哥伦比亚大学、印第安纳大学、芝加哥大学等学府的学者也参与了公共信息委员会宣传材料的写作。① 这些知名学府和学者本身就拥有较高的声望，他们既在专业领域掌握知识，又在美国社会享受着知识所带来的话语权。比起公共信息委员会，他们以知识精英的身份所写作的宣传册可能会让普通民众认为更具可信度，不再深究不严谨之处，在一定程度上弥补叙事严谨性不足的缺陷。

一些宣传册还引用大量来自第三方的证明材料来证明其观点的合理性，同时又突出其客观公正。例如发行量为 6813340 份的《总统的

① 在这些宣传册最后会附有已发行宣传册的简介，此处引自 John S. p. Tatlock, *Why America fights Germany*, Washington, D. C.：Committee on Public Information, 1918, pp. 14-16.

国旗日讲话和德国计划的证据》①就用大量篇幅列举了德国"阴谋诡计的证据"。这些"证据"非常详尽，还有相应的注解来帮助读者理解。但许多注解来自国务院外交文件、《法国黄皮书》、国会报告等政府文件，《纽约时报》等媒体或是一些学者的著作，甚至是公共信息委员会的宣传材料。由于当时的信息源掌握在公共信息委员会手上，引用美国媒体发布的信息基本是间接的自我引用。但《纽约时报》作为久负盛名的严肃大报，它的报道在美国社会代表着"真实与客观"。这些信息经过"中立"的第三方中转后得以减少人们对"官方消息"的不信任感，让民众认为德国确实在美国国内实行各种"阴谋诡计"。而引用的学者著作也都对德国抱有负面评价，这种片面引用刻意引导民众对德国产生厌恶。

需要指出的是，国家保持着对这些知识精英的管控。这些学者得到的原始材料都经过筛选，在完成之后还要经公共信息委员会审核才能出版。② 在国家权力之下，他们自然不能偏离国家要求和意愿，尽可能塑造德国"邪恶""野蛮"的形象，这正是美国官方在推行其崭新国家身份认同并让人们自发支持美国的对外政策所需要的。

(二)"自由之敌"：德国的"他者"形象

采用如此之多的宣传策略绝非仅仅是为了在道德上谴责德国人，制造对德国人的敌对情绪，而是为了将德国塑造为站在美国对立面的"他者"，并以此证明威尔逊所塑造的新国家身份和国际地位，让美国参加"一战"师出有名。

因此，这些宣传册讲述德国在战争中的"暴行"时，将其归咎于德国政府及其政治制度。例如《美国为何与德国打仗》在谴责德国时，指出"德国人在战时的所有行为皆直接出自他们的组织和原则"。在分析德国的政治制度时着重强调德国国会没有实权，德国人民的基本

---

① *The President's Flag Day Address with Evidence of German's Plan*, Washington, D. C. : Committee on Public Information, 1917.

② 这些宣传册往往会在正文前用一整页印刷第 2594 号行政命令，强调得到官方授权。

权利没有得到很好的保护，称"这意味着一小群自私自利的人可以迫使国家开战，这次也是如此；更糟糕的是，通过狂热的备战和毒害全国民众的思想，他们能让整个国家准备并渴望战争"①。

有的宣传册更是从历史角度出发证明德国的专制制度让它热爱侵略扩张，称："由于对德国文化统治世界的命运抱有狂热的信念，德意志帝国政府的行动经过多年的吹嘘、两面三刀和欺骗而倾向于侵略扩张。"②《德国战争行径》前言中声明其目的是"展示德国政府所遵循的体制"③。这些宣传册运用多种策略从政治制度和国家历史两方面塑造了一个对外侵略扩张，屠杀无辜民众；对内专制独裁，压制人民，与自由民主的美国尖锐对立的"他者"。

在塑造"他者"的过程中，宣传册还更进一步，将德国称作人类文明的头号敌人。例如对1915年"卢西塔尼亚"事件④的评价是这样的，"这种对我们权利的攻击不仅严重违法，而且是对人类基本理念的蔑视。对我们的贸易加以限制可以通过战后诉讼解决不满，但是肆意谋杀爱好和平的人民以及无辜的妇女和儿童的德国是对文明世界犯罪"⑤。这些话语自然而然地将美国利益上升到"人类基本理念"，伤害美国人等于对"世界文明"犯罪。而美国自然就是文明、和平等美好事物的代表，是德国不共戴天的仇人。

这个"他者"的邪恶之处不仅是在开战前就严重损害美国的海上利益，更是在美国国内搞破坏，严重威胁美国的和平与发展。例如，

---

① John S. p. Tatlock, *Why America fights Germany*, Washington, D. C.: Committee on Public Information, 1918, pp. 6, 12.

② *How the War Came to America*, Washington, D. C.: Committee on Public Information, 1917, p. 16.

③ Dana C. Munro, George C. Sellery and August C. Krey ed., *German War Practices Part II German Treatment of Conquered Territory*, Washington, D. C.: Committee on Public Information, 1918, p. 5.

④ 1915年5月7日，英国邮轮"卢西塔尼亚"号被德国潜艇击沉，124名美国公民丧生。

⑤ *How the War Came to America*, Washington, D. C.: Committee on Public Information, 1917, p. 9.

"在驶离美国港口的船只上安放炸弹；在美国的工厂里制造罢工和爆炸；在这个中立国谋划炸毁桥梁、隧道以及在加拿大的工厂；还有在不满的墨西哥煽动反美情绪以及扰乱社会秩序。这样它就可以在我们保持和平的同时践踏我们的荣誉和安康"①。尽管这些说法中所提到的"阴谋诡计"往往都是捕风捉影，但宣扬德国对美国的破坏可以激发民众的危机意识，而对美国价值的鼓吹和对德国的贬低则煽动着人们的爱国热情。

这些宣传册宣扬美国与德国在政治制度、历史、现实三方面都是不共戴天的仇敌，因此必有一战。还强调这场战争已不再是国家间的利益冲突，而是决定世界命运的斗争，为此美国人民必须拿起武器到海外去捍卫自由。例如《战争是如何来到美国的》就宣称："这场海上战争不仅是王朝之间的冲突，而是一场全世界的伟大内战，是在旧世界的一场新战役，其奖品就是自由。"②而美国加入战争不仅仅是保卫自己的民主自由，更是在保卫全世界人民的民主自由。因此，美国民众必须自觉承担起在世界范围内保卫和传播民主自由的使命，站在民主国家一方同"邪恶"的专制势力作斗争，解放受到专制压迫的他国人民。

这些宣传材料从德国的战争"暴行"开始，塑造了一个因专制制度而无恶不作的"他者"形象，从而向美国民众证明威尔逊提出的新的国家身份和国际定位的合理性和必要性。虽然这套话语体系源自威尔逊，但比起这位学者总统略显大而空的演讲而言，这些宣传册更加贴近民众。这些生动详细的故事、细节丰富的想象让民众直观地感受到"民主之敌"对美国的威胁；同时依靠学者、媒体等客观公正的第三方和详实的数据、报告等文件强化客观性和可信度，弥补"讲故事"严谨性不足的问题。也正是由于公共信息委员会对这些宣传策略的巧妙运用，它成功地让威尔逊所创立的话语体系在美国民众间得到

---

① John S. p. Tatlock, *Why America fights Germany*, Washington, D.C.: Committee on Public Information, 1918, p. 12.

② *How the War Came to America*, Washington, D.C.: Committee on Public Information, 1917, p. 17.

广泛传播和认可，促使美国民众自发购买政府所发行的债券或报名参军。

借助大规模宣传、多种叙事策略的联合运用以及与知识精英的合作，美国政府塑造出了一个与美国"不共戴天"的敌人，将威尔逊提出的理念向民众推广。而民众只能单向接受有关"民主自由""谁是美国之敌"的话语体系，从而支持美国的对外政策。

三、公共信息委员会对美国社会的影响

公共信息委员会在"一战"期间向美国民众大力宣传"美国加入世界大战是为了在世界范围内保卫并传播民主自由"。它所发起的大规模、多层次的宣传活动对美国在战时保持团结一致并赢得战争胜利作出了不可磨灭的贡献，体现了国家构建在维护国家利益上的必要性和合理性。数以百万计的美国人报名参军，为欧洲战场提供源源不断的生力军，国内民众也踊跃购买美国所发行的"自由债券"，据统计，美国政府通过先后四次发行的"自由债券"筹集 214.45 亿美元。[1] 支持加入战争以对抗海外敌人的声音取代战前在美国社会流行的反战孤立之声，成为社会主流。德裔文化遭到毁灭性打击，甚至出现了以"爱国"之名对"不忠诚"人群处以私刑的现象。[2] 虽然这些现象不能完全归结于公共信息委员会的宣传，但战时宣传无疑会在这种特殊环境下对此推波助澜。

在战争期间，公共信息委员会充分运用各种制造认同的话术，调动人们的积极性，呼吁个人自发支持国家，以实践证明舆论是可以凭借各种巧妙的手段加以引导，使其有利于国家的。同时利用对信息源的垄断和自身权威驯服媒体，掌握政治话语权，极大地扩展了国家权

---

① Eric Hilt, Wendy M. Rahn, Turning Citizens into Investors: Promoting Savings with Liberty Bonds During World War, *The Russell Sage Foundation Journal of the Social Sciences*, 2016, 2(6), p. 91.

② 参见 Peter Stehman, *Patriotic Murder: A World War I Hate Crime for Uncle Sam*, Lincoln: University of Nebraska Press, 2018.

力对民众思想领域的干预。而国家权力在战争期间的大幅扩张使其从"民意顺从者"变为"民意引导者"。

这些行为无疑冲击了传统民主理论中有关民意的部分，让民主政治理论及其实践发生改变。沃尔特·李普曼就对民主政治感到十分失望，称"当今的普通公民就像坐在剧院后排的一位聋哑观众"①。爱德华·伯内斯也同样表达了对传统民主理念的不信任，称"少数人已经发现了一种有效影响多数人的工具。形塑大众思想，让大众把他们刚刚获得的权力应用于少数人所期待的地方，已经成为可能"②。这些批判指出了民主社会在实践中所出现的一系列问题，颠覆了传统民主思想中舆论是自发产生的观点。而李普曼、伯内斯、卡尔·博雅这些现代传播学和公关学的先驱都曾在"一战"期间参与宣传工作并在战后将这些经验理论化，使得传播学和公关学成为独立学科，为培养操控舆论的专业人士提供了体系化的理论指导。传统民主理论中作为核心要素的民意变成了可以靠科学理论和巧妙技术手段调控的对象，为少数精英实现政治目的而服务。这些学科的发展让政治学家们从更加理性和现实的角度去认识民众在民主社会中的地位和作用，但推崇精英政治又在一定程度上损害了人民主权的原则。

另一方面，公共信息委员会的一系列活动确实是刻意引导民意，但尚未达到操纵民主。它始终坚持信息公开，而非听从军方全面封锁消息的要求。它也确实高效地收集整理来自各个政府部门的消息，再通过《官方公报》等渠道向美国民众发布，在很大程度上满足了战争期间美国民众对信息的需求，保障了民众对战争动态和重大决策的知情权。还发动普通民众参与宣传工作，以"四分钟人"演讲的形式减少宣传的枯燥性。它所采取的宣传手段仍以说服为主，促使民众自发支持美国政府，表明对民主政治和民众力量的尊重。

美国社会也没有对这些宣传照单全收，孤立主义虽在战时遭到压

① 沃尔特·李普曼：《幻影公众》，林牧茵译，复旦大学出版社 2013 年版，第 3~4 页。

② 爱德华·L. 伯内斯：《宣传》，胡百精、董晨宇译，中国传媒大学出版社 2014 年版，第 47 页。

制，但战后随着威尔逊在巴黎和会上铩羽而归又成为社会主流。战后由于国会共和党势力日益增长，公共信息委员会最终被国会解散。不过它对"自由""民主"这些政治话语的运用也加深了美国社会对公民自由与民主政治的认识。1920年成立的"美国公民自由联盟"就宣称其致力于保护美国宪法及法律赋予给所有美国人的权利和自由，各个民权组织也积极通过各种宣传技巧来扩大影响力。1920年申克诉合众国案①也让最高法院进一步解释宪法第一修正案，尽管结果难乎众望，但成为美国社会在接下来的几十年里就言论自由展开大讨论的源头。时至今日，"宣传"（Propaganda）一词在美国政治话语中依旧带有贬义色彩，被视作对民主的威胁。

综上所述，不能简单地批评公共信息委员会的宣传活动损害美国的民主政治。在美国这个富有多样性和复杂性的社会，无论是国家还是民间组织要实现某一目标都需要宣传来有效地动员社会力量。媒体顾问、公关顾问等专业人士成为美国政府如今必不可少的人员，他们运用专业知识帮助国家权力把控民意，引导舆论朝对政府有利的方向发展。而在此之后的"二战"、冷战、反恐战争等多次对外冲突中，美国政府使用与公共信息委员会类似的话语和策略塑造与美国截然对立"他者"形象，进而制造社会共识，强化民众支持。而各个社会组织也同样为实现其目的利用宣传来影响大众思维，为美国政府造成舆论压力，促使政府调整政策。宣传成为美国民主政治运作过程中不可或缺的一部分，而民众已无法回避来自国家或是社会组织铺天盖地的宣传。

四、结　　语

国家构建与民主政治的悖论在美国历史上是一个长期存在的问题。特别是当美国进入工业化社会后，由于社会复杂性增加以及社会

---

① "一战"期间，时任美国社会党总书记查尔斯·申克因散发反对征兵的小册子被判六个月监禁后上诉至最高法院。最高法院一致维持有罪判决。霍姆斯大法官在此案中提出著名的"明显的和当下的危险"标准。

矛盾的尖锐化，依靠公民社会和地方自治已无法解决美国所面对的问题，因此需要构建一个强大的国家以应对国内外的挑战。赢得"一战"便是国家构建所取得的重大成果。但美国建国的"元叙事"是建立在反抗英国对民众自由的干涉之上的，在早期设计民主制度时也以限制国家权力为出发点；再加上对"弱国家权力"和自由经济神话的吹捧导致了美国社会存在着激烈的反国家权力思想。这种追求民主的理想与国家权力扩张的现实之间的冲突便构成了国家构建与民主政治的悖论。但这种悖论并不意味着民主政治遭到破坏，国家构建的目的之一也是为了民主政治能够更好地应对来自国内外的挑战，但在这个过程之中，民主政治发展的方向无疑产生了变化，国家利用其资源优势和各种技术手段让国家不再是被动的"民众服从者"，而是在民主框架内积极干预舆论的"民众引导者"。

（作者系武汉大学历史学院硕士研究生）

论美国军政府在朝鲜半岛
南部的立法措施

姜　令

摘要：从 1945 年 9 月 7 日美军进驻朝鲜半岛到 1948 年 8 月 15 日韩国第一届政府正式成立，朝鲜半岛南部处于美国军政府的统治之下。在这一期间，为了进行行政管理，同时配合美国的对朝政策，推行半岛南部的经济社会改革，美国军政府颁布了一系列的军政法令。据统计，这一时期颁布的法令总数为 231 项，其中美国军政府直接颁布了 219 项，朝鲜半岛南部过渡政府颁布了 12 项，法令主要涉及经济事项、政府组织机构及行政区划、文化教育措施、司法法律制度、军备警察设置等内容。美国军政府时期的法令对当时的社会及后来韩国的发展产生了很大的影响，一方面，军政法令的许多规定奠定了近代韩国社会制度的基础，在当时也起到了管理社会、推进民主改革的作用；但另一方面，美国军政府颁布的法令缺乏科学的计划安排，往往脱离实际，许多法律保留了日本殖民时期的内容，引起民众的不满，导致半岛南部动荡不安，同时许多条文带有明显的反共冷战色彩，进一步加剧了半岛的分裂态势。

关键词：美国军政府；朝鲜半岛；韩国；军政法令

美军政时期(也称盟国托管时期)是韩国现代历史上极为特殊和影响深远的时期，美军政府的举措改变了朝鲜半岛南部的社会形态，奠定了现代韩国社会发展的基础，但同时也加剧了半岛的动荡与分裂。美军政府的许多措施是通过颁布军政法令来实施的，因此有必要对这一问题进行系统研究。学术界对此已进行了大量研究，国外学者的研究多借军政法令分析战后韩国的政治进程，强调美国对韩国建国初期的政治影响，① 而部分韩国学者针对某一类法令或者具体到某一条军政法令进行具体的研究，分析法令出台的背景及其历史影响②。国内学术界对此的研究始于 20 世纪 90 年代，这些研究关注政治发展进程、经济措施、教育文化等内容，通过引用军政法令来分析战后初期美国的朝鲜半岛政策。③ 但这些研究缺乏对美国军政法令的整体分析，美军政府的立法措施可以分为两个部分，一是美军政府直接颁布的法令，二是通过朝鲜半岛南部地区过渡立法议院间接颁布的法令。对此，国内有学者将美军政府立法分为直接立法阶段和间接立法阶段，两个阶段的时间节点就是 1946 年 12 月 12 日朝鲜半岛南部地区过渡立法议院的开院。④ 但如此划分不够科学，因为朝鲜半岛南部地区过渡立法议院建立后，它真正通过的法令只有 12 部，而美国军政府单独制定并发布的法令则有 65 部之多，因此本文以法令发布者为

---

① 例如 George M. McCune, Post-War Government and Politics of Korea, *The Journal of Politics*, 1947（9）; Kim Bong-jin, Paramilitary Politics under the USAMGIK and the Establishment of the Republic of Korea, *Korea Journal*, Summer, 2003; Park Myung Lim, State Formation in South Korea, 1945-1948: Perspective and Interpretation, *Korean Political Science Review*, 1995(1).

② 例如 Shim Hee-Gi, USAMGIK Ordinance No. 176, Criminal Procedure Reform of 1948, *Korean Journal of Legal History*, 1995（16）; Kim Sung-Wook, The Forced Reversion of the Ownership under USAMGIK（United States Army Military Government in Korea）Ordinance No. 33, *Law Review*, 2011(42).

③ 类似的研究有：杨红梅：《试论 1945 年美国军政府在朝鲜半岛南部之措施》，《韩国研究论丛》第六辑，中国社会科学出版社 1999 年版；梁志：《美国军政府与南部朝鲜的政治发展进程（1945—1948 年）》，《当代韩国》2008 年第 2 期；余伟民、周娜：《1945—1948 年朝鲜半岛南部地区的政治变动》，《史林》2003 年第 4 期；等等，以上这些研究关注美国在朝鲜半岛南部的举措及影响，很多利用了军政法令加以解释。李宝奇《韩国修宪历史及其政治制度变迁研究》（中国政法大学出版社 2013 年版），此书的第一章第二节主要叙述美国军政时期朝鲜半岛南部的立法制度，是国内较为详细涉及本文主题的研究著作。

④ 详见李宝奇：《韩国修宪历史及其政治制度变迁研究》，中国政法大学出版社 2013 年版，第 22~24 页。

依据将军政法令划分为美军政府法令和过渡政府法令两个部分。

本文集中关注这 231 条军政法令①，分析美军政府立法的主要内容、特点，并试着结合美国在此期间对朝鲜的政策和朝鲜半岛南部的历史背景加以分析，揭示美国军政府法律措施对韩国的深远影响。

一、美军进驻朝鲜及美国的朝鲜政策

1945 年日本投降之际，苏联军队迅速进入朝鲜半岛，大有占领整个朝鲜半岛之势，对此，美国政府采取了当时的作战参谋腊斯克和他的同事提出的以朝鲜中部北纬 38 度线为界作为美苏地面受降分界线的建议，② 苏联对此表示同意，由此，美苏双方分别占领三八线南北区域。

在美军进入朝鲜半岛之前，美军即在南部地区宣传麦克阿瑟的《告朝鲜人民书》，规定美军占领的六项规定，提出尊重朝鲜的自由和独立，所有政府机关及人员在新命令下达前继续履职，所有人民需要严格遵守美军占领时期的命令，③ 这一宣言确定了美军政府在朝鲜拥有绝对权力，任何人不得违反军政府的决定。1945 年 9 月 7—8日，奉命在朝鲜南部受降的美军在陆军中将约翰·R. 霍奇将军的率领下在仁川登陆并迅速向汉城进驻。9 月 9 日下午，美军在汉城举行受降仪式，随后朝鲜总督府大楼上的太阳旗换成美国的星条旗，朝鲜

---

① 按照韩国内务部治安局在 1956 年编的《军政法令集，1945 年—1948年》(原名为《軍政法令集，1945 년—1948 년》，书中内容由韩语和汉语混合编写，为了方便书写，下文统一用翻译后的中文书名）美军政府法令 219 条，过渡政府法律 12 条，过渡政府法律有 2 条未详，故不计入统计，本文没有将此书记载的带有法律强制性的太平洋美国陆军总司令部布告、立法决议案和过渡政府命令计入统计。

② Jongsoo James Lee, *The Partition of Korea after World War II: A Global History*, New York: Palgrave Macmillan, 2006, p. 37.

③ Proclamation No. 1 by General of the Army Douglas MacArthur, *Foreign Relations of the U. S.* (以下简称 *FRUS*), 1945, Vol. 6, The British Commonwealth, the Far East, pp. 1043-1044.

半岛南部由此正式进入美国军事统治时期。①

　　美军进驻朝鲜初期所作的决定大体上奠定了此后朝鲜半岛南部的基本政治结构基础，这些决定集中体现为霍奇将军的举措。霍奇将军在日本朝鲜总督府的组织框架下建立美国军政府，继续沿用日本殖民时期的统治机构，他拒绝承认任何朝鲜政府机构，并沿用许多日本殖民时期的官员。② 这些措施有诸多负面影响，继续使用日本殖民机构伤害了朝鲜人民的感情，激起民众的强烈抗议，更重要的是政府机构中保留了大量右派亲日势力，严重影响朝鲜半岛的政治走势。当时美国军政府在朝鲜半岛南部主要考虑的是应对来自左派的革命斗争，措施采取与否在于能否遏制革命的洪流，军政府需要寻求能抵制左翼势力的机构，建筑起抵御苏联和民主革命的防波堤。③ 军政府这样的考虑是基于战后美苏走向对抗和美国对朝鲜的定位及政策的。

　　战后美国对朝鲜的政策有一个宏观的目标，美国要将罗斯福时期的朝鲜政策继续下去，实践《开罗宣言》中给予朝鲜自由独立的决定。1945 年，华盛顿出台了指导美军政府行动的 SWNCC 176/8 号文件，文件分为三部分，一是大体的目标和政治的举措，二是经济和民众供给，三是金融措施。美国认为需要对朝鲜实行一定时期的大国托管，最终给朝鲜完全的独立。美军政府需要将朝鲜从日本的控制中解脱出来，采取经济、政治、文化教育等措施改造朝鲜，为朝鲜的独立作好准备。④ 该文件提出了美军政府应遵循的大致原则，美军政府对朝鲜

---

　　① 曹中屏、张琏瑰等编著：《当代韩国史（1945—2000）》，南开大学出版社 2005 年版，第 20～22 页。

　　② Carter J. Eckert, *Korea Old and New: A History*, Seoul, Korea: Published for the Korea Institute, Harvard University by Ilchokak, 1990, p. 337; George M. McCune, Post-War Government and Politics of Korea, *The Journal of Politics*, 1947 (9), pp. 611-612.

　　③ Bruce Cumings, *The Origins of the Korean War*, Vol. 1, *Liberation and the Emergence of Separate Regimes* 1945-1947, Princeton University Press, 1981, pp. 135-136.

　　④ Basic Initial Directive to the Commander in Chief, U. S. Army Forces, for the Administration of Civil Affairs in Those Areas of Korea Occupied by U. S. Forces, *FRUS*, 1945, Vol. 6, The British Commonwealth, the Far East, pp. 1073-1091。

的许多措施正是基于此。

而此时美军政府对朝鲜也有其认识和判断，美军政府起初的许多措施都是维持现状，但维持现状是为了"阻止左翼势力的一切社会变革，在朝鲜建立一支亲美政权"①。因为美军登陆后首先考虑的问题是如何应对共产主义，在美军设置的大战略里，美军在朝鲜的主要问题是建立一个能够长期抵抗苏联支配权的，独立、民主、稳定的政府，而朝鲜的独立是次要的，美军定期占领朝鲜半岛是美国的国家利益所在，美国在朝鲜临时政府的伪装下继续行使高度的支配权。②1945 年 9 月 15 日美国朝鲜政治顾问本宁霍夫发回的文件也表明军政府的政治倾向，他在报告中说苏联无疑在朝鲜半岛南部进行政治宣传，这会威胁当地的法律与秩序，使朝鲜人民反抗美国，追求苏联式的"自由"。③ 在这样的情形之下，美国军政府的许多措施都和反苏反共联系起来，例如美军政府将三个右翼政党合并成韩国民主党，韩国民主党此后成为美军政当局的主要合作对象。④

基于这样的政策背景，美国军政府在朝鲜半岛南部采取的立法措施呈现出两个层面，一是对朝鲜半岛南部进行必要改造，准备建立一个独立民主的国家；二是积极反苏反共，抵制朝鲜半岛南部的左翼势力和人民的反抗。

二、美军政府法令

自美军政府成立起，其立法措施便已经开始了，1945 年 9 月 7

---

① 王海龙、王静：《论美军政和韩国亲日派的转型》，《当代韩国》2009 年第 4 期，第 73 页。

② Shin Bok-Ryong, An Evaluation of the U. S. Occupational Policy toward Korean Peninsula 1945-1948, *Journal of Korean Political and Diplomatic History*，2009 (2)，pp. 13-14.

③ The Political Adviser in Korea (Benninghoff) to the Secretary of State, *FRUS*, 1945, Vol. 6, The British Commonwealth, the Far East, p. 1051.

④ 余伟民、周娜：《1945—1948 年朝鲜半岛南部地区的政治变动》，《史林》2003 年第 4 期，第 220 页。

日，美军政府就发布了第一部关于设立卫生局的法律。在美军政府统治期间，其直接颁布的法律有 219 项，这 219 项法律的内容相对广泛，主要涉及经济财产、政治军事、社会与文化教育、司法法律等内容。经笔者初步的计算，经济财产内容占 40%，政治军事内容占 35%，司法法律占 13%，教育、新闻出版占 5%，还有一些零碎的社会管制、未知项等。从数据可以看出，美军政府立法主要是关于经济方面与政治方面的内容，两者占比超过 70%，这说明美军政府在朝鲜南部主要关心的是经济和政治问题，这与美国军政府在朝鲜半岛南部面临的经济凋敝、政治动荡的社会问题是息息相关的，同时也与美国的占领政策有关。下面将从四个方面介绍具有重要影响的军政法令。

(一) 经济财政

解放后的南部地区经济已经崩溃，美军政府并没有一个确定的经济政策，政府的许多措施带有揽财的目的，从而使得破败的经济雪上加霜。

战后朝鲜虽然摆脱了日本的殖民统治，但朝鲜依然存在许多日本殖民统治的残余，而战后美国在朝鲜半岛南部的一大措施就是将朝鲜半岛南部从日本殖民的统治中解脱出来，其中一点便是日本敌产。1945 年 9 月 25 日，军政府颁布了第 2 号军政法令，此后又接连在 12 月 6 日颁布了第 4 号、第 33 号军政法令，法令的主要内容是关于接收日本敌产，要求军政府管辖内的所有日本人财产收归军政府。这些法令的主要目的是将财产从工联或者其他掌管日产的人民组织手中收回政府所有，防止南部的共产化，并且军政府可以因此获得大量的收入作为军事占领的日常开支。① 这项措施影响颇大，在当时，日产是南部地区重要的经济资源，美军的强制收回使得工业企业大多停产，

① 梁志：《冷战与"民族国家建构"——韩国政治经济发展中的美国因素 (1945—1987)》，社会科学文献出版社 2011 年版，第 102 页；姜万吉：《韩国现代史》，陈文寿、金英姬、金学贤译，社会科学文献出版社 1997 年版，第 284 页。

土地也从农民手中拿回，收回的资源最终落入亲日派和右派当权者手中，影响持续至今。①

美军政府颇为头疼的是南部地区的土地改革问题，一直到军政府统治结束，这个问题也没能得到有效解决。解放后，朝鲜农民接收了日本人占领的土地，但美军政府要求收回日产，并颁布第55号法令成立了新韩公司来管理土地。新韩公司基本按照日殖时期的模式将土地租给农民耕种，得到的租金成为政府的重要财政收入，这也使得美军政府迟迟没有实行根本的土地改革措施。而在北部地区，1946年年初推行土地改革，将地主过多的土地没收并无偿分配给农民，这使得南部地区农民的改革呼声高涨。美国国务院也要求军政府推行土地改革，美军政府在1948年3月22日连续发布了第173号和174号军政法令，宣布解散新韩公司，设置中央土地行政处，由行政处将土地卖给农民。直到1950年韩国农地改革才基本奠定当今韩国的土地制度。② 由此可知土地改革的不彻底性，但农民还是能够获得土地所有权，这有利于提高粮食产量，缓解饥荒。

美国军政府还面临着严重的粮食问题，南部地区粮食囤积居奇，城市粮食短缺，对此，军政府颁布了多项米谷收集令，军政法令第45号、第77号、第87号等都与此相关。米谷收集最初是自愿性的，然而农民不愿上缴粮食，后来便以法令强制性征集粮食，例如1946年年初，政府以不足生产费用1/7的价格，用政府大量发行的货币强制征收农民的粮食，这不仅引起物价暴涨，货币贬值，而且还向度荒的农民收集仅有的粮食，因此遭到了农民的强烈反抗。③

此外美军政府其他关于经济的法令也多具有破坏性或作用有限。如发行银行券和美国军票扰乱金融秩序，发布或改正多项税令以收取

---

① 韩国学者对此有详细讨论，见 Kim Sung-Wook, The Forced Reversion of the Ownership under USAMGIK（United States Army Military Government in Korea）Ordinance No. 33, *Law Review*, 2011（42）.

② 王建宏：《韩国农地改革之再评价》，《江汉学术》2015年第4期，第87~88页。

③ 曹中屏、张琏瑰等编著：《当代韩国史（1945—2000）》，南开大学出版社2005年版，第58页。

更多的税收。但也不能否认美军政府的措施壮大了韩国的新兴资本主义经济，例如 1984 年韩国前 50 位的大财团有 31 家在军政时期便存在，它们的发展与军政府的措施有关。① 美军政府通过限制地租额度，制定劳动法令，接受财产，出售新韩公社土地等措施建立了韩国资本主义经济制度的基础。②

总结看来，美军政府的经济法令以重建经济和解决财政困难为主要目的，但军政府并没有详细的经济政策，并且碍于当时的社会情形和美国的政策偏向，许多措施无法有效付诸实施。

（二）政治军事

美国军政府在南部主要面临两个政治性问题，一是建立一个负责高效的行政官僚组织，二是民主的发展及民主领导政策的形成，③ 美军政府为此采取许多措施。

首先是废止、改革或新设各种行政机构，调整一些行政机构的职权，例如废止朝鲜总督府的官房地方课、地方行政处、经济督查课等旧的行政机构，新设保健厚生局（类似于卫生局）、消防部及消防委员会、劳动部劳动调整委员会、妇人局等机构。调整有关机关的职权，更加明确权责分工，意在提高行政效率。在当时的历史背景下，这些机构的作用有限，频繁的行政机构设置导致行政人员的急剧膨胀，职员数量从 1945 年的 75000 名增加到后来的 150000 名，④ 并且这些职员大多是之前日殖官僚人员以及右派亲日派，这更引起人们的不满。但这些措施废除了带有封建性质的旧官僚机构，为韩国现代行

---

① 梁志：《冷战与"民族国家建构"——韩国政治经济发展中的美国因素（1945—1987）》，社会科学文献出版社 2011 年版，第 103 页。

② Kim Deug joong, The United States Military Occupation Logic and the Cold War after World War II – Focusing on an International Legal Analysis by Ernst Fraenkel, *Dongbuga Yeoksa Nonchong*, 2016(51), p. 113.

③ George M. McCune, Post-War Government and Politics of Korea, *The Journal of Politics*, 1947(9), p. 612.

④ Park Myung Lim, State Formation in South Korea, 1945-1948: Perspective and Interpretation, *Korean Political Science Review*, 1995(29), p. 203.

政机构设置奠定了基础，例如当今韩国的消防防灾厅就起源于第 66 号军政法令规定设立的消防部及消防委员会，美军政府也调整地方行政区域规划，新设济州道、首尔特别市。在已有行政体制的基础上，美军政府通过立法措施建立了带有新内容的行政体制，从中央到地方的一套行政体系基本建立起来，各部门明确分工，各司其职。

霍奇将军从占领伊始就十分关注朝鲜半岛南部军警建设，军政法令第 28 号规定设置国防军司令部和陆海军部，第 86 号法令又规定设立朝鲜警备队及朝鲜海岸警备队，第 157 号设置中央警察委员会，等等。美军政当局筹建军队的长远考虑是建设朝鲜未来国防，这与撤军问题息息相关，美国有必要加强南部军警以阻挡北方的进攻。① 同时，朝鲜解放初期警察制度已经崩溃，警察被人民视为腐败残忍的象征，为了维持社会秩序，镇压人民，特别是左翼分子的活动，需要暴力机关的支持。为了快速地建成新的暴力机构，美军政在日殖军警的基础上进行改造，从 1945 年 9 月到 1948 年 3 月，警察数量由 15000 人增加到 36000 人，警备队由 5000 人增加到 50000 人。② 这些军警成了镇压人民运动的主要力量，著名的"十月抗争"事实上就是人民反对军警镇压的反抗运动，军警非但没有维持社会秩序，反而加剧了社会的动荡，这批人后来也成为李承晚暴力统治的主力。

美军政府也对韩国的政党制度影响深远，解放后的朝鲜半岛南部处于政党产生的井喷时期，被压抑许久的民众为得到的自由与政治权利而兴奋。从 1945 年 "8. 15" 光复到 10 月 24 日，有 54 个政党在军政厅注册，而之后的一年中竟出现了 300 个政党，③ 南部地区政党十分纷繁和混乱。面对政党林立的局面，1946 年 2 月 23 日美军政府发布第 55 号军政法令，要求凡是 3 人以上的政治团体需要注册和登记，

---

① Shin Bok-Ryong, An Evaluation of the U. S. Occupational Policy toward Korean Peninsula 1945-1948, *Journal of Korean Political and Diplomatic History*, 2009 (30), p. 17.

② Park Myung Lim, State Formation in South Korea, 1945-1948: Perspective and Interpretation, *Korean Political Science Review*, 1995(29), p. 204.

③ 郑继永：《韩国政党体系》，社会科学文献出版社 2008 年版，第 35~36 页。

严格规定政党的规范及政党成员需要具备的资格条件，对违反者给予处罚。但军政府有意扶植右翼势力，严格限制左翼的秘密活动，政府也并不热衷于制定鼓励工人联盟的法律，认为这些组织是共产主义活动的温床，① 这严重侵犯了南部人民的结社自由。此后，左翼政党被有意排挤而逐渐退出历史舞台，中间派也被边缘化，这从根本上改变了南部地区的政党体系，直至今日，韩国左翼势力依然式微，无法有力促使政治平衡。

（三）社会文化教育

美国政府十分重视发展朝鲜半岛南部的教育文化事业，对日本殖民教育的改革也是较为彻底的。1947 年 9 月 29 日，美军政府发布了第 6 号军政法令，规定教育的一般措施，规定清除日本殖民教育，建立民主教育制度，将朝鲜语定为教学语言。

教育法令的作用也是积极明显的，1945 年 9 月到 1948 年年初，小学生人数由 136.6 万人上升到 266.7 万人，中学生人数由 6.2 万人上升到 1947 年年末的 27.7 万人，大学生人数由 3000 人上升到 2.05 万人。② 美军政府的教育措施奠定了韩国现代教育的基础，现在韩国高等学府国立首尔大学便是依照第 102 号法令规定延续的。同时这些措施提高了韩国人民的文化素质，对六七十年代韩国经济的起飞培养了人才，也传播了民主自由思想，这一批受教育的人此后成了反对李承晚独裁统治、促使韩国向民主国家转变的重要力量。

教育措施的主要目的是建立民主教育体制，强调科学和技术提高，最重要的在于将朝鲜语和朝鲜历史引入教育课程内容，培养人民的国民意识和社会责任感，这是美军政府作出的最有意义的贡献。③

但在教育措施中也出现了一些问题，麦克阿瑟在其回忆录中提

① Michael E. Robinson, *Korea's Twentieth-century Odyssey*：*A Short History*, Honolulu：University of Hawaii Press, 2007, p. 108.

② 梁志：《冷战与"民族国家建构"——韩国政治经济发展中的美国因素（1945—1987）》，社会科学文献出版社 2011 年版，第 121 页。

③ Andrew C. Nahm, *Korea*：*Tradition & Transformation*：*A History of the Korean People*, Elizabeth, N. J., U. S. A. ：Hollym International Corp., 1988, p. 354.

到，为了应对共产主义渗入高校，必须在高校实行反共教育政策，教育领域的意识形态化倾向培育了反共的年轻一代，疏远了他们与左派及北部的距离。同时教员的不足和教育设施的落后，导致教育质量低下，而使用殖民地教育时期的任教者与要求民主的学生又产生了严重的摩擦。

除了教育领域的反共政策，新闻出版是另一重要的宣传阵地。1945 年 10 月 30 日颁布的 19 号军政法令第 5 条，及次年 5 月 29 日发布的 88 号军政法令要求所有新闻及其他出版机构在规定期限内进行登记，新设的新闻机构需要获得政府的许可批准，本来是新闻自由申请，但军政府对出版机构的申请人、名称严格筛选，许多左派甚至中间派的出版物被禁止，例如《朝鲜人民日报》《现代日报》等。

（四）司法法律

美军政府在朝鲜半岛南部发布的关于司法法律的法令也是带有双重影响的。

在 1945 年 10 月 9 日发布的第 11 号军政法令及此后的第 50 号军政法令规定废除一些日政法规，如治安维持法，但在随后的 11 月 2 日，美军政府发布第 21 号军政法令，宣布除了美军政府明确废止的法律，其他由日本朝鲜总督府颁布的法律继续沿用，[①] 这保留了大量的日殖法律，使得美军政府使用的法律和日殖的法律很相似，大约 95% 甚至更多的日殖成文法被保留，[②] 包括 1907 年颁布的《维持和平法》、1908 年颁布的《军事犯罪法规》、1910 年的《禁止政治集会令》等各种反民主的法令，这些法令许多带有独裁、反民主的性质[③]。此外，美军政府还颁布了许多刑事处罚法令，如第 72 号军政法令、第 153 号军政法令、第 198 号军政法令、第 208 号军政法令等，对违反

---

① 韩国内务部治安局编：《军政法令集，1945 年—1948 年》，1956 年，第 23~24 页。

② 路易斯·亨金、阿尔伯特·J. 罗森塔尔编：《宪政与权利：美国宪法的域外影响》，郑戈等译，知识·读书·新知三联书店 1996 年版，第 321 页。

③ 杨红梅：《试论 1945 年美国军政府在朝鲜半岛南部之措施》，《韩国研究论丛》第六辑，中国社会科学出版社 1999 年版，第 188 页。

军政法令的行为给予严惩，更加剧了人民的不满。

美军政府关于司法法律的立法奠定了南部地区的司法制度基础，如第 176 号刑事诉讼法、第 192 号法院组织法、第 213 号检察厅法等，这奠定了韩国的现代司法体系。这样的司法制度能否得到肯定的评价？对此，韩国学者认为，由于美军占领期间的司法政策，大韩民国司法机构的雏形已经形成，当时开始任用的法官将成为以后司法部的主流，美国的司法制度成为主要参考对象。人们普遍认为美国的司法制度具有较强的民主性质，即国民的人权将得到很好的保障，国民也将参与审判。但是这样的司法制度是美国占领区司法的一环，是在军人的参与下实施的，从这一点来看，它丧失了作为司法本质特征的公正性。①

我们应该看到美国引入的司法法律是带有美式民主性质的现代法律体系，这不同于日本植入的专制司法制度，例如 1948 年签署《朝鲜人民权利宣言》，给予民众宗教自由、集会和结社自由、表达和出版自由等民主权利，以及公正司法审判等原则，② 这奠定了韩国的法律体系基础，推动韩国发展成为一个新兴的法治国家。

三、过渡政府法令

美军进入朝鲜半岛南部地区后最初并没有正确的信息和长远的计划，因而措施十分混乱，这加剧了南部动乱的气氛，美军政府只是根据冷战逻辑，联合它的盟友李承晚和亲日实力，而这些人恰是南部人民想要清除的。③ 美军的统治因而激起了人民群众的不满，抗争不断，在 1946 年 10 月还出现了严重的"十月抗争"。为了赢得南部人民的支持，缓和社会各集团的利益冲突，同时转移朝鲜人民的注意

---

① Song Ki-Choon, A Study on the Military Occupation Courts under the Military Administration of USAMGIK, *Public Law Journal*, 2006(7), p. 276.

② 王菲易：《韩国政治发展中的美国因素》，《当代韩国》2016 年第 2 期，第 26 页。

③ Kim Bong-jin, Paramilitary Politics under the USAMGIK and the Establishment of the Republic of Korea, *Korea Journal*, Summer, 2003, p. 291.

力,美国决定采取一项新的措施,即推进政权"朝鲜人化"。因为在美国看来,为了应对冷战的序幕和逐渐成为敌国的苏联,南部地区的民主化就是展示西欧民主主义的最佳商品,对于朝鲜人而言,最有号召力的标语是"朝鲜人化"。① 早在 1945 年 10 月 5 日,美军政府就聘用 11 名南部各界代表组成顾问会议,并将顾问会议逐步确立为民意代表机关,但该顾问会议没有得到广泛的民意基础,于是美军政府在 1946 年 2 月 14 日成立民主议院,作为美军政府的政策咨询机构。② 虽然民主议院由不同政党团体的人员组成,具有一定的代表性,但随着吕运亨等左派势力受到排挤,民主议院也就失去了其代表性,成了李承晚的代表机构。

1946 年 6 月,美国国务院向占领军发出政策指导意见,该文件提出建立一个由南部人民选举产生的立法机构为美军政府提供政策咨询。③ 1946 年 10 月 12 日,美军政府颁布第 118 号军政法令,之后又颁布第 129 号军政法令,宣布创设朝鲜半岛南部地区过渡立法议院,规定 90 名议员当中半数由民选产生,半数由霍奇任命。从 10 月 21 日到 31 日,美军政府在南部举行议员选举,然而在选举中,南部右翼分子采取欺诈和恐吓措施得到了更多选票,④ 同时由于选举处于"十月抗争"时期,多数人不了解此次选举,左翼人士也加以抵制。⑤ 结果是过渡立法议院被保守派掌控,霍奇将军为了使议院更具代表性便任命了许多"稳健派"人士以及左右合作委员会成员。⑥ 但许多人

① Shin Bok-Ryong, An Evaluation of the U. S. Occupational Policy toward Korean Peninsula 1945-1948, *Journal of Korean Political and Diplomatic History*, 2009 (30), p. 23.

② 韩大元编著:《韩国国会》,华夏出版社 2001 年版,第 3~4 页。

③ Memorandum by the Assistant Secretary of State for Occupied Areas (Hilldring) to the Operations Decision, War Department, June 6, 1946, *FRUS*, 1946, Vol. 8, The Far East, p. 694.

④ 龚克瑜:《演进与超越:当代韩国政治》,知识产权出版社 2013 年版,第 25 页。

⑤ 郑继永:《韩国政党体系》,社会科学文献出版社 2008 年版,第 38 页。

⑥ Donald S. MacDonald, Wellsprings of Intervention: The United States and Korea, *Asian Affairs: An American Review*, 1981(9), p. 117.

并未出席议院开院，议院从一开始就失去了美军咨询机关的地位，具体议员人数见表一。

表一　　　　　　　　过渡立法议院政党及团体议员数

政党及团体名称		民选议员数	官选议员数	总数
右翼	韩民党	15	4	19
	独立促进国民会	17	2	19
	韩国独立党	4	5	9
	其他右翼	0	8	8
中右翼	民众同盟、新进党、独立运动者同盟	0	12	12
中左翼	社会民主党、民族革命党、勤劳大众党等	0	7	7
左翼	社会劳动党	0	4	4
无党派		14	6	20

资料来源：尹保云：《民主与本土文化：韩国威权主义时期的政治发展》，人民出版社2010年版，第74页。

临时立法议院自 1946 年 12 月 12 日开院到 1948 年 5 月 20 日解散，在长达一年多的时间里共开过 3 次预备会议、214 次全体会议，处理了 34 项法案、25 项决议案、18 项建议案、11 项请愿。[1] 美军政府在过渡立法议院的名义下颁布了第 135 号至 199 号法令，议院通过的法律必须经过军政府的认可才能颁布，过渡立法议院审议通过的法案中约有 28% 的法律被美军政府以政治罪的名义驳回，相反，美军政府单独制定颁布的法令超过了 65 件,[2] 立法议院"除通过一项反托管决议外，仅仅制定了一项议会选举法，选举法直到 1947 年 8 月 12

---

① 韩大元编著：《韩国国会》，华夏出版社 2001 年版，第 5 页。
② 李宝奇：《韩国修宪历史及其政治制度变迁研究》，中国政法大学出版社 2013 年版，第 24 页。

日才最后定出，并于 9 月 3 日公开发布"①，这使得该机构成了一个空壳，没有起到立法机关的作用。从 1947 年 8 月开始，朝鲜半岛南部地区过渡立法议院按美军政府的要求开始讨论土地改革的法案，但由于议院中保守派占多数，左翼力量被军政府当局打压，中间派力量并不能对过渡立法议院产生任何有力的影响。1948 年 3 月曾通过了一项土改方案，但美军并未批准，直到议院解散，土地改革法案也没有通过。这个事例说明，美军政当局建立临时立法议院的初衷没有完全实现，朝鲜临时立法议院未能促进南部推行任何进步改革，也没能解决朝鲜半岛南部地区所面临的一些基本问题。

美国的"朝鲜人化"政策在过渡立法议院的实践上失败了，但"朝鲜人化"的另一项实践，即建立朝鲜过渡政府进行得比较顺利。1947年 2 月，美军政府任命"左右合作委员会"骨干安在鸿为民政长官来管理军政府中的朝鲜人。1947 年 5 月 17 日，美军政府发布第 141 号军政法令，这一法令规定将美军政府中负责立法、行政以及司法权力的朝鲜人机构称为朝鲜过渡政府，因此民政长官公署便成了过渡政府。此后，美军政府用朝鲜人代替之前政府中的美军官员，美国人改任各相关机构的顾问，这样看来，军政府确实"朝鲜人化"了。但是之前在美军政府中任职的朝鲜人多为右翼分子和前日殖机构中的朝鲜人，所以"朝鲜人化"的实际结果是右翼和亲日派在政府中掌权，②这使得过渡政府根本没有实现美国政策设计的"建立代表全体朝鲜人民的民主政府"这一目的。政府虽然"朝鲜人化"了，但是美军政府长官依然是最高权力者，过渡政府部门中的美国顾问是事实上的决策者，朝鲜人并没有实权，因而也无法做出更多有力的举措。

朝鲜过渡政府时期通过过渡立法议院颁布的法令仅有 12 项，这12 项法令具体名称及发布日期如表二。

---

① 余伟民、周娜：《1945—1948 年朝鲜半岛南部地区的政治变动》，《史林》2003 年第 4 期，第 235 页。

② Bonnie B. C. Oh ed., *Korea under the American Military Government*, 1945-1948, London：PRAEGER, 2002, p. 137.

表二　　　　　　　　　　过渡政府法律目录

	第1号	第2号	第3号	第4号	第5号	第6号
名称	法令102号第7条改正	夏谷收集	里里邑的府升格	未成年者劳动法保护法	立法议院议员选举法	米谷收集令
日期	1947.5.7	1947.5.8	1947.5.27	1947.5.16	1947.9.3	1947.9.27
	第7号	第8号	第9号	第10号	第11号	第12号
名称	公娼制度废止令	美国军令违反帮助禁止	法令第7号改正	植树日	国籍相关临时条例	过渡立法议院解散
日期	1947.11.14	1948.1.14	1948.2.12	1948.5.11	1948.5.11	1948.5.19

资料来源：韩国内务部治安局编：《军政法令集，1945年—1948年》，1956年，第三章。

　　这些法令中比较重要的是第5号过渡政府法律，它规定立法议院议员选举的相关事项，美军政府于1948年3月17号发布的第175号军政法令，即国会议员选举法正是基于此法令制定的。第5号过渡政府法律是右翼主导的政府议院在美军政府压力下制定出来的，它与之后的175号军政法令都是相对公平的选举法，这两项法令为全国普选奠定了法律基础，影响了韩国第一届制宪国会选举。美国军政府十分重视第一届国会选举，需要确保选举在自由的气氛中进行，这就需要关于自由选举、警察执行、自由信息和政治犯的法律。① 基于这种认识，美军政府强调选举的自由与民主，制定了比较公正的选举法，这也提高了南部人民参与选举的热情。

　　总体看来，这些法令都是美军政府认可后发布的，同时仔细对比这12项法令和美军政府法令，可以发现，除了第7号和第10号外，其他法令的内容与军政法令的内容是重合的。由此可以看出朝鲜过渡政府是被美军政府架空的权力外衣，其发布的法令是用来缓和南部人

---

　　① Leon Gordenker, The United Nations, the United States Occupation and the 1948 Election in Korea, *Political Science Quarterly*, 1958(73), p.440.

民愤怒情绪的象征性措施。

四、结　语

美军政府在占领朝鲜半岛南部地区期间的立法措施涉及了政治、经济、文化、司法、军事等各个领域，对韩国的历史发展产生了深远的影响，而且负面影响颇多。

美军政府入驻朝鲜半岛南部后，对该地区缺乏充分的认知，在立法上缺乏周密的计划和详细的安排，脱离南部地区的社会实际情况，使支离破碎的社会更加动荡，经济凋敝，民生缭乱，冲突此起彼伏。许多法令都是草草颁布，无章可循，有些法律颁布不久又修订或废除，这说明美军政府对立法并没有详细的计划和考虑，加上行政执法体制又不成熟，影响了对法律的解释及其稳定性，结果导致普通民众的法律意识扭曲。

美军政府的立法及法律在实施上致力于把南部地区与苏联控制的北部地区分隔开来，反共主义取向使得政府立法的偏转和乱用，带有反共冷战色彩的法律进一步加大了朝鲜半岛南北方的距离，可以说军政府的立法加剧了朝鲜半岛的分裂。排斥左翼与扶植右翼使得南部地区长期以来以右翼保守势力为中心，左翼及中间派只能在夹缝中生存，导致社会政治凝聚力低，社会各政治力量也难以平衡。

解放后的朝鲜半岛还没有摆脱日本的殖民文化，朝鲜半岛南部地区的法律制度深受日本法的影响，同时政府又保留了许多日殖法律，沿袭了大陆法系的立法体系、法律概念和术语，而美军政府的立法又带来了较多的英美法系的法律文化，使得韩国的法律文化兼有两个法系的特征，成为东西方法律文化的混血儿，在法律史上影响深远。

美军政府的立法措施奠定了当今韩国社会的政治、经济、司法、文化教育等基础，促使朝鲜半岛南部地区摆脱封建殖民的旧时代，开启现代化国家建设的新道路，从这个角度而言，还是具有一定的积极意义的。

（作者系武汉大学历史学院硕士研究生）

旁落的友邦：后勤问题与"二战"后中国对日军事占领计划*

王旭辉

摘要："二战"末期至战后初期，美国单独对日军事占领政策逐渐成型。作为主要盟国，中国有意派兵占领日本。起初，美方愿意协助中国占领军保障后勤供应，中国亦积极筹备占领事宜。然而随着双方交涉日益深入，美国对中国军队后勤能力了解不断加深，逐步要求中国占领军自负后勤。因战争损害，中国实无能力独自担负海外占领军后勤供应，在失去美国协助的情况下，中国军事占领日本计划规模日益缩小，直至取消。后勤供应困难成为中国占领失败的主要现实原因。美国对待中国占领军后勤问题的态度变化，反映了战后中美关系的变迁以及中国在远东国际秩序中地位的下降。

关键词：美国；中国占领军；日本；后勤

　　"二战"结束初期的中国对日占领计划是个颇为引人注目的课题。作为中美关系和远东秩序变迁的一面镜子，它始终吸引着学界的探索兴趣。近年来，随着相关档案资料的逐渐解密，学术界在该主题的探讨方面涌现出若干成果，然而学者往往将占领计划的失败主因归于国

---

　　* 国家社科基金专项工程"世界反法西斯战争史档案资料收集整理及研究"（项目编号：16KZD020）阶段性成果。

内局势的扰动，对影响占领的其他重要因素关注不够。① 中国驻日占领军后勤供应问题作为军事占领的直接相关因素就是至为关键却又没有引起注意的内容。在此，笔者有意综合利用中国台湾及美国最新解密档案予以剖析，并对已有研究作出回应。

一、美方支持中国占领军后勤事务与中国方面的筹备

在战后对日本实行军事占领于中美两国而言都非常重要。1943年11月23日，开罗会议前夕，美国总统罗斯福就战后对日军事占领问题与国民政府主席蒋介石进行磋商。罗斯福表示，"中国应在战后对日军事占领中担当领导角色"②。对此，蒋回应称"中国无力承担该角色，这样的使命应交予美国承担，中方愿在美方领导下略尽绵薄之力"，但蒋同时又表示，"最后的决定应待事态发展及具体的实际情况再做判断"。③ 此即为中美讨论战后对日军事占领问题的开端。

---

① 可参考陈奉林：《战后初期中国对日占领问题的来龙去脉》，《历史教学》2005 年第 2 期；张智丹：《国民政府派遣驻日占领军问题考察》，《长春师范大学学报》2017 年第 11 期；黄文德：《中华民国对日派遣占领军之问题——以驻日宪兵队为讨论中心》，台湾《宪兵半年刊》2006 年第 63 期；瓮威：《中国军队未能登上日本领土之谜》，《春秋》2007 年第 6 期；陈自新：《"四国占领计划"的流产》，《文史精华》2013 年第 1 期；吴健：《抗日战争胜利后中国军队为什么没能进驻日本》，《党的生活·抗战史话》2015 年第 9 期。学界目前所涌现的这些研究对于帮助人们了解战后中国对日占领计划所面临的内外困境，提供了一个很好的窗口，然而这些研究侧重点多在于国内因素的考察，对占领军筹备进程本身及外部环境因素关注不够，亦未充分使用国民政府筹备对日占领军事宜的直接官方档案。

② Roosevelt‐Chiang dinner meeting, November 23, 1943, US Department of State, Foreign Relations of United States (short for FRUS hereafter), 1943, The Conferences at Cairo and Tehran, Washington DC: Government Printing Office, 1961, p. 323.

③ Roosevelt-Chiang Dinner Meeting, November 23, 1943, 8 p. M., Roosevelt's Villa, US Department of State, *FRUS*, 1943, *The Conferences at Cairo and Tehran*, p. 324.

由于中国海军全数毁灭于对日作战当中，自身实力贫弱，在战后登陆并占领日本于中国来说并不现实。蒋介石将对日军事占领主导权让与美国，与其说是因为彼时对罗斯福真实意图捉摸不定而采取的避实就虚之策，不如说是出于对本国实力的无奈承认。不过，从另一方面来说，由于彼时美国尚未正式完成对日军事占领政策的制定，因而罗斯福给蒋介石的提议应仅属试探性质。就会谈而言，双方均表达了希望对方参与的意愿。

对日战争以意想不到的方式结束使美国在其他主要盟国中国、英国以及苏联未能进入日本本土的情况下，先期入驻并在事实上单独占领了日本，由此推动美国政府对日占领政策进行了重新修正。鉴于以往对苏交往的历史经验及彼时现实形势，美国决意实行以美国为主导、盟国参与占领而非分区占领的对日处理政策。事实上，早在1945年8月初，美国陆军部长史汀生（Henry Stimson）在对相关情报进行评估后即认为"日本的军事形势与德国完全不同，美国能够更容易地控制日本"，此意见随后得到了前驻日大使、彼时正担任美国代理国务卿约瑟夫·格鲁（Joseph Grew）的赞同。① 8月底，麦克阿瑟率领少量美军登陆日本受降，发现面对美军进驻，日方反应极其恭顺，这使麦克阿瑟相信对日占领可以较低水平的兵力实现。② 在8月18日杜鲁门批准的《战后占领日本之盟军构成》备忘录中，明确了"在对日军事占领中，美国须居于主导地位"，对日占领"实行集中管理"的原则，"占领军所有的指挥官都将由美国指派，对日作战的主要盟国：中国、英国以及苏联虽不能分区占领日本，但有责任参与占领并承担相应的负担"。③

占领成本、复员压力与对日军事控制的现实需求使得邀请中国派驻军队成为必要选项。战后伊始，由于美军快速复员，起初，美国仅

① US Department of State, *FRUS*, 1945, Volume VI, Washington DC: Government Printing Office, 1969, p. 584.

② US Department of State, *FRUS*, 1945, Volume VI, p. 715.

③ National Composition of Forces to Occupy Japan Proper in the Post-Defeat Period, Memorandum For the President, https://www.ndl.go.jp/constitution/e/shiryo/01/018/018tx.html（日本国会图书馆），访问时间：2019年6月10日。

征召到 51000 名士兵用于占领日本，兵力严重不足。① 对于这一问题，美参谋长联席会议认为，将占领邀请扩展至中国、英国和苏联，可以从上述各国分别获得约 30000 名士兵的军力，从而极大减轻美国占领负担。② 与此同时，驻日盟军总司令麦克阿瑟亦认为"如欲确保美国在对日军事占领中居于主导地位，则美国驻日军事力量应至少等于其他盟国驻日军事力量之和……如削减驻日美军兵力，则其他盟国应作相等规模的裁减，在此条件下，美国投入较少的兵力即可实现对日控制目标"，因此麦氏强调，"盟军派驻数量应限于实现美国政治目标所需的最低规模"。③

应该特别说明的是，在美国的规划中，盟军并不能在占领中分享美国占领当局的权力。一方面，根据设计方案，盟国军队将由麦克阿瑟指挥，在行动上需服从于美国的意志；另一方面，盟国军队应自给自足，其给养由占领军派遣国负责，美国并不承担其后勤供应。④ 为使这一目标得以贯彻，美国参谋长联席会议特拟定盟国《参与派驻日本占领军协定》(*Agreement for Participation of Forces in the Occupation of Japan*) 草案，⑤ 以条约文本的形式划分了美国与盟国在对日占领事务中各自的权利与义务。依据此设计方案，盟国派驻日本占领军将在由派遣国担负给养、装备及维护成本的情况下，服从美国驻日占领当局指挥，作为美国驻日占领军力的一部分保障美国对日占领政策的执行，从而确定了占领国自担后勤的原则。

尽管对国民政府在战后是否有能力组织派遣驻日占领军持有怀疑态度，1945 年 12 月 25 日，美参谋长联席会议主席马歇尔 (George Catlett Marshall, Jr.) 及盟军统帅麦克阿瑟 (Douglas MacArthur) 仍试探性地照会中国政府，邀请中国派军队占领日本。⑥ 事实上，早在

---

① US Department of State, *FRUS*, 1945, Volume Ⅵ, pp. 833-834.

② US Department of State, *FRUS*, 1945, Volume Ⅵ, p. 744.

③ US Department of State, *FRUS*, 1945, Volume Ⅵ, p. 744.

④ US Department of State, *FRUS*, 1945, Volume Ⅵ, p. 745.

⑤ US Department of State, *FRUS*, 1945, Volume Ⅵ, p. 748.

⑥ Department of State to American Embassy, Chunking China, December 26, 1945, J. C. S. , 1398/15, p. 63.

1945 年 7 月 27 日，盟军中国战区参谋长魏德迈也建议中国提前准备占领日本之军队，魏德迈认为，中国派遣军队参加占领日本甚为必要，对维持远东和平将有极重要的影响。① 对此，国民政府甚为重视，委员长侍从室研议后认为，派驻日本之占领军在精不在多，除空军部分可交航委会研议外，陆军部队似可以三师为宜，并拟定两套方案供蒋介石决策：第一种，使用三个青年师，新编成一个军；第二种，直接使用新一军或新六军。对侍从室所拟两案，蒋介石选择支持第一种方案，即由彼时驻留越南北部的 53 军荣二师充作对日占领军。② 8 月 17 日，蒋介石明确表示，希望提供一支由三个师编成的军队参与对日占领。③

　　1946 年元旦，美国驻华临时代办饶伯森（Walter S. Robertson）照会国民政府外交部，正式邀请中国派遣与英国同等数量的军队（30000 人）参与对日占领。④ 然而，由于国内局势日趋紧张，面对美国邀约，国民政府内部分官员对能否于近期组织派遣驻日军队持有疑义。2 月 23 日，军令部部长徐永昌上书蒋介石，称"鉴于国军当下任务，目前并无能力派遣占领军前往日本，若派兵，不仅牵制精锐部队，且须牵连相当补给问题，因此，派遣驻日军一案宜从缓定"⑤。然而，就在国民政府就派驻日本占领军事宜踌躇难断之时，3 月 13 日，驻日盟军总司令麦克阿瑟来电，再邀中国军队驻扎日本，并称 6 月起可先由 15000 名中国军队东渡入驻日本。⑥ 在得到美国政府与盟

　　① 事略稿本，民国三十四年七月，蒋中正总统文物，台湾"国史馆"藏，数位典藏号：002-060100-00202-027，001x。
　　② 事略稿本，民国三十四年七月，蒋中正总统文物，台湾"国史馆"藏，数位典藏号：002-060100-00202-027，002x。
　　③ US Department of State, *FRUS*, 1945, Volume VI, p. 853.
　　④ 外交部：我国派驻日本相关事宜（一），台湾"国史馆"藏，数位典藏号：020-010122-0012，0005a。
　　⑤ 文物图书/稿本（一），蒋中正总统文物，台湾"国史馆"藏，数位典藏号：002-060100-00209-023。
　　⑥ 革命文献，处置日本，蒋中正总统文物，台湾"国史馆"藏，数位典藏号：002-020400-00052-048。

459

总双重邀约后，权衡之下，国民政府随后决定参与派遣驻日占领军。4 月 15 日，国民政府外交部电复美方称"中国已决定派遣军队 15000人参加占领日本"①。显然，国内形势对驻日军队问题产生了相当影响，特别是在保障占领军后勤供应事宜上存在压力，国民政府虽最终决议派遣，但却被迫缩减驻军规模。

跨海补给是中国驻日军队筹备事宜所面临的最为现实的后勤难题。对此，国民政府有意寻求美方援助加以解决。庆幸的是，盟总一开始也给予正视，并表示愿意协助解决。4 月下旬，盟总指定新滨及名古屋两地，由中方任择一地作为占领军驻地。② 驻地确定后，即面临着占领军预备部队调动问题，后勤问题逐渐浮出水面。5 月 10 日，为商讨中国驻日军队后勤及相关问题，国民政府集合后勤总部、军务局、海军处、陆军总部、军需署、外交部、军医署及荣二师等多个有关单位会同商定派驻占领军准备事宜，集中讨论占领军后勤供应与运输保障、人员及武器弹药筹备、与美方接洽方式及入驻后的民事事务等问题。③ 会中，军需署报称"占领军服装与给养、预定启航港口及上海、九龙等地现有仓储物资等已有眉目，惟运输问题尚待筹划"。后勤总部表示"占领军在海防应携带之主食，可望于 6 月底运输齐毕，在上海出发之先遣队亦可按时运到……关于占领军之副食……（因）中方船运困难，又缺冷藏设备，鲜肉、鲜鱼及青菜等供应困难，或可就地采购，或请美方协助；弹药方面，因故不能按照美方标准发给，可先予拨发一个月的弹药"。军医署报告"派遣日本之占领军医务人员因需重新调整，6 月底方可充实完毕，暂可派遣一个医疗小组随先遣部队出发"。外交部司长杨云竹则建议"驻日军抵日后，以机动方式前往占领军驻地，以便鼓舞华侨；另外，于占领军内设有军务人员，也可协助处理当地民政事宜；派遣驻日军队或可参考英国相关

① 外交部：我国派驻日本相关事宜（一），台湾"国史馆"藏，数位典藏号：020-010122-0012，0015a。

② 外交部：我国派驻日本相关事宜（一），台湾"国史馆"藏，数位典藏号：020-010122-0012，0020a-0021a。

③ 外交部：我国派驻日本相关事宜（一），台湾"国史馆"藏，数位典藏号：020-010122-0012，0023a。

准备情形，对于出发时间不必过于急切，以免准备不齐，有丧国体"①。

从会议所论议题广泛性可知，占领军后勤筹备涉及单位众多，在后勤补给所需资源及能力方面参差不齐、短板显著，以至占领军无法同时出发，亦无法作长远之打算。关于占领军驻地问题，会议经讨论后拟选定名古屋，同时决定，先遣部队于 5 月 31 日前，在上海完成出发准备，其余各部队则需在 6 月底前分别于海防和九龙完成出发准备。主食方面，因所需补给数量庞大，船运困难期间，可暂由先遣部队携带一个月之数量前往，后续补给务必于 6 月底前汽运完毕。弹药准备方面，可先携带已拨基数出发，待弹药由昆明运抵海防后，由主力部队携往。② 会议讨论结果随后经蒋介石批准，并与后勤补给需要协助之处一同知会美方。如：因中方船运困难，需美方协助采购新鲜肉类、蔬菜、马草等物资；在汽油及弹药使用方面，除占领军预携行量外，随后所需，亦需美方能够供给补充；医疗救助方面，占领军重病患者，如中国占领军医院收容量不敷使用，则须美方予以协助等。凡此种种，尔后可由中国政府偿还价款。③

对于中国所提援助请求，美方亦有相应预案。在盟总拟定的中国派驻日本占领军协定草案中，美方提出，中国占领军需以自身可利用的资源为限向占领军提供后勤保障，在资源方面不足之处，美方可依据对华军事项目提供支持；同时，鉴于中国海上运力不足的情况，美方可提供小型船舶予以接济等。④ 关于占领军在日活动使用货币问题，草案备忘录规定，中国驻日占领军在日活动仅限使用日元，通过美驻日第八军获得，日元兑美元汇率为 15∶1，法币与美元的汇率由

① 外交部：我国派驻日本相关事宜(一)，台湾"国史馆"藏，数位典藏号：020-010122-0012，0040a。

② 外交部：我国派驻日本相关事宜(一)，台湾"国史馆"藏，数位典藏号：020-010122-0012，0024a、0042a。

③ 外交部：我国派驻日本相关事宜(一)，台湾"国史馆"藏，数位典藏号：020-010122-0012，0031a。

④ 外交部：我国派驻日本相关事宜(一)，台湾"国史馆"藏，数位典藏号：020-010122-0012，0049a-0051a。

中美两国政府商定，① 待中国占领军正式进驻日本后，在美驻日第八军下开展活动等②。不过，中国驻日占领军草案亦特别规定，"双方同意，中国占领军具体抵日时间需经盟军最高统帅批准"，这就使中国派驻日本占领军筹备事宜在满足盟总要求前，美方保有拒绝中国派遣驻日占领军入境的权力。5月31日，国民政府表示接受美方所定条款。③

限于自身实力，从一开始，中国向日本派驻占领军即是在美国主导下展开的。无论派驻人数、派驻时机，以及担当角色等皆依美方意志行事，对于美国所规定的后勤原则亦没有提出异议。当然，在驻军筹备的初始阶段，中国也得到了美国政府及盟总的支持，在后勤问题上，盟总给予一定谅解。

二、美方修改后勤供应原则与
中国占领军延迟启航

尽管中国驻日军队筹备工作开局良好，并取得了美方相应谅解与支持，但占领军后勤筹备问题显然比国民政府所估计得更为严重。6月3日，美国政府宣称，接受中国派遣军队15000人参加占领日本。对于中国所关心的后勤保障问题，美方表示，凡属中国资源能力所及范围以外所必须者，美国政府可予妥当援助。然而，至6月中旬，国民政府驻日军队各项筹备事宜仍尚未齐备。这意味着中国驻日军队筹备进度不仅落后于澳大利亚——已于5月上旬抵驻日本，同时亦未能如期完成驻日军队准备事宜。

6月9日，为加快筹备驻日军队各项准备工作，国民政府国防部第三厅及外交部有关要员再次商定相应解决办法。国民政府很快发

---

① 外交部：我国派驻日本相关事宜(一)，台湾"国史馆"藏，数位典藏号：020-010122-0012，0051a。

② 外交部：我国派驻日本相关事宜(一)，台湾"国史馆"藏，数位典藏号：020-010122-0012，0049a。

③ 外交部：我国派驻日本相关事宜(一)，台湾"国史馆"藏，数位典藏号：020-010122-0012，0053a。

现，占领军后勤供应严重缺乏，对盟总较过去更为依赖。对此，国民政府试图以交由美方代购、分摊责任、压缩官兵薪资成本的方式加以解决。6月10日，国防部驻日军队筹备会议再次举行。会议决定，第一，关于驻日军队粮食问题，拟定由美方代为采购食品等物资，价款由中国垫付，日后令日本偿还作为中国占领费的一部分；第二，港口事务方面，原归中国方面负责，现决定由美方协助负责，中方仅担负一小部分；第三，航空联络方面，拟每周开班机一次，机型方面可选用小型或大型机，视需要加开班次，由美方负责陆上交通警备及加油修理事宜；第四，驻日军队待遇，为节约外汇，驻日军士薪资暂比照国内一般待遇，不予变更。另外，驻日军队被服应以优先使用本国现品为原则，如资料欠缺，可酌情拨发美式；海上运力方面，对于驻日军队今后所需补给，可求美方拨借船只，加以补充等。①

尽管国民政府试图以强化美国援助的方式来缓解己方后勤压力，但由于"6月4日驻军协定"的签署，在驻日军美援问题上已平添诸多不确定因素。6月4日，中国驻日代表团于东京与盟总正式会签驻军协定。与之前驻军草案相比，"6月4日驻军协定"明确了中国驻日军队与美驻日陆军之间的隶属关系，并着重对后勤援助原则进行了增订及细化。如：（1）美方借与中国用于海上物资运输之船舶由中美政府间讨论商定；（2）禁止盟国在日本采购食品；（3）中国占领军随军所需物资由中国占领军自行规定；（4）占领军驻日期间应自负维护；（5）占领军所有级别补给水平与美第八军保持一致；（6）生活必需品、美式弹药及美方提供的用于以弥补中国物资困难的援助，由中美政府间商定。②

在诸多修正中，除盟总援助补给权限因收归美国政府而大为缩小外，以禁止中国占领军队在日本当地采购食品尤为引人注目。1946年5月，日本接连爆发因粮食危机而引发的民众骚乱，对美国占领秩

① 外交部：我国派驻日本相关事宜（一），台湾"国史馆"藏，数位典藏号：020-010122-0012，0092a。
② 外交部：我国派驻日本相关事宜（一），台湾"国史馆"藏，数位典藏号：020-010122-0012，0118a。

序造成严重威胁。对此，美驻盟总政治顾问乔治·艾切逊（George Atcheson, Jr.）建议立即采取措施，消除饥饿，巩固美国对日军政控制。① 由此可见，美方对驻军协定的修正是与美对日控制形势相联系的，禁止中国驻日军队在当地采购食品，初衷是缓解日本的食品危机，但中国方面由此仅能以海运补给驻日军队食品需求，间接地加剧了中国后勤负担。此外，"6月4日驻军协定"中，"中国占领军所有级别补给水准应与美国驻日第八军一致"的条款则在对中国驻日军队装备给养水平提出具体规范的同时，使得中国驻日军队筹备工作压力陡增，虽然国防部经讨论后试图以压缩官兵薪资待遇的方式来控制驻军成本，但美方所提装备水准的要求仍给中国占领军后勤筹备提出了新的考验。

盟总对于占领方案单方面所作的更改，打乱了中国的部署，尤其是后勤供应方面的更改，使中国在派驻占领军问题上的后勤压力大增，迫使中国政府延迟占领军出发。正在中国就驻日军队后勤补给问题着手进行筹备时，7月16日，美国方面再次修改驻军协定，美参谋长联席会议告知中方，为便于向中国提供必要的后勤援助，在对中国军队的总体能力及不足完成详细审查前，无法就中国军队的任何行动从美国方面获取设备和物资作出承诺，因此有必要先予评估中国占领军组织能力及装备水平。② 18日，盟总通知中国驻日代表团，除中国占领军当前所缺器材及其他补给品援助职责已交由太平洋美军总司令依规定办法予以接济外，前于6月4日由双方签署的驻军协定因经盟总再次修正，尚有重新签署的必要。美方表示，大部分修正集中于后勤补给方面，"盟总有权参照美国政府意见及供求状况，酌情补给中国军队，中国驻日军应先填送由美方印制之人员组织表及装备表，并分期注明各项补给所需日期，使美方能够确实照料驻日军实际

---

① US Department of State, *FRUS*, 1946, Volume VIII, Washington DC: Government Printing Office, 1971, pp. 216-217.

② 外交部：我国派驻日本相关事宜（一），台湾"国史馆"藏，数位典藏号：020-010122-0012，0144a。

情况，以便筹备补给协助"①。对此，朱世明表示，除驻日军队炮兵配置问题尚有待修正外，对新修正案无异议。20日上午10时，驻日代表团同盟总完成6月4日协定修正案签署，是为"7月20日驻军协定"。

"7月20日驻军协定"较之6月4日版本，修正内容仍集中于后勤补给方面，但美援力度与空间遭到进一步压缩。主要如下：（1）强调中国占领军自给。6月4日协定规定，必要时可根据中美军事合作计划得到美方协助，修正后则称中国占领军应以中国可获物资为限，自行负责占领军补给事宜，美方援助限度由驻日军最高统帅参照美国政策及指示决定。（2）细化物资采购援助办法。例如，汽油等物资供应问题，原案规定汽油及其他物品可向美方采购；修正后则称，大宗汽油及其他物品以备中国占领军需要者，可另行续商，照中美政府商妥之办法供应。（3）收紧日元支出权限。驻日军队活动所用日元，原案指称可由美方拨付，照第八军办法记账，新案规定，驻日军队所用日元现需向盟总经济科学司财务处认领。（4）明确日本设备使用偿还原则。原案规定，中国占领军为需使用日本设备，使用美军物资修理的，偿还办法由两国政府商定，新案规定，费用应由中国偿还。（5）强调占领军医疗自立，原案规定，重病患等中国医院不能治疗者，可送美方医院医治。新案则称"美军仅可收容少数中国医院不能确实治疗之急诊病人"。此外，美方要求，中国占领军应同意提交美方所需物资详细列表、装备表及占领军人员组织表。

通过中方所交表项，美方对中国占领军组织编制、装备水平、后勤能力等有了较为全面透彻的了解。面对中国占领军在后勤筹备进程中的窘况，美方并不打算就此向中国提供进一步物资及运力援助。10月11日，中国驻美大使顾维钧来电称，根据美国国务院要求，中国需预先拨付500万美元，以国防部户名存放美方，充作中国占领军补

---

① 外交部：我国派驻日本相关事宜（一），台湾"国史馆"藏，数位典藏号：020-010122-0012，0148a。

给基金，按季交用，待补给基金到位后，中国驻日军队方可成行。① 因美方所提补给基金数额涉及 2000 万美元之年度项目支出，数额巨大，却又查无源头，中国大感心异。10 月 17 日，外交部电知朱世明，要求查清补给基金原委具报；同日，外交部亚东司通告驻美大使顾维钧，因"驻日军补给问题尚未解决，暂不能与美方进行换文"②。

由此可知，驻军协定经盟总与美国政府多次修正，盟总援华权限及范围大为缩小。在中国占领军筹备事宜上愈发强调中国自立问题，表明美政府及盟总对于中国占领军援助政策已发生重大变化，特别是在摸清中国占领军筹备实况后，对于中国占领军的信任程度大打折扣。占领军补给基金要求的提出，表明美国政府已不愿就中国驻日军队后勤问题提供进一步援助。失去外援的驻日军队筹备工作由此停摆，先前已抵达上海港整装待发的部分占领军官兵因船舶无法启航而滞留上海，整日无所事事。

三、美方拒绝继续支持中国后勤与国民政府改以宪兵队赴日

美国政府以陆军部无专项资金支持中国驻日军队筹备为由向中国收取占领军补给基金，致使中国占领军筹备进程终遭冻结。正在国民政府就占领军补给基金来源多方查找时，11 月 5 日，美国外交部答复"500 万补给基金系因美陆军部并无额外预算足供中国占领军开支，故以中国 15000 名占领军三个月给养需要估计而成"，并希望中国方面早日垫付。③ 然而，因外汇紧张，中国一时难以筹措足额资金交付美方。为使占领军筹备进程得以维系，11 月 13 日，国民政府指示顾维钧可试向美方交涉，由美国财政部暂垫，将来在占领费下充抵，

① 外交部：我国派驻日本相关事宜（一），台湾"国史馆"藏，数位典藏号：020-010122-0012，0191a。

② 外交部：我国派驻日本相关事宜（一），台湾"国史馆"藏，数位典藏号：020-010122-0012，0194x。

③ 外交部：我国派驻日本相关事宜（二），台湾"国史馆"藏，数位典藏号：020-010122-0013，0010a。

“驻日军协定换文事已再催国防部”，故可求美方再予宽限时日。由于补给基金暂无着落，无奈之下，驻日军队筹备工作只得暂时搁置。1947 年 2 月 3 日，外交部正式通报美国政府“中国驻日占领军暂缓派遣”。

从中美始就中国派驻日本占领军事宜进行交涉，到 1947 年 2 月 3 日正式宣布“暂缓”派遣，历时一年有余。在此期间，因中国在日本未有占领军驻扎，而根据盟总规定，“凡未派占领军者，则归盟军审判”①，中国代表团在日活动因而遭遇种种困难。12 月 14 日，新任驻日代表团长商震称，因代表团原有警卫系前团长朱世明自留日俘虏中挑选而来，纪律不佳，常有犯法，为保护中国法权不受盟总侵害，避免代表团成员犯法遭美军宪兵逮捕，“望能精选优秀官长及宪兵 40 名赴日，代表团月前已与盟总交涉派遣中国宪兵 40 名来日事宜，由驻日代表团供给住所及副食费用，在盟总发给之日元项目下开支”②。国民政府随后批准了这一请求。驻日宪兵历经严格挑选，在完成了语言、熟知日本概况、军事技能等各项训练后，经盟总批准，1948 年 2 月 26 日，驻日宪兵乘海康轮抵达日本，正式进驻代表团，开始执行勤务。

中国派驻日本占领军一事从开始与美方交涉到最后决定暂缓派遣而改以宪兵队赴日，除受国内局势动荡因素影响外，主要受水陆运力缺乏与补给不足等后勤问题的掣肘。抗战胜利后，由于日军的长期侵略与破坏，收复区交通运输业及农业生产均陷入破产边缘。③ 交通紊乱、经济凋敝，使驻日军队筹备工作雪上加霜。为尽快解决交通运输问题，国民政府甚至动用日本战俘抢修道路，以期尽快恢复正常的交通运输。④ 后勤保障能力方面的缺陷同样给国民政府抢收被占领土造成很大困难。在战争结束时，国民政府的权力仍局限于西南一隅，面

---

① 《宪兵半年刊》，2006 年第 63 期，第 120 页。

② 外交部：我国派驻日本相关事宜(二)，台湾“国史馆”藏，数位典藏号：020-010122-0013，0094a。

③ US Department of State, *FRUS*, 1945, Volume VII, Washington DC: Government Printing Office, 1971, pp. 1366-1367.

④ US Department of State, *FRUS*, 1945, Volume VII, p. 1368.

对短时间内无法快速抢收被占领土的窘境，国民政府只得仰赖美国在后勤问题上提供援助。杜鲁门对此直言："蒋介石甚至连接收华南都有极大困难，因此我们采取了异乎寻常的步骤，利用空军将国民党的军队空运到华南，并将海军调去保卫海港……"①因此，从自身来讲，应付国内形势尚且资源捉襟见肘的国民政府，单凭一己之力，并无能力供给一支规模达 15000 人，装备及维护水平与美军同等的海外驻军。雪上加霜的是，占领军在日活动仅可使用日元，需用黄金或美元进行兑换，由于法币在战后陷于恶性通胀，而外汇储备又近乎枯竭，② 中国完全无法提供占领军所需补给基金。更为不幸的是，国民政府原指望由顾维钧同美国财政部交涉，由美方暂为垫付驻日补给基金，以使中国占领军能够成行，然而美方不仅不为所动，反而提出与中国结算租借贷款事宜。1946 年 10 月 30 日，美国国务卿贝尔纳斯（James Francis Byrnes）致电驻华大使司徒雷登（John Leighton Stuart）称，根据 8 月 30 日《剩余财产协定》第 7 条第 d 款的规定，国务院正考虑在华盛顿举行公开谈判解决最终租借结算事宜，届时将取消 5000 万美元的政治贷款以及 1946 年 6 月 30 日确定的估值为 15 亿美元的租借援助，并向中国预先收取驻日占领军补给基金 500 万美元等。③ 1947 年 2 月 14 日，美远东事务办公室主任范宣德（John Carter Vincent）在其递交给国务卿马歇尔的报告及在附件中包含了由中国事务司司长林沃尔特（Ringwalt）提交的备忘录，其中对上述决定进行了重申。④ 国民政府拟与美方交涉代垫补给基金事宜的尝试遂告失败。后勤问题由此终成中国派驻日本占领军计划胎死腹中的最为现实的原因。

---

① 哈里·杜鲁门：《杜鲁门回忆录》第二卷，李石译，世界知识出版社 1965 年版，第 71 页。

② 天津编译中心编：《顾维钧回忆录缩编》，中华书局 1997 年版，第 761 页。

③ US Department of State，*FRUS*，1946，Volume X，Washington DC：Government Printing Office，1972，p. 1016.

④ US Department of State，*FRUS*，1947，Volume VII，Washington DC：Government Printing Office，1972，pp. 1065-1066.

美国政府起初对中国派驻占领军抱有期待，它希望中国提供可观兵力并担负相应的占领成本，从而可以使美方以较低成本实现对日本的控制。并且，作为东方人，中国占领军亦可使日本人明了过去的战争绝非是黄种人反抗白种帝国主义的正义战争。① 然而，随着中美就派驻占领军后勤问题交涉日渐深入，美方意识到，中国军队的后勤补给能力实在与期待中相差甚远。1946 年 6 月始，美国军方即开始抱怨美国政府对中国占领军的安排已远超中国自身的负荷能力，而驻日美军仅能提供有限援助。② 美国政府及盟总遂多次修订驻日军队协定草案，欲使中国在占领军派遣上能尽可能以自身之力为后勤提供供给。在对日实行军事占领为中美间已有约定，难以正当要求拒绝中国占领军驻日的情况下，美国随后索性抛出每季 500 万美元补给基金的要求。其用意有二：首先，如果中国偿付 500 万美元补给基金，则美国方面邀请中国驻军的初衷即可保全；其次，如果中国拿不出该项资金，即可以此合理拒绝中国军队赴日，使中国驻日军队绝不致对美占领当局有所拖累。

由此可知，美方在中国派驻日本占领军的交涉过程中始终坚持贯彻了美国邀请中国派驻日本占领军的初衷。当这一初衷难以实现时，美方选择了采取措施迫使中国驻日军队计划流产的策略。随着盟总对日控制日趋稳固，而中国筹备后勤事宜又迁延日久，美方原先对兵力不足的担忧也没有对占领政策的实施造成明显损害，中国派驻占领军对美方的意义遂逐渐凋零。因此，在与中国方面就派军一事深入交涉，中国后勤补给能力已完全为美国所掌握后，美方意识到中国派驻占领军不但不能依美国政府及占领当局所愿分摊成本，反而是负面资产，中国占领军计划胎死腹中亦是必然。

---

① National Composition of Forces to Occupy Japan Proper in the Post-Defeat Period, August 13, 1945, https：//www. ndl. go. jp/constitution/e/shiryo/01/018/018tx. html(日本国会图书馆)，访问时间：2019 年 7 月 1 日。

② Participation of Chinese Force in Occupation of Japan, July 9, 1946, J. C. S. 1398/19，pp100-104.

四、结　语

就中美关于驻日占领军派驻意向及交涉过程而言，双方之间并不存在政治阻碍，彼此也均有意使中国驻日军队能够成行。为此在一开始，美方对中国在后勤问题上的不足给予谅解，并提供了一定程度的援助。然而对美方来说，中国占领军最大的意义在于抵日后能够如美方所愿在提供兵力的同时为美方分摊占领成本，但现实却是如果没有美方在后勤援助上给予充分援助，则中国无能力如约完成驻日军队筹备事宜，也无力维持海外驻军的长期补给。因此，当美国援助的底线与中国在后勤能力上的不足发生冲突时，为使美国驻日占领当局利益得以保全，美国要求中国预先支付巨额补给基金就在所难免，但这又是中国的国际偿付能力难以承受的。

故而，与其说蒋介石将占领军投入内战战场而导致占领失败，不如说是因为占领无望，占领军才转向内战战场。这其中的关键问题虽是后勤，但却受到美国战后对日政策调整及中美关系变化的双重影响。在这一过程中，中国在远东秩序中的地位不断弱化，美国一国主导东亚秩序的特征逐渐确立，中国占领军计划的提出与破产正是美国意图发生变化的鲜明写照。

（作者系武汉大学历史学院硕士研究生）

后　记

2020 年，注定是一个不平凡的年份。新年的钟声还未敲响，一场没有硝烟的疫情战役却突然打响。武汉，作为疫情中受伤害最大的城市，严重的疫情使我惴惴不安：是否能按时回校？《珞珈史苑》是否还能如约出版？所幸，中国人民在这场"战争"中获得了阶段性胜利，所有的担心都化为虚无。

古人云"十年磨一剑"，又云"十年树木，百年树林"。《珞珈史苑》自 2011 年至今，本卷刚好是第 10 卷。十年，能让懵懂无知的少年变成了朝气蓬勃的青年人；十年，亦让《珞珈史苑》从一本小小的论文集到内部刊物再到公开出版物，直至现今业内小有名声的史学论著。十年来，一代又一代的青年学生，秉持着对于历史学的温情和敬意，接力起《珞珈史苑》的成长。十年来，《珞珈史苑》编委会一直秉承着"学术第一"的编辑原则，本卷编委会亦严格遵循此编选标准。经过严格的专家评审和筛选，选定三十篇佳作，内容涵盖中国史、世界史、考古学三大学科，作为《珞珈史苑》（2020 卷）最终呈现的样子。

千人同心，则得千人之力。《珞珈史苑》（2020 卷）的正式出版，凝聚了众人的心血。感谢武汉大学历史学院领导的大力支持，为《珞珈史苑》提供了强有力的后盾；感谢评审专家的认真负责，专业严谨的态度保证了每一篇文章的质量；感谢武汉大学历史学院杨国安副院长、李敏瑞老师，在签约出版、书稿编辑、审核、定稿等过程中给予我们的帮助和信任；感谢武汉大学出版社李程编辑，为本书的出版付出诸多辛苦。最后，特别感谢与我一起共事的七位编委，他们分别是：路晋东（考古学）、刘同川（文献学）、李兆宇（中古史）、王志建

（史学史）、张丰（近代史）、张楠（世界史）、聂希贝（世界史），正是他们的认真工作和无私奉献确保了本卷的如期出版。

愿《珞珈史苑》的下一个十年更加辉煌！

高婷婷

2020 年 11 月 28 日于珞珈山